宁夏瓜菜『十三五』全产业链项目研发关键技术

NINGXIA GUACAI SHISANWU
QUANCHANYELIAN
XIANGMUYANFA
GUANJIANJISHU

谢 华◎主编

杨冬艳 裴红霞◎副主编

黄河出版传媒集团
阳光出版社

图书在版编目（CIP）数据

宁夏瓜菜"十三五"全产业链项目研发关键技术 /
谢华主编. —— 银川：阳光出版社，2020.8
　　ISBN 978-7-5525-5443-4

Ⅰ.①宁… Ⅱ.①谢… Ⅲ.①蔬菜产业－产业发展－
研究－宁夏 Ⅳ.①F326.13

中国版本图书馆 CIP 数据核字(2020)第 153740 号

宁夏瓜菜"十三五"全产业链项目研发关键技术

谢 华 主编 杨冬艳 裴红霞 副主编

责任编辑　申　佳
封面设计　赵　倩
责任印制　岳建宁

黄河出版传媒集团 阳光出版社 出版发行

出 版 人　薛文斌
地　　　址　宁夏银川市北京东路 139 号出版大厦（750001）
网　　　址　http://www.ygchbs.com
网上书店　http://shop129132959.taobao.com
电子信箱　yangguangchubanshe@163.com
邮购电话　0951-5014139
经　　　销　全国新华书店
印刷装订　宁夏凤鸣彩印广告有限公司
印刷委托书号　（宁）0018157

开　　本　720 mm×980 mm　1/16
印　　张　21.75
字　　数　280 千字
版　　次　2020 年 8 月第 1 版
印　　次　2020 年 8 月第 1 次印刷
书　　号　ISBN 978-7-5525-5443-4
定　　价　98.00 元

序

　　2016年,按照宁夏回族自治区党委、政府推进农业供给侧结构性改革的工作部署,着眼当前及未来5年宁夏加快农业发展方式转变,推进"藏粮于地、藏粮于技"战略实施的科技需求,我院聚焦优质粮食、马铃薯、草畜、枸杞、葡萄、瓜菜等特色优势产业和耕地质量提升,草地资源可持续利用等领域,按照以产业链部署创新链,坚持应用基础研究、重大共性关键技术攻关、典型应用示范推广一体化的设计思路,统筹创新资源,强化产学研用协同,经反复论证,提出了12个一、二、三产业融合发展科技创新示范项目。项目得到了宁夏回族自治区财政厅、科技厅、农牧厅、林业厅等单位的大力支持,财政部门安排专项资金,我院具体负责项目的组织实施。经过5年的精心组织实施,取得了显著成效,为宁夏农业高质量发展提供了有力的科技支撑。

　　由我院种质资源研究所承担的"宁夏特色瓜菜产业关键技术创新与示范"项目,正是12个项目之一。该项目围绕瓜菜产业发展中存在的"新品种选育工作滞后、设施装备不配套、水肥精准管理技术不到位、土壤连作障碍突出、农机农艺融合不够"等关键技术问题,组织区内外瓜菜育种、水肥管理、环境调控、病虫害防控及信息技术应用等相关专业科技人员以及项目实施区农技推广人员共64人组成项目组,建立12个试验示范点,开展科技攻关、成果转化和科技服务。5年来,共收集鉴定瓜菜种质资源756份,创制新种质 108 个,培育辣椒、甜瓜新品种 5 个;示范推广抗连作砧木和抗病高产蔬菜新品种各 10 个,制定水肥管理和机械化作业等栽培技术方案 5 套,引进改制直播、移栽等机械设备 3 台;设计建造 2 种新材料装配式日光温室和 2 种新型拱棚,研发出 2 种设施环境调控装置;制定日光温室水肥精量化管理方案 2 套,实现日光温室周年安全生产、拱棚春提早秋延后高效生产;取得登记成果 13 项,制定地方标准 22 项,授权专利 41 项(其中发明专利 2 件),发表文章 63 篇(其中被 SSCI 收录的 1 篇,发表于中文核心期刊的 30 篇),培训农户 4 766 人(次)。

项目组系统总结了 5 年来取得的研究成果,编制完成《宁夏瓜菜"十三五"全产业链项目研发关键技术》一书,集中展示了宁夏瓜菜研究的最新成果,基础性、创新性、实践性较强,可作为基层农业技术推广部门、新型经营主体选用优新品种和先进实用技术的参考以及培训新型农民的技术教材。同时,对推进宁夏瓜菜产业高质量发展具有重要的参考价值。

宁夏农林科学院党委书记　周东宁

2020 年 8 月

【前言】

　　2015 年 2 月 11 日,宁夏农林科学院科研处发《关于征集"十三五"重大科研项目的通知》:"为贯彻落实好宁夏回族自治区党委副书记崔波同志对我院工作的批示精神,努力开创'十三五'期间我院科研工作的新局面,经研究决定,现面向全院征集'十三五'重大科研项目。重大项目的设计着眼点要从为解决我区农业特色优势产业发展中存在的重大的、关键性的、共性的科技问题为主攻方向,要从全产业链方面考虑,既要注重研究的整体性和系统性,又要体现研究的深度和广度;研究既要具有前瞻性、基础性,又要注重产品的开发和示范等。因此,在项目可研报告的撰写上一定要与产业紧密结合,针对产业发展中存在的关键技术问题、瓶颈问题或难点问题,提出自己的研究内容。现把项目撰写提纲附后,请参考。"自此,宁夏农林科学院种质资源研究所蔬菜、西甜瓜学科团队一同组织申报"宁夏特色瓜菜产业关键技术创新示范"项目,于 2016 年 3 月获批立项,项目实施期为 2016—2020 年。

　　种质所高度重视此次宁夏农林科学院"十三五"重大科研项目的组织申报,并作为本所"十三五"重大科研工作进行全力推进。在院、所的全面支持下,本所蔬菜、西甜瓜团队集合一体,根据产业发展需求、已有的研究基础及团队研发方向等,经多次商议讨论,提出了"特色瓜菜种质资源创新与高质栽培技术研究示范"的项目名称、主要目标、任务和考核指标,并于 2015 年 3

月上旬完成了初步的项目建议报告,提交科研处。科研处就该建议书邀请宁夏区内相关专家和项目组主要人员组织了专题交流讨论,提出了具体的修改和完善意见。4月初,项目组根据此次交流讨论意见,进行了全面的修改和完善。期间,与参加交流讨论会的诸位专家,就关注的内容、问题进行了多方面咨询,并组织了2次材料交流讨论和审阅会,于2015年6月底,再次形成"特色瓜菜种质资源创新与高质栽培技术研究示范项目"建议书并提交科研处。科研处于7月中旬,组织2名区外专家、5名区内专家组成专家组,对该建议书进行了交流讨论和评议,给予了基本的肯定,但提出了内容过多、问题导向不明确、目标任务不聚焦、建议将题目改为"瓜菜新品种培育及一特三高栽培技术研究与示范"等问题。项目组遵照专家组意见,于7月底完成"瓜菜新品种培育及一特三高栽培技术研究与示范"项目建议书并提交科研处。之后的8—12月,因财政厅、科技厅及农科院管理方面的协调,该项目财政资金支持的主要任务调整为"优新技术集成与示范推广",必须要做的,如瓜菜种质资源创新、设施环境调控、栽培技术研究等任务,另由农科院科技创新先导资金及农牧厅、科技厅相关研究示范项目配套一同实施。该计划项目的主体支持资金调整为财政专项资金"宁夏农业一二三产业融合发展科技创新示范项目",项目名称修改为"宁夏特色瓜菜产业关键技术创新示范"。因项目方向定位、任务指标发生重大改变,项目组按要求,对2个方面的申报书做了对应的调整和重新整理完善,经2次专题评议论证,于2015年11月下旬通过由科研处组织的由区内外专家参加的专题论证,12月中旬再修改完善并提交。2015年12月17日,宁夏回族自治区主管农业的副主席曾一春在农科院组织政府办公会,自治区政府副秘书长及发改委、农委、财政厅、农牧厅、科技厅、葡萄产业局、宁夏大学等部门主管领导,以及自治区老科协资深专家,就农科院组织提出的12个"宁夏农业一二三产业融合发展科技创新示范项目"进行了高级别论证和审议,并给予了充分肯定,同时提出了方向性、结构性方面明确和细化完善的意见。自此,该项目一并被确定立项,进入启动实施阶段。

项目的主要目标是围绕宁夏"十三五"农业"1+4"特色产业规划和"一特三高"发展目标,针对瓜菜产业存在的"育种技术落后、重引进轻培育、种源优势和产品特色不明显,设施设备配置标准不高、环境调控能力不足、抗自然灾害能力弱,露地及设施栽培大多仍为劳动力密集型、经验管理、适度规模农机农艺融合水平低、劳动强度高效率低,土壤培肥保育和可持续利用、高效茬口模式应用、水肥一体化等标准化生产水平低、产量质量不稳定"等关键技术问题,开展特色优质瓜菜新品种创制、培育和筛选展示及以农机农艺融合为技术核心的"优新品种应用、设施设备优化完善、土壤可持续利用、节水及水肥一体化、植株均衡调控、病虫害轻简化防控"等关键栽培技术的试验研究和集成示范,探索技术机理,进行新技术新产品的集成创新,建立标准化适用技术体系,提升一线技术人员水平素质,培养农民生产能手,显著提升和保障品种特色优势、设施安全高效生产性能、露地和设施瓜菜农机农艺融合水平,为宁夏瓜菜产业"一特三高"发展提高坚实科技支撑。

项目吸纳宁夏全区瓜菜主要生产县区农技中心和基地企业联合实施,在全区代表性生产园区建立了8个试验示范点,其中,宁夏农林科学院枸杞研究所"宁夏农林科学院现代农业综合试验示范基地"和宁夏园艺产业园主要开展新型设施构建及环境性能监测调控、新品种适应性栽培性状、无土栽培模式、水肥量化管理指标等基础技术的试验研究;宁夏巨丰种苗有限公司银川贺兰县立岗基地、吴忠国家农业科技园区孙家滩设施农业园区、中卫沙坡头区镇罗镇设施农业核心区、固原原州区彭堡镇闫堡蔬菜园区、固原彭阳县新集乡沟口红河镇和常沟拱棚辣椒试验示范基地主要开展新品种、新技术、新材料装备的应用试验和集成示范,支持和指导基地企业保障集成技术的管理和应用优势,以典型示范做引领推广。

本项目2016年1月正式启动实施,本年度全部任务由"农科院科技创新先导资金项目"、"主席基金项目"和"宁夏农业一二三产业融合发展科技创新示范项目"3部分构成,"农科院科技创新先导资金项目+主席基金项目"主要完成"特色蔬菜种质资源收集与创制、特色西甜瓜品种资源鉴定培育及栽培示范、日光温室蔬菜水肥精准管理及高质栽培技术研究示范"3个方面的任务,侧重于试验研究;"宁夏农业一二三产业融合发展科技创新示范项目"主要完成"观光型瓜菜园建设及生产模式、露地冷凉蔬菜高效低耗规模化栽培、拱棚辣椒标准化栽培技术、新型日光温室构建及高新栽培技术、日光温室水肥精准管理及资源高效利用技术"5个方面的任务,侧重于集成创新与示范。

2016年是项目起始之年,一是完成实施方案的编制和确定并全面展开各项工作,1—3月,项目组组织编制实施方案,并经2次专家会咨询讨论后确定,同时完成各课题本年度任务设计书和试验示范点年度工作计划,项目各项工作得以全面展开并有序推进。二是进一步明确各课题本年度任务重点和基地实施内容,使任务、人员、基地明确责任并全面融合,保证专题试验科学设计、准确落实,示范工作精准管理、确保优势。三是侧重于优新技术的示范推广,以温棚新型棚膜和自动放风器、新品种种苗、全素有机肥、水肥一体化系统材料、速溶滴灌肥、高效安全农药等物化技术产品,对代表性基地企业、农户进行补贴式应用推广,迅速扩展新技术优势,有力支持优质丰产栽培,切实巩固和提升地方产业部门、基地企业、农户对项目实施的信任与支持,为项目顺利实施及完成打下了坚实基础。

2017年,项目任务由"农科院科技创新先导资金项目"和"宁夏农业一二三产业融合发展科技创新示范项目"2部分构成,任务方向和内容遵循总任务书不变。技术研究方面,着力开展"特色瓜菜种质资源收集与创制和国内外优新品种筛选示范、日光温室蔬菜水肥精准管理及高质栽培技术、压砂西甜瓜连作障碍解除及健康生产技术、露地冷凉蔬菜农机农艺融合模式、拱棚辣椒土壤培肥保育及连作障碍克服"等专题试验。集成示范方面,侧重于试验示范基点优势典型应用成效的管理保障,以现场观摩、技术培训推介物化技术产品继续进行引领推广。

2018 年初,为规范管理和实施,在院科研处组织和指导下,将之前的各类别项目进行了统一整合,新确定本项目类别为"宁夏农林科学院全产业链创新示范项目",项目编号 QCYL-2018-03,整合确定 6 个课题:特色蔬菜种质资源收集与创制、西甜瓜特色品种资源鉴定培育及高质栽培技术研究、露地冷凉蔬菜高效低耗规模化栽培技术示范、新型温棚构建及蔬菜高效低耗栽培技术研究、日光温室蔬菜精准管理及资源高效利用技术研究示范、拱棚辣椒标准化栽培技术试验示范,并于 7 月完成统一任务书签订。

2018—2020 年是项目实施的中后期阶段,也是全部任务的满负荷实施阶段。在 2016—2017 年的实施基础上,进一步提升了项目实施和质量管理水平,优化完善了项目计划任务和实施方案的顶层设计,课题与项目的关联性更加明确、目标任务更加聚焦、技术路线更加明细、人员和基地责任更加具体,项目实施质量显著提升,各项考核指标得以高质量完成。

本项目是宁夏农林科学院根据宁夏回族自治区"十三五"特色农业产业发展规划和技术需求,针对产业存在的主要技术问题,首次组织实施的 12 个重大科技项目之一。项目设计并研发完成的"主要瓜菜种质资源鉴评及创新技术构建、新品种培育、新材料新结构温棚设计建造、拱棚辣椒土壤连作障碍消解和持续优质高产、设施和露地蔬菜水肥精准管理、日光温室无土栽培模式、露地冷凉蔬菜高效轮作和机械化栽培、压砂西甜瓜保质增效栽培模式、辣椒和大蒜本地规模化制种"等,经成果转让、示范推广等,显著提升并支持了各基地企业、生产大户等的优质高产栽培,同时明显提高了实施县区技术人员的技术水平,培养了一批农民生产技术能手,项目的顺利实施和圆满完成,解决了宁夏瓜菜"十三五"期间存在的主要技术问题,为区域特色优势瓜菜产业高质高效发展提供了坚实科技支撑。

宁夏特色瓜菜产业关键技术创新示范项目组

2020 年 8 月

【目录】

第一章 宁夏瓜菜产业"十三五"发展现状

一、宁夏农业自然条件状况

宁夏回族自治区,简称宁,位于北纬 35°14′~39°23′,东经 104°17′~107°39′,处在祖国版图东西对折中线上。疆域轮廓南北长、东西短。南北相距约 456 km(北起石嘴山市头道坎北 2 km 的黄河江心,南迄泾源县六盘山的中嘴梁),东西相距约 250 km(西起中卫市营盘水车站西南 10 km 的田涝坝,东到盐池县柳树梁东北 2 km),总面积为 6.6 万多 km²,目前常住人口 694.66 万人,其中汉族占全区总人口的 62.5%,回族占 36.7%,其他民族占 0.83%,城镇人口比例约为 59.86%,乡村人口比例约为 40.14%。

宁夏地处黄土高原与内蒙古高原的过渡地带,地势南高北低,丘陵占全区总面积的 38%,平原占 26.8%,山地占 15.8%,台地占 17.6%,沙漠占 1.8%;北部银川平原区域平均海拔约 1 000 m,中部干旱带及南部山区平均海拔约 1 200 m。北部的贺兰山南北走向,南北长 200 多 km,东西宽 15~60 km,山地海拔多在 1 600~3 000 m,主峰敖包圪垯海拔 3 556 m,为宁夏境内的最高峰,是塞上江南银川平原的天然屏障。南部的六盘山最高峰米缸山海拔 2 942 m。环六盘山区域为黄土高原的一部分,流水切割作用显著,地势起伏较大,山高沟深。中部同心县境内的大罗山主峰好汉圪垯海拔 2 624.5 m,为鄂尔多斯台地的南缘。全境农业耕地土壤基本为湿陷性沙壤土,pH>7.5,黄河末端的贺兰县局部及石嘴山市的大部分农田土壤 pH>8.0。宁夏深居西北内陆高原,属典型的大陆性半湿润半干旱气候,具有"冬寒长、夏暑短、雨雪稀少、天干物燥、风大沙多、南寒北暖"等特点。宁夏全年晴天日照时数 3 000 h以上,太阳辐射强,昼夜温差大。近 10 年平均气温在 5~9℃,最低温−20~−25℃(一般在冬至至春节期间),1 月平均气温在−8℃以下,夏季最高温 35~37℃(一般在 7 月 20 至 8 月 20 日期间),昼夜温差一般在 12~15℃,北部引黄灌区平均温度一般比南部山区高 3~5℃。宁夏雨季多集中在 6—9 月,降水量南多北少,环六盘山区年平均降水 400 mm,北部引黄灌区和中部干旱带年平均降水 200 mm,但总体蒸发量都在 1 000 mm 以上。晚春霜冻、夏季干热风及暴雨冰雹、冬春 6 级以上大风、秋季冬季连续 3 d 以上连阴雨雪天等各种自然灾害多发。

二、宁夏瓜菜产业发展现状

宁夏瓜菜产业 2005 年被确立为宁夏回族自治区五大战略主导产业之一,2007 年开始发展百万亩设施农业,至 2010 年,是跨越式发展阶段,以节能日光温室、塑料拱棚、压砂地建设为切入点,通过政府政策、资金、科技等方面的强力推动,吸纳了企业、大户及生产农户的广泛参与,在面积级数扩增、产业链快速伸长、市场化同步发展方面取得了重大成效。至 2018 年,以瓜菜栽培为主导的设施农业、露地蔬菜和西甜瓜生产面积稳定在各 100 万亩[①],以宁夏全区 1/7 的耕地面积,产出了占全区农业总产值 30%以上的产值,是不可取代的宁夏农业战略主导产业之一。

步入"十三五",宁夏回族自治区党委、政府提出"1+4"农业产业布局,仍把瓜菜列入四大产业之中,结合国家永久性蔬菜基地及蔬菜标准园建设工程,全面引领和推动宁夏瓜菜产业向"一特三高"目标发展。当前宁夏瓜菜产业正处于传统生产向现代生产的过渡阶段,瓜菜供需平衡发生了重大变化,

---

① 1亩约等于 0.066 666 7 ha、0.000 666 7 km²。

由产供销等环节构成的全产业链还不健全,保障供需平衡、促进农民增收面临更为严峻的挑战。

(一)产业格局初步形成

宁夏是农业部规划确定的黄土高原夏秋蔬菜和设施农业优势生产区,宁夏蔬菜产业经过多年的发展,形成了"六大板块、四大优势生产区"的产业格局。六大板块为设施瓜菜、越夏及冷凉蔬菜、供港蔬菜、麦后复种蔬菜、脱水加工蔬菜、露地西甜瓜。四大优势生产区是以银川、吴忠、中卫为主的现代设施蔬菜、果树、花卉及供港蔬菜生产优势区;以中卫环香山地区为主的压砂瓜生产优势区;以石嘴山为主的脱水蔬菜生产优势区;以固原为主的冷凉蔬菜生产优势区。瓜菜产业已成为宁夏发展现代农业的重要载体和促进农民增收的支柱产业之一。

近年来,宁夏坚持"冬菜北上、夏菜南下"战略,实施"百万亩设施农业、百万亩露地冷凉蔬菜、百万亩西甜瓜"工程,形成了冬春设施蔬菜、越夏冷凉蔬菜、供港蔬菜及压砂西甜瓜四大产业鼎局态势,打开了市场大门,产品销往全国大中城市,远销俄罗斯、蒙古以及中亚等国家。

(二)规模面积稳定,种植结构趋于合理

宁夏瓜菜生产类型主要有设施栽培和露地栽培两大类,其中设施栽培有日光温室、大中拱棚、小拱棚 3 种类型;露地栽培有春夏菜、秋菜及西甜瓜 3 种。瓜菜种类有茄果类、瓜类、绿叶菜类、豆类、根菜类、薯芋类、白菜类、葱蒜类、小杂果、花卉、食用菌 11 大类 20 多种 100 多个品种。截至 2015 年年底,全区蔬菜种植面积 307.5 万亩,其中设施生产 89.7 万亩、供港蔬菜 13.6 万亩、冷凉蔬菜 97.6 万亩、露地西甜瓜 106.6 万亩,总产量 680 万吨,产值 100.2 亿元,占种植业总产值的 36.6%,农民人均来自蔬菜产业的纯收入达到 1 211 元。

设施生产以瓜菜、果树、花卉及食用菌栽培为主,其中日光温室生产面积 49.1 万亩,以果类菜生产为主,秋冬茬接早春茬 70%,冬春一大茬 30%;拱棚生产面积 40.6 万亩,以果类菜、西甜瓜及叶菜生产为主,生产茬口主要有春提前接秋延后茬和春夏茬生产。

供港菜 13.6 万亩,以菜心、芥蓝等叶类蔬菜为主。生产企业达 20 多家,建立生产基地 30 多个,基地规模均在千亩以上。

露地菜以山区冷凉蔬菜、石嘴山脱水加工蔬菜及灌区越夏蔬菜为主,山区冷凉菜面积 30.1 万亩,以大白菜、西芹、辣椒、萝卜、胡萝卜、甘蓝、西红柿、洋葱等为主;脱水加工蔬菜种植 12 万亩,以脱水菠菜、甘蓝、胡萝卜、番茄、芹菜栽培为主;麦后复种蔬菜 15 万亩,灌区其他越夏菜 40.5 万亩,以番茄、黄瓜、茄子、豆角等果菜类蔬菜为主。

露地西甜瓜包括灌区地膜瓜和中部干旱带压砂瓜,以西瓜、甜瓜种植为主,辅以籽瓜种植,其中压砂瓜面积 87.9 万亩。

(三)蔬菜工厂化穴盘育苗基本普及

宁夏全区建有育苗场 102 个,育苗面积 109.5 万 m²,育苗每平方米每茬育苗量约 650 株;其中引黄灌区 86 个,育苗面积 82 万 m²,中部干旱带和南部山区建设育苗中心 16 个,育苗面积 27.5 万 m²;年育苗量 2 000 万株以上的 12 个,其他大多在 500~1 000 万株。穴盘规格 280 mm×540 mm,一般常用50 穴、72 穴、98 穴、108 穴、128 穴规格,50 穴、72 穴一般用作茄子和瓜类及砧木苗生产,98 穴、108 穴规格多做番茄、辣椒苗生产,128 穴一般做十字花科的甘蓝类、白菜类及芹菜苗等生产。日光温室年育苗 4 茬(冬春茬日光温室苗 11 月底播种、1 月中下旬出苗;春提前大中小拱棚苗 1 月中旬前后播种、3 月初开始陆续出苗;露地栽培苗 3 月中旬前后播种、5 月底开始陆续出苗;秋冬茬日光温室苗 6 月中旬前后播种、7 月中下旬开始陆续出苗);连栋玻璃温室、大拱棚或连栋塑料拱棚年育苗 2 茬,主要生产秋冬茬日光温室和露地用苗。设施瓜菜用苗 100%应用集约化穴盘种苗,露地近 60%(因露地量较大的大白菜、萝卜、胡萝卜、一半的芹菜及香菜、菠菜等均为直播,面积占近 50%;其他如茄果类、甘蓝类、瓜类等应用率也为 100%)。市场化程度较高,全区大部分基地、生产大户及代表性农户均可电话定苗,在满足灌区瓜菜种苗供应的基础上,部分种苗外销周边地区。

（四）产业政策、扶持力度逐年加大

宁夏自 2002 年年底,制定实施《宁夏优势特色农产品区域布局及发展规划(2003—2007 年)》以来,全区围绕构建引黄灌区现代农业、中部干旱带旱作节水农业和南部山区生态农业"三大区域"产业体系,强力推进特色优势产业提质扩量增效,取得了显著成效。在此基础上,2008 年年底,宁夏颁布了《宁夏农业特色优势产业发展规划(2008—2012 年)》,为促进农业持续增效、农民持续增收和农村经济持续发展奠定坚实的基础。为加快推进宁夏农业特色优势产业集聚升级,充分发挥农业资源优势,提高农产品市场竞争力,全面提升现代农业发展水平,促进农业增效、农民增收、农村繁荣,制定《关于扶持农业特色优势产业发展的意见(2012—2015 年)》《加快推进农业特色优势产业发展若干政策意见》(宁政发〔2013〕11 号)、《关于加快产业转型升级促进现代农业发展的意见》(宁政发〔2014〕43 号)、《关于贯彻落实中央一号文件精神做好 2015 年农业农村工作的意见》(宁党发〔2015〕7 号)、《2015年加快推进农业特色优势产业发展若干政策意见实施细则》《自治区人民政府关于创新财政支农方式加快发展农业特色优势产业的意见》(宁政发〔2016〕27 号)、《宁夏特色产业精准扶贫规划(2016—2020 年)》等相关扶持政策,引导和保障了宁夏蔬菜产业的发展。

（五）科技进步推动产业发展

宁夏的设施农业之所以呈现出快速发展的良好态势,一方面得益于自治区党委、政府的坚强领导,也是各市县、各部门坚定的贯彻自治区党委政府战略部署的结果。组建了瓜菜产业专家服务团,科技在瓜菜产业的快速发展中起到了强有力的支撑作用,如"十一五"的国家科技支撑项目"西北干旱冷凉区设施园艺节水高效生产关键技术研究与示范","西北干旱地区压砂地持续利用关键技术研究与示范","十二五"国家科技支撑、自治区科技育种专项,以及自治区成果转化、科技攻关项目等大小近百项科技攻关与技术集成示范项目,从布局规划、设施结构、优新品种、节水栽培、病虫害防控、穴盘育苗、采后加工与冷链物流等产业关键技术,制定了一批瓜菜农产品的无公害和绿色生产技术标准和规程,确立了区域化专业化生产模式,初步建立了符合宁夏实际的瓜菜产业技术体系,有力地支撑了全区瓜菜产业的快速发展。

三、宁夏瓜菜栽培布局及模式

(一)日光温室蔬菜

目前宁夏全区日光温室蔬菜栽培面积约 25 万亩,温室主要类型为 2012 年之前建成的夯土墙二代日光温室,占总面积的 80%,跨度 8~9 m,脊高 4.2 m 左右,绝大部分长 70~90 m;有 1 m 一个全钢架和 3 m 一个钢架+竹片及琴弦式钢丝类型,基本上都配置了保温被卷帘机及放风卷膜器、滴灌系统。其他为 2012 年以后陆续新建的砖混墙体及新材料装配式新型日光温室。

主要的生产县区为贺兰县、兴庆区各约 4 万亩,沙坡头区 3.5 万亩,永宁县、灵武市各 2 万亩,平罗县、青铜峡市、原州区、彭阳县各 1 万多亩,大武口区、西夏区、金凤区、利通区、中宁县、海原县、西吉县、隆德县等约在 3 000~8 000 亩不等,惠农区、盐池县、红寺堡区很少,同心县、泾源县面积很小。

1. 栽培模式

一年两茬模式:秋冬茬(7 月底—8 月上旬定植,1 月上旬前拉秧)接冬春茬(1 月底前后定植,7 月底前后拉秧)。秋冬茬主要栽培耐寒性较好蔬菜,主要为番茄、辣椒,较少茄子、黄瓜。冬春茬因气候条件日趋良好,适于大部分瓜菜栽培,主要规避重茬连作即可,一般为秋冬茬番茄→冬春茬辣椒、黄瓜、西瓜、甜瓜等或秋冬茬辣椒→冬春茬黄瓜、番茄、茄子等。番茄一般亩定植 1 800 株,5~6 穗果去头封顶,每穗果留 5~6 个果,平均单果重 150~200 g,正常亩产 8 000 kg。辣椒一般定植 2 200 株,正常亩产 5 000 kg。近 3 年,两茬亩投入约 12 000 元,最高收入 35 000 元以上。

假植越冬栽培:11 月上旬定植,至 1 月底期间呈假植练苗阶段,春节后气温地温回升开始促长,翌年 4 月上旬开始上市,最长可至 10 月底前后拉秧,多做牛角形辣椒及黄瓜栽培,约占日光温室总面积的 15%。辣椒一般定植 2 200 株,正常亩产 10 000 kg 以上。黄瓜一般亩定植 2 600 株,需落 2~3 次蔓,每株可采瓜 35 个以上,平均单瓜重 220 g 左右,正常亩产 17 000 kg 以上。近 3 年,亩投入约 10 000 元,最高收入 32 000 元。

越冬一大茬栽培:8 月上旬前后定植,10 月底开始采收,至来年 7 月下旬拉秧,多做茄果类(茄子、辣椒、番茄),番茄需落 2~3 次蔓,茄子、辣椒需双杆 Y 形整枝,对温度、水肥、整枝管理技术要求较高。番茄一般亩定植 1 800 株,可结 12~15 穗果,每穗果留 5~6 个果,平均单果重 150~200 g,正常亩产 20 000 kg。辣椒一般定植 2 200 株,正常亩产 12 000 kg 以上,主要在贺兰县、兴庆区、永宁县及沙坡头区,每年面积约 1 万亩。近 3 年,亩投入 12 000 元,最高收入 45 000 元以上。

越冬韭菜栽培:多为简易日光温室,约占日光温室总面积的 10%。5 月上旬露地播种育苗,8 月下旬定植,11 月上旬温室升温管理,12 月底前后采收第一刀,翌年 2 月上旬前后第二刀,3 月中旬前后第三刀,一般采 3 刀,亩产 5 000 kg。第四刀产量、质量明显下降且影响根系再发育,一般不再采。韭菜属宿根蔬菜,每年培土养根可生长 3~5 年,露地栽培多采用,但目前设施为保证产量质量,大多采用一年一定植栽培。近 3 年,亩投入 4 000 元,最高收入 12 000 元以上。

2. 主要栽培技术

商品化优质穴盘种苗:订单定购,定植时由种苗公司送到地头,普及率 100%。

重施优质有机底肥:每亩腐熟羊粪、牛粪 10 m³ 或成品有机肥干鸡粪 2 000 kg+100 kg 复合肥,秋冬茬整地前施入;冬春茬整地施成品有机肥干鸡粪 2 000 kg+100 kg 复合肥。

夏季休棚高温闷棚:在 7 月份前后休棚期间,清洁温室土壤后,深翻 30 cm 以上,先漫灌大水(土表尽量能见明水,起到淋洗作用),之后密闭棚膜及闷棚 15 d 以上。

大小行高畦覆膜:1.5 m 规格做畦,畦上行距 0.6 m,畦高 30 cm。

滴灌水肥一体化:大部分应用单体施肥机或施肥罐,人工控制小型水泵,随水追施速溶滴灌肥及液体肥。

秸秆生物反应堆:连作障碍及根结线虫问题突出温室应用。

人工授粉:激素点花或振频授粉器(番茄、茄子)、对花(西瓜、甜瓜)。

人工吊蔓:温室用铁丝布设顶部吊蔓网,之后每个苗用吊蔓绳系挂。

无土栽培:应用专用有机基质或黄沙栽培,大多示范园区应用。

(二)拱棚蔬菜

目前宁夏全区塑料拱棚蔬菜栽培面积约 30 万亩,主要类型为大拱棚,全钢架,跨度 16~20 m、脊高 4.5~5.5 m、长 60~120 m,主要做各类瓜菜春提前越夏及秋延后栽培;中拱棚,水泥桁架及全钢架,跨度 8~10 m、脊高 3.2~4.2 m、长 60~120 m,彭阳拱棚辣椒是典型代表,面积占拱棚总面积的 40%;小拱棚,竹竿临建+塑料棚膜+草帘或棉被覆盖,跨度 1.5 m(一个栽培畦)、脊高 0.8~1 m、方向长度随田块而定,一般 30 m 左右,主要进行西瓜春提前及韭菜越冬栽培。

主要的生产县区为彭阳县(5 万亩),贺兰县(3 万亩),沙坡头区(3 万亩),兴庆区(2.5 万亩),永宁县(2 万亩),平罗县(2 万亩),灵武市(2 万亩),利通区、青铜峡市、原州区、隆德县各 1 万亩,大武口区、西夏区、金凤区、中宁县、海原县、西吉县、隆德县等在 3 000~6 000 亩不等;其他如惠农区、盐池县、红寺堡区很少,同心县、泾源县基本没有。

1. 栽培模式

大拱棚瓜菜:主要做春提前及越夏秋延后栽培,种类主要为番茄、黄瓜、西瓜等栽培,最早定植时间2月底前后,番茄、黄瓜5月中旬前后开始上市,最晚可延迟至11月中旬前后拉秧;西瓜5月中旬上市后,再于7月下旬前后定植番茄、辣椒等做秋延后栽培。

中拱棚瓜菜:主要做辣椒、番茄、黄瓜、西瓜等春提前和越夏栽培,最早定植时间4月10日前后,6月中旬前后开始上市,最晚至9月上旬前后拉秧。西瓜中拱棚大多为可移动钢架拱棚栽培,规避连作障碍,主要分布于永宁县、利通区、青铜峡市,面积近2万亩。

2. 主要栽培技术

小拱棚西瓜:主要分布于利通区、青铜峡市、中宁县、沙坡头区,面积近3万亩,做1.5 m宽畦+滴灌系统覆地膜,于3月下旬定植,10:00—15:00揭草帘并视情开口放风,5月上旬开始逐步撤草帘(保温被)及棚膜,6月中下旬上市,吴忠(利通区)马兴西瓜是品牌型代表。

小拱棚韭菜:主要分布于沙坡头区和中宁县,约2万亩;5月上旬露地播种育苗,8月上旬露地定植(1.5 m平畦),11月上旬(淌冬水后地能进人)搭建小拱棚开始升温管理,10:00—15:00揭草帘并视情开口放风,2月下旬采收第一刀,3月底前后第二刀,4月底前后第三刀,一般采3刀,亩产4 000 kg左右。第四刀产量、质量明显下降且影响根系再发育,一般不再采。

(三)露地冷凉蔬菜

宁夏露地蔬菜是全域冷凉生产特征,目前生产面积达100万亩,主要有春夏茬、秋茬两大类。主要分布于北部引黄灌区各县区和南部山区的环六盘山各县区,中部干旱带县区相对较少。主要栽培种类为大白菜(娃娃菜)、萝卜、胡萝卜、甘蓝、花椰菜、芹菜、大蒜、大葱、蒜苗、黄花菜、南瓜、冬瓜、螺丝菜、盘菜、辣椒、番茄及"供港蔬菜"等。

1. 栽培模式

引黄灌区麦后复种:共约18万亩,7月中旬直播,10月底前后收获,大白菜8万亩、萝卜(大多为灌灌青)5万亩,其他如甘蓝、盘菜、雪里蕻、尖叶菠菜、生菜、地梅豆等约5万亩。近3年,一般亩投入1 500元左右,收入3 500元左右。

引黄灌区春夏茬露地越夏栽培:共约14万亩,主要为番茄、辣椒、茄子、黄瓜、大葱、大蒜、南瓜、冬瓜等,其中番茄5万亩,辣椒3万亩,茄子(嫁接圆茄)、大黄瓜、大葱、大蒜、南瓜、冬瓜等各在0.7万~1.5万亩。番茄、辣椒、茄子5月10日前后定植,7月上旬开始上市,9月中旬基本结束拉秧;黄瓜5月10日前后定植,6月下旬开始上市,8月底前后基本结束拉秧;大蒜、南瓜、冬瓜等4月下旬前后直播,9月下旬采收;大葱一般春播、夏栽、秋收,即早春土壤解冻以后即播种,7月中旬前后成苗,部分可为小葱供应,开沟定植,10月上旬前后挖采。采种葱一般做秋播(9月中旬)越冬,春成苗(5月底前后)、秋采种。

番茄、辣椒、黄瓜亩投入6 000元左右,亩纯收入4 000元以上;其他亩投入4 000元左右,亩纯收入2 500元以上。

中部干旱带耐寒旱蔬菜:共约5万亩,盐池县、同心县、红寺堡区、海原县主要为黄花菜5 000亩、小茴香5 000亩、大葱(同心鸡腿葱)8 000亩、大蒜(海原红皮大蒜)5 000亩;萝卜、胡萝卜、中晚熟甘蓝、青麻叶类白菜、南瓜及少量辣椒等面积近3万亩。大部分为雨养传统型栽培,少量补水。

作为新兴的蔬菜种类,黄花菜栽培面积在逐年增长,盐池县东部的惠安堡及周边面积近500亩,利用滴灌给水,亩纯收入3 000元以上。

南部山区环六盘山区域露地冷凉蔬菜:共约32万亩,主要种类为芹菜,10万亩,其中西吉县6万亩,5月中旬定植、9月底前后采收;春植甘蓝、花椰菜、绿菜花、娃娃菜等10万亩,5月中旬定植,8月上旬前后采收;晚熟大白菜、大甘蓝、萝卜各3万亩左右,5月初直播,10月中旬前后采收;辣椒、胡萝卜、莴笋、大葱、越冬蒜苗等约3万亩。

投入产出情况:芹菜,投入5 200元,主要为种苗1 500元、肥料1 500元、农药200元、用工2 000元,根据近3年销售情况,1.2元/kg,平均亩产8 000 kg,产出9 600元;绿菜花,投入4 200元,主要为种苗1 500元、肥料1 500元、农药 200 元、用工 1 000 元,根据近 3 年销售情况,4 元/kg,平均亩产 1 500 kg,产出 6 000 元;娃娃菜,投入 4 200 元,主要为种苗 1 500 元、肥料 1 500 元、农药 200 元、用工 1 000 元,根据近 3 年销售情况,2.4 元/kg,平均亩产 3 000 kg,产出 7 200 元。其他亩纯收入基本都在 2 000 元以上。

供港蔬菜:总面积近 14 万亩,主要分布于引黄灌区和环六盘山区,主要栽培菜心、芥蓝、油菜和少量西蓝苔、红菜心(均可多次采摘)。

2. 主要栽培技术

早熟专用品种:适于南方市场消费,早熟,大多直播,生长期 45~50 d。

高宽畦:高 25~30 cm、宽 1.5 m。

喷灌水肥一体化:腐殖酸及速溶复合肥溶于水池,随喷灌施,先肥水后清水。

投入产出情况:投入 8 500 元,主要为种子 300 元、肥料 1 500 元、农药 200 元、用工 6 500 元;产出 11 250 元,根据近 3 年销售情况,2.5 元/kg,平均亩产 4 500 kg。亩纯收入 2 750 元。

(四)压砂西甜瓜

中卫压砂瓜,总面积近 100 万亩,年栽培面积 50 万亩,主要分布于中卫市沿香山北麓的海原县、沙坡头区、中宁县境域。特点是用砂石覆压土壤 8 cm 厚以上以保墒保温,开窝施肥(主要为优质有机肥及复合肥)、5 月初定植(4 月中旬直播),亩 250~300 株,品种几乎全部为厚皮粉红瓤晚熟金城 5 号,平均单瓜重 10 kg 左右,8 月下旬上市。现因降水量不足,尤其是定植(播种)前的压砂地土壤墒情不足、缓苗出苗期的"掐脖子旱"及连作病害等问题,多采用嫁接苗、覆地膜、喷灌等措施保障。

投入产出情况:投入 1 500 元,主要为种苗 300 元、肥料 500 元、农药 100元、用工 600 元,产出 3 200 元,根据近 3 年销售情况,1.6 元/kg,平均亩产 2 000 kg。亩纯收入 1 700 元。

（五）目前宁夏蔬菜主栽种类品种及农膜农药化肥应用情况（2019年
年底市场调查）

表1-1 宁夏设施蔬菜主要栽培种类品种

种类	品种名称	品种来源	主要特征特性
大番茄	丰收128	宁夏巨丰种苗	无限生长,中早熟,长势旺,抗早衰,果实圆形,深粉红色,产量高,单果重220~260 g,萼片美观,商品率极高,硬度极好,抗病性强,易栽培
	粉得力	武汉	杂交种,鲜食,中熟大粉红果,无限生长。植株蔓生,生长势较强。二回羽状复叶,叶绿色程度浅。第一花序着生节位7~9节,花序间隔节位2~3节,平均每花序花数4~7个。果皮无色,果实圆形,有绿果肩,果肩绿色程度浅,果实成熟前绿色程度深。果顶圆平,果面光滑,单果重210~260 g,果实货架寿命长。可溶性固形物含量5.14%,番茄素含量0.029 6 mg/g,Vc含量0.300 8 mg/g。感CMV、抗TMV、抗番茄黄化曲叶病毒病(TYLCV)、感叶霉病、感枯萎病、感根结线虫病、中抗灰叶斑。第一生长周期亩产6 637 kg,比对照瑞星5号减产0.54%;第二生长周期亩产6 832 kg,比对照瑞星5号增产5.32%
	粉印三号	宁夏红禾种子公司	杂交种,鲜食,无限生长类,植株高,长势旺盛,大叶较长宽,叶色绿,始花节位8节左右,花较多,坐果好,无绿肩,果中,3~4心室,果形圆,硬度高,成熟果实较红,萼片平展,商品果率高,货架期长;可溶性固形物含量4.7%,番茄素含量0.021 2 mg/g,Vc含量0.148 mg/g。感CMV、枯萎病、根结线虫,抗叶霉病、TMV、TYLCV,较耐热。第一生长周期亩产9 601.67 kg,比对照欧盾减产3.17%;第二生长周期亩产10 003.69 kg,比对照欧盾减产5.11%
	美粉869	宁夏巨丰种苗	无限生长,粉果,大小均匀,单果重250~280 g,精品果率高,抗TY病毒、叶霉病,适宜秋延保护地栽培
	卓玛A7	宁夏巨丰种苗	红果,硬度好,产量高,耐运输,大小均匀,单果重250~280 g,精品果率高,抗TY病毒、叶霉病,适宜秋延保护地栽培
樱桃番茄	碧娇	台湾农友	鲜食型杂交种,樱桃番茄,中早熟品种,半无限生长,株高1.7~2.5 m,第一花穗节位7~8节,花穗间隔3节左右,播种至始收80 d左右。生长势强,耐枯萎病(Race-1)和根结线虫,栽培容易。果实长椭圆形,果纵径约4.1 cm,横径约2.9 cm,单果重17 g左右,成熟果粉红色,皮薄,肉质脆甜,耐贮运。可溶性固形物含量9.0%,番茄素含量0.058 4 mg/g,Vc含量0.267 mg/g。中抗CMV,抗叶霉病,抗TMV,中抗枯萎病,感TYLCV,中抗根结线虫,喜温暖,不耐霜冻和炎热。第一生长周期亩产3 690 kg,比对照龙女增产3.9%;第二生长周期亩产3 720 kg,比对照龙女减产0.6%

（续表）

种类	品种名称	品种来源	主要特征特性
樱桃番茄	粉娇	山东	鲜食粉果杂交种，中早熟，无限生长，长势强，株形清秀，果实椭圆形，色泽亮丽，萼片微翘，每穗坐果数 15~20 个，平均单果重 20~25 g，品质好，硬度高，连续坐果能力强。可溶性固形物含量 11.08 g/100 g，Vc 含量 20.09 mg/100 g，总糖含量 7.77 g/100 g。抗裂，中抗 CMV，中抗 TMV，低抗 TYLCV，中抗叶霉，中抗枯萎病，中抗根结线虫病。在幼苗阶段耐盐性弱，在孕蕾阶段耐盐性较高，开花期降低。第一生长周期亩产 1 200 kg，比对照台湾千禧增产 39.53%，第二生长周期亩产 5 000 kg，比对照台湾千禧增加 21.95%
	香妃 3 号	宁夏巨丰种苗	无限生长，中早熟，长势旺盛，节间较短，单果重 20~25 g，成熟果短椭圆形，亮丽粉红色，连续坐果能力强，口感好，产量高，商品性极好，抗 TY 病毒。适合春秋、越冬保护地栽培
	香妃 13 号	宁夏巨丰种苗	短椭圆形，粉红果，产量高、口感好，无限生长，中早熟，长势旺盛，节间较短，单果重 18~25 g，连续坐果能力强，口感好，产量高。商品性极好，抗 TY 病毒。适合春秋、越冬保护地栽培
辣椒	华美 105	甘肃	鲜食杂交种，螺丝形羊角椒，果面有皱褶，果长可达 26~30 cm，直径 4~5 cm，单果重 80~120 g。植株健壮，小叶片，节间短，挂果多，膨果快，低温下坐果能力强。果深绿色，成熟后转红色，味香辣，商品性好。Vc 含量 147.0 mg/100 g，辣椒素含量 0.41%。高抗 CMV，感 TMV，感疫病，感炭疽病。第一生长周期亩产 9 099.9 kg，比陇椒 3 号增产 17.8%；第二生长周期亩产 9 032.6 kg，比陇椒 3 号增产 19.5%
	娇龙 15 号	宁夏巨丰种苗	辣椒早熟新品种，植株长势强健，株高 90 cm 左右；果实长羊角形，深绿色，果面有皱褶，味辛辣，品质极佳，商品性特好；果长 30~40 cm，果粗 4 cm 左右，单果重 40 g 左右，抗病毒病，耐疫病，耐低温弱光性极强；亩产约 6 000 kg 以上，适于露地、大棚及日光温室做早熟和越冬
	羊大帅	陕西	中熟品种，植株长势强健，株高 95 cm 左右；果实长牛角形，绿色，辣味中，商品性特好；果长 35 cm 左右，果粗 4 cm 左右，单果重 40 g 左右，抗病毒病、疫病，较耐低温弱光；亩产约 6 000 kg，适于露地、大棚及日光温室做早熟及越冬

（续表）

种类	品种名称	品种来源	主要特征特性
辣椒	37-124	瑞克斯旺	适合北方秋冬、早春日光温室及南方秋冬拱棚栽培；植株生长旺盛，耐寒性好，连续坐果性好，产量高；果实整齐性高，大果，果实颜色浓绿；果肩粗，皱褶较多，果皮薄，口感好，辣味浓；果长 30~35 cm，直径 4 cm 左右，单果重 60~90 g；抗烟草花叶病毒病（$Tm:0-2$）
	亨椒一号	北京绿亨公司	植株长势旺盛，叶片浓绿肥大，株高约 80~100 cm，开展度 65~80 cm，分枝有规律，极早熟，约 7~8 叶现蕾，果实粗长牛角形，一般果长可达 20~26 cm，保护地栽培前期果长可达 30~35 cm，横径 4~6 cm，单果重可达 100 g 以上，最大果重可达 200 g 左右。果面光亮，微有皱褶，黄绿色，色泽鲜丽，口感微辣，耐低温，较抗病毒病（TMV），连续结果力强，一般亩产 5 000~6 000 kg，适宜北方冬春温室、春拱棚及早春地膜覆盖早熟栽培，亦适应南方少雨地区（云、贵、川）及高山冷凉气候区露地栽培
	川崎秀美	宁夏巨丰种苗	日本最新改良，早熟、抗病、丰产、超大型杂交一代新品种。植株高大健壮，无限生长，连续坐果能力强。果实生长速度快，单果重 130~150 g，果长 26~36 cm，果径 5.0~5.5 cm，果实淡绿色，果肉厚。产量极高，耐寒耐热抗病易栽培，适合保护地及露地栽培
	航椒 8 号	甘肃	株高 98.6 cm 左右，开展度 60.3 cm 左右，株形半竖立，叶色绿；始花节位 9~10 节，从定植至青果采收 45 d 左右，单株果数 15 个左右，单果重 65 g 左右；果实长羊角形，纵径 25 cm 左右，横径 3.1 cm 左右，果肉厚 0.30 cm 左右，果面微皱，青熟果深绿色，老熟果紫红色，味辣。含粗脂肪 0.3%，Vc 含量 21.94 mg/100 g，可溶性固形物 6.57%。抗病毒病和疫病。在 2007—2008 年的多点试验中，平均亩产 3 724.6 kg，较陇椒 2 号增产 11.4%
	巨峰一号	宁夏巨丰种苗	杂交一代中早熟大牛角椒，坐椒节位 7~8 片叶，果实光滑，青椒颜色亮绿，果形顺直美观。果实长 28~30 cm，果肩宽 5.5~6.2 cm，平均单果重 150~180 g，亩产较对照品种亨椒 1 号增产 10%~15%。绿椒、红椒均可上市，中辣，肉厚质脆腔小，耐储运。连续坐椒能力强，膨果速度快，抗病、抗逆性较好
	巨峰二号	宁夏巨丰种苗	杂交一代，中早熟大牛角椒品种，果形顺直，果肩下稍有皱褶，果长 25~33 cm，果肩宽 5~6 cm，单果重 160~180 g；果实颜色亮绿，果肉较厚，微辣；坐果率高，持续坐果性好，抗病；露地、保护地均可栽培

（续表）

种类	品种名称	品种来源	主要特征特性
辣椒	娇龙7、12号	宁夏巨丰种苗	辣椒早熟新品种，植株长势强健，株高90 cm左右，果实长羊角形，深绿色，果面有皱褶，味辛辣，品质极佳，商品性特好；果长30~40 cm，果粗4 cm左右，单果重40 g左右，抗病毒病，耐疫病，耐低温弱光性极强；亩产约6 000 kg，适合露地，大棚及日光温室栽培，是赶早上市的首选品种
茄子	宝来二号	天津蔬菜所	杂交一代，中熟白肉紫圆茄，第七、八节着生门茄；果实绛紫色，有明亮光泽，果形指数0.83，果脐小，平均单果重700 g左右，产量最高可达8 000 kg以上；植株茎粗壮，不易倒伏，综合抗性强。适宜华北、东北和西北地区露地栽培，耐低温、耐储运
	宝来三号	天津蔬菜所	比宝来2号色泽亮，单果重略小，但抗病性强，肉浅绿色
黄瓜	德尔一号	天津德瑞特	早熟、高产华北型大黄瓜，定植40 d左右根瓜开始上市，单性结瓜突出，耐低温、抗霜霉病突出
	626	德瑞特	早熟、高产华北型大黄瓜，定植35 d左右根瓜开始上市，单性结瓜突出，耐低温、抗霜霉病突出，瓜条顺直，畸形瓜少
	驰誉传奇	天津黄瓜所	中熟、高产华北型大黄瓜，耐高温、高产性状突出，适于北方露地及设施早春茬做高产栽培
乳黄瓜	碧玉二号	上海富农种业有限公司	北欧温室型杂交种，欧洲水果型黄瓜，植株长势强，全雌性，有侧蔓，主蔓结瓜为主。瓜长14~18 cm，单瓜重100~180 g。瓜条直，果肉厚，果表光滑，无刺感，网状棱不明显，瓜色碧绿，口味清脆。高抗粉病，感霉病，耐高温、耐低温。第一生长周期亩产4 935 kg，比对照碧玉增产4.2%；第二生长周期亩产5 443 kg，比对照碧玉增产10.9%
	迷你二号	国家蔬菜研究中心	耐热，适合春季大棚栽培，全雌主侧蔓结瓜，瓜长12 cm，抗白粉，霜霉等真菌病害。亩定植3 000株，达到商品瓜标准及时采收，栽培管理同普通品种
	欧尼8号	宁夏巨丰种苗	无限生长，全雌系，连续坐果能力强；瓜长16 cm左右，节节有瓜，瓜条顺直，粗细均匀，表皮光滑有光泽，产量高，抗逆性强；高抗霜霉病、白粉病，在高温及低温条件下均能正常生长，适合各类保护地及露地栽培
西葫芦	京葫36	国家蔬菜研究中心	耐低温弱光冬温室型杂交品种。中早熟，根系发达，茎秆粗壮，长势强，株形透光率好，连续结瓜能力强，瓜码密，产量高。瓜长23~25 cm，粗6~7 cm，长柱形、粗细均匀，油亮翠绿，花纹细腻，商品性好。采收期200 d以上，亩产量达15 000 kg。适合北方冬季温室、春秋大棚和南方秋冬季露地栽培

（续表）

种类	品种名称	品种来源	主要特征特性
西葫芦	超玉118	宁夏巨丰种苗公司	最新法国引进资源选育的西葫芦杂交一代品种,植株长势旺盛,瓜色翠绿,瓜长24~30 cm,粗5~6 cm;光滑顺直有光泽,商品性极佳,高抗病,产量高,抗寒性强;低温弱光条件下带瓜能力强,适合日光温室越冬栽培
	珍玉8号	河南豫艺种业	绿皮窝生早熟,耐低温、抗白粉病、霜霉病性状突出,连续坐果能力强,单果重220~380 g,瓜条顺直,适于设施及露地做早熟栽培
	超玉8号	宁夏巨丰种苗	早熟西葫芦品种,长势稳健,瓜码密,低温下连续坐果能力强,单果重250~400 g;瓜条顺直,颜色亮绿,商品性好;适合保护地早春、秋延及春露地栽培
西瓜	华铃	台湾农友	早生,生长势强,结果力强。瓜圆球形,瓜皮淡绿色,披青黑色粗条纹,皮色奇特。肉色深红,中心可溶性固形物含量13%左右,品质优。瓜皮薄而坚韧,耐储运。适应性广,高温期栽培时,瓜膨大快速,不易裂瓜,不易空心
	惠铃	台湾农友	适应性强,坐果好,易栽培,新兴的小型西瓜品种。早生,生育强健,耐病性佳,土壤、气候适应性强,栽培容易;坐果能力强,产量高。果实高球形至椭圆形,果重约3 kg;果皮淡绿色,底散布青黑色细条纹。肉色鲜红,糖度高,品质好,不易空心。果皮薄而韧,耐储运
	小玲	台湾农友	肉质细爽,品质甚佳。早生,耐病性和生育性强,适应性广,坐果能力强,栽培容易,不易裂果。果实高球形至椭球形,果重约3 kg;果皮淡绿色,散布黑色细网纹。肉色鲜红浓艳,质地细嫩爽口,糖分较高且稳定
	甘浓一号	甘肃	植株生长健壮,果实圆形,果皮底色淡绿色,覆深绿色宽条带,果肉鲜红,肉质酥脆。单瓜重4~6 kg,含可溶性固形物10.4%左右。雌花坐果28 d可采收,全生养期88 d左右。抗病性不及对照品种美王
	早甜王	陕西	绿花皮、红瓤、早熟,中心糖度12.2%,耐旱、耐寒性突出,单瓜重5~8 kg,圆形,较耐储运,商品性突出
	美都	黑龙江	鲜食,中熟杂交品种,在常温下从开花至结果成熟约40 d,单瓜重量可达6~9 kg。果实呈圆球形,果皮呈绿色,覆墨绿色条纹,果肉呈桃红色,口感甜而多汁,中心糖度11~12%,边缘糖度8%~9%。瓜皮比较硬,较耐储运

（续表）

种类	品种名称	品种来源	主要特征特性
甜瓜	密世界	台湾农友	果实椭圆形,果重约 2 kg;果皮淡白色,果面光滑或偶有稀少网纹。果肉淡绿色,肉质柔软,细嫩多汁,糖度约 14%~16%。全生育期 85~100 d,开花至果实成熟 45~55 d;果实肥大性良好,产量丰高,耐储运
	京都雪宝	天津	白皮白瓤梨形早熟薄皮甜瓜,每株坐瓜 4~5 个,成品单瓜重 130 g 左右,平均含糖量 11%,抗白粉病,定植到成熟约 55 d,适于设施及露地早熟栽培
	丰雷	天津	丰雷瓜,果肉白色,皮薄、肉质松软、纯甜,外观佳。早熟、口感好
	羊角蜜	天津	早中熟品种,植株长势强,子蔓结瓜,雌花密。果皮灰绿,肉色淡绿,内厚 2 cm,质地松脆,汁多清甜,品质优;单瓜重 600 g,亩产 3 000 kg 以上,不耐储运
韭菜	富韭一号	河南	耐低温性突出,叶色浓绿,叶茎鲜白,根系发达,北方设施栽培可收割 3~4 刀,平均亩产 7 500 kg 以上
	顶绿	日本	生长速度快,分蘖少,叶色浓绿,叶茎鲜白,根系发达,叶片直立性好,较耐低温,北方设施栽培可收割 4 刀,平均亩产 6 500 kg 以上

表 1-2　宁夏露地蔬菜主要栽培种类品种

种类	品种名称	品种来源	主要特征特性
大白菜、娃娃菜	四季王春玉黄	韩国	一代杂交优良品种,外叶深绿,内叶嫩黄,叠包坚实;圆筒形,上下一致,开展度小,单球重 0.8~1 kg,结球紧实,口味特佳;抗病性强,耐寒耐抽薹,极早熟,生长期 48~52 d
	金皇后	北京	杂一代早熟品种,外叶深绿,开展度小,单球重 1.2 kg,结球紧实;抗霜霉病、软腐病,耐寒耐抽薹,极早熟,生长期 55 d
	金娃	巨丰种苗	株形紧凑,呈 H 形,球叶叠抱;播后 50~55 d 可以采收,外叶深绿,内叶鲜黄色,品质佳,口感好,生长快速,耐抽薹,适合北方地区春、秋季以及高海拔地区夏季栽培
	韩童	北京	熟期短,生长迅速,耐抽薹,适温生长 45 d 左右上市,外叶农绿,内叶金黄,风味佳,菜形直筒,适宜密植,抗逆性强,耐抽薹性好
甘蓝	中甘 21	中国农科院	杂交一代春甘蓝品种,早熟,定植到收获 50~55 d。株形半直立,株高 26 cm,开展度 43.5 cm×43.8 cm,外叶 15.6 片,倒卵圆形,绿色,叶面蜡粉少,叶缘有轻波纹,无缺刻。叶球圆球形,球色绿,单球重约 1.0 kg,叶球紧实,球内颜色浅黄,质地脆嫩,叶球纵径 14.8 cm,横径 14.5 cm,中心柱长 6.3 cm

（续表）

种类	品种名称	品种来源	主要特征特性
甘蓝	佳美特	日本（济南）	春秋甘蓝品种，定植后50~55 d可采收。植株长势强健，开展度中等，外叶适中，颜色深绿，蜡粉少者或者无，脚高。叶秋圆形，翠绿色，绿叶层数多，内叶黄，中心柱短，抗抽薹能力强，平均单球重1.2~1.5 kg，耐裂性好。抗病性强，中抗黑腐病
	世农2145	韩国	圆球形，结球紧实，中心柱低；叶球深绿，绿叶层数较多，底部颜色好，商品性优秀；低温条件下球形变化小
	邢甘23	河北邢申种业	中早熟、叶球深绿色，近圆球形，定植后58 d左右成熟。色泽鲜绿，光泽度高，叶球紧实，球体突出，口味甜美，耐裂球，耐潮湿，单球重0.8~1.6 kg，商品性强
	曼戈特	荷兰比久	中晚熟，大型品种；非常高产，圆球形，生长旺盛，内部叶片优美，紧实，芯柱短，耐储运，不易裂球，适合加工和鲜销
花椰菜、松花菜	白领	巨丰种苗	法国F1代白菜花(实花)，春秋皆可栽培，春季定植后60 d成熟，秋季定植后80 d成熟；内叶内抱性较好，花球形状高圆略扁，洁白紧实，单球重1.0~1.5 kg，美观整齐；适应性广，抗病性强，耐储运，肉质细腻，适宜鲜食及冷冻出口
	至尊70	山东天瑞种业	青梗松花菜；植株长势强健，花球松大，颜色白；花梗淡绿色，肉质脆甜可口；单球重1.5 kg左右；一般定植后70~75 d可采收
	春秀	上海长禾种业	法国进口F1代花菜(实花)，春植后60 d左右成熟，一致性好。植株健壮，外叶直立性强，纯度高，内叶自覆性好，宜密植。花球高圆形，洁白紧实，单球重1.5~2.0 kg，美观整齐，耐病性强，耐储运，肉质细腻，口味甜脆，品质优秀
	青丰70	广东	青梗松花菜；植株长势强健，花球松大、圆整，花梗淡绿色，肉质脆甜；抗病性强，单球重1.2 kg左右；一般定植后70~75 d可采收
绿菜花	耐寒优秀	日本坂田	耐寒性突出，花球深绿色，蕾粒细密，单球重600 g左右，轴粗，不易空心，定植到收获春季约65 d，秋季约80 d，亩产1 500~2 000 kg
	炎秀	日本坂田	杂交种，水果型。早熟，生长势强，较耐热，主侧蔓结瓜。叶片中等，平均茎粗度1.1 cm，节间长度7.5 cm，第一雌花位于第二节位，强雌性，前期每节雌花1~2朵，后期每节雌花3朵左右，每节都可坐瓜1~2条，连续坐瓜力强。瓜条短棒状，光皮，无刺，深绿色，有轻微蜡质，结果集中，商品瓜长约16 cm、瓜径2.8 cm，平均单瓜质量91.5 g。口感鲜嫩松脆，有清香味。干物质重4.7克，Vc含量0.088 2 mg/g，可溶性固形物3.8%。抗白粉病，中抗霜霉病，较耐热。第一生长周期亩产5 127.2 kg，比对照夏之光增产2.3%；第二生长周期亩产5 096.7 kg，比对照夏之光增产3.7%

（续表）

种类	品种名称	品种来源	主要特征特性
绿菜花	绿天使	巨丰种苗	中早熟西兰花,花蕾细腻,颜色亮绿,花球表面平整,球形美观,侧枝少,定植后70~75 d可收获,花球一般重400 g,栽培适应性广,一般地区春播和秋播,冷凉地夏天栽培也可以,适宜栽培密度为每亩2 300~2 500株
	绿天使二号	巨丰种苗	中熟偏迟,秋季定植到采收85~90 d;耐寒性强,秋季低温不发紫;株形较直立,茎秆不易空心,叶色深绿;花球高圆形,蕾粒中细,外观商品性好;单球重700 g左右,产量较高
芹菜	皇后	法国	中熟品种,定植后70~80 d收获,株高85~90 cm,叶柄长30 cm,株形好。纤维少,品质好,不空心,鲜嫩可口。淡黄色且有光泽。抗病性及强,主抗芹菜叶斑病、芹菜软腐病,亩产8 000~20 000 kg。种植距离25~28 cm,植株长势均匀
	文图拉	北京思贝奇种子有限公司	从美国引进,经多代提纯选育而成,生长旺盛,株高80 cm左右,叶绿色,叶柄浅绿色。抱合紧凑,实心,腹沟浅较宽平,品质脆嫩,纤维少,抗枯萎病及缺硼病,从定植到收获约80 d,单株重约1~1.5 kg,亩产7 500 kg左右
	亚伯特	日本	开创性杂交品种,中晚熟,株形紧凑,商品性极好,茎秆光滑,光泽度极高,亮绿,纤维含量少,口感好;直立性好,适合密植栽培,丰产潜力较大,耐低温性强
萝卜	绿富士	山东	早熟,耐低温性突出,绿皮绿瓤,圆形,单果重360 g左右,适于设施和露地早熟栽培
	春美丽	河北	早熟,耐低温红皮白瓤,长棒形,单果重180 g左右,适于设施和露地早熟栽培
胡萝卜	百灵	荷兰	鲜食型早熟品种,色橘红,抗病、产量高
	红尊808	韩国	色深红,粗指形,鲜食口感佳,抗病、产量高
南瓜	贝贝	日本	早熟,鲜食型,沙甜,单瓜重500~600 g,耐旱性、抗病性突出
	红元帅	山西	红皮橘红瓤小型南瓜,沙甜,单瓜重750 g左右,耐旱性、抗病性突出
番茄	丰收128	宁夏巨丰种苗有限公司	无限生长,中早熟,长势旺,抗早衰,果实圆形,深粉红色,产量高,单果重220~260 g,萼片美观,商品率极高,硬度极好,抗病性强,易栽培

（续表）

种类	品种名称	品种来源	主要特征特性
番茄	瑞菲	先正达种苗有限公司	鲜食型,杂交一代大红番茄品种,无限生长,中早熟。植株长势强,耐热性好,坐果能力强,果实均匀整齐,果形扁圆形,颜色美观,萼片开张,平均单果重约 200 g。果实硬度好,耐储运。可溶性固形物含量 3.89%,番茄素含量 0.027 mg/g,Vc 含量 0.26 mg/g,感 CMV、叶霉病、TYLCV、根结线虫,抗 TMV、枯萎病。坐果性、丰产性稳定,商品性一致,综合抗病性强。第一生长周期亩产 5 500 kg,比对照齐达利增产 3%;第二生长周期亩产 5 366 kg,比对照齐达利增产 4%
	蓓丽（改良蓓丽 F1）	广东（广州亚蔬园艺种苗有限公司）	以色列亲本育成的优良品种。无限生长,长势壮旺,节间密,每个花序有 5~6 朵花,耐花头、耐裂果,耐热,抗番茄黄化卷叶病毒,中抗根结线虫,抗番茄花叶病毒,抗番茄斑萎病毒,抗白粉病。单果重 180~260 g,熟果红亮有光泽,果实硬实,果形稍扁。适宜全国春、秋季栽培。亩产 10 000 kg 以上
辣椒	娇龙12 号	宁夏巨丰种苗	杂交一代早熟型螺丝椒, 植株长势强健, 株高 90 cm 左右;果面有皱褶,深绿色,味辛辣,品质佳,商品性好;果长 32 cm 左右,果粗 4~4.5 cm,单果重 70 g 左右,抗病能力强,适应性广泛;亩产约 6 000 kg,适于露地、大棚及日光温室做早熟栽培
	娇美二号线椒	宁夏巨丰种苗	杂交一代早熟型线椒,植株长势强健,株高 90 cm 左右;果面略有皱褶,深绿色,味辛辣,品质佳,商品性好;果长 35 cm 左右,果粗 1.5 cm 左右,单果重 35 g 左右,抗病能力强,适应性广泛;亩产约 5 000 kg,适于露地、大棚及日光温室栽培
	娇龙	宁夏巨丰种苗	辣椒早熟型新品种,植株长势强健,株高 90 cm 左右;果实长羊角形,深绿色,果面有皱褶,味辛辣,品质极佳,商品性特好;果长 30~40 cm,果粗 4 cm 左右,单果重 40 g 左右,抗病毒病,耐疫病,耐低温弱光性极强;亩产约 6 000 kg,适于露地、大棚及日光温室栽培,是赶早上市的首选品种
	航椒 5 号	甘肃	早中熟,始花节位 10~11 节,定植至青果采收 55 d 左右,株高 126.5 cm 左右,开展度 68.2 cm 左右,株形紧凑,叶色深绿,单株坐果数 21 个左右,单果质量 41.5 g 左右;果实羊角形,纵径 30 cm 左右,横径 3.1 cm 左右,果肉厚 0.28 cm 左右,果面光滑,果肩皱,青熟果深绿色,老熟果紫红色,商品性好,味辣,Vc 含量 158 mg/100 g,粗脂肪 0.4%。单果种子量 127 粒左右,种子千粒重 6.8 g

（续表）

种类	品种名称	品种来源	主要特征特性
辣椒	巨峰1号	宁夏巨丰种苗	植株生长势较强,株形紧凑。株高40~50 cm,开展40~45 cm。第一果着生于主茎8~10节。果实粗短牛角形,果皮绿色,果面光滑无皱,果肉厚,味微甜,商品性好。中熟偏早,生育期120~130 d,播种至始收80~90 d。果长15~17 cm,果肩宽4.2~5.0 cm,果肉厚0.40~0.50 cm,单果重60~100 g,坐果集中,能同时坐果15个以上,亩产可超过3 000 kg。耐储运,耐湿热,耐寒冷;抗枯萎病、病毒病能力较强
	娇艳2号	宁夏巨丰种苗	杂交一代螺丝椒品种,早熟性好,坐果率高,株高65 cm。果长35 cm左右,横径3.5~4.0 cm,单果重60~80 g,果实上部皱褶多,青果绿色,老熟果红色,辣味浓,口感好。株形紧凑,叶片大小中等,节间短,枝干硬,膨果速度快,抗性强,耐储运,适宜北方早春拱棚及露地越夏栽培种植

表1-3　宁夏设施蔬菜农膜应用情况

种类	品种名称	生产厂商	规格及特征	单价
棚膜	希爱农PO膜5+1	日本希爱化成化学有限公司	宽6~12 m,透光性、消雾、保温、耐老化等性能优异	42 000元/t
	EVA日光温室膜	北京华盾	宽1~16 m	26 000元/t
	双防膜	北京华盾	宽1~16 m	17 000元/t
	防老化长寿膜	北京华盾	宽1~16 m	16 000元/t
地膜	白地膜	江苏智信	宽0.6~2 m	10 500元/t
	黑地膜	江苏智信	宽0.6~2 m	11 000元/t
特质农膜	银黑地膜	江苏智信塑胶科技有限公司	宽0.6~2 m	12 000元/t

表1-4　宁夏蔬菜主要应用肥料情况

种类	品种名称	生产厂商	规格及特征	单价
氮肥	洁美尿素	宁夏和宁化学	白色颗粒,含N46.4%,40 kg袋	1 750元/t
钾肥	晶体钾	美盛化肥(加拿大合资)	氧化钾≥60%,50 kg袋装	3 500元/t
磷肥	磷酸二铵	云南云天化	合成磷酸二铵	2 650元/t

（续表）

种类	品种名称	生产厂商	规格及特征	单价
复合肥	巴夫特复合肥	美国巴夫特（潍坊）公司	全水溶硝硫基复合肥，氮磷钾15-15-15、14-16-15、12-19-15	3 260 元/t
	海发钾宝	以色列海发	高浓度硝酸钾复合肥，氮磷钾12-5-42,5 kg、25 kg 袋装,不结块,速溶性显著	15 元/kg
	海法魔粒丰	以色列海发	氮磷钾 18-18-18 水溶肥,5 kg、25 kg 袋装,不结块,速溶性显著	25 元/kg
	美可辛复合肥	山东美可辛肥业有限公司	超越三安,做底肥;氮磷钾 18.5-18.5-18.5,50 kg/袋	240 元/袋
	住商复合肥	日本住商(青岛)公司	氮磷钾 16-16-16 水溶肥,50 kg 袋装白色颗粒,速溶性显著	6 500 元/t
	腐殖酸复合肥	中国山东、河北、北京,内蒙古等产	能够提高作物对养分的吸收和利用,但不能代替化肥。与常规复合肥配合撒、穴使用,化肥用量可减少 20%左右	/

表 1-5　宁夏蔬菜主要杀菌剂应用情况

生产厂商	商品名称	化学名称	规格及特征	单价(元)
杜邦农化	克露	72%霜脲·锰锌	100 g、1 000 g,霜霉病、晚疫病等	15
	可杀得三仟	46%氢氧化铜	100 g、500 g,霜霉病、细菌性病害等	35、170
	抑快净	52.5%恶酮·霜脲氰	25 g、100 g;霜霉病,早、晚疫病等	22、80
	易保	68.8%恶酮·锰锌	100 g、500 g;早、晚疫病,炭疽病等	22、100
	增威赢绿	10%氟噻唑吡乙酮	(30 g*2+30 ml*1)*20，霜霉病、晚疫病	100
	阿砣	22.5%啶氧菌酯	10 ml、100 ml;霜霉病,早、晚疫病炭疽病、灰霉病等	15、140
陶氏益农	大生	80%代森锰锌	200 g、500 g;斑点落叶病,黑星病,早、晚疫病,白粉病等	20、45
先正达	阿米西达	25%嘧菌酯	10 ml、100 ml,霜霉病、白粉病、早疫病、锈病、叶霉病、蔓枯病、黑豆病叶斑病、黑斑病等	10、75

（续表）

生产厂商	商品名称	化学名称	规格及特征	单价(元)
先正达	适乐时	2.5%咯菌腈	10 ml、100 ml,立枯病、猝倒病	4、35
	利农	11%氟环·精甲·咯	100 ml、1 000 ml,立枯病、猝倒病、腐烂病等	60、550
	金雷	68%精甲霜·锰锌	100 g、1 000 g,霜霉病、晚疫病等	17、160
	杀毒矾	64%恶霜·锰锌	100 g、1 000 g,霜霉病、晚疫病、白锈病等	16、150
	好迪施	75%百菌清	100 g,白粉病、叶斑病、早疫病等	13
	世高	10%苯醚甲环唑	10 g、100 g,白粉病、炭疽病、黑斑病、黑星病、叶斑病、早疫病等	4、32
	美甜	200 g/L氟酰羟·笨甲唑	20 ml、100 ml、1 L,白粉病、叶斑病等	15、60、550
住友化学	速克灵	50%腐霉利	50 g,灰霉病、菌核病等	14
富美实	扑海因	50%异菌脲	50 g,灰霉病、菌核病等	16
浙江新农	碧锐	40%春雷·噻唑锌	100 g、1 L,细菌性病害,茎基腐病、叶霉病等	30、290
	碧叶	50%嘧酯·噻唑锌	1 000 g,黑痣病、早疫病等	280
中农联合	联卫	33%喹啉铜	1 000 g,细菌性病害、霜霉病等	120
巴斯夫	成标	80%硫磺	100 g、200 g,白粉病等	6、10
	百泰	60%唑醚·代森联	20 g、100 g,霜霉病、疫病、炭疽病等	8、35
	健达	42.4%唑醚·氟酰胺	8 ml,白粉病、灰霉病、炭疽病、黑痣病、早疫病等	20
	健攻	12%苯醚·氟酰胺	15 ml、100 ml,靶斑病、早疫病、锈病、叶霉病、斑点落叶病等	15、85
	乾运	30%噻唑锌	25 ml、100 ml,溃疡病、细菌性病害	10、35
	凯泽	50%啶酰菌胺	12 g,灰霉病、早疫病、菌核病	12
	阿克白	50%烯酰吗啉	20 g、100 g,霜霉病、疫病、黑茎病	13、60
	品润	70%代森联	100 g、1000 g,霜霉病、疮痂病等	15、140

（续表）

生产厂商	商品名称	化学名称	规格及特征	单价(元)
诺普信	晶玛	70%烯酰·霜脲氰	10 g、100 g,霜霉病	8、70
	银凡利	64.0%噁霜·锰锌	100 g、1 kg,霜霉病	15、140
	立佳欣	25%腐霉·福美双	100 g、1 kg,灰霉病	10、90
瑞德丰	科露净	72%霜脲·锰锌	100 g、1 kg,霜霉病、疫病	10、90
诺普信	润苗	11%精甲·咯·嘧菌	100 ml,猝倒病、立枯病	45

表1-6　宁夏蔬菜主要杀虫剂应用情况

生产厂商	商品名称	化学名称	规格及特征	单价(元)
富美实	康宽	20%氯虫苯甲酰胺	5 ml、100 ml,鳞翅目、鞘翅目	10、175
	倍内威	10%溴氰虫酰胺	20 ml、200 ml,鳞翅目、蓟马、蚜虫	25、230
	凯恩	15%茚虫威	6 ml、50 ml,鳞翅目、小菜蛾、菜青虫	10、45
威尔达	锐劲威	3%甲氨基阿维菌素苯甲酸盐	100 g,鳞翅目、鞘翅目、同翅目等	25
	威得利	5.7%吡蚜酮·呋虫胺	8 g,蚜虫、蓟马等	10
	百得利	20%阿维·甲氰	200 g、1 L,食心虫、蚜虫、红蜘蛛等	15、60
住友化学	灭扫利	20%甲氰菊酯	200 g、1 L,食心虫、蚜虫、红蜘蛛等	22、95
	来福灵	5%S-氰戊菊酯	200 g、1 L,蚜虫、食心虫等,	18、80
	来福禄	11%乙螨唑	100 ml,红蜘蛛、叶螨	75
中农立华	灵云	46%氟啶·啶虫脒	5 g、100 g,蚜虫、白粉虱等同翅目	12、150
先正达	功夫	2.5%高效氯氟氰菊酯	250 g,鳞翅目害虫、地下害虫等	25
	扑刻除	28%阿维·螺虫乙酯	100 ml,蚜虫、蚧壳虫、红蜘蛛等	85
陶氏益农	艾绿将	6%乙基多杀菌素	100 ml,蓟马、鳞翅目等	85
	乐斯本	48%毒死蜱	250 ml、500 ml,地下害虫	22、40

（续表）

生产厂商	商品名称	化学名称	规格及特征	单价(元)
巴斯夫	英威	5%双丙环虫脂	5 ml、100 ml,蚜虫	10、120
	灭百可	10%顺式氯氰菊酯	10 ml、100 ml,菜青虫、小菜蛾、蚜虫	4、30
	除尽	10%虫螨腈	10 ml、100 ml,小菜蛾、夜蛾等	5、40
山东东泰	火眼金睛	5%啶虫脒	100 ml,小菜蛾、蚜虫等	30
济南天邦	功击	4.5%高效氯氟氰菊酯	500 ml,蚜虫	15
河北野田	啶虫脒	5%啶虫脒	500 ml,蚜虫、黄条跳甲等	20
河北博嘉农业	阿维菌素	2%阿维菌素	1 L,蚜虫	55
瑞德丰	巨功	5%高效氯氟氰菊酯	300 ml,地老虎、蛴螬	23

四、宁夏瓜菜产业科技支撑情况

自"十五"瓜菜产业被确立为宁夏回族自治区主导型特色优势农业产业起,宁夏回族自治区党委、政府一直十分重视瓜菜产业科技研发和支撑服务工作。作为宁夏瓜菜产业蓄势起步的"十五"时期,随社会经济的快速发展,瓜菜产业被正式列入自治区农业"十五"发展规划,主要目标是"重点开展设施蔬菜规划建设和新品种、新技术的引进集成示范推广,提高本地蔬菜生产水平和供应能力"。自此,自治区级各研究推广部门,在"九五"半面棚及一代日光温室(冷棚)的基础上,借鉴山东寿光设施蔬菜发展成果和经验,在兴庆区掌政镇、红花乡、贺兰县八里桥、金凤区良田镇、利通区东塔乡、青铜峡市的小坝镇张亮村、沙坡头区镇罗镇、东园镇等地开始二代节能日光温室结构及栽培模式和技术的试验研究和示范推广,2001—2005 年,自治区科技相关瓜菜项目年度经费 100 多万元, 农牧厅西瓜瓜菜产业经费 1 000 多万元,虽然到 2005 年,全区日光温室面积仅 6 万亩,但已积累并落地了温室建设和瓜菜栽培方面的丰富技术,为之后"十一五"宁夏设施农业产业跨越式建设发展打下了坚实科技基础。自 2006 年"十一五"起,设施农业被确立为宁夏优势特色战略主导型产业,宁夏瓜菜产业走上快速发展轨道,调结构、扩规模、增效益是主旋律,产业经费、科技经费呈几何级数增长,到"十二五"中期(2012年年底),全区瓜菜设施建设面积达到最高峰,日光温室45万亩,大、中、小塑料拱棚55万亩,露地蔬菜和压砂地均近100万亩,实现了3个100万亩的发展目标。"十二五"发展核心是"挖潜、提质、增效","十三五"是"1+4"农业特色优势产业"一特三高"发展。目前,宁夏瓜菜产业被国家确立为西北特色优势生产区域,成为西北乃至全国冬季设施蔬菜、夏秋冷凉蔬菜和硒砂瓜重要生产基地,也是宁夏效益最好的种植业产业之一。

(一)设施结构研究与推广基础扎实

"十五"开始,宁夏瓜菜产业科研院所和推广部门,借鉴山东、北京、天津等地的日光温室建设、发展成果及经验,研发并示范推广"银川型二代节能日光温室",夯土墙体,墙体底宽 2.2~2.5 m,顶宽 1~1.2 m、高 2.3~2.5 m,跨度 8~9 m,脊高 3.5~4.2 m,高跨比 1:1.8~2,后屋面仰角 42°~43°(5 cm 砼板,填炉渣),有"有立柱半钢架"、"无立柱全钢架"2 种,与长 40~60 m、跨度 6 m、50 cm 厚的干土块砌墙结构的一代冷棚相比,长度、空间显著加大,带蓄热保温型后屋面是突出的优点和特点,冬季最寒冷阶段连阴 3~5 d 最低温能保持在 6℃以上,尤其是 2007 年年底前后的连阴雪冰冻灾害,该类日光温室 80%以上基本没有发生冻害,经受住了严峻考验。目前,该类日光温室常年投产栽培面积近 20 万亩,仍是宁夏设施瓜菜的主体。示范推广的水泥桁架 8 m 跨塑料拱棚,是彭阳拱棚辣椒的主体设施,成就了彭阳拱棚辣椒产业及品牌,彭阳拱棚辣椒栽培面积最高时近 10 万亩,目前仍有近 6 万亩。推广应用的小拱棚西瓜和韭菜,易于搭建,性价比高,引领和支持建设了地方特色品牌产品。

随着现代智能化连栋玻璃温室的引进建设和发展,目前,宁夏建有 1 000~5 000 m² 的智能化连栋玻璃温室 60 多栋,主要进行立体园艺、生态园艺、瓜菜无土栽培、瓜菜穴盘种苗生产等现代农业装备、品种、技术等的展示和生产经营,是各农业园区集成展示现代农业的平台。

"十三五"起,随着耕地保护政策的收紧,占地较大的土筑墙体日光温室和永久性类的砖混墙体日光温室在宁夏已基本处于禁建状态,加之相关建设、保温材料等已具备相当支撑能力,基于此,宁夏瓜菜产业科研院所部门开始安全越冬、大空间、装配式新型日光温室及春提早、秋延后塑料拱棚的研发和示范,在种类结构、新材料应用、主动蓄热保温、保温被风口膜自动化起落等方面取得阶段性成果并推广应用,正在引领宁夏设施瓜菜的发展方向和规划布局。

(二)实用技术研究与推广应用紧跟先进

作为宁夏瓜菜技术研发和服务的重要单位,宁夏农林科学院自1958年宁夏回族自治区成立起,就设立专门研究所开展工作,大白菜、甘蓝、番茄、茄子、黄瓜、西葫芦、洋葱等新品种的引进和配套栽培技术的试验示范,极大地丰富了宁夏露地栽培瓜菜种类,成为20世纪六七十年代宁夏菜篮子的重要保障。80年代中期开始,进行了地膜、棚膜覆盖平畦春提早蔬菜栽培技术的研究示范,研发的"平畦覆膜甘蓝、香菜、韭菜等促早栽培,瓜菜高畦地膜覆盖栽培"等,在主要蔬菜产区得以全面推广应用,基本解决了宁夏5—6月的部分鲜菜需求,"蔬菜地膜覆盖早熟栽培技术"获自治区科技进步一等奖。90年代开始,以宁夏农林科学院、宁夏大学、宁夏回族自治区农业技术推广站为主导的瓜菜科技研发和技术示范推广进入引进集成和自主研发共同发展时期,自主进行了半面棚、一代日光温室设施研究设计、抗逆性品种引进及配套栽培技术研究,尤其是营养土床、营养土块、营养钵育苗移栽技术的研究推广,3—4月有甘蓝、芹菜、油菜,5—6月及10—11月有番茄、辣椒、黄瓜、西葫芦等鲜菜,开启了宁夏设施瓜菜的生产和发展。到90年代末,全区半面棚、一代日光温室生产面积近5万亩,是效益最高的种植业。同时,开始穴盘育苗和无公害瓜菜栽培技术的研究,集约化穴盘苗生产、高抗新品种引用、高畦滴灌覆膜、高质有机肥配制和土壤培肥、安全高效茬口模式、人工点花、均衡整枝疏果、病虫害无公害防控等一批实用技术的研发和推广普及。50年代参加工作的第一代宁夏瓜菜科技人员完成了时代使命，为目前宁夏集约化育苗的全面普及应用及设施、露地规模化发展打下了坚实基础。

自2000年起，宁夏瓜菜产业技术研发和示范推广与国家一同进入新时代，也是50后、60后即第二代宁夏瓜菜科技人员接力前行的起始。宁夏回族自治区科技攻关和产业化示范推广项目支持力度逐年加大，科技人员从找项目生存逐步走向出成果、助产业，尤其是"十一五"起，瓜菜产业被确立为自治区战略主导特色优势产业而进入跨越式发展阶段。宁夏瓜菜研究部门及团队在自治区科技厅的组织和指导下，申报并获批国家科技部首次设立的压砂西甜瓜和设施蔬菜科技支撑计划项目，项目经费均超过1 500万元，加之自治区科技、农业、财政等攻关及专项项目，支持力度呈直线上升。到"十一五"末，研发并完成的瓜菜新品种培育、土壤培肥保育及连作障碍克服、设施新结构研发和温光调控、无土栽培、节水和水肥一体化、高效轮作模式、病虫害综合防控等技术成果获自治区科技进步一等奖及二等奖，不仅坚实地支撑了产业的跨越式发展，而且推动了科技条件和团队建设及带头人培养的跨越式发展，进一步夯实了发展基础，积蓄了内源动力。

"十二五"、"十三五"期间，得益于国家社会经济的快速发展，全国瓜菜产业大市场、大格局逐步形成，基于之前的发展基础，宁夏的瓜菜科技纵深开展"瓜菜种质资源鉴定培育、二代节能日光温室性能提升、温棚新结构、机械自动化设备、土壤培肥保育、精准水肥一体化、病虫害绿色防控等基础技术的自主研发"和"高抗新品种、土壤环境调控菌剂、设施新材料新装备和物联网、智能化水肥系统、专用农机和设备、精准管理超高产及高质栽培、病虫害轻简化绿色防控等现代瓜菜高新技术"的引进和集成创新，并逐步融入了"国家队"，国家农业行业专项、科技支撑计划、863项目、自然基金、平台建设等项目的主持或联合实施，使国家级专家、团队越来越关注、关心宁夏，宁夏的科研、推广部门和团队与"国家队"的合作越来越密切，切实并较快提升了宁夏瓜菜科研部门和团队的建设水平及发展能力,实现了"紧紧跟跑、稳步成长"。

(三)科技条件和技术队伍建设水平稳步提升

宁夏瓜菜的公益性科研单位为宁夏农林科学院和宁夏大学(农学院),技术推广服务单位为宁夏农业农村厅所属宁夏园艺技术推广站及各市县区农业技术推广中心。经过"十五"以来的稳步建设发展,目前,虽然在人员体量、梯次结构、团队实力、技术水平等"软件"方面与发达省区相比尚有差距,但在宁夏农林科学院和宁夏大学建设的专业化的分子实验室,基础机理实验室及条件完善的瓜菜试验基地、种质资源圃等,配置的 PCR 仪及配套设备、气相液相色谱仪、光合仪、荧光仪等大型高端仪器设备等平台、仪器设备、基地"硬件"方面已基本接近。而且,近年来,宁夏对"基础条件建设"方面是"科学需求即不差钱"的持续全面支持,发展后劲十足。

团队建设方面,3 个研发部门单位均已形成"团队首席专家、骨干专家、青年高学历人员"学科和梯次明晰的研究及推广团队,虽然研发基础和人员体量与发达省区及产业需求尚有差距,但纵向发展来看,综合能力和实力已全面并入现代农业发展轨道,基本能够承担和解决宁夏瓜菜产业需求的发展性、应急性问题,亦呈"紧紧跟跑、稳步成长"良好态势。

五、宁夏蔬菜产业发展中存在的问题

随着社会经济水平的提高、环境条件的变化、科技研发的进步、材料设备的创新等,加之瓜菜对生产环境的敏感性、食用的鲜活性特征,普遍性、突发性、前瞻性的诸多问题依旧是产业发展中的必然存在,主要体现在以下方面。

(一)科学技术问题

1. 设施建造标准不高,安全生产性能差

以日光温室和塑料拱棚为主的设施结构类型多种多样,大小高低参差不齐,尤其是墙体的厚度、墙体材料建造标准的不统一、不规范,严重影响了温室采光、蓄热、保温及抗风雪灾害能力,缺乏适宜机械化和自动化操作的标准化日光温室和塑料大棚;劳动强度大、环境调控自动化装备普及率不足,机械化、信息化水平较低,缺乏省力、易用、耐久的环境调控设备支持机械化、智能化基础条件基本没有,支持规模化生产的水电路等基本条件不尽匹配等普及性问题,导致技术落实困难,安全生产性能差,越冬生产效益低、风险大。

2. 机械化智能化程度低,劳动力密集型特征突出

目前,宁夏设施蔬菜生产装备水平差,机械化、自动化、信息化水平低,标准化生产水平不高,作业效率低,费工费力,作业者的安全性与舒适性差,作业与控制的精度差,虽然已具备喷灌、滴灌、渗灌以及施肥等设备,但整体性能及可靠性还不稳定,施肥和灌溉还不能实现按作物需求进行精确作业,蔬菜生产如定植、整枝、打杈、授粉、采收等环节均需要投入大量人工;露地和压砂瓜蔬菜生产大型机械研发滞后,适宜机械化的栽培模式不配套,宁夏瓜菜生产基本还是劳动力密集型特征,投入成本高,绝对效益下降。

3. 土壤连作障碍严重,病虫害危害加剧

在日光温室和拱棚生产中,随着种植年限的增加,土壤出现次生盐渍化加重、土壤与地下水硝态氮累积、养分不平衡、土传病虫害加重、土壤生物学性质变劣、连作障碍明显等问题;压砂地西甜瓜生产中表现为压砂地土壤养分含量快速下降,加之瓜农粗放管理、有机肥补充量较小、为追求当季利益进行苦咸水灌溉,加速压砂地土壤变劣、板结、土壤微生物群落已不利于压砂瓜根系健康生长;冷凉蔬菜出现种植品种单一导致的土壤连作、产量下降等问题;土壤连作障碍已成为宁夏瓜菜产业可持续发展的瓶颈之一。

蔬菜生产病虫害重发频发,新的病虫害不断出现,如近年来露地番茄的病毒病发生严重,缺乏病虫害识别和量化防治标准,农户重治不重防,滥施滥用化学农药,造成蔬菜产品及土壤农残较高等问题。

4. 水肥资源利用率低,面源污染较重

目前,产业发展布局与区域水资源分布契合度不高,有限的水资源季节

和区域分布不均,产区种植集约化程度不够,部分生产基地一地多品、一地多式造成了灌溉设备不统一、灌溉方式多样化、劳动力成本增加、水资源利用效率不高,生产效率降低的问题。蔬菜生产缺乏先进种植技术和量化管理指标,标准化生产技术体系尚未形成,导致资源利用效率低,生产力水平不高,我国设施果菜单位面积产量约为荷兰的65%,单位面积水资源的利用率仅为以色列的1/5~1/6,土地综合利用率只有40%~60%,肥料利用率更低,不但造成资源浪费,而且引起面源污染,过量施用化肥及不合理的灌溉管理措施造成土壤酸化、次生盐渍化、硝态氮淋失、养分比例失调以及有害微生物的大量繁殖,导致蔬菜等作物产量、品质降低,不仅造成了水分和肥料的大量浪费,而且产生了突出的土壤退化及农业面源污染等生态与环境问题。

5. 整装集成技术支撑能力弱

近几年,宁夏大力示范推广蔬菜高垄深沟栽培、嫁接育苗、秸秆生物反应堆、水肥一体化、菜田培肥地力、病虫害绿色防控等实用技术,但多注重于单项成果的设计完成,缺乏与综合应用衔接和融合,有的太粗(如技术体系的制定与实际的生产应用衔接不够,具体技术措施的量化指标少,方法不明确),导致应用风险大、效率低;有的太细(如管理的温度、给水量、给肥量),与现有的设施条件和生产水平不配套,没法操作。综合技术配套率不到20%,致使新技术贡献率低、推广应用慢。

(二)产业发展问题

1. 规模化发展程度不高,品牌特色优势不突出

首先是缺乏长期、持续升级换代支持"一村一品、一乡一业"发展的特色优质品种,目前宁夏蔬菜品牌概念太多,露地蔬菜生产就有如"供港蔬菜"、"冷凉蔬菜"、"越夏番茄"等较含糊提法,品牌特色优势不突出;其次是基于轮作倒茬栽培及消费市场需求的高效茬口技术模式研发滞后,支持连年丰产栽培的技术能力不足,加之小农经济型的分散经营,规模化生产和发展基础薄弱,不能有效支持品牌创建。

2. 农村劳动力缺乏,生产者素质下降问题突出

蔬菜产业作为一个技术依存度较高的产业,技术的推广及在生产应用中的普及程度和应用速度直接决定了产业的整体效率和效益。但西北地区经济发展相对缓慢,生产和管理的人才相对匮乏,从事蔬菜生产的主体仍是农民,文化水平低,掌握的园艺作物栽培知识有限,管理运营水平不高,农村留守家庭的劳动力以"三八六一九九部队"为主,生产经营和投入水平逐年下降。

3. 冷链体系不健全,支持外销能力不足

受国家农业设施用地政策影响,全区规模以上蔬菜园区生产配套的冷链设施建设进度缓慢,产地收集和分拣包装、预冷、储藏保鲜等设施配套不足 10%,专业化、市场化的冷链运输企业和冷藏贮运车严重不足,外销蔬菜的商品性远低于发达省区水平,远距离运输损耗大、增值低。据有关部门测算,宁夏蔬菜流通腐损率高达 20%~30%,远高于发达地区 10%的水平。

4. 蔬菜价格保险覆盖率低,抵御菜价波动能力弱

在财政、物价、保险等部门的积极努力下,宁夏蔬菜价格保险参保面积由 2014 年的 75 亩扩大到 2016 年的 5.31 万亩,保险范围由平罗县 1 个试点县扩大到银川市、石嘴山市、吴忠市、中卫市、固原市的 12 个市(县、区),参保类型由日光温室扩大到露地生产,目前参保的蔬菜种类达到 12 种,为宁夏蔬菜规避市场风险,减少菜农损失起到了积极作用。但保险覆盖面积仍然较低,仅占宁夏蔬菜生产总面积的 1.7%,保障宁夏蔬菜安全生产能力尚显不足。菜价波动大,产销衔接不畅,菜贵伤民,菜贱伤农的矛盾仍难以调和。

5. 生产组织化程度低

宁夏蔬菜生产主要以家庭经营为主体,生产单元小,规模效益差,对蔬菜产业高投入和高风险的承受能力弱,无法与销售区建立相对固定的供货渠道、市场份额小,很难与大市场、大流通对接;面对千家万户,生产管理、技术推广、质量监管难度大,严重制约着蔬菜产业竞争力的提高;辐射带动能

力强的龙头企业、专业合作组织少,加工、营销、信息等服务跟不上,严重制约着蔬菜产业的发展

6. 技术研发和推广服务能力水平不高

宁夏瓜菜技术研发服务部门主要是宁夏农林科学院瓜菜学科团队（种质资源研究所）和宁夏大学农学院蔬菜学科团队,技术推广服务部门主要是农业主管部门农业农村厅的园艺技术推广站和各市县区的农业技术推广服务中心。

科研方面,相对发达省区,宁夏只有省级的专业研究院校,没有地市级的院所,研究人员群体量和梯级,以及发展历史、基础条件、成果积淀等差距较大。就目前的山东省寿光市(县级市),就较早建有专业的蔬菜研究所,后来发展出各类国家级、省级重点实验室、创新中心、检测中心及以农业农村局为主体的技术推广服务中心,在编市、乡镇一体的专业瓜菜科技人员 200多人,正高职称近 30 名,博士 10 多名。而宁夏农科院、农学院瓜菜研究人员合计不到 30 名,正高职称 10 人,博士 5 人。虽然在分子实验室、试验示范基地、种质资源圃、工程中心、创新团队等平台建设方面与"十五"时期已不可同日而语,水平不低,但因人员、团队、技术基础等软件尚不能全面匹配于现代科研硬件,多做的是产业发展急需的应用型、应急性研究与示范,基础性、前瞻性及物化技术产品方面的研发差距更为明显,发展基础和潜力明显不足。

技术推广服务方面,宁夏回族自治区园艺技术推广站是顶层部门,纵向是各市县区的农业技术推广中心。目前,自治区园艺技术推广站在编人员不到 20 名,专业、专干瓜菜技术人员不到 10 人,配置于主产市县区农业技术推广中心的专业科技人员也就 2~5 名,其中彭阳县建有全区唯一的县蔬菜产业技术服务中心,贺兰县农技中心建有蔬菜站,各乡镇罕有瓜菜技术人员。全区共计专业、专职瓜菜技术推广服务人员近 50 名,面对 300 万亩的产业发展需求,日常的工作更多的是应急、救急,"打基础、保稳定、领发展"型的可持续支撑能力水平亟待提高。

六、宁夏瓜菜产业纵深发展规划布局

(一)总体思路

针对产业发展存在的科技和产业问题,围绕适度规模标准化、机械化和节水优质高产产业发展目标,以设施蔬菜和露地瓜菜为重点,加强新设施、新品种、新技术整装配套,完善冷链储运体系,打造引黄灌区外向型精品蔬菜、六盘山冷凉蔬菜、香山硒砂瓜品牌,提升瓜菜产业发展水平和效益。

设施蔬菜:以越夏春提前和秋延后为主体栽培模式,优化棚型结构、种植结构、品种结构,合理安排茬口,大力研发、示范推广专用机械和智能化装备、土壤可持续高效利用、集约化嫁接苗、精准节水及水肥一体化、病虫害绿色防控等技术,支持各产区建立规模化标准化示范基地。

露地冷凉蔬菜:着力研发和示范推广围绕农机农艺融合技术核心的土壤培肥保育、机械化生产设备和模式、高抗优质品种、节水和水肥一体化、病虫害绿色防控等技术,加强冷链体系、质量追溯体系建设,实现规模化种植、标准化生产、品牌化营销、产业化经营。

压砂西瓜、甜瓜:以压砂西甜瓜保质栽培为技术核心,开展早熟高抗新品种和高亲和性嫁接砧木培育、种子无菌化处理、土壤和种苗菌毒快速检测、压砂地土壤培肥保育和连作障碍克服、高效轮作模式、春季干旱保苗缓苗技术、错峰定植栽培模式、病虫害预警和防控等关键技术的研究,切实保证压砂西甜瓜轻简化栽培、甜、脆、耐贮运等优秀特征,为中卫压砂西甜瓜可持续稳步发展提供技术支撑。

(二)主要目标

基于目前的发展现状,到"十四五"末,在稳定3个100万亩的前提下,在全区各主产乡镇各建立2个以上适度规模瓜菜高质低耗生产技术集成示范基地,设施100亩以上,露地500亩以上,带动全区瓜菜实现日光温室瓜菜年产量达到12 000 kg以上,露地瓜菜年产量达到6 000 kg以上,比目前提高20%以上,优质产品率达到80%以上,比目前提高10%;设施瓜菜机械化程度

达到50%以上,露地达到70%以上,平均亩产值达到8 000元以上,亩纯收入达到5 000元以上。建成以越夏春提前、秋延后为主要产品的西北特色优质高产瓜菜稳定生产区域,稳固确立宁夏精品设施蔬菜、高质露地冷凉瓜菜国内市场不可替代地位。

(三)发展布局

以引黄灌区精品设施、中部干旱带压砂瓜、南部山区冷凉蔬菜为总体布局,着力推进"银川、银北及卫宁平原外向型精品设施蔬菜及越夏露地蔬菜产区,中部干旱带黄花菜、茴香、红葱、大蒜等特色蔬菜产区、环香山压砂西甜瓜产区、环六盘山露地冷凉蔬菜产区"的建设,重点打造原州区清水河流域、西吉县葫芦河流域、隆德县渝河流域西芹、甘蓝、绿菜花、娃娃菜、蒜苗等露地冷凉蔬菜,彭阳红河茹河流域拱棚辣椒,中卫硒砂瓜,宁夏菜心、鲜食番茄、圆茄、黄瓜等特色优势品牌。保证瓜菜生产面积稳定在3个100万亩,其中贫困县区瓜菜面积达到110万亩。

(四)需组织实施的重大项目

围绕瓜菜产业空间布局和提质升级,针对产业和科技方面存在的主要问题,遵循"产业引领、科技支撑"发展原则,开展适度规模标准化产业基地引领构建和现代优新技术的研发推广,引领和支撑宁夏瓜菜产业稳定健康可持续发展。

1. 产业项目

(1)露地瓜菜农机农艺融合技术集成与产业化示范

针对目前及中长期露地瓜菜产业亟待的适度规模标准化机械化发展需求,以"农机农艺融合"为总目标,基于专用品种的应用,开展适宜于目前相关机械操作的田间栽培模式的试验示范,如微小瓜菜种子处理(丸粒化、条带化)及畦垄规格、给水模式、株行距、成熟期等的设置,引进和改制整地覆膜一体机、移栽机、施肥打药机、采收机、水肥一体化设备等干旱冷凉区露地瓜菜专用机械,进行土壤培肥保育和可持续高效利用、高效栽培茬口模式、节水和水肥一体化、病虫害轻简化绿色防控等关键技术的集成示范,支持龙头企业建立和完善立标准化产业化示范基地,建设并良好运营分拣、包装、预冷、冷藏运输等冷链设施设备和配套技术,引领露地冷凉瓜菜一、二、三产业融合发展,推进现代瓜菜产业链条完善。

(2)设施瓜菜低耗安全发展模式产业化示范

宁夏是我国最适宜发展设施园艺产业的地区之一。目前,日光温室的发展经历了一代和二代的发展,进入一个平缓期,需要突破或变革。以新型温棚设计建设为切入点,着力推进适于本区域温棚标准化高质安全拱架和保温材料、自动化温光调控设备、水肥智能化管理系统、远程管理物联网平台等的研发和集成示范,尤其是介于日光温室和普通大棚之间,能够达到春提早到 2 月下旬,秋延后到 11 月底,适宜大型机械作业的大跨度、保温性能好的新型拱棚的研发和建设,在安全可靠的基础上,省材、降低成本、规范建造,大大提高设施装备的组装效率。开展适于机械化操作的大行距密植、可调控吊蔓、生物反应堆、高效茬口模式、整枝、采收等关键技术的集成示范,引领和推动宁夏设施蔬菜产业实现低耗安全、高产高质产业化发展。

(3)专业化技术人才队伍培养

设立专门的人才培养项目,以计件管理和流水线操作为技术目标,基于环节操作技术的科学设置,支持专业合作社和龙头企业等实体,进行职业经理人和熟练操作人员的专门培养和培训,逐步建立区域设施建设安装和维护、种苗嫁接、机械操作、吊蔓整枝、施肥打药、采收等重要生产管理环节方面的职业经理人和熟练高效专业操作队伍,变革技术推广模式,为宁夏瓜菜产业标准化规模化发展提供坚实可靠技术支撑。

2. 科技项目

(1)干旱冷凉区露地蔬菜机械化标准化栽培关键技术研究

针对宁夏目前及中长期露地蔬菜产业亟待的适度规模标准化机械化发展需求,开展适于机械操作的专用品种培育筛选(国产化程度高、成熟期一致、适于田间机械切割、抗病性强等)、专用机械研发和改制、机械直播和移栽产量质量差异性、可降解地膜应用、耐寒旱栽培苗期发育机理、连作土壤微生物群落变化特征和改善、不同定植期种苗质量控制和成熟度相关性、大行距栽植和产量质量形成关系、滴(喷)灌水肥量化管理指标、主要病虫害预警和轻简化防控等关键技术的试验研究,为产业化发展提供理论和技术支撑。

(2)设施蔬菜高质低耗栽培关键技术研究

基于设施蔬菜生产环境基本可调控管理特征,针对目前存在的劳动力密集、劳动强度大、设施自动化程度低、极端天气对设施环境影响大、土壤连作障碍突出、水肥利用率不高、病虫害发生趋重等导致的产量质量及产品安全性不稳定等问题,开展装配式低耗设施结构和材料、适度规模设施群保温被起垄和风口开合智能化远程管理、设施土壤微生物群落变化特征和改善、主栽蔬菜耐低温栽培生理、经济型无土栽培模式、东西向大行距高密度栽培蔬菜光合与产量质量相关性、单体型智能水肥一体化管理与产量质量控制、番茄震频授粉质量因素、危害性温度对主栽蔬菜的影响及应对、主要病虫害预警和轻简化防控等关键技术的试验研究,为产业化发展提供理论和技术支撑。

(3)高品质压砂西瓜、甜瓜栽培技术研究

针对压砂西瓜、甜瓜连作障碍和病虫害发生日趋严重、果实风味和耐贮运等高品质特征质量下降等瓶颈问题,开展对照于金城五号的高抗新品种和高亲和性砧木品种培育筛选,种子和穴盘种苗集约化无菌处理、定植期幼苗耐寒旱生理、压砂地土壤微生物群落变化特征和培肥保育、嫁接苗亲和性影响质量机理、补水对压砂瓜产量质量的影响、直播与移栽模式的性状表现、不同采收期对质量的影响、主要病虫害预警和轻简化防控等关键技术的试验研究,为产业化发展提供理论和技术支撑。

(五)政策措施建议

1. 坚定国家和宁夏农业农村优先发展战略

党的十九大提出的乡村振兴战略把农业农村列为优先发展目标,多年来,宁夏回族自治区党委、政府一直把优势特色农业作为战略主导产业推动发展。用足用活国家和自治区相关政策,是自治区农业"1+4特色产业"可持续发展的根本。

2. 着力建设适度规模全产业链生产示范基地

以政策和资金支持主产区龙头企业、专业合作社等实体,建立瓜菜适度规模一、二、三产业融合全产业链发展生产示范基地,进驻产业科技研发创新团队,开展标准化生产经营优势典型示范,培育优势特色产品品牌,促进企业做大做强,以点带面,引领和带动产业可持续发展。

3. 支持以本土人才为主体的合作研发

本土人才是解决本地问题的主体,在顶层设计、项目实施、人才培养对外合作等发展层面,以宁夏自己的相关人才团队为主,以引进合作为辅,培养和构建接地气的自主研发服务团队。

4. 稳定支持基础技术研究

以五年一个周期的稳定科技项目,支持开展针对本区瓜菜产业地域特征需求的品种、材料、设施设备、技术模式、栽培生理及前瞻性的现代农业技术研究,夯实物化技术推广应用基础。

5. 进一步推进瓜菜产业保险

按照"政府主导,市场化运作"的模式,积极开展蔬菜政策性价格、自然灾害、爆发性病虫害等的商业保险,提高瓜菜产业抵御市场和各种灾祸风险的能力,保障蔬菜产业稳步健康发展。

第二章　特色蔬菜种质资源收集与创制

第一节　研究简介

一、研究目的及意义

宁夏光照资源充足，热量丰富，昼夜温差大，十分有利于作物光合作用和干物质积累，所生产的农产品糖分含量高，品质优，市场竞争力强。特别是该区域环境污染源少，是发展特色蔬菜的优势区域。近年来，宁夏回族自治区党委、政府做出建设"三个百万亩"高效农业的重大决策以来，蔬菜产业呈现出持续、快速、健康发展的良好态势。截至 2013 年年底，宁夏瓜菜总面积已达到 294.5 万亩，产值占农业种植业的 27% 以上，是宁夏农业的五大战略主导产业之一。但是，随着种植业结构调整及外向型经济的发展，市场对优良蔬菜品种需求增强，并且人民生活水平的提高，人们对蔬菜产品的质量要求也越来越高，要求花色品种越来越多，在市场农业浪潮中，蔬菜生产竞争日趋激烈。由于只重视发展速度和产品数量增长，忽视了质量的提高，致使品种多乱杂现象十分严重，产量、质量和效益下降。目前，宁夏蔬菜生产同样遇到了良种覆盖率低等问题，适应不同市场需求的专用品种和抗病(逆)性差的品种，生产上需配合使用大量农药及化肥，生产成本高，不安全，不适应市场消费需求，品种问题已成为制约宁夏蔬菜产业发展和参与市场竞争的瓶颈。因此，应加大国内外名优稀特蔬菜良种的收集、引进、试验、示范与推广,丰富宁夏蔬菜良种资源,推动宁夏蔬菜品种的更新换代和良种化进程。

蔬菜产业是宁夏农业的战略主导产业,以 15%多的栽培面积,贡献了近1/3 的农业产值。至 2013 年年底,宁夏蔬菜播种面积达到了 294.5 万亩,随着我国人民收入水平的大幅度提高和消费意识的转变,人们已有能力开始对蔬菜产品进行营养、健康、多样化等方面的选择,对产品有了更高的要求,同时,国内蔬菜产品市场已渐呈高端、特色、精品趋势,传统的数量型蔬菜生产逐渐遇到了入市难的困境,产品滞销、增产不增收的现象在全国各地普遍发生,加之栽培环境条件的劣变因素,病虫害及生理障碍已成为宁夏蔬菜栽培的瓶颈问题,产量、质量下降,不稳定的现状日渐严重,导致栽培管理难度加大,预期投入产出难以保障,产业的可持续发展受到严重挑战。

农业产业的变革,最根本的是品种的变革,引进、筛选贮备并推广应用适宜目前栽培环境和市场需求的优新品种,是引领"优质、高端、高质、高效"的科技首选。

对于宁夏蔬菜资源的调查研究及开发利用,综合来看,尚存在着如下问题:一是尚未建立持久性的种质资源保存利用平台,蔬菜品种以引进为主,种质资源创新基础薄弱。二是蔬菜种质资源的收集和保存措施较为落后,大多分散在相关科技人员手中或农户自留自用,虽有部分资源被利用,但随机性较大,应用成效不高。三是对蔬菜资源的生理学、生态学和遗传学等方面的研究不够充分,没有蔬菜种子生理、人工繁殖和栽培技术研究的完整体系,使得蔬菜资源很难被择优应用。四是因缺乏有效的收集和保护,一些地方品种,如吴忠刺黄瓜、石嘴山灯泡辣子、大黄柿子、中卫蔓菁等已濒临灭绝。

本书以蔬菜特色品种资源收集、资源创新利用为切入点,以针对性强、综合性状优良、市场性好作为目标品种,开展对宁夏地方特色、特征和国内外优良番茄与辣椒资源的收集、鉴定、保存及创新利用,筛选和培育性状优良、抗病(逆)性强、适应好的自主产权新品种(品系),不仅能够积极主动地引进收集和创新利用蔬菜品种资源,而且能够丰富宁夏蔬菜栽培资源,有序推动主栽品种的更新换代,支撑优质高产栽培,对进一步提升和保障宁夏蔬菜产品竞争力、促进蔬菜产业增收具有重要意义。

二、研究内容及成果

(一)研究内容

1. 辣椒和番茄种质资源收集及鉴定

广泛收集宁夏地方和国内外优良辣椒、番茄种质资源,进行植物学特征、生物学特征、果实性状、果实品质、抗病性等主要指标的测定及观察,在差异性分析、系统聚类分析及相关性分析的基础上,研究不同种质资源的亲缘关系和遗传距离,进行综合分析归类,并建档保存。

2. 优良种质资源创制及新品种的培育

在广泛收集国内外种质资源的基础上,对已引进和正在分离纯化的优良种质资源,经过优势资源的不断创新和开发利用,挖掘抗逆性强、早熟性好、丰产性好、品质优良的资源,并对所选优良自交系在连续高代自交纯化的基础上继续进行辣椒、番茄杂交组合的选配,选育出适宜宁夏保护地和露地栽培辣椒、番茄优良品种(系)。

3. 蔬菜种质资源耐低温性和耐盐碱性评价研究

耐低温、盐碱种质资源是培育优良蔬菜新品种的基础,通过亚适温条件下种子的发芽势、发芽率、发芽指数、发芽受损率等指标,利用隶属函数分析,筛选出耐低温的种质资源,并建立耐低温种质资源快速筛选的方法和标准。对目前已纯化的辣椒和番茄优良自交系进行耐盐碱评价,探讨在 $NaHCO_3+NaCl+Na_2SO_4$ 胁迫下辣椒、番茄的萌发规律,为辣椒和番茄抗盐育种及盐渍地区生产栽培提供理论依据。

(二)研究成果

本书紧紧围绕宁夏园艺产业发展的总体思路,结合当前宁夏回族自治区蔬菜产业发展的实际情况,针对辣椒生产中存在的自主品牌品种单一、缺乏专用品种、抗病性及抗逆性差、产量低、效益不稳定等发展中的关键技术，在广泛收集国内外辣椒品种资源及特色优势资源集成创新利用的基础上，通过充分挖掘地方优势特色资源和国外优良品种资源的潜力，创造出聚合不同优异性状的中间材料与新的种质资源，培育出适宜露地和设施栽培的辣椒新品种，对促进自主辣椒、番茄品种选育，保障宁夏地方优势特色品种资源的创新和发展起到了积极的推动作用。

第一，通过对宁夏辣椒实际生产中存在的问题进行深入调查和研究，广泛收集宁夏地方特色种质资源和国内外优良的品种资源，共引进国内外优良辣椒品种资源 204 份、番茄品种资源 150 份，并对主要目标品种资源进行植物学特性调查和聚类分析，掌握主要品种资源的品种特性及亲缘关系，为品种资源的进一步利用奠定基础。筛选出抗病性强、丰产性好、适应性广的辣椒优良品种 4 个，筛选出适合宁夏地区栽培的品种日光温室主栽品种欧盾、美粉 869、粉宴 1 号、芬达、丰收 128；拱棚番茄主栽品种欧盾、卓玛 A6，露地番茄品种欧盾、菲尼尔、丰收 128、卓越、瑞芬；樱桃番茄主栽品种千禧、金妃、香妃三号；鲜食番茄主栽品种普罗旺斯、粉太郎。

第二，通过对宁夏地方品种资源和国外优良品种资源的多代自交分离纯化，创制出聚合不同优异性状的中间材料与新的辣椒种质资源 60 个和番茄新种质 38 个。对创制的 60 个辣椒材料的植物学性状进行调查及聚类分析，明确其亲缘关系，为种质资源的优化组合奠定基础。同时，对表现优良的辣椒自交系进行种子萌发期的耐低温及耐盐碱评价，其中耐低温性强的辣椒优良材料 4 份、番茄材料 8 份，耐盐性能强的辣椒材料 3 份、番茄材料 3 份。

第三，根据育种目标，选配辣椒杂交组合 50 个，通过在全区不同栽培条件进行品比，筛选出适宜宁夏保护地和露地栽培的抗病性强、品质优良、丰产性好、具有自主知识产权的优良辣椒新组合 4 个，比对照陇椒 2 号增产 8%以上，具有广阔的推广前景。

第四，培育适合西北生态区的抗病性强、品质优良、丰产性好、具有自主知识产权的优良辣椒新品种 4 个,较对照陇椒 2 号增产 8% 以上。

第五,研究发布 1 项技术规程,发表 3 篇论文,授权 3 项专利,登记 4 个品种,获得 4 项成果。

第二节　辣椒种质资源创制及新品种选育

一、宁夏辣椒育种现状

种子是蔬菜生产最重要、最基本的生产资料,也是农业科技的重要载体,是实现农产品高产优质的重要保证。近年来,宁夏按照区域化布局、规模化生产、标准化管理、产业化经营的发展思路,坚持走育繁推一体化的路子,着力推动辣椒种业的科技创新,扩大对外合作,基本形成了以辣椒育、繁、制种为主的外向型辣椒种子产业格局,辣椒种子产业呈蓬勃发展态势。

（一）自然条件

宁夏属温带大陆性干旱气候,光、热、水、土和地理条件优越,年日照时数 3 000 h 以上,日照率超过了 70%,年平均太阳辐射总量为 4 900~6 100 MJ/m²,年平均气温 5~10℃,昼夜温差 13~15℃,无霜期 160 d 左右。充足的光热资源,加上便利的灌溉系统,发展辣椒种业具有得天独厚的优势,尤其适宜辣椒的种子繁育——生产的种子含水率低、籽粒饱满、光泽度好、发芽率高、耐贮藏。

（二）政策支持

宁夏先后出台了《宁夏深化种业体制改革提高创新能力实施意见》《平罗县加快推进农作物制种产业发展扶持办法(试行)》《平罗县推进农业"一优四特"产业发展扶持暂行办法》等系列优惠政策,从土地、税收、资金等多方面给予政策优惠,建基地、兴龙头、拓市场、抓管理,引导和扶持育种、制种产业的发展,每年投入资金 100 万元,对育种、繁(制)种基地的建设主体予以奖励,鼓励种子企业建设高效示范园区,带动育种、制种基地提质增量,不断提升国家农业科技园区育、制种产业核心区规模档次和育、制种技术。

(三)育种产业发展现状

长期以来,宁夏鲜食辣椒栽培品种以地方品种银川羊角椒为主,品种的主要特点是羊角形,果面有皱褶,果皮较薄,品质好。但随着保护地辣椒生产的发展及人民生活水平的提高,这些符合当地消费习惯的地方品种抗病性差、产量低,已经不能满足生产发展的需要,甚至成为限制保护地生产发展的主要因素。

宁夏农林科学院种质资源研究所正是在这种背景下,于2007年成立了辣椒课题组。课题组在前期进行大量市场调研的基础上,紧紧抓住西北地区的消费习惯,结合宁夏的资源优势,面对市场需求开展了辣椒种质资源的调查、收集及研究,并随着辣椒市场需求的不断变化以及栽培设施、区域气候、自然条件、消费习惯等的改变,从品质、抗病、耐低温弱光、耐盐碱等方面开展辣椒新品种选育工作。另外,为降低辣椒杂交种制种成本,提高杂交种种子纯度,进一步开展了辣椒两系、三系配套品种选育工作(颜秀娟等,2014;颜秀娟等,2015;颜秀娟等,2017)。

30多年来,宁夏辣椒制种业呈积极发展态势。据统计,2019年在宁夏从事辣椒杂交育种的事业单位或大型企业有3家。主要育种目标是围绕产业的需求,通过常规技术和生物技术,培育优质、高产、抗病、耐储运、适宜不同栽培条件及加工需求的专用品种。

目前,宁夏辣椒育种以传统的杂种优势为主,使用品种多为杂交种,其在鲜食辣椒品种中占80%以上,干制辣椒所占比例较低。人工杂交制种仍是辣椒杂交种子生产的主要方式,辣椒雄性不育系的研究已取得一定进展,但尚在试验阶段,未应用于生产。诱变育种在辣椒上利用不多。2014年,宁夏农林科学院种质资源研究所利用返回式卫星搭载辣椒种子进行"航天"诱变,目前正在对突变体进行筛选进而加以利用。21世纪初,宁夏辣椒分子标记辅助育种技术得到了发展和应用,主要是对单性状标记的开发和应用。

(四)育种产业发展趋势

在宁夏,辣椒生产在数量上已经完全满足市场的需要,但在质量上还会提出更高的要求,其中一个最重要的要求是绿色无污染,生产中少用或基本不用农药,这就要选育多抗性品种。同时,随着全国辣椒生产由就近生产、就近销售向基地生产、大流通转变,耐贮运已成为辣椒的育种重要目标,选育的品种除要求满足高产、优质、抗病等传统育种目标外,还要求产品不易破损、货架期长、便于装箱等。

宁夏保护地辣椒生产发展迅速,但目前绝大多数是一些露地栽培的早熟、中早熟品种,尚没有保护地专用辣椒品种。这些品种仍存在不耐低温、不耐弱光照、抗逆性和抗病性差等问题,因此需要大力培育耐低温、弱光照的保护地专用品种。

二、辣椒种质资源收集及鉴定

(一)辣椒种质资源的收集

辣椒(*Capsicum* spp.)属于茄科一年生或多年生作物,最早起源于中南美洲热带地区,引进中国后,分布广泛。按照植物学分类,辣椒被划分为5个主要的栽培种,分别为 *C. annuum*、*C. frutescens*、*C. chinense*、*C. baccatum* 和 *C. pubescens*。我国的辣椒品种主要属于 *C. annuum*。我国的辣椒种质资源主要以一年生辣椒(*Capsicum annuum* L.)为主,是我国第二大蔬菜作物,现栽培面积213.3 万 hm² 左右,仅次于结球白菜。辣椒也是宁夏栽培的主要蔬菜品种,栽培面积占整个蔬菜栽培面积的 20%左右,居第二位。宁夏具有优良的辣椒品种资源,经过长期的自然选择和人工选择,形成了以银川羊角椒为代表的优质地方品种,但在 20 世纪 90 年代末期,由于外来商业品种的大面积推广,致使宁夏一些品质优良的地方辣椒品种的种植面积逐年减小,甚至受到逐步丧失的潜在威胁。另外,由于传统的育种方式往往没有考虑组合配置遗传组成的差异,大量使用同一亲本,导致育成品种间的遗传基础日趋狭窄,辣椒育种者同样面临亲本遗传基础狭窄的困境，亟须加强辣椒种质资源的引进及对其农艺性状的了解。因此，宁夏农林科学院种质资源研究所 2015—2019 年收集辣椒品种(系)204 份(表 2-1)。

表 2-1 供试材料

试验编号	统一编号	类型	来源	试验编号	统一编号	类型	来源
1	K30	自交系	宁夏	2	K25	自交系	宁夏
3	K22	自交系	宁夏	4	K19	自交系	宁夏
5	K12	自交系	宁夏	6	K9	自交系	宁夏
7	K6	自交系	宁夏	8	K4	自交系	宁夏
9	K21	自交系	宁夏	10	K18	自交系	宁夏
11	K17	自交系	宁夏	12	K16	自交系	宁夏
13	K15	自交系	宁夏	14	K14	自交系	宁夏
15	K13	自交系	宁夏	16	K11	自交系	宁夏
17	K10	自交系	宁夏	18	K7	自交系	宁夏
19	K5	自交系	宁夏	20	K3	自交系	宁夏
21	K2	自交系	宁夏	22	K1	自交系	宁夏
23	K31	自交系	宁夏	24	K29	自交系	宁夏
25	K28	自交系	宁夏	26	K27	自交系	宁夏
27	K26	自交系	宁夏	28	K24	自交系	宁夏
29	K23	自交系	宁夏	30	8F58	杂交种	陕西
31	8F57	杂交种	北京	32	8F53	杂交种	陕西
33	8F52	杂交种	北京	34	8F51	杂交种	陕西
35	8F49	杂交种	北京	36	8F48	杂交种	陕西
37	8F47	杂交种	北京	38	8F46	杂交种	陕西
39	8F45	杂交种	北京	40	8F44	杂交种	河南
51	8F13	杂交种	北京	52	8F12	杂交种	河南
53	8F11	杂交种	北京	54	8F10	杂交种	河南
55	8F9	杂交种	北京	56	8F8	杂交种	河南

（续表）

试验编号	统一编号	类型	来源	试验编号	统一编号	类型	来源
57	8F7	杂交种	北京	58	8F6	杂交种	河南
59	8F5	杂交种	北京	60	8F4	杂交种	河南
61	8F3	杂交种	北京	62	8F2	杂交种	河南
63	8F1	杂交种	北京	64	8-105	自交系	宁夏
65	8-104	自交系	宁夏	66	8-103	自交系	宁夏
67	8-102	自交系	宁夏	68	8-101	自交系	宁夏
69	8-100	自交系	宁夏	70	8-99	自交系	宁夏
71	8-98	自交系	宁夏	72	8-97	自交系	宁夏
73	8-96	自交系	宁夏	74	8-90	自交系	宁夏
75	8-89	自交系	宁夏	76	8-88	自交系	宁夏
77	8-84	自交系	宁夏	78	8-83	自交系	宁夏
79	8-82	自交系	宁夏	80	8-81	自交系	宁夏
81	8-76	自交系	宁夏	82	8-75	自交系	宁夏
83	8-72	自交系	宁夏	84	8-69	自交系	宁夏
85	8-66	自交系	宁夏	86	8-65	自交系	宁夏
87	8-61	自交系	宁夏	88	8-60	自交系	宁夏
89	8-59	自交系	宁夏	90	8-57	自交系	宁夏
91	8-56	自交系	宁夏	92	8-55	自交系	宁夏
93	8-53	自交系	宁夏	94	8-52	自交系	宁夏
95	8-40	自交系	宁夏	96	8-33	自交系	宁夏
97	8-31	自交系	宁夏	98	8-30	自交系	宁夏
99	8-29	自交系	宁夏	100	8-28	自交系	宁夏
101	8-27	自交系	宁夏	102	8-25	自交系	宁夏
103	8-24	自交系	宁夏	104	8-22	自交系	宁夏
105	8-21	自交系	宁夏	106	8-17	自交系	宁夏
107	8-15	自交系	宁夏	108	8-14	自交系	宁夏
109	8-13	自交系	宁夏	110	8-10	自交系	宁夏

（续表）

试验编号	统一编号	类型	来源	试验编号	统一编号	类型	来源
111	8-9	自交系	宁夏	112	8-7	自交系	宁夏
113	8-6	自交系	宁夏	114	8-5	自交系	宁夏
115	8-3	自交系	宁夏	116	8-2	自交系	宁夏
117	8-1	自交系	宁夏	118	8-11	自交系	宁夏
119	7F9	杂交种	安徽	120	7F8	杂交种	湖南
121	7F6	杂交种	安徽	122	7F5	杂交种	湖南
123	7F4	杂交种	安徽	124	7F3	杂交种	湖南
125	7F2	杂交种	安徽	126	7F1	杂交种	湖南
127	7F41	杂交种	安徽	128	7F40	杂交种	湖南
129	7F39	杂交种	安徽	130	7F38	杂交种	湖南
131	7F37	杂交种	安徽	132	7F36	杂交种	湖南
133	7F35	杂交种	安徽	134	7F34	杂交种	湖南
135	7F33	杂交种	安徽	136	7F32	杂交种	湖南
137	7F31	杂交种	安徽	138	7F29	杂交种	湖南
139	7F28	杂交种	安徽	140	7F27	杂交种	湖南
141	7F26	杂交种	安徽	142	7F25	杂交种	湖南
143	7F24	杂交种	安徽	144	7F23	杂交种	湖南
145	7F22	杂交种	安徽	146	7F21	杂交种	湖南
147	7F20	杂交种	安徽	148	7F19	杂交种	湖南
149	7F18	杂交种	安徽	150	7F17	杂交种	湖南
151	7F16	杂交种	安徽	152	7F15	杂交种	湖南
153	7F14	杂交种	安徽	154	7F13	杂交种	湖南
155	7F12	杂交种	安徽	156	7F11	杂交种	湖南
157	7F10	杂交种	安徽	158	71722	杂交种	甘肃
159	71721	杂交种	甘肃	160	71720	杂交种	内蒙古
161	71719	杂交种	江苏	162	71718	杂交种	北京
163	71716	杂交种	湖南	164	71715	杂交种	北京

（续表）

试验编号	统一编号	类型	来源	试验编号	统一编号	类型	来源
165	71714	杂交种	安徽	166	71713	杂交种	北京
167	71712	杂交种	安徽	168	71711	杂交种	安徽
169	71710	杂交种	安徽	170	71709	杂交种	沈阳
171	71708	杂交种	安徽	172	71707	杂交种	安徽
173	71706	杂交种	北京	174	71705	杂交种	北京
175	71704	杂交种	北京	176	71703	杂交种	安徽
177	71702	杂交种	沈阳	178	71701	杂交种	沈阳
179	8-37-94	杂交种	宁夏	180	8-JQ1542	自交系	宁夏
181	8-JQ1541	自交系	宁夏	182	8-JQ1540	自交系	宁夏
183	8-JL5	杂交种	宁夏	184	8-JL9	杂交种	宁夏
185	8-JL6	杂交种	宁夏	186	8-JL7	杂交种	宁夏
187	8-JL10	杂交种	宁夏	188	8-LD-11	自交系	宁夏
189	8-RK-03	自交系	宁夏	190	8-RK-01	自交系	宁夏
191	8-RK-02	自交系	宁夏	192	8-LM-9	自交系	宁夏
193	8-TS2	自交系	宁夏	194	8HM105	自交系	宁夏
195	7XW	杂交种	安徽	196	73-10	自交系	宁夏
197	73-9	自交系	宁夏	198	774号	自交系	宁夏
199	761号	自交系	宁夏	200	7B27	杂交种	甘肃
201	7B26	杂交种	甘肃	202	7B25	杂交种	甘肃
203	7B24	杂交种	甘肃	204	BY	不育系	宁夏

（二）辣椒种质资源的鉴定

目前,国内外已有许多关于辣椒种质资源遗传多样性的相关报道。邹学校等以抗病性、果实营养成分含量和农艺性状等 15 个性状为主成分值,对36 个地方品种进行了遗传差异评价;张璐等通过 28 个 RAPD 引物对辣椒30 个栽培品种进行 PCR 扩增,结果表明辣椒品种间的遗传相似性与辣椒果味或果形之间总体上无相关性;王玲等利用 RAPD 标记对从国内外收集的一年生辣椒自交系和杂交组合的遗传多样性进行了研究,14个随机引物在22份参试材料中共扩增出1258个条带,其中多态条带比率接近50%,表明供试辣椒之间的遗传基础较窄,DNA分子水平上辣椒亲缘关系与传统方法研究结论基本一致;Nicolai等结合植物学性状,利用28个SSR标记对89个国家的1352份辣椒材料进行了遗传多样性分析,发现亚群间在植物学性状间存在明显的差异;雷刚等基于辣椒的28个性状的表型数据,根据果形指数大小将603份辣椒材料分成5组,并根据所获得的优化方案最终在表型水平建立了包含91份种质的辣椒核心种质;赫卫等对来自全国各地的辣椒育种材料进行了鉴定分析,结果表明,依据果形、单株果数、熟期和果色,205份种质分成7类,辣椒形态学性状间存在较高相关性,单株果数、叶形、株型、果形、茎绒毛、花梗着生状态、熟性、花柱色是最关键的性状。这些研究证明,辣椒遗传多样性分析对于辣椒育种材料的遗传基础研究具有重要的作用。基于前人的研究结果,宁夏农林科学院种质资源研究所蔬菜课题组对引进的204份辣椒品种(系)的27个表型性状进行了的调查研究(表2-2、表2-3),明确了这些辣椒品种(系)资源的遗传特性和亲缘关系。

表2-2　辣椒数量性状调查的项目及标准

数量性状	调查记载标准
株高	小区50%的植株第一个果实成熟时进行记载,测量陆地至植株最高处,随机抽样10株,取平均值
株幅	小区50%的植株第一个果实成熟时进行记载,测量叶幕最大直径的垂直投影距离,随机抽样10株,取平均值
主茎高度	绿熟期之后转色期之前测量地面到二叉分枝处的长度,随机抽样10株,取平均值
主茎横径	绿熟期之后转色期之前测量地面到二叉分枝处的粗度,随机抽样10株,取平均值
每节花数	1朵=1,2朵=2,3朵=3,簇生=4
首花节位	主茎第一片真叶到第一朵花的叶片数,随机抽样10株,取平均值
叶片长	每株随机取10片成熟叶测量,取其平均值
叶片宽	每株随机取10片成熟叶最宽处,取其平均值

（续表）

数量性状	调查记载标准
叶形指数	叶长/叶宽
叶面积	叶长×叶宽
果长	每株随机取 10 个果实测量,取其平均值
果柄长度	每株随机取 10 个果实测量,取其平均值
果实横径	每株随机取 10 个果其最宽处,取其平均值
萼片宽度	每株随机取 10 个果实测量,取其平均值
果肉厚	每株随机取 10 个果实测量,取其平均值
果实中心柱长	每株随机取 10 个果实测量,取其平均值
单果重	每株随机取 10 个果实测量,取其平均值

表 2-3　辣椒质量性状赋值情况

质量性状	调查记载及赋值标准
茎色	定植前记载,绿=1,绿中带紫=2,紫=3,其他=4
株形	小于 50%的植株第一个果实成熟时进行记载,匍匐=3,紧凑=5,直立=7,其他=9
分枝习性	分枝稀少=3,分枝中等=5,分枝多=7
叶色	黄色=1,绿色=3,深绿=4,浅紫色=5,紫色=6,其他=7
花着生方位	开花盛期记载,下垂=3,平伸=5,向上直立=7
花冠颜色	白色=1,浅黄色=2,黄色=3,黄绿色=4,白底紫色=5,紫底白色=6,白色带紫边=7,紫色=8,其他=9
花药颜色	白色=1,黄色=2,蓝灰色=3,蓝色=4,紫色=5,其他=6
青熟果色	绿熟期进行记载,白色=1,黄色=2,绿色=3,橙色=4,紫色=5,深紫色=6,其他=7
果形	长果形=1,圆果形=2,圆锥形=3,钟形=4
果实表面光滑度	滑=1,轻微皱缩=2,皱缩=3

1. 表型性状的基本统计分析

基于 27 个辣椒的表观性状,204 份辣椒品种（系）的平均变异系数为 23.94%（表 2-4）,说明宁夏辣椒种质资源的形态学特征存在比较广泛的变

表 2-4 不同表型性状变异分析

性状	最小值	最大值	极差	平均值	标准差	变异系数(%)
茎色	1	1	0	1.00	0.00	0.00
株形	3	7	4	4.30	1.05	24.42
分枝习性	3	7	4	4.94	0.59	11.94
叶色	3	4	1	3.18	0.38	11.95
花着生方位	3	7	4	3.38	0.90	26.63
花冠颜色	1	2	1	1.01	0.07	6.93
花药颜色	1	5	4	4.77	0.77	16.14
青熟果色	2	3	1	2.99	0.1	3.34
果形	1	4	3	1.15	0.53	46.09
果实表面光滑度	1	3	2	1.76	0.73	41.48
株高(cm)	24.34	113.00	88.66	77.91	13.15	16.88
株幅(cm)	31.30	106.20	74.90	65.80	12.61	19.16
主茎高度(cm)	5.20	36.00	30.80	17.59	3.98	22.63
主茎横径(cm)	0.75	3.81	3.06	1.33	0.30	22.56
叶片长(cm)	5.14	54.30	49.16	13.31	4.05	30.43
叶片宽(cm)	2.38	11.60	9.22	6.49	1.59	24.50
叶形指数	1.43	2.62	1.19	2.05	0.19	9.27
叶面积(cm²)	12.36	405.95	393.59	91.38	46.25	50.61
始花节位	5.75	14.40	8.65	8.88	1.51	17.00
果长(cm)	5.88	34.04	28.16	22.37	5.67	25.35
果肩宽(cm)	1.00	9.21	8.21	3.85	1.26	32.73
每节花数	1	4	3	2.33	0.71	30.47
果柄长(cm)	1.70	8.40	6.70	4.69	0.90	19.19
萼宽(cm)	1.00	3.49	2.49	2.56	0.41	16.02
果肉厚(mm)	1.46	6.91	3.61	2.69	0.69	25.65
果实中心柱长(cm)	0.96	17.32	16.36	5.21	2.73	52.40
单果重(g)	4	240	236	73.62	31.38	42.62

异,遗传多样性比较丰富。每个性状的变异系数越大,与其相对应的性状变异程度也就越大。17个数量性状中,"中心柱长"变异系数最大,为52.40%,可能的原因是数量性状受多基因控制;"叶形指数"变异系数最小,为9.27%,平均变异系数为26.91%。10个质量性状中,"果形"的变异系数最大,为46.09%,平均变异系数为18.89%。但同时也要注意,对于质量性状而言,由于其统计量是通过赋值后进行数据统计的,赋值的差异会对变异系数的大小产生影响。

宁夏辣椒种质资源植物学性状的Shannon信息指数(H')表明所分析数值的丰富度及均匀度,是反映种质间变异的重要指标,指数越高,说明表型性状变异越丰富。从结果看,204份辣椒种质资源的17个数量性状的平均Shannon信息指数高于10个质量性状的平均Shannon信息指数,介于1.3~3.5;17个数量性状中,"每节花数"多样性信息指数最大,为3.474 5,"萼宽"多样性信息指数最小,为1.336 2(表2-5)。表型性状的Shannon信息指数分析显示,27个植物学性状的平均多样性信息指数为1.696 7(表2-5),说明宁夏农林科学院引选的204份辣椒种质资源表型变异较丰富,具有较高的变异性和多样性,在辣椒遗传育种工作中有较好的利用价值。

2. 数量性状的主成分分析

主成分分析,指根据各指标间的相互关系,利用降维的思想把多个指标转换成较少的几个互不相关的综合指标,从而使进一步研究变简单的一种统计方法。主成分分析结果显示,前4个主成分其特征值分别为3.886、3.588、2.051、1.650,其方差贡献率分别为22.858%、21.107%、12.062%、9.704%,积累方差贡献率为65.731%(表2-6)。主成分1反映的是果肩宽、萼宽、果肉厚等果实的数量形态特征,主成分2反映的是叶片长、叶片宽、叶面积等叶片的数量形态特征,主成分3、4反映的是株高、株幅、主茎高度等植株长势的数量形态特征。这4个主成分分别可以概括为果形因子、叶形因子、株形因子,这些性状可以作为评价辣椒种质资源的主要指标(表2-7)。

表 2-5　宁夏辣椒种质资源表型性状的多样性比较

性状	H'	性状	H'
茎色	0.000 0	叶片长	1.377 0
株型	1.101 9	叶片宽	2.697 7
分枝习性	0.511 6	叶形指数	2.987 8
叶色	0.672 3	叶面积	1.731 9
花着生方位	0.750 4	始花节位	2.430 8
花冠颜色	0.044 7	每节花数	3.474 5
花药颜色	0.543 0	果柄长	1.891 8
青熟果色	0.079 5	果长	1.817 5
果形	0.588 1	果肩宽	2.125 6
果实表面光滑度	1.495 7	萼宽	1.336 2
株高	2.433 6	果肉厚	1.773 6
株幅	2.394 5	果实中心柱长	3.103 1
主茎高度	1.778 3	单果重	3.384 9
主茎横径	3.285 3		
总平均数	1.696 7		

表 2-6　前 4 个主成分的特征值和贡献率

主成分	因子提取结果		
	各成分的特征值	方差贡献率(%)	累计方差贡献率(%)
第一主成分	3.886	22.858	22.858
第二主成分	3.588	21.107	43.964
第三主成分	2.051	12.062	56.027
第四主成分	1.650	9.704	65.731

3. 表型性状的聚类分析

基于 27 个形态性状,204 份辣椒种质材料被聚为了六大类(Ⅰ、Ⅱ、Ⅲ、Ⅳ、Ⅴ、Ⅵ)(图 2-1)。

第Ⅰ类包括 7F1、7F2、7F4、7F5、7F6、7F8、7F9、7F10、7F11、7F12、7F13、

表 2-7　辣椒 17 个数量性状的主成分分析

性状	成分 1	成分 2	成分 3	成分 4
株高	−0.249	0.589	0.528	0.365
株幅	−0.315	0.38	0.629	0.17
主茎高度	−0.254	0.408	0.299	0.537
主茎横径	0.083	0.563	0.33	−0.156
叶片长	0.268	0.842	−0.081	−0.288
叶片宽	0.423	0.808	−0.137	−0.293
叶片指数	−0.396	−0.055	0.101	0.061
叶面积	0.357	0.835	−0.123	−0.348
果长	−0.257	0.384	−0.586	0.313
果柄长	−0.007	0.349	−0.417	0.489
果肩宽	0.87	−0.168	0.117	0.277
萼宽	0.822	0.124	−0.128	0.317
果肉厚	0.673	−0.285	0.394	0.046
中心柱长	−0.631	0.117	−0.286	0.229
始花节位	−0.257	0.162	0.5	−0.005
单果重	0.833	−0.168	0.12	0.358
每节花数	0.093	0.295	−0.276	0.429
特征值	3.886	3.588	2.051	1.650
贡献率(%)	22.858	21.107	12.062	9.704
累积贡献率(%)	22.858	43.964	56.027	65.731

7F14、7F15、7F16、7F17、7F18、7F19、7F20、7F21、7F22、7F23、7F24、7F25、7F26、
7F27、7F28、7F29、7F31、7F32、7F33、7F34、7F35、7F37、7F38、7F39、7F41、8F1、8F5、
8F13、8F14、8F42、8F43、8F45、8F49、8F51、8F52、8F53、8F57、8F58、71701、71702、
71703、71704、71705、71706、71707、71708、71709、71710、71711、71712、71713、
71714、71715、71716、71718、71719、71720、71721、71722、7B24、7B25、7B26、7B27、
7XW、K1、K2、K3、K4、K5、K6、K7、K9、K10、K11、K12、K13、K14、K15、K16、K17、

K18、K19、K21、K22、K23、K24、K25、K26、K27、K28、K29、K30、K31、761号、774号、73-9、73-10、8-5、8-17、8-21、8-22、8-25、8-31、8-33、8-40、8-52、8-60、8-61、8-66、8-69、8-89、8-96、8-97、8-100、8-102、8-104、8-105、8-JQ1540、8-JQ1541、8-JQ1542、8-JL5、8-JL6。这133份材料,分枝中等或多,叶片为绿色或深绿色,花冠、花柱颜色均为白色,花药为紫色或蓝灰色,果形为长果形,果肩较窄,青熟果为绿色,果实表面微皱或皱。

第Ⅱ类包括8-JL9,共1份材料,分枝中等,叶色为深绿色,花冠为白色,花药为黄色,牛角椒,果实大小适中,青熟果为黄色,果实表面光滑。

第Ⅲ类包括8-57、8-59、8-81、8-83、8-84、8-88、8-101,这7份材料植株分枝能力中等或多,叶色为绿色,花冠、花柱颜色均为白色,花药为紫色,果实为长果形,均为牛角椒,青熟果色均为绿色,果实表面光滑或微皱。

第Ⅳ类包括7F36、7F40、8-1、8-2、8-3、8-5、8-6、8-7、8-9、8-10、8-11、8-13、8-14、8-24、8-27、8-28、8-29、8-30、8-53、8-55、8-65、8-72、8-75、8-76、8-82、8-90、8-99、8-103、7F3、8F2、8F3、8F4、8F5、8F6、8F7、8F8、8F9、8F10、8F11、8F12、8F15、8F16、8F17、8F18、8F19、8F20、8F44、8F46、8F47、8F48、BY、8-JL7、8-JL10、8-LD-11、8-37-94、8-LM-9、8HM105、8-TS2、8-RK-01、8-RK-02、8-RK-03,这61份材料植株分枝能力中等或多,叶色为绿色,花冠、花柱颜色均为白色,果形为长果形,果肩较宽,果实较长,单果重较大,青熟果色均为绿色,果实表面光滑或微皱。

第Ⅴ类包括8-98,共1份材料,植株分枝能力中等,叶色为绿色,花冠为紫色,花药为蓝灰色,果形为圆锥形,为水果型辣椒,果实较小,青熟果为绿色,果实表面光滑。

第Ⅵ类包括8-56,共1份材料,植株分枝能力中等,叶色为绿色,花冠为浅黄色,花药为紫色,果形为长果形,果实大小适中,青熟果为绿色,果实表面光滑。

亲本材料是进行辣椒育种工作的前提基础,但遗传基础狭窄导致难以

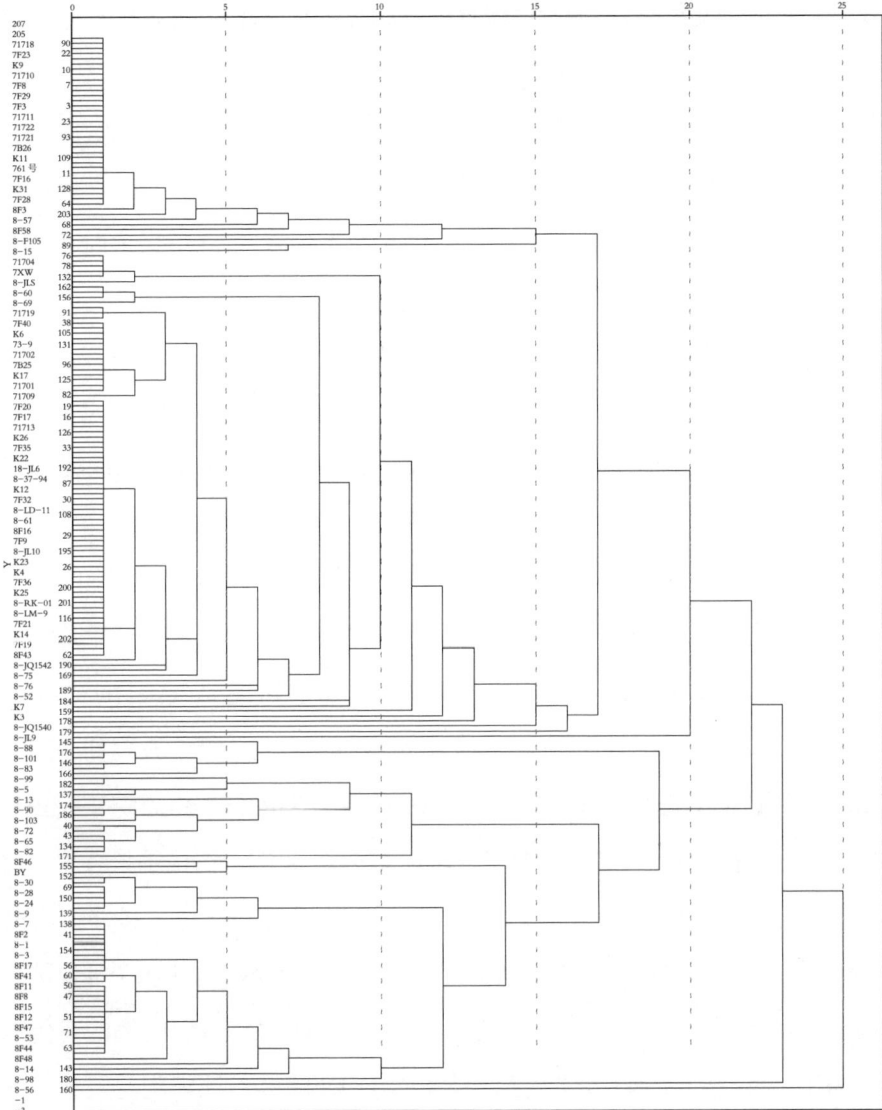

图 2-1 204 份材料基于 27 个形态性状的聚类图

培育出突破性品种。因此,分析亲本材料的遗传多样性,比较材料相互间亲缘关系的远近,对于辣椒的育种工作具有重要的指导意义,为针对辣椒果实性状的新品种选育提供了参考数据和亲本资源。这些种质材料聚类分析的结果,可以使辣椒杂交育种有目的地进行种质资源的优化组合,并采用最佳方案,以期选育出优质、高产的辣椒品种。但同时也应考虑到,虽然产量、品质是育种的主要目标,但随着目前育种方向的多元化,仍需依据宁夏的气候因素和市场特征加大地方品种资源的收集及从国内外引种的方向和力度。另外,形态学标记研究虽然是检测遗传变异最传统、最直观的方法,但是也要考虑到表型性状易受基因上位效应及环境因素的影响,若要更准确地揭示辣椒资源的遗传多样性,还需与分子标记技术相结合,获得更全面的辣椒种质资源亲缘关系及客观评价。

(二)基于SSR标记的遗传多样性分析

SSR(Simple Sequence Repeats),即微卫星标记,也称STMS(Sequence Tagged Micro-satellite)和SSRP(Simple Sequence Repeat Polymorphism),又称短串联重复多态性(Short Tandem Repeat Polymorphism,简称STRP)。SSR是由Moore和Sollotterer等于1991年提出。它的重复单位是由含1~6个碱基序列串联重复而成的DNA序列,由于重复序列数目不同或重复程度不完全而形成每个座位的多态性,如(CA)n、(GAG)n、(GACA)n、(GCC)n。微卫星DNA两端有一段保守的单拷贝序列,通过此可设计一段互补序列的引物,并对SSR进行PCR扩增,从而可检测出SSR核心序列的长度多态性。由于SSR多态性是由简单序列重复次数的差异引起的,由于该特性的存在可通过高浓度的琼脂糖或聚丙烯酰胺凝胶电泳进行检测,最终扩增的DNA带上会出现小片段或一些不连续的条带。由于SSR可在多个等位基因间显示差异,因此SSR标记这一技术一经问世,便很快在动、植物的遗传图谱构建、品种鉴定、QTL分析、亲缘关系鉴定、DNA指纹图谱构建及分子辅助育种中广泛应用,同时该技术还应用于人类基因组研究中,并且已构建了1张由5 264个标记组成的微卫星图谱。SSR标记检测速度快,所需DNA量少,信息量大;标记呈共显性,可鉴别杂合子和纯合子;一般检测到的是一个单一的多等位基因位点。

1. SSR标记的筛选

宁夏农林科学院种质资源研究所基于76对SSR特异性引物(表2-8),

对 204 份辣椒种质资源(表 2-1)进行了研究。

表 2-8　SSR 引物序列信息

引物代码	引物编号	引物
1	BM59622-L	CGTCTTTCACTTGTCTTTTGTTC
2	BM59622-R	AGTGGGTTCACTGACTTGGG
3	Hpms1-165-L	GGCTATTTCCGACAAACCCTCAG
4	Hpms1-165-R	CCATTGGTGTTTTCACTGTTGTG
5	Gpms203-L	CACCAACACATCTTTTTCAACC
6	Gpms203-R	ATAATAGTGGTTGCGGCGAC
7	CA516334-L	ACCCACCTTCATCAACAACC
8	CA516334-R	ATTTGTGGCTTTTCGAAACG
9	Gpms178-L	GATTTTTGACATGTCACATTCATG
10	Gpms178-R	AACGTTGAAAAATAAAGTAAGCAAG
11	GP20087-L	CCCTCTCCTCAATTCACA
12	GP20087-R	CCTTTACCCCTAAATTTGAT
13	GP20036-L	TTTGGACCCTTTCCCTAC
14	GP20036-R	GGATCAAGTAGGCGTTGA
15	GP20056-L	AGAACACAAAAGACCCCC
16	GP20056-R	ATGTGAATATGGCGATGG
17	Epms-310-L	TGGGAAGAGAAATTGTGAAAGC
18	Epms-310-R	AGGAAACATGGTTCAATGCC
19	Hpmsl-5-L	CCAAACGAACCGATGAACACTC
20	Hpmsl-5-R	GACAATGTTGAAAAAGGTGGAAGAC
21	Epms-386-L	ACGCCAAGAAAATCATCTCC
22	Epms-386-R	CCATTGCTGAAGAAAATGGG
23	Gpms-100-L	TCCATACGGTTGGAGGAGAG
24	Gpms-100-R	ACTATGCTCTGCTGTGCCCT
25	HpmsE064-L	CCCTCCTTTTACCTCGTCAAAAA
26	HpmsE064-R	ATGCCAAGGAGCAATGAGAACC

（续表）

引物代码	引物编号	引物
27	Epms342-L	CTGGTAGTTGCAAGAGTAGATCG
28	Epms342-R	ATGATCTTTGACGACGAGGG
29	Gpms-197-L	GCAGAGAAAATAAAATTCTCGG
30	Gpms-197-R	CAATGGAAATTTCATCGACG
31	GPMS-29-L	CAGGCAATACGGAGCATC
32	GPMS-29-R	TGTGTTGCTTCTTGGACGAC
33	Gpms-161-L	CGAAATCCAATAAACGAGTGAAG
34	Gpms-161-R	CCTGTGTGAACAAGTTTTCAGG
35	Epms-4l9-L	TTCAGGTGCAGGTATCATCG
36	Epms-4l9-R	GGGTACTTGTCCATTTATCCAG
37	HpmsE128-L	TGGATCCCAAAAGACTCAGAACA
38	HpmsE128-R	TATTTCCCTCAGTCGAGGTCGT
39	Gpms-93-L	ATCCTTGGCGTATTTTGCAC
40	Gpms-93-R	TTCACTTTGCACACAGGCTT
41	Gpms-101-L	CCTATCACCCTCTTTGAGCC
42	Gpms-101-R	TAAAGACCAGCCCTGGATGA
43	Epms-391-L	TTTCTTCTCTGGCCCTTTTG
44	Epms-391-R	ACGCCTATTGCGAATTTCAG
45	Gpms-6-L	CAGAGCACTTGACATGCCTT
46	Gpms-6-R	GATCTTTATAGTAGCTCATCAATA
47	Hpms2-24-L	TCGTATTGGCTTGTGATTTACCG
48	Hpms2-24-R	TTGAATCGAATACCCGCAGGAG
49	Epms-397-L	GCACCCTCCCAATACAAATC
50	Epms-397-R	GATCACGGAGAAAGCAAAGG
51	Hpmsl-173-L	TGCTGGGAAAGATCTCAAAAGG
52	Hpmsl-173-R	ATCAAGGAAGCAAACCAATGC
53	Hpms1-274-L	TCCCAGACCCCTCGTGATAG

（续表）

引物代码	引物编号	引物
54	Hpms1-274-R	TCCTGCTCCTTCCACAACTG
55	Hpms2-2h-L	GCAAGGATGCTTAGTTGGGTGTC
56	Hpms2-2h-R	TCCCAAAATTACCTTGCAGCAC
57	Hpms2-13-L	TCACCTCATAAGGGCTTATCAATC
58	Hpms2-13-R	TCCTTAACCTTACGAAACCTTGG
59	HpmsCaSIl9-L	CATGAATTTCGTCTTGAAGGTCCC
60	HpmsCaSIl9-R	AAGGGTGTATCGTACGCAGCCTTA
61	AF244121-L	TACCTCCTCGCCAATCCTTCTG
62	AF244121-R	TTGAAAGTTCTTTCCATGACAACC
63	CAN010950-L	GATTTTGGTGGCAGAAGAATTGG
64	CAN010950-R	TGCACTTTCGAAGCAAACAAACC
65	CM0005-L	CATGACCACCATGAGGATA
66	CM0005-R	GATAGCCACGAGCATAGTATT
67	CM0011-L	TCTGCTTTAAAAACACATACAT
68	CM0011-R	CATTCTAACTGAAATTGCATG
69	Hpmsl-6-L	TCCATAACTTCACCCATGAGTATGA
70	Hpmsl-6-R	GCAACACCCACATTCCCTTCTC
71	Hpmsl-1-L	TCAACCCAATATTAAGGTCACTTCC
72	Hpmsl-1-R	CCAGGCGGGGATTGTAGATG
73	Hpmsl-145-L	AGCTTGTGTCATAATCTTGAAAAACTC
74	Hpmsl-145-R	TGAAAAGACGATTTTGTCTAATGCG
75	Hpmsl-41-L	GGGTATCATCCGTTGAAAGTTAGG
76	Hpmsl-41-R	CAAGAGGTATCACAACATGAGAGG
77	Hpmsl-3-L	TGGGAAATAGGATGCGCTAAACC
78	Hpmsl-3-R	AACTTTAAGACTCAAAATCCATAACC
79	CAMS-855-L	AAGTGTCAAGGAAGGGGACA
80	CAMS-855-R	CCTAACCACCCCCAAAAGTT

（续表）

引物代码	引物编号	引物
81	CAMS-885-L	AACGAAAAACAAACCCAATCA
82	CAMS-885-R	TTGAAATTGCTGAAACTCTGAA
83	CAMS-351-L	CGCATGAAGCAAATGTACCA
84	CAMS-351-R	ACCTGCAGTTTGTTGTTGGA
85	CAMS-117-L	TTGTGGAGGAAACAAGCAAA
86	CAMS-117-R	CCTCAGCCCAGGAGACATAA
87	Hpms1-3-L	TGGGAAATAGGATGCGCTAAACC
88	Hpms1-3-R	AACTTTAAGACTCAAAATCCATAACC
89	Hpms1-117-L	ACCCAAATTTGCCTTGTTGAT
90	Hpms1-117-R	AATCCATAACCTTATCCCATAAA
91	Hpms2-41-L	CTTCCCAGACCTCACTTTGTGG
92	Hpms2-41-R	TCTTTGCGGTTATGTCAAGTGC
93	Gpms163-L	CCACCGCTATCACTACCACC
94	Gpms163-R	CCTCCGCAGTAGTGGTATGG
95	GP20068-L	TTCCCTGTGAAAACACTG
96	GP20068-R	TGTTCAACTGCTCTGAGAC
97	Gpms159-L	AAGAACATGAGGAACTTTAACCATG
98	Gpms159-R	TTCACCCTTCTCCGACTCC
99	GP1078-L	AGGGATATACGGTAACATCAC
100	GP1078-R	TCGGTCTCTTCTATCTTATGA
101	CA516439-L	GACAGTCTTTCAAGAACTAGAGAGAG
102	CA516439-R	TGGAGCAAACACAGCAGAAC
103	Hpms2-21-L	TTTTTCAATTGATGCATGACCGATA
104	Hpms2-21-R	CATGTCATTTTGTCATTGATTTGG
105	GP20064-L	GGAGGGGTCATCATCTTC
106	GP20064-R	CCAATCTTCGGTTACCCT
107	CA519548-L	TTTCTTCTCTGGCCCTTTTG

（续表）

引物代码	引物编号	引物
108	CA519548-R	ACGCCTATTGCGAATTTCAG
109	CP10061-L	ATCCCAAAAGGCAAAATC
110	CP10061-R	CCCTTCCACATTCAGTCA
111	AF39662-L	CCCCCTCGTCTCTCTTTATTT
112	AF39662-R	TTGCAAATCTTTTGTCAATTTTT
113	Hpms1-143-L	AATGCTGAGCTGGCAAGGAAAG
114	Hpms1-143-R	TGAAGGCAGTAGGTGGGGAGTG
115	GP20031-L	TGATCAGCGGACAAATCT
116	GP20031-R	GGTGACACTGACCCCATA
117	BD76366-L	AAAACTCCAAACTACCCCTGG
118	BD76366-R	TTAAGCGTAGCGCTTGTGTG
119	CP10081-L	AGGGCTAAGCCGTCTAAA
120	CP10081-R	CTCTTCATGTCCACCCTG
121	BM59622-L	CGTCTTTCACTTGTCTTTTGTTC
122	BM59622-R	AGTGGGTTCACTGACTTGGG
123	BM62655-L	AGGAACGGCAGTCTTGCTAG
124	BM62655-R	GATGCTAGGTCTGGATTCCTG
125	CAN130829-L	GCTAATTACTTGCTCCGTTTTG
126	CAN130829-R	AATGGGGGAGTTTGTTTTGG
127	BM61461-L	CTCATTACCACTTCATACAAAACAG
128	BM61461-R	TGCAGTAGGTGTTGCTACGG
129	CA847580-L	GGTTTTCTCACAACTTCGGC
130	CA847580-R	TTGCAAAATATATCAACGCG
131	CA523715-L	CATCATTTCTCCCCAATTCC
132	CA523715-R	GTGGTGGGTGGGGTAAAAAG
133	Hpms2-45-L	CGAAAGGTAGTTTTGGGCCTTTG
134	Hpms2-45-R	TGGGCCCAATATGCTTAAGAGC

（续表）

引物代码	引物编号	引物
135	CA523558-L	AATCCTCCAAATCCACCCTC
136	CA523558-R	ATTCGATTGCTTGCTCCTTG
137	CA516044-L	ATCTTCTTCTCATTTCTCCCTTC
138	CA516044-R	TGCTCAGCATTAACGACGTC
139	GP1102-L	GAACCCTTCATTCCTGTATGT
140	GP1102-R	TTTGCCCGCATTATGTAAATC
141	ASU5-L	GGAAGATCCCTTGAATGAGTATGTCTC
142	ASU5-R	GGCTGAAAATGTCTGATGGAACTGG
143	Gpms171-L	TCCACCACAATATTTCGAAGG
144	Gpms171-R	TGGCTGTCCAACACTGTGAG
145	GP20117-L	TGACAGCTACCGAAAATGA
146	GP20117-R	CCTCTAATGCTGACGTGAA
147	GP1127-L	CACCACCAGTCACAAAGTTAC
148	GP1127-R	CCCTTCAAATACATCCCATGC
149	CP10131-L	ACCCTTAACAGCAAACCC
150	CP10131-R	CTGCCATGGTTATTGAGG
151	CP10023-L	CACCATGTAGCATCTGGG
152	CP10023-R	GATGGATGGATCGACAGA

结果有 21 对标记在 204 份材料间表现出多态性且扩增效果较好，多态性标记的比例为 27.6%。用上述 21 对 SSR 标记进行扩增，共检测到 254 个多态性位点，平均每对引物检测到 12.01 个多态性位点，引物扩增部分结果见图 2-2、图 2-3、图 2-4。对 204 份材料进行多态性分析，多态性较好，可用于遗传多样性分析的引物见表 2-9。

2. SSR 扩增后辣椒种质亲缘关系的分析和聚类

利用 NTSYS-pc 分析软件，对 SSR 扩增产物转化后的 1,0 数据，计算 204 份材料间的遗传相似系数，并用 UPGMA 进行聚类分析。可将 204 个供

表 2-9 筛选出的 SSR 引物序列信息

引物代码	引物编号	左引物
1	BM59622-L	CGTCTTTCACTTGTCTTTTGTTC
2	BM59622-R	AGTGGGTTCACTGACTTGGG
3	Hpms1-165-L	GGCTATTTCCGACAAACCCTCAG
4	Hpms1-165-R	CCATTGGTGTTTTCACTGTTGTG
5	Gpms203-L	CACCAACACATCTTTTTCAACC
6	Gpms203-R	ATAATAGTGGTTGCGGCGAC
7	CA516334-L	ACCCACCTTCATCAACAACC
8	CA516334-R	ATTTGTGGCTTTTCGAAACG
9	Gpms178-L	GATTTTTGACATGTCACATTCATG
10	Gpms178-R	AACGTTGAAAAATAAAGTAAGCAAG
11	GP20087-L	CCCTCTCCTCAATTCACA
12	GP20087-R	CCTTTACCCCTAAATTTGAT
13	GP20036-L	TTTGGACCCTTTCCCTAC
14	GP20036-R	GGATCAAGTAGGCGTTGA
15	GP20056-L	AGAACACAAAAGACCCCC
16	GP20056-R	ATGTGAATATGGCGATGG
17	Epms-310-L	TGGGAAGAGAAATTGTGAAAGC
18	Epms-310-R	AGGAAACATGGTTCAATGCC
27	Epms342-L	CTGGTAGTTGCAAGAGTAGATCG
28	Epms342-R	ATGATCTTTGACGACGAGGG
29	Gpms-197-L	GCAGAGAAAATAAAATTCTCGG
30	Gpms-197-R	CAATGGAAATTTCATCGACG
35	Epms-4l9-L	TTCAGGTGCAGGTATCATCG
36	Epms-4l9-R	GGGTACTTGTCCATTTATCCAG
41	Gpms-101-L	CCTATCACCCTCTTTGAGCC
42	Gpms-101-R	TAAAGACCAGCCCTGGATGA
47	Hpms2-24-L	TCGTATTGGCTTGTGATTTACCG

（续表）

引物代码	引物编号	左引物
48	Hpms2-24-R	TTGAATCGAATACCCGCAGGAG
57	Hpms2-13-L	TCACCTCATAAGGGCTTATCAATC
58	Hpms2-13-R	TCCTTAACCTTACGAAACCTTGG
59	HpmsCaSIl9-L	CATGAATTTCGTCTTGAAGGTCCC
60	HpmsCaSIl9-R	AAGGGTGTATCGTACGCAGCCTTA
61	AF244121-L	TACCTCCTCGCCAATCCTTCTG
62	AF244121-R	TTGAAAGTTCTTTCCATGACAACC
69	Hpmsl-6-L	TCCATAACTTCACCCATGAGTATGA
70	Hpmsl-6-R	GCAACACCCACATTCCCTTCTC
75	Hpmsl-41-L	GGGTATCATCCGTTGAAAGTTAGG
76	Hpmsl-41-R	CAAGAGGTATCACAACATGAGAGG
79	CAMS-855-L	AAGTGTCAAGGAAGGGGACA
80	CAMS-855-R	CCTAACCACCCCCAAAAGTT
85	CAMS-117-L	TTGTGGAGGAAACAAGCAAA
86	CAMS-117-R	CCTCAGCCCAGGAGACATAA

图 2-2　引物 BM59622 所扩增部分材料的电泳结果

图 2-3　引物 GP20036 所扩增部分材料的电泳结果

图 2-4　引物 Epms-310 所扩增部分材料的电泳结果

试品种按亲缘关系远近共分为 VI 类(图 2-5)。供试品种间的遗传相似系数介于 0.169~0.510。

由图可见，材料 K30、K22、K19、K4、K13、K7、K3、K5、K2、K1、K31、K29、K9、K26、K24、K23、8F58、K28、K27、K18、K15、K17、K14、K11、K25、K21、K10、K6、K16、K12、8F57、8F53、8F52、8F49、8F51、8 -98、8 -84、8 -56、8 -52、8 -33、8 -55、8 -53、8 -97、8 -81、8 -96、8 -76、8 -75、8 -65、8 -72、8 -69、8 -61、8 -66、8 -90、8 -57、8 -60、8 -59、8 -89、8 -83、8 -82、8 -40、8 -31、8 -30、8 -29、8 -28、8 -27、8 -25、8 -24、8 -21、8 -88、8 -22、8F48、8F46、8F45、8F42、8F41、8F8、8F20、8F18、8F15、8F14、8F44、8F43、8F17、8F16、8F19、8F10、8F11、8F9、8F7、8F6、8F5、8F4、8F3、8F2、8F1、8 -100、8 -101、8 -99、8F13、8F12、8F47、8 -105、8 -104、8 -103、8 -102、7F26、7F25、7F24、7F12、7F11、7F23、7F16、7F14、7F13、7F10、7F22、7F21、7F19、7F18、1716、1715、1713、1712、1711、1714、7F20、7F17、1710、1721、1722、1709、7F15、1705、1719、1718、1720、1706、1708、1707、1704、1703、761 号、8 -JQ1541、8 -JQ1540、8 -JL5、8 -JL9、8 -JL10、8 -JL6、1702、8 -37 -94、1701、8 -JQ1542、8 -RK -01、8 -JL7、8 -LD -11、8 -RK -03、8 -RK -02、8 -LM -9、8 -TS2、8HM105、774 号、B27、B26、B24、BY、XW、73 -10、73 -9、B25、8 -14、8 -13、8 -9、8 -3 和 8 -6 共 174 份材料被聚合为第Ⅰ类；

8 -2、8 -11 和 7F9 共 3 份材料被聚为第Ⅱ类；

7F40 和 F36 共 2 份材料被聚为第Ⅲ类；

7F37、7F35、7F33、7F34、7F32、7F31、7F29、7F28 和 7F27 共 9 份材料被聚为第Ⅳ类；

8 -17、8 -5、7F8、7F38、7F6、7F5、7F4、7F2、7F1、7F41 和 7F39 共 11 份材料被聚为第Ⅴ类；

8 -15、8 -7、8 -1 和 8 -10 共 4 份材料被聚为第Ⅵ类。

从结果看，表型聚类和分子标记聚类的结果大致是相同的，但也有个别的品种存在分别不一致的现象；其主要的原因是表型性状受环境影响较大，

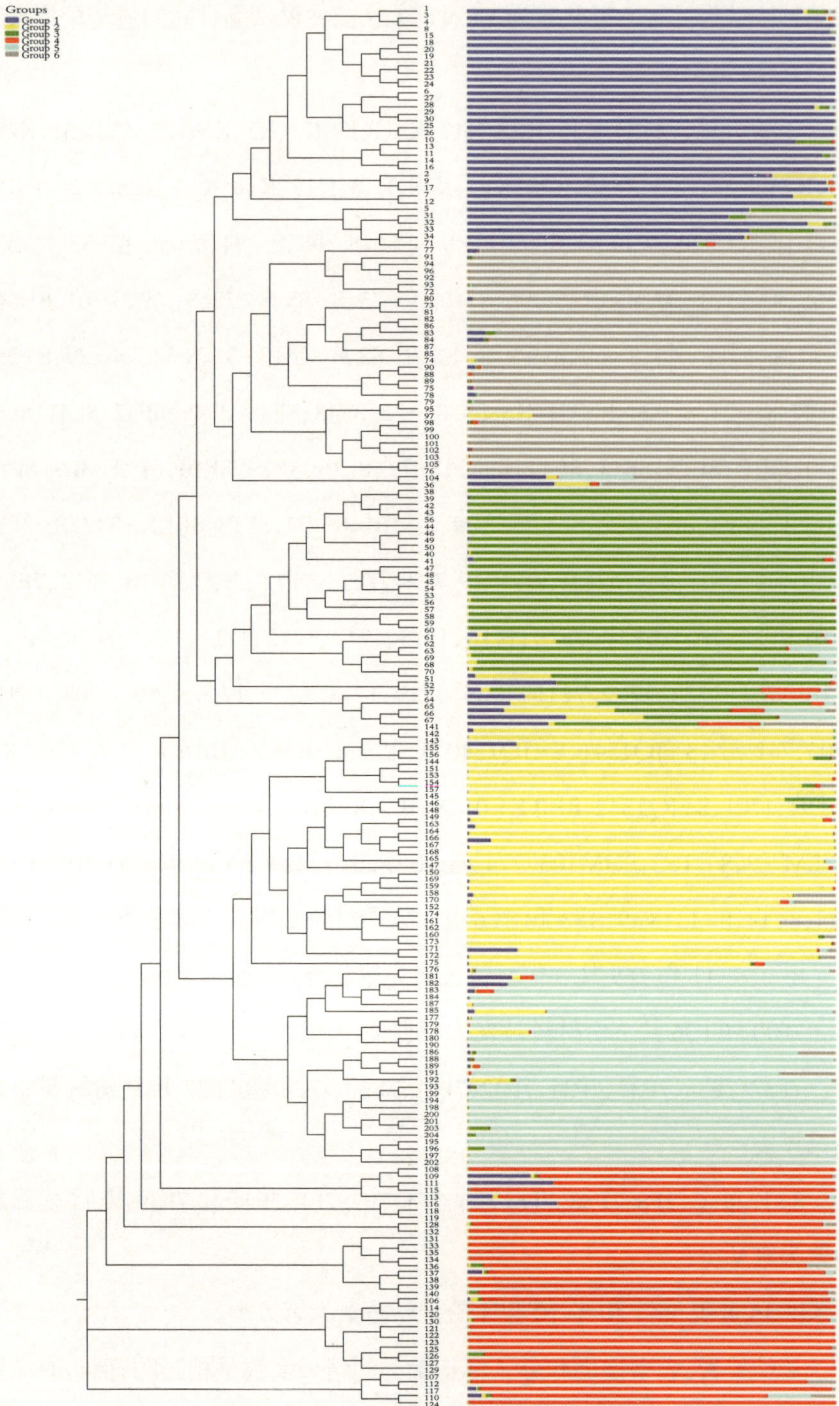

图 2-5 204 份辣椒资源亲缘关系树状图

在一定程度存在可变性。另外,本研究只是选择了部分特异的表型性状和部分特异性的分子标记,无法覆盖和反应每次材料完整的表型和完整的基因组,所以造成表型聚类与分子标记聚类之间存在一定的差异。

植物新品种的产生是人工选择和自然选择双重作用的结果,既反映人们的主观意愿和能力,又反映其在栽培条件下发生遗传变异的客观规律。因此,在进行品种分类研究时,既要将植物的自然演化规律考虑进来,又要将人类在其中所起的作用考虑进来。由于作物遗传背景的复杂性,基因组的杂合度高,形态学性状和生理代谢易受环境影响,这就给种质的鉴定、评价和利用带来了较大的阻力。植物种质在 DNA 分子水平上的差异结果表明,其亲缘关系较近的辣椒品种在 SSR 带型上具有较好的一致性。这种较好的特性适合于辣椒品种的筛选、鉴定与评价,为我们以后的品种选育工作提供了很好的判断依据。

(三)基于表型数据及 SSR 分子标记数据的核心种质构建

1. 基于表型数据的核心种质构建

对宁夏农林科学院种质资源研究所提供的 204 份辣椒种质资源（表 2-1）,参照李锡香等《辣椒种质资源描述规范和数据标准》对辣椒的农艺性状进行描述并赋值,设定 10 个取样比例(10%、20%、30%、40%、50%、60%、70%、80%和90%),参考采用最小距离逐步聚类法,以欧式距离为遗传距离,结合类平均法、离差平方和法、最长距离法和最短距离法 4 种系统聚类方法进行聚类分析。试验采取了 3 种取样方法对样品进行抽取,对聚类图的最小遗传距离水平各组遗传材料分别按照以下 3 种方法进行取样:随机取样法,随机从每组中选取一个样品进入下一轮聚类;偏离度取样法,从每组中选取具有较大偏离度的样品进入下一轮聚类;优先取样法,从每组中选取具有极大或极小性状表型值的样品进入下一轮聚类。

采用连续性性状的均值差异百分率、方差差异百分率、极值符合率、变异系数变化率比较不同的新种质。均值比较采用 Newman-Student-Keuls 检验进行，方差同质性检验采用 Levene's 测验进行。差异显著性分析采用 SPSS 11.0 软件 Compare means 程序的 Independent-Samples T-Test 命令进行。以上指标中，均值差异百分率越小，方差差异百分率、极差符合率和变异系数变化率越大，说明核心种质的代表性越好。

由表 2-10 可知，当取样比例为 20%、采用离差平方和法聚类、优先取样法时获得的核心种质，其均值差异百分率最小，为 0，方差差异百分率最大，为 72.222 22%，极差符合率最大，为 100%，变异系数变化率较大。当取样比例为 20%，采用离差平方和法聚类、优先取样法时获得的核心种质名单见表 2-11。

表 2-10 基于表型的核心种质评价

取样比例	聚类方法	取样方法	均值差异百分率(MD%)	方差差异百分率(VD%)	极差符合率(CR%)	变异系数变化率(VR%)
10%	最长距离法	随机	0	38.888 9	80.659 34	127.644 04
10%	最长距离法	变异度	0	44.444 4	84.309 43	131.029 01
10%	类平均法	随机	0	38.888 9	80.664 07	125.188 5
10%	类平均法	变异度	0	44.444 4	85.902 05	135.135 62
10%	离差平方和法	随机	0	33.333 3	80.849 37	122.373 47
10%	离差平方和法	变异度	0	50	84.526 07	136.922 33
10%	最短距离法	优先	5.555 56	83.333 3	99.091 45	156.151 72
10%	最短距离法	变异度	5.555 56	77.777 8	95.155 36	159.888 32
10%	最长距离法	优先	5.555 56	83.333 3	99.091 45	156.151 72
10%	类平均法	优先	5.555 56	83.333 3	99.091 45	156.151 72
10%	离差平方和法	优先	5.555 56	83.333 3	99.091 45	156.151 72
10%	最短距离法	随机	16.666 67	61.111 1	83.789 57	150.101 62
20%	最长距离法	随机	0	33.333 3	84.813 04	114.314 87
20%	最长距离法	变异度	0	38.888 9	89.266 46	123.156 27
20%	类平均法	随机	0	38.888 9	86.285 18	116.180 59

（续表）

取样比例	聚类方法	取样方法	均值差异百分率(MD%)	方差差异百分率(VD%)	极差符合率(CR%)	变异系数变化率(VR%)
20%	类平均法	变异度	0	61.111 1	94.243 1	125.565 57
20%	离差平方和法	随机	0	27.777 8	86.674	113.764 67
20%	离差平方和法	优先	0	72.222 2	100	134.158 68
20%	离差平方和法	变异度	0	61.111 1	93.673 97	127.375 82
20%	最短距离法	随机	5.555 56	66.666 7	88.969 73	131.597 64
20%	最短距离法	优先	5.555 56	83.333 3	100	140.485 84
20%	最短距离法	变异度	5.555 56	77.777 8	95.987 52	137.938 52
20%	最长距离法	优先	5.555 56	77.777 8	100	134.610 64
20%	类平均法	优先	5.555 56	77.777 8	100	134.758 65
30%	最短距离法	变异度	0	66.666 7	97.353 96	126.533 26
30%	最长距离法	随机	0	22.222 2	86.449 94	107.286 93
30%	最长距离法	优先	0	55.555 6	100	122.856 22
30%	最长距离法	变异度	0	50	91.724 01	116.550 5
30%	类平均法	随机	0	27.777 8	89.918 65	110.483 87
30%	类平均法	优先	0	61.111 1	100	122.256 12
30%	类平均法	变异度	0	44.444 4	95.207 31	117.162 39
30%	离差平方和法	随机	0	22.222 2	91.786 46	112.021 65
30%	离差平方和法	优先	0	50	100	120.534 77
30%	离差平方和法	变异度	0	44.444 4	97.286 49	120.212 84
30%	最短距离法	随机	5.555 56	44.444 4	91.482 47	122.181 32
30%	最短距离法	优先	5.555 56	72.222 2	100	130.152 57
40%	最短距离法	随机	0	33.333 3	92.218 08	114.530 36
40%	最短距离法	变异度	0	50	98.312 34	119.593 09
40%	最长距离法	随机	0	22.222 2	88.180 8	103.781 17
40%	最长距离法	优先	0	38.888 9	100	117.312 22
40%	最长距离法	变异度	0	16.666 7	92.129 3	109.285 32
40%	类平均法	随机	0	27.777 8	96.834 82	110.803 08

（续表）

取样 比例	聚类方法	取样方法	均值差异百 分率(MD%)	方差差异百 分率(VD%)	极差符合 率(CR%)	变异系数变 化率(VR%)
40%	类平均法	优先	0	38.888 9	100	115.608 25
40%	类平均法	变异度	0	22.222 2	98.041 81	113.684 25
40%	离差平方和法	随机	0	22.222 2	92.456 93	107.393 33
40%	离差平方和法	优先	0	55.555 6	100	116.798 84
40%	离差平方和法	变异度	0	22.222 2	97.955 25	114.302 51
40%	最短距离法	优先	5.555 56	61.111 1	100	121.285 22
50%	最短距离法	随机	0	22.222 2	93.115 44	108.705 05
50%	最短距离法	优先	0	27.777 8	100	114.714 77
50%	最短距离法	变异度	0	33.333 3	98.540 94	112.557 3
50%	最长距离法	随机	0	16.666 7	92.859 57	103.154 59
50%	最长距离法	优先	0	22.222 2	100	112.348 86
50%	最长距离法	变异度	0	16.666 7	92.289 02	109.155 13
50%	类平均法	随机	0	16.666 7	97.126 45	107.292 2
50%	类平均法	优先	0	16.666 7	100	110.078 27
50%	类平均法	变异度	0	16.666 7	98.046 46	110.144
50%	离差平方和法	随机	0	16.666 7	94.651 86	107.121 06
50%	离差平方和法	优先	0	16.666 7	100	111.192 28
50%	离差平方和法	变异度	0	16.666 7	98.033 1	110.758 11
60%	最短距离法	随机	0	11.111 1	93.257 87	104.890 89
60%	最短距离法	优先	0	16.666 7	100	109.992 58
60%	最短距离法	变异度	0	16.666 7	99.209 7	107.409 69
60%	最长距离法	随机	0	16.666 7	93.629 28	100.183 53
60%	最长距离法	优先	0	16.666 7	100	108.737 81
60%	最长距离法	变异度	0	16.666 7	92.289 02	104.721 94
60%	类平均法	随机	0	11.111 1	97.879 59	105.239 65
60%	类平均法	优先	0	16.666 7	100	108.467 54
60%	类平均法	变异度	0	16.666 7	98.119 64	107.159 79

（续表）

取样比例	聚类方法	取样方法	均值差异百分率(MD%)	方差差异百分率(VD%)	极差符合率(CR%)	变异系数变化率(VR%)
60%	离差平方和法	随机	0	5.555 56	94.651 86	102.897 34
60%	离差平方和法	优先	0	16.666 7	100	108.602 92
60%	离差平方和法	变异度	0	5.555 56	98.033 1	105.879 85
70%	最短距离法	随机	0	5.555 56	98.007 97	104.009 27
70%	最短距离法	优先	0	5.555 56	100	105.287 34
70%	最短距离法	变异度	0	5.555 56	99.209 7	103.942 09
70%	最长距离法	随机	0	5.555 56	98.970 25	104.152 21
70%	最长距离法	优先	0	5.555 56	100	105.739 52
70%	最长距离法	变异度	0	5.555 56	99.254 55	105.777 66
70%	类平均法	随机	0	5.555 56	98.925 4	103.817 99
70%	类平均法	优先	0	5.555 56	100	104.332 53
70%	类平均法	变异度	0	5.555 56	99.254 55	105.601 84
70%	离差平方和法	随机	0	5.555 56	99.254 55	105.230 46
70%	离差平方和法	优先	0	5.555 56	100	105.778 18
70%	离差平方和法	变异度	0	5.555 56	99.254 55	106.686 87
80%	最短距离法	随机	0	0	98.007 97	101.099 56
80%	最短距离法	优先	0	0	100	103.666 5
80%	最短距离法	变异度	0	0	99.254 55	102.775 6
80%	最长距离法	随机	0	0	99.254 55	103.639 57
80%	最长距离法	优先	0	0	100	104.494 65
80%	最长距离法	变异度	0	0	99.254 55	104.350 77
80%	类平均法	随机	0	0	99.254 55	103.172 22
80%	类平均法	优先	0	0	100	104.169 31
80%	类平均法	变异度	0	0	99.254 55	103.850 05
80%	离差平方和法	随机	0	0	99.254 55	103.934 04
80%	离差平方和法	优先	0	0	100	104.625 56
80%	离差平方和法	变异度	0	0	99.254 55	104.731 61

（续表）

取样比例	聚类方法	取样方法	均值差异百分率(MD%)	方差差异百分率(VD%)	极差符合率(CR%)	变异系数变化率(VR%)
90%	最短距离法	随机	0	0	100	102.509 26
90%	最短距离法	优先	0	0	100	102.564 41
90%	最短距离法	变异度	0	0	100	102.851 21
90%	最长距离法	随机	0	0	100	102.518 15
90%	最长距离法	优先	0	0	100	102.627 98
90%	最长距离法	变异度	0	0	100	102.819 1
90%	类平均法	随机	0	0	100	102.518 15
90%	类平均法	优先	0	0	100	102.686
90%	类平均法	变异度	0	0	100	102.819 1
90%	离差平方和法	随机	0	0	100	102.518 15
90%	离差平方和法	优先	0	0	100	102.627 98
90%	离差平方和法	变异度	0	0	100	102.819 1

表 2-11 基于表型的核心种质名单

编号	种质名称	编号	种质名称
3	K22	132	7F36
4	K19	134	7F34
33	8F52	138	7F29
34	8F51	157	7F10
39	8F45	162	1718
42	8F42	164	1715
46	8F18	168	1711
56	8F8	169	1710
73	8-96	174	1705
74	8-90	178	1701
77	8-84	179	8-37-94
84	8-69	181	8-JQ1541

（续表）

编号	种质名称	编号	种质名称
88	8−60	184	8−JL9
89	8−59	186	8−JL7
95	8−40	187	8−JL10
98	8−30	190	8−RK−01
99	8−29	192	8−LM−9
120	7F8	194	8HM105
123	7F4	201	B26
131	7F37	202	B25

2. 基于 SSR 分子标记数据的核心种质构建

采用改良 CTAB 法提取辣椒基因组 DNA,SSR 引物以及扩增程序同上。SSR 数据统计,有带记为"1",无带记为"0",形成 0−1 矩阵进行数据分析。设定 10 个取样比例（10%、20%、30%、40%、50%、60%、70%、80%和90%）,参考采用最小距离逐步聚类法,以欧式距离为遗传距离,结合类平均法、离差平方和法、最长距离法和最短距离法 4 种系统聚类方法进行聚类分析。试验采取了 3 种取样方法对样品进行抽取, 对聚类图的最小遗传距离水平各组遗传材料分别按照以下 3 种方法进行取样:随机取样法,随机从每组中选取一个样品进入下一轮聚类;偏离度取样法,从每组中选取具有较大偏离度的样品进入下一轮聚类;优先取样法,从每组中选取具有极大或极小性状表型值的样品进入下一轮聚类。

用 MS−Excel 2003 计算并比较核心种质多态性位点百分率、Shannon 多样性指数以及 Nei′s 基因多样性指数。

204 份辣椒种质的 Shannon 多样性指数为 0.562,取样比例为 90%、80%、70%、60%和50%,与 204 份种质的多样性指数相比差异不显著。因此,基于 SSR 分子标记的核心种质为取样比例为 50%时是比较合理的。

表 2-12 基于 SSR 分子标记的核心种质评价

核心种质	90%	80%	70%	60%	50%	40%	30%	20%	10%
111	0.562	0.557	0.558	0.559	0.553	0.555	0.552	0.543	0.52
112	0.56	0.557	0.558	0.559	0.553	0.555	0.552	0.543	0.52
113	0.562	0.557	0.558	0.559	0.553	0.555	0.552	0.543	0.52
114	0.562	0.557	0.558	0.559	0.553	0.555	0.552	0.543	0.52
115	0.561	0.557	0.558	0.559	0.553	0.555	0.552	0.543	0.52
116	0.56	0.557	0.558	0.559	0.553	0.555	0.552	0.543	0.52
117	0.56	0.557	0.558	0.559	0.553	0.555	0.552	0.543	0.52
118	0.56	0.557	0.558	0.559	0.553	0.555	0.552	0.543	0.52
121	0.56	0.557	0.558	0.559	0.553	0.555	0.552	0.543	0.52
122	0.56	0.557	0.558	0.559	0.553	0.555	0.552	0.543	0.52
123	0.56	0.557	0.558	0.559	0.553	0.555	0.552	0.543	0.52
124	0.56	0.557	0.558	0.559	0.553	0.555	0.552	0.543	0.52
125	0.56	0.557	0.558	0.559	0.553	0.555	0.552	0.543	0.52
126	0.56	0.557	0.558	0.559	0.553	0.555	0.552	0.543	0.52
127	0.56	0.557	0.558	0.559	0.553	0.555	0.552	0.543	0.52
128	0.56	0.557	0.558	0.559	0.553	0.555	0.552	0.543	0.52
131	0.56	0.557	0.558	0.559	0.553	0.555	0.552	0.543	0.52
132	0.56	0.557	0.558	0.559	0.553	0.555	0.552	0.543	0.52
133	0.56	0.557	0.558	0.559	0.553	0.555	0.552	0.543	0.52
134	0.56	0.557	0.558	0.559	0.553	0.555	0.552	0.543	0.52
135	0.56	0.557	0.558	0.559	0.553	0.555	0.552	0.543	0.52
136	0.56	0.557	0.558	0.559	0.553	0.555	0.552	0.543	0.52
137	0.56	0.557	0.558	0.559	0.553	0.555	0.552	0.543	0.52
138	0.56	0.557	0.558	0.559	0.553	0.555	0.552	0.543	0.52
211	0.56	0.558	0.559	0.559	0.557	0.551	0.549	0.547	0.544
212	0.56	0.558	0.559	0.559	0.557	0.551	0.549	0.547	0.544
213	0.562	0.558	0.559	0.559	0.557	0.551	0.549	0.547	0.544

（续表）

核心种质	90%	80%	70%	60%	50%	40%	30%	20%	10%
214	0.562	0.558	0.559	0.559	0.557	0.551	0.549	0.547	0.544
215	0.561	0.558	0.559	0.559	0.557	0.551	0.549	0.547	0.544
216	0.56	0.558	0.559	0.559	0.557	0.551	0.549	0.547	0.544
217	0.56	0.558	0.559	0.559	0.557	0.551	0.549	0.547	0.544
218	0.56	0.558	0.559	0.559	0.557	0.551	0.549	0.547	0.544
221	0.56	0.558	0.559	0.559	0.557	0.551	0.549	0.547	0.544
222	0.56	0.558	0.559	0.559	0.557	0.551	0.549	0.547	0.544
223	0.56	0.558	0.559	0.559	0.557	0.551	0.549	0.547	0.544
224	0.56	0.558	0.559	0.559	0.557	0.551	0.549	0.547	0.544
225	0.56	0.558	0.559	0.559	0.557	0.551	0.549	0.547	0.544
226	0.56	0.558	0.559	0.559	0.557	0.551	0.549	0.547	0.544
227	0.56	0.558	0.559	0.559	0.557	0.551	0.549	0.547	0.544
228	0.56	0.558	0.559	0.559	0.557	0.551	0.549	0.547	0.544
231	0.56	0.558	0.559	0.559	0.557	0.551	0.549	0.547	0.544
232	0.56	0.558	0.559	0.559	0.557	0.551	0.549	0.547	0.544
233	0.56	0.558	0.559	0.559	0.557	0.551	0.549	0.547	0.544
234	0.56	0.558	0.559	0.559	0.557	0.551	0.549	0.547	0.544
235	0.56	0.558	0.559	0.559	0.557	0.551	0.549	0.547	0.544
236	0.56	0.558	0.559	0.559	0.557	0.551	0.549	0.547	0.544
237	0.56	0.558	0.559	0.559	0.557	0.551	0.549	0.547	0.544
238	0.56	0.558	0.559	0.559	0.557	0.551	0.549	0.547	0.544
均值	0.56★	0.557★	0.559★	0.559★	0.555★	0.553	0.551	0.545	0.532

注：核心种质第一个数字表示取样方法，1=优先取样+多次聚类随机取样，2=优先取样+多次聚类变异度取样；第二个数字表示遗传距离类型，1=Simple matching，2=Jaccard，3=Nei and Li；第三个数字表示系统聚类方法，1=Single linkage，2=complete linkage，3=Median，4=centroid，5=UPGMA，6=WPGMA，7=Flexible-beta，8=Ward's。★表示在 P=0.05 水平与 204 份种质相比差异不显著

表 2-13　基于 SSR 分子标记的核心种质名单

编号	种质名称	编号	种质名称
3	K22	125	7F2
4	K19	132	7F36
7	K6	134	7F34
9	K21	138	7F29
15	K13	141	7F26
18	K7	143	7F24
21	K2	149	7F18
33	8F52	157	7F10
34	8F51	162	1718
37	8F47	164	1715
39	8F45	168	1711
42	8F42	169	1710
46	8F18	170	1709
56	8F8	174	1705
73	8-96	176	1703
74	8-90	178	1701
78	8-83	185	8-JL6
85	8-66	188	8-LD-11
90	8-57	189	8-RK-03
92	8-55	193	8-TS2
93	8-53	195	XW
99	8-29	197	3-9
101	8-27	199	761 号
117	8-1	200	B27
121	7F6	203	B24

3. 辣椒核心种质最终构建结果

比较 2 个核心种质名单，发现基于 SSR 分子标记数据的核心种质有 50

份,其中包含了基于表型数据的核心种质40份。2个核心种质的比较见表
2-14。比较发现,基于表型数据的核心种质的评价参数与基于SSR分子标记
数据的核心种质相比差异不显著,与204份辣椒种质相比差异不显著。因
此,基于表型数据的40份核心种质可作为最终的辣椒核心种质。

表2-14 两个核心种质的比较

	204份辣椒种质	基于表型数据的核心种质	基于SSR分子标记数据的核心种质
Shannon多样性指数	0.562	0.560	0.557
多态条带百分率	97.1%	98.5%	98.1%
Nei's基因多样性	0.205	0.198	0.201

注:* 表示在P=0.05水平差异显著

三、优良辣椒种质资源创制

(一)辣椒新种质资源的生物学特性

针对宁夏辣椒产业发展中自主品种少、抗病(逆)性差、特色不突出等发
展中的关键技术问题,宁夏农林科学院种质资源研究所广泛收集国内外辣
椒优良种质资源,利用常规育种与分子标记辅助育种技术相结合,分离创制
出聚合多个优异性状的新种质60份(表2-15)。

表2-15 辣椒新种质资源的生物学特性

自交系编号	生物学特性
C1	生长势中等,分枝性强,株高84 cm,开展度120 cm,始花节位7~9节,果实为牛角形,短粗,果面1~2个大浅凹皱,果顶尖突,果长25.43 cm,果柄长4.2 cm,果肉厚4.4 mm,单果重143.65 g,青果色绿,熟果色鲜红,果皮有光泽,耐贮运,外观品质好,抗病性强,果实商品性好,适宜鲜食
C2	生长势旺盛,分枝性强,株高95 cm,开展度117 cm,始花节位7~8节,果实为牛角形,果形细长,果面2~3个小浅凹皱,果顶尖突,果长24.32 cm,果柄长3.88 cm,果肉厚3.42 mm,单果重95.3 g,青果色绿,熟果色深红,果皮有光泽,品质优良,丰产性好,耐贮运,适宜鲜食
C3	生长势中等,分枝性中等,株高82 cm,开展度90 cm,始花节位7~8节,果实为牛角形,果短粗,果顶尖凹凸,果长15.2 cm,果柄长4.2 cm,果肉厚3 mm,单果重63.8 g,青果色绿,熟果色鲜红,果面有光泽,品质优良,果实商品性好,适宜鲜食

（续表）

自交系编号	生物学特性
C4	生长势旺盛,分枝性较差,株高 105 cm,开展度 68 cm,始花节位 11~13 节,2015 年从张掖引进,果实为牛角形,果肩下 2~3 个大深皱,果皮光,果顶尖凹凸,果长 27 cm,果柄长 4.4 cm,果肉厚 4 mm,单果重 170 g,青果色绿,有光泽,品质优良,果实商品性好,适宜鲜食
C5	植株生长势较弱,分枝性弱,株高 82 cm,开展度 60 cm,始花节位 7~9 节,果实为牛角形,果形细长,果肩下 1~2 个小浅皱,果顶尖突,果长 25.5 cm,果柄长 5.1 cm,果肉厚 2.4 mm,单果重 77.5 g,青果色绿,熟果色橘黄,有光泽,品质优良,果实商品性好,适宜鲜食和加工
C6	植株生长势中等,分枝性中等,株高 82 cm,开展度 72 cm,始花节位 8~13 节,果实为牛角形,果形大且粗,果肩下大深皱,果面大凹坑,皮光,果顶尖突,果长 26.27 cm,果柄长 4.27 cm,果肉厚 3.37 mm,单果重 158.13 g,青果色绿,熟果色红,有光泽,品质优良,果实风味佳,辣度适中,果实商品性好,适宜鲜食
C7	生长势旺盛,分枝性强,株高 108 cm,开展度 90 cm,始花节位 7~8 节,果实为牛角形,萼片半下包,果肩下 2~3 个大凹皱,果顶尖突,果长 24.6 cm,果柄长 3.6 cm,果肉厚 2.5 mm,单果重 66.7 g,青果色绿,熟果色深红,有光泽,品质优良,果实商品性好,适宜鲜食
C8	生长势中等,分枝性中等,株高 88 cm,开展度 70 cm,始花节位 8~9 节,果长 30.4 cm,果柄长 4.7 cm,果肉厚 3.6 mm,单果理 127.7 g,果实为牛角形,果形特大长,果肩下部 2~3 个大深皱,萼片半下包,果面有纵向深凹线,青果色绿,熟果色鲜红,果面光泽好,风味好,辣度适中,果实商品性好,适宜鲜食
C9	生长势中等,株高 89 cm,开展度 74 cm,始花节位 8~11 节,果实为牛角形,果粗大,果面有纵向深凹线,果顶尖突,果长 27.16 cm,果柄长 5.74 cm,果肉厚 2.96 mm,单果重 109.92 g,青果色绿,熟果色嫩黄,果面有光泽,风味好,辣度适中,果实商品性好,适宜鲜食
C10	生长势旺盛,分枝性中等,株高 98 cm,开展度 72 cm,始花节位 6~8 节,果实为牛角形,果形大,略短粗,肩下大凹,果面浅凹坑,有纵向凹线,种子量中等,果顶尖突,果长 21.3 cm,果柄长 5.2 cm,果肉厚 3.8 mm,单果重 126.2 g,青果色绿,熟果色鲜红,有光泽,品质优良,果实商品性好,适宜鲜食
C11	生长势中等,分枝性较弱,株高 84 cm,开展度 66 cm,始花节位 7~10 节,果实为牛角形,肩下大凹,果皮光,果面有纵向凹线,种子量少,果顶尖突,果长 22.56 cm,果柄长 6.46 cm,果肉厚 3.54 mm,单果重 116.32 g,青果色绿,熟果色橘黄,有光泽,品质优良,果实商品性好,适宜鲜食
C12	生长势旺盛,分枝性中等,株高 94 cm,开展度 74 cm,始花节位 8~10 节,果实为牛角形,果肩下浅皱,果短粗,萼片半下包,种子量中等,果顶尖突,果长 18.2 cm,果柄长 5.6 cm,果肉厚 4.22 mm,单果重 113.5 g,青果色绿,熟果色鲜红,有光泽,品质优良,果实商品性好,适宜鲜食

（续表）

自交系编号	生物学特性
C13	生长势旺盛,分枝性强,株高 94 cm,开展度 89 cm,始花节位 8~10 节,果实为牛角形,果细长,果肩下 2~3 个大凹皱,种子量少,果顶尖突,果长 23.18 cm,果柄长 6.18 cm,果肉厚 3.08 mm,单果重 112.86 g,青果色绿,熟果色鲜红,果面有光泽,品质优良,果实商品性好,辣度适中,适宜鲜食
C14	生长势旺盛,分枝性强,株高 107 cm,开展度 97 cm,始花节位 6~8 节,果实为羊角形,果形细长,果面浅凹皱、小凹坑,有纵向凹线,果顶凹,籽少,果长 29.5 cm,果柄长 5.1 cm,肉厚 2 mm,单果重 71.1 g,青果色绿,熟果色深红,果面有光泽,品质优良,丰产性好,适宜加工与制干
C15	生长势旺盛,分枝性中等,株高 97 cm,开展度 76 cm,始花节位 8~10 节,果实为羊角形,果细长,肩下大凹,果面浅凹皱,果顶凹,种子量中等,果长 26.8 cm,果柄长 6.3 cm,果肉厚 2.3 mm,单果重 69.2 g,青果色绿,熟果色深红,果面有光泽,品质优良,丰产性好,适宜加工与制干
C16	生长势旺盛,分枝性中等,株高 115 cm,开展度 74 cm,始花节位 7~10 节,果实为羊角形,果形粗大,果肩下 3~4 个大深凹皱,果顶凹,果长 26.7 cm,果柄长 6.3 cm,果肉厚 2.2 mm,单果重 111.1 g,青果色深绿,熟果色深红,有光泽,品质优良,果实商品性好,适宜鲜食与加工
C17	生长势旺盛,分枝性强,株高 95 cm,开展度 80 cm,始花节位 7~9 节,果实为牛角形,肩下大凹,种子量少,果顶尖突,果长 21.4 cm,果柄长 5.3 cm,果肉厚 3.6 mm,单果重 111.3 g,青果色绿,熟果色嫩黄,果面有光泽,品质优良,果实商品性好,适宜鲜食
C18	生长势旺盛,分枝性强,株高 88 cm,开展度 90 cm,始花节位 5~7 节,果实为牛角形,果形粗大,肩下 2~3 个大深凹皱,果皮光,有纵向凹线,种子量少,果顶尖突,果长 21.4 cm,果柄长 5.3 cm,果肉厚 3.6 mm,单果重 111.3 g,青果色绿,熟果色深红,果面有光泽,品质优良,果实商品性好,适宜鲜食
C19	生长势中等,分枝性较弱,坐果能力强,株高 78 cm,开展度 60 cm,始花结位 7~10 节,羊角形,果大长,肩大,肩下大凹,果面浅皱多,泡皱,略 S 形扭曲,种子量多,果长 27.4 cm,柄长 4.7 cm,肉厚 1.8 mm,单果质量 58.4 g,青果色绿,熟果色深红,果面有光泽,品质优良,果实商品性好,适宜鲜食
C20	生长势旺盛,分枝性强,节间长,坐果能力强,株高 113 cm,开展度 88 cm,始花节位 8~10 节,果多,果实为羊角形,果形细长,果肩下深皱,果面凹坑,皱多,种子量中等,果长 25.6 cm,果柄长 5.1 cm,果肉厚 1.9 mm,单果重 38.4 g,青果色绿,熟果色深红,果面有光泽,品质优良,果实商品性好,适宜制干与加工
C21	生长势旺盛,分枝性中等,坐果能力强,株高 103 cm,开展度 70 cm,始花节位 6~8 节,果实为羊角形,果形较粗大,果肩下大凹皱,果面泡皱,S 形扭曲,种子量中等,果长 25.4 cm,果柄长 5.1 cm,果肉厚 2.2 mm,单果重 58.5 g,青果色绿,熟果色鲜红,果面有光泽,品质优良,果实商品性好,适宜鲜食与加工

（续表）

自交系编号	生物学特性
C22	生长势旺盛，分枝性强，株高 88 cm，开展度 82 cm，始花节位 8~9 节，果实为牛角形，果形短粗，果肩下大凹，果面有纵向凹线，种子量少，果长 17.98 cm，果柄长 5.18 cm，果肉厚 3.22 mm，单果重 110.48 g，青果色绿，熟果色鲜红，果面有光泽，品质优良，果实商品性好，适宜鲜食
C23	生长势旺盛，分枝性中等，坐果能力强，株高 88 cm，开展度 70 cm，始花节位7~8 节，果实为短锥牛角形，果肩大，果长 16.32 cm，果柄长 5.6 cm，果肉厚 2.96 mm，单果重 62.08 g，青果色绿，熟果色鲜红，果面有光泽，品质优良，果实商品性好，适宜鲜食与加工
C24	生长势旺盛，分枝性中等，节间长，株高 84 cm，开展度 78 cm，始花节位 8~10 节，果实为羊角形，果形细长，果肩下深皱多，萼片半下包，种子量中等，果长 26.1 cm，果柄长 5.32 cm，果肉厚 1.68 mm，单果重 36.74 g，青果色绿，熟果色暗红，果面有光泽，品质优良，果实商品性好，适宜制干
C25	生长势旺盛，分枝性强，株高 80 cm，开展度 90 cm，始花节位 7~9 节，果实为羊角形，果形较粗大，果肩下大凹，泡皱，萼片半下包，种子量中等，果长 23.76 cm，果柄长 5.48 cm，果肉厚 2.5 mm，单果重 56.38 g，青果色绿，熟果色深红，果面有光泽，品质优良，果实商品性好，适宜鲜食与加工
C26	生长势旺盛，分枝性强，坐果能力强，株高 80 cm，开展度 95 cm，始花节位 8~10 节，果实为羊角形，果形大且长，果肩下深皱，果面泡皱多，略 S 形扭曲，果长 27 cm，果柄长 4.3 cm，果肉厚 2.5 mm，单果重 92.4 g，青果色绿，熟果色深红，果面有光泽，品质优良，果实商品性好，适宜鲜食与加工
C27	生长势旺盛，分枝性强，株高 77 cm，开展度 101 cm，始花节位 8~11 节，果实为牛角形，果肩大，果面泡皱，略 S 形扭曲，种子量多，果长 22.3 cm，果柄长 5.6 cm，果肉厚 2.8 mm，单果重 107 g，青果色绿，熟果色鲜红，果面有光泽，品质优良，果实商品性好，适宜鲜食与加工
C28	生长势旺盛，分枝性强，坐果能力强，株高 100 cm，开展度 84 cm，始花节位 8~10 节，果实为羊角形，果形特大长，果肩下大深凹皱，种子量少，果长 28.98 cm，果柄长 4.88 cm，果肉厚 2.38 mm，单果重 111.18 g，青果色浅绿，熟果色深红，果面有光泽，品质优良，果实商品性好，适宜鲜食与加工
C29	生长势中等，分枝性中等，株高 80 cm，开展度 76 cm，始花节位 8~10 节，果实为羊角形，果形特细长似线椒形，果肩下深皱，萼片下包，果长 29.73 cm，果柄长 3.93 cm，果肉厚 3.13 mm，单果重 62.6 g，青果色浅绿，熟果色黄，果面有光泽，品质优良，果实商品性好，适宜鲜食与加工
C30	生长势中等，分枝性中等，坐果能力强，株高 85 cm，开展度 76 cm，始花节位 7~10 节，果实为牛角形，果肩下浅凹，萼片半下包，果长 15.04 cm，果柄长 4.1 cm，果肉厚 4.2 mm，单果重 63.98 g，青果色绿，熟果色橘黄，果面有光泽，品质优良，果实商品性好，适宜鲜食与加工

（续表）

自交系编号	生物学特性
C31	生长势较弱,分枝性中等,坐果能力强,株高 74 cm,开展度 70 cm,始花节位 6~8 节,果实为羊角形,果形细长似粗线椒,果肩下 2~3 个深皱,萼片下包,种子量中等,果长 27.44 cm,果柄长 5.12 cm,果肉厚 2.78 mm,单果重 63.28 g,青果色绿,熟果色鲜红,果面有光泽,品质优良,果实商品性好,适宜鲜食
C32	生长势旺盛,分枝性弱,株高 100 cm,开展度 58 cm,始花节位 6~8 节,果实为牛角形,果形特大长,果肩下 1~2 个大凹皱,种子量少,果长 37.2 cm,果柄长 4.4 cm,果肉厚 2.3 mm,单果重 156.6 g,青果色绿,熟果色鲜红,果面有光泽,品质优良,果实商品性好,适宜鲜食
C33	生长势旺盛,分枝性较弱,株高 106 cm,开展度 68 cm,始花节位 7~8 节,果实为细长羊角形,似粗线椒,萼片下包,果肩下浅凹皱,果长 28.16 cm,果柄长 4.88 cm,果肉厚 3.02 mm,单果重 62.76 g,青果色绿,熟果色黄,果面有光泽,品质优良,果实商品性好,适宜鲜食与加工
C34	生长势旺盛,分枝性较强,坐果能力强,株高 95 cm,开展度 82 cm,始花节位 6~9 节,果实为牛角形,果肩大,果面大泡皱,有凹坑,光泽差,略 S 形扭曲,籽多,果长 13.1 cm,果柄长 4.9 cm,果肉厚 2.3 mm,单果重 27.2 g,青果色绿,熟果色暗红,果面有光泽,品质优良,果实商品性好,适宜鲜食
C35	生长势中等,分枝性中等,坐果能力强,株高 80 cm,开展度 74 cm,始花节位 7~9 节,果实为牛角形,果短粗,果面大凹,有坑皱,种子量中等,果长 21 cm,果柄长 5.4 cm,果肉厚 3.7 mm,单果重 116.3 g,青果色绿,熟果色深红,果面有光泽,品质优良,果实商品性好,适宜鲜食
C36	生长势中等,分枝性强,株高 80 cm,开展度 84 cm,始花节位 7~9 节,果实为牛角形,果大长,果肩下大凹皱,果面大凹,有坑皱,种子量中等,果长 21.7 cm,果柄长 3 cm,果肉厚 3.1 mm,单果重 96.8 g,青果色绿,熟果色鲜红,果面有光泽,品质优良,果实商品性好,适宜鲜食
C37	生长势较弱,分枝性差,株高 83 cm,开展度 57 cm,始花节位 7~9 节,果实为羊角形,果细长,果肩下大深皱,果面坑皱,种子量中等,果长 23.68 cm,果柄长 4.58 cm,果肉厚 2.12 mm,单果重 45.14 g,青果色绿,熟果色鲜红,果面有光泽,品质优良,适宜鲜食与制干
C38	生长势旺盛,分枝性强,株高 95 cm,开展度 88 cm,始花节位 7~8 节,果实为猪大肠形,果肩下深皱多,萼片下包,果顶尖突,种子量少,果长 23.72 cm,果柄长 4.46 cm,果肉厚 2.86 mm,单果重 93 g,青果色绿,熟果色深红,果面有光泽,品质优良,果实商品性好,适宜鲜食
C39	生长势旺盛,分枝性中等,株高 133 cm,开展度 75 cm,始花节位 7~9 节,果产为牛角形,果肩下大浅皱,萼片半下包,种子量少,果长 16.74 cm,果柄长 4.22 cm,果肉厚 3.08 mm,单果重 49.2 g,青果色绿,熟果色深红,果面有光泽,品质优良,果实商品性好,适宜鲜食

（续表）

自交系编号	生物学特性
C40	生长势旺盛,分枝性强,株高 123 cm,开展度 100 cm,始花节位 6~9 节,果实为羊形,果形细长,果肩下皴,萼片下包,似粗线椒,种子量少,果长 28.26 cm,果柄长 5.2 cm,果肉厚 2.38 mm,单果重 67.62 g,青果色绿,熟果色深红,果面有光泽,品质优良,果实商品性好,适宜制干
C41	生长势旺盛,分枝性强,坐果能力强,株高 100 cm,开展度 80 cm,始花节位 6~8 节,果实为羊角形,无皴皮光,萼片半下包,种子量少,果顶尖突,果长 23.64 cm,果柄长 5.04 cm,果肉厚 3.16 mm,单果重 53.96 g,青果色绿,熟果色鲜红,果面有光泽,品质优良,果实商品性好,适宜鲜食与加工
C42	生长势旺盛,分枝性强,株高 100 cm,开展度 80 cm,始花节位 6~8 节,果实为牛角形,果短粗,坐果多,无皴皮光,种子量少,果顶尖突,果长 16.6 cm,果柄长 4.8 cm,果肉厚 4.12 mm,单果重 110.92 g,青果色绿,熟果色鲜红,果面有光泽,品质优良,果实商品性好,适宜鲜食
C43	生长势旺盛,分枝性中等,株高 99 cm,开展度 69 cm,始花节位 8~11 节,果实为猪大肠形,果略细小,大深皴多,坐果多,种子量多,果长 19.3 cm,果柄长 3.77 cm,果肉厚 1.87 mm,单果重 41.43 g,青果色绿,熟果色深红,果面有光泽,品质优良,果实商品性好,适宜鲜食与加工
C44	生长势较旺盛,分枝性中等,株高 90 cm,开展度 70 cm,始花节位 7~9 节,果实为羊角形,果粗大,果肩下大深皴多,坐果多,果顶尖突,果长 23.5 cm,果柄长 5.3 cm,果肉厚 3.9 mm,单果重 82.48 g,青果色绿,熟果色红,果面有光泽,品质优良,果实商品性好,适宜鲜食与加工
C45	生长势中等,分枝性中等,坐果能力强,株高 80 cm,开展度 75.2 cm,始花节位 7~8 节,果实为牛角形,果肩下大凹,无皴,果身略扭曲,果肩大,种子量少,果长 18.12 cm,果柄长 4.18 cm,果肉厚 2.22 mm,单果重 56.14 g,青果色绿,熟果色红,果面有光泽,品质优良,果实商品性好,适宜鲜食
C46	生长势较旺盛,分枝性较强,株高 88 cm,开展度 78 cm,始花节位 7~9 节,果实为羊角形,果形大且长,果肩下大浅皴,果皮光顺直,种子量少,果顶尖突,果长 20.7 cm,果柄长 3.92 cm,果肉厚 2.46 mm,单果重 54.88 g,青果色绿,熟果色鲜红,果面有光泽,品质优良,果实商品性好,适宜鲜食
C47	生长势较旺盛,分枝性较强,株高 88 cm,开展度 78 cm,始花节位 7~9 节,果实为牛角形,果形大、长、略细,果肩下大凹,坐果多,种子量少,果顶尖突,果长 27.14 cm,果柄长 3.84 cm,果肉厚 2.92 mm,单果重 108.44 g,青果色绿,熟果色深红,果面有光泽,品质优良,果实商品性好,适宜鲜食
C48	生长势中等,分枝性中等,株高 72 cm,开展度 75.2 cm,始花节位 9~10 节,果实为羊角形,果形细长,果面有小凹坑皴,果肩下浅凹,果顺直,坐果多,种子量中等,果顶尖突,果长 31.24 cm,果柄长 4.14 cm,果肉厚 2.12 mm,单果重 80.1 g,青果色绿,熟果色深红,果面有光泽,品质优良,果实商品性好,适宜鲜食

（续表）

自交系编号	生物学特性
C49	生长势旺盛,分枝性强,株高 103 cm,开展度 84 cm,始花节位 7~9 节,果实为牛角形,果肩下大凹皱,果略短粗,果面坑皱,果肩大,种子量少,果长 23.46 cm,果柄长 4.16 cm,果肉厚 2.66 mm,单果重 98.48 g,青果色绿,熟果色深红,果面有光泽,品质优良,果实商品性好,适宜鲜食
C50	生长势旺盛,分枝性中等,株高 101.2 cm,开展度 71.5 cm,始花节位 9~11 节,果实为羊角形,肩下深皱,果面有小凹坑皱,果顺直,坐果多,种子量少,果长 28.28 cm,果柄长 4.42 cm,果肉厚 2.21 mm,单果重 73.34 g,青果色绿,熟果色深红,果面有光泽,品质优良,果实商品性好,适宜鲜食
C51	生长势旺盛,分枝性中等,株高 104.7 cm,开展度 72.6 cm,始花节位 10~11 节,果实为羊角形,果形顺直,果肩下深皱,果面泡皱,萼片下包,种子量中等,果长 24.03 cm,果柄长 5.1 cm,果肉厚 2.43 mm,单果重 57.9 g,青果色绿,熟果色深红,果面有光泽,品质优良,果实商品性好,适宜鲜食
C52	生长势较旺盛,分枝性较弱,坐果能力强,株高 98 cm,开展度 60 cm,始花节位 7~9 节,果实为羊角形,果面深皱多,果身略 S 形扭曲,种子量多,果长 20.33 cm,果柄长 5.4 cm,果肉厚 1.9 mm,单果重 43.97 g,青果色绿,熟果色暗红,果面有光泽,品质优良,果实商品性好,适宜鲜食与制干
C53	生长势较旺盛,分枝性较强,株高 84.8 cm,开展度 78.6 cm,始花节位 8~10 节,果实为牛角形,果肩大,无皱皮光,果短,果长 11.04 cm,果柄长 3 cm,果肉厚 2.06 mm,单果重 22.1 g,青果色绿,熟果色鲜红,果面有光泽,品质优良,果实商品性好,适宜鲜食
C54	生长势旺盛,分枝性强,坐果能力强,株高 88 cm,开展度 84.2 cm,始花节位 7~9 节,果实为长灯笼形,四瓣,果大,果长 8.8 cm,果柄长 5.033 cm,果肉厚 6.57 mm,单果重 225.17 g,青果色绿,熟果色深红,果面有光泽,品质优良,果实商品性好,适宜鲜食
C55	生长势旺盛,分枝性强,株高 94.8 cm,开展度 80.9 cm,始花节位 7~8 节,果实为方灯笼形,种子量少,果长 7.27 cm,果柄长 3.73 cm,果肉厚 5.23 mm,单果重 244 g,青果色绿,熟果色嫩黄,果面有光泽,品质优良,果实商品性好,适宜鲜食
C56	生长势旺盛,分枝性强,株高 93.2 cm,开展度 87.1 cm,始花节位 7~8 节,果实为方灯笼形,种子量少,果长 7.7 cm,果柄长 5.4 cm,果肉厚 5.43 mm,单果重 154 g,青果色绿,熟果色橘黄,果面有光泽,品质优良,果实商品性好,适宜鲜食
C57	生长势旺盛,分枝性中等,株高 91.3 cm,开展度 70.6 cm,始花节位 8~9 节,牛角椒形,坐果多,果面有纵向凹线,果实为短锥形,种子量中等,果长 9.93 cm,果柄长 3.4 cm,果肉厚 4.5 mm,单果重 105.3 g,青果色绿,熟果色深红,果面光泽中,品质优良,风味佳,果实商品性好,适宜鲜食

（续表）

自交系编号	生物学特性
C58	生长势旺盛,分枝性较强,株高 98.5 cm,开展度 84.7 cm,始花节位 8~9节,果实为方灯笼形,果皮有少量裂纹,种子量少,果长 11.7 cm,果柄长 3.7 cm,果肉厚 4.03 mm,单果重 178.6 g,青果色绿,熟果色深红,果面有光泽,品质优良,果实商品性好,适宜鲜食
C59	生长势旺盛,株高 107.3 cm,开展度 89.1 cm,始花节位 9~11 节,属朝天椒,坐果多,果面有纵向凹线,果皮光无皱,种子量中等,果长 8.7 cm,果柄长 3.5 cm,果肉厚 1.5 mm,单果重 5.1 g,青果色绿,熟果色鲜红,果面有光泽,品质优良,果实商品性好,适宜鲜食与制干
C60	生长势旺盛,分枝性中等,株高 91.3 cm,开展度 70.6 cm,始花节位 8~9节,果实为羊角形,果形略粗大,果肩下大凹,皱少,种子量多,果长 21.23 cm,果柄长 5.33 cm,果肉厚 2.9 mm,单果重 84.17 g,青果色绿,熟果色深紫红,果面有光泽,品质优良,果实商品性好,适宜鲜食与加工

（二）辣椒新种质资源表型性状的聚类分析

基于 14 个数量性状（株高、株幅、叶长、叶宽、叶柄长、始花节位、单果重、果长、果柄长、果肩宽、萼宽、果肉厚、中心柱长、腔室数），60 份辣椒种质材料被聚为了四大类（Ⅰ、Ⅱ、Ⅲ、Ⅳ）（图 2-6）。

第Ⅰ类包括 C1 共 1 份材料,生长势中等,分枝性强,果实为牛角形,短粗,青果色绿,熟果色鲜红。

第Ⅱ类包括 C2、C3、C24、C5、C7、C56、C50、C54、C55、C52、C51、C13、C42、C47、C59、C22、C29、C20、C39、C32、C45、C17、C27、C41、C43、C53、C28、C30、C49、C18、C23、C35、C9、C10、C11、C15、C40、C21、C12、C14、C57、C58、C36、C44、C16、C34、C26、C46、C48、C19、C25、C38、C33、C60、C37 共 55 份材料。这 55 份材料,生长势中等或旺盛,果实为牛角形或羊角形。

第Ⅲ类包括 C4、C31、C6 共 3 份材料,分枝性中等或较差,坐果能力强,果实为羊角形或牛角形,青果色绿,熟果色鲜红。

第Ⅳ类包括 C8 共 1 份材料,果实为牛角形,青果色绿,熟果色嫩黄,果面有光泽。

这些种质材料聚类分析的结果，可以使辣椒杂交育种有目的地进行种

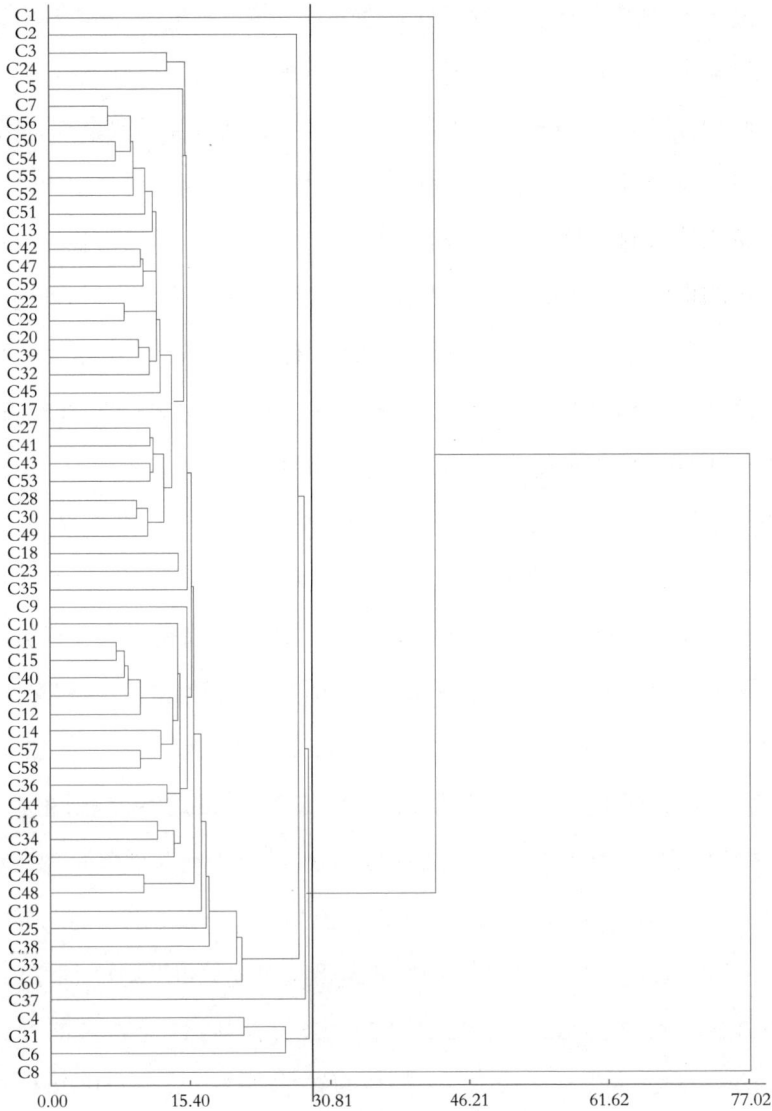

图 2-6　60 份材料基于 14 个形态性状的聚类图

质资源的优化组合，并采用最佳方案，以期选育出优质、高产的辣椒品种。

四、辣椒种质资源耐低温性和耐盐碱性评价研究

（一）辣椒不同种质资源种子萌发期耐低温性评价

辣椒属于茄科辣椒属，是一年生或者多年生的草本植物，广泛种植于热

带和温度地区,对温度较为敏感。低温会导致生长发育迟缓,随着辣椒周年生产和周年供应技术的出现,早春和晚秋的种植模式容易遇到低温,尤其是冬春保护地生产中,低温成为主要制约辣椒生长发育的关键因素,培育耐低温的品种一直是我国辣椒抗逆育种的主攻目标之一,辣椒材料耐冷性的比较与筛选为选育耐冷的优异育种材料奠定了物质基础,对辣椒栽培与推广具有深远的指导意义。因此,宁夏农林科学院种质资源研究所辣椒课题组对其选育的 30 份辣椒新种质资源 T1、T2、T3、T4、T5、T6、T7、T8、T9、T10、T11、T12、T13、T14、T15、T16、T17、T18、T19、T20、T21、T22、T23、T24、T25、T26、T27、T28、T29、T30 进行了种子萌发期的耐低温性评价。

不同辣椒资源种子萌发期耐低温性存在明显的差异,由图 2-7、2-8、2-9 可知,17 ℃条件下辣椒种子的发芽势、发芽率和发芽指数与常温相比均有所下降。从这 3 个指标来看,发芽率差异不太明显,发芽势和发芽指数的差异较为明显。种子发芽势反映种子质量的优劣,预示着苗的快慢和整齐度。从 30 份辣椒资源低温发芽势(图 2-7)来看,发芽势的变化幅度为 12.67%~93.33%,在 30%以下的有 10 个资源,占 30 份辣椒资源的 30%左右;30%~80%的有 15 个资源,占 30 份辣椒资源的 50%;80%以上的有 6 个资源,占 30 份辣椒资源的 20%。辣椒资源 T3、T20、T29 低温与常温下发芽势没有明显的差异性,由此可见,这 3 个资源的发芽势最强,低温对发芽势影响较小。T1、T2、T7、T9、T10、T14、T18、T21、T23、T25、T27、T28、T30 共 13 个资源的发芽势次之。低温对种子的发芽势影响最大的资源有 T4、T5、T6、T8、T9、T11、T12、T13、T15、T16、T17、T19、T22、T24、T26,这些资源均表现为不耐低温。

种子发芽率是种子播种质量最重要的指标之一。发芽率高,表示有活力的种子多。在低温与常温对比下,发芽率存在一定的变化,但相对发芽势和发芽指数(图 2-7、图 2-9),整体变化幅度不大。在种子萌发期,低温并不能抑制辣椒资源 T2、T4、T6、T7、D75、T11、T20、T25、T27 和 T28 的发芽率,这些资源在发芽阶段有较强的耐低温性。T1、T8、T10、T18、T29、T30 这些资源

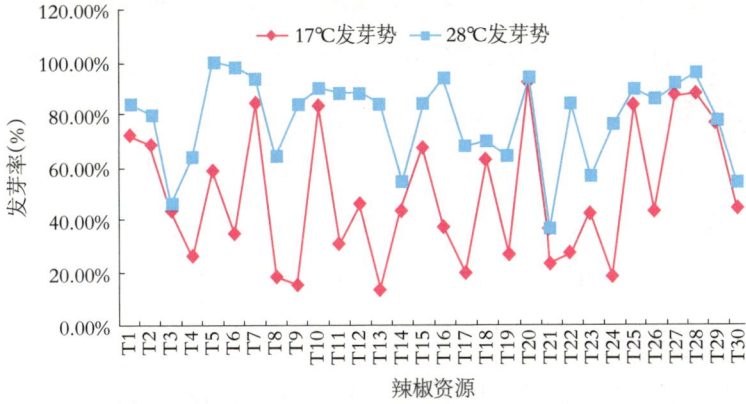

图 2-7 辣椒不同种质资源低温下与常温下的发芽势

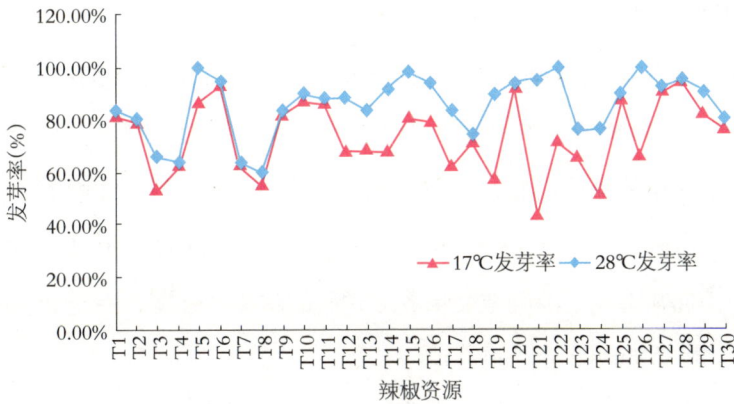

图 2-8 辣椒不同种质资源低温下与常温下的发芽率

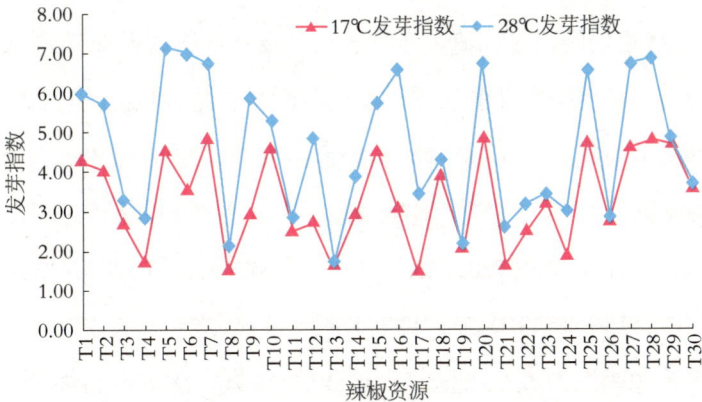

图 2-9 辣椒不同种质资源低温下与常温下的发芽指数

在发芽时期受低温胁迫与常温的对比效果不明显,表现为一般耐低温性。而T3、T5、T12、T13、T14、T16、T15、T17、T19、T26、T21、T22、T23、T26、T24受低温影响最大,表现为不耐低温。

发芽指数是表征种子发芽快慢的重要参数,其数值越大,说明发芽速度越快。图2-8可以看出种子在17℃条件下,各资源间总体变化幅度较大,资源T11、T13、T18、T19、T23、T26、T29、T30的发芽指数最高,发芽指数受低温胁迫与常温对比差异不显著;资源T3、T4、T8、T10、T21、T22、T24的发芽指数较低,低温对发芽指数的影响一般;资源T1、T2、T5、T6、T7、T18、T9、T12、T15、T16、T20、T25、T27、T28的发芽指数受低温影响较大,发芽指数最低,表现为不耐低温。

从整体来看,发芽势和发芽指数比发芽率降低的幅度和趋势大,因此发芽势和发芽指数较适宜作为耐低温性评价指标。一般来说,与对照相比,发芽势和发芽指数降低幅度大,说明低温对其影响就大,耐冷性就弱。由此可以得出,供试材料耐冷性强的5个资源分别是T29、T30、T10、T18、T20。仅凭单一指标并不完全准确地反映各品种间的耐冷性强弱,但是结果基本上能反映出各资源耐低温性的差异。

种子发芽的隶属函数值能准确地鉴定植物的耐冷性。为了更准确地表示辣椒种子的活力,可以用相对发芽势、发芽率和发芽指数三者构建综合活力指标,三者隶属函数平均值表示种子活力及其生活力大小,其值反映出辣椒种子在低温条件下发芽的快慢以及幼芽的生长势,可鉴定资源的耐冷性。平均隶属函数值越小,说明该辣椒资源低温处理后的变化较大,从而说明该辣椒资源不耐低温;反之亦然。由表2-16可知,平均隶属函数值由大到小分别是T29、T18、T30、T10、T20、T25、T27、T28、T23、T2、T1、T3、T7、T15、T11、T14、T6、T26、T12、T19、T5、T13、T4、T22、T8、T9、T16、T21、T24、T17。

根据隶属函数值大小可以将上述30个辣椒资源耐低温性分为3个类型,即耐低温性强的资源组:T29、T18、T30、T10、T20、T25、T27、T28,适用于

表2-16　辣椒种质资源种子发芽参数及其相对值隶属函数值

品种	17℃发芽势(%)	28℃发芽势(%)	相对发芽势(%)	隶属函数值	17℃发芽指数	28℃发芽指数	相对发芽指数	隶属函数值	17℃发芽率(%)	28℃发芽率(%)	相对发芽率(%)	隶属函数值	平均隶属值	排名
T1	72.67e	84.00i	86.51h	0.86ab	4.30cd	6.00bcd	71.67ij	0.51fgh	81.00d	84.00g	96.43de	0.94cde	0.77bcde	11
T2	68.00f	80.00j	85.00i	0.84ab	4.03de	5.71d	70.58jk	0.49fgh	80.00d	80.00h	100.00a	1.00a	0.78bcde	10
T3	43.33jk	46.00r	94.20cd	0.95ab	2.70jk	3.29hij	82.17e	0.71cd	53.00j	66.00j	80.30l	0.64k	0.77bcde	12
T4	26.00o	64.00o	40.63r	0.31ghi	1.73mn	2.86jk	60.67n	0.31ij	63.00h	64.00j	98.44b	0.97abc	0.53ghi	23
T5	58.67h	100.00a	58.67n	0.52def	4.53abc	7.14b	63.47m	0.36hij	87.00bc	100.00a	87.00h	0.76g	0.55fgh	21
T6	34.67m	98.00b	35.37t	0.24ghij	4.83ab	6.71ab	71.99ij	0.52efgh	63.00h	64.00j	98.44b	0.97abc	0.58fgh	17
T7	84.00c	94.00d	89.36g	0.89ab	1.53n	2.14lm	71.56ij	0.51fgh	55.00ij	60.00k	91.67g	0.85f	0.75bcde	13
T8	22.00p	94.00d	23.40x	0.10jk	3.57g	7.00a	50.95p	0.13kl	93.00a	94.00cd	98.94ab	0.98ab	0.40ijk	25
T9	14.67s	84.00i	17.46y	0.03jk	2.97hij	5.86cd	50.65p	0.13kl	82.00d	84.00g	97.62bcd	0.96bcd	0.37jkl	26
T10	83.33c	90.00f	92.59ef	0.93ab	4.60abc	5.29de	87.03d	0.80bc	87.00bc	90.00ef	96.67cde	0.94cde	0.89ab	4
T11	30.00n	88.00g	34.09u	0.23ghij	2.50k	2.86jk	87.50d	0.81bc	86.00c	88.00f	97.73bc	0.96bcd	0.66defg	15
T12	46.00j	88.00g	52.27o	0.45efg	2.73jk	4.86ef	56.27o	0.23jk	68.00fg	88.00f	77.27m	0.99ab	0.56fgh	19
T13	12.67t	84.00i	15.08z	0.00k	1.67mn	1.71jk	97.22a	0.99a	68.00fg	84.00g	80.95l	0.66jk	0.55fgh	22
T14	43.33jk	54.00q	80.25k	0.78abc	2.93hij	3.86ef	76.05h	0.60defg	68.00fg	92.00de	73.91n	0.53l	0.64efg	16
T15	67.33f	84.00i	80.16k	0.78abc	4.50bc	5.71m	78.75g	0.65cdef	81.00d	98.00ab	82.65k	0.69ij	0.70cdef	14
T16	36.67l	94.00d	39.01s	0.29ghi	3.10hi	6.57gh	47.17q	0.06l	79.00de	94.00cd	84.04j	0.71hi	0.35jkl	27

（续表）

品种	17℃发芽势(%)	28℃发芽势(%)	相对发芽势(%)	隶属函数值	17℃发芽指数	28℃发芽指数	相对发芽指数	隶属函数值	17℃发芽率(%)	28℃发芽率(%)	相对发芽率(%)	隶属函数值	平均隶属值	排名
T17	20.00q	68.00n	29.41w	0.17ijk	1.50n	3.43d	43.75r	0.00l	62.00h	84.00g	73.81n	0.53l	0.23l	30
T18	62.67g	70.00m	89.52g	0.89ab	3.90ef	4.29abc	91.00c	0.87ab	71.00f	74.00i	95.95ef	0.93de	0.90ab	2
T19	26.67o	64.00o	41.67q	0.32fghi	2.10l	2.14hij	98.00a	1.00a	57.00i	90.00ef	63.33r	0.34o	0.55fg	20
T20	93.33a	94.00d	99.29a	1.01a	4.87a	6.71fg	72.48i	0.53efgh	93.00a	94.00cd	98.94ab	0.98ab	0.84abc	5
T21	23.33p	36.00s	64.81m	0.60cde	1.67mm	2.57lm	64.81m	0.39hij	43.00k	96.00bc	44.79s	0.00p	0.33jkl	28
T22	26.67o	84.00i	31.75v	0.20hijk	2.53k	3.14ab	80.61f	0.68cde	71.00f	100.00a	71.00o	0.47m	0.45hij	24
T23	42.00k	56.00p	75.00l	0.72bcd	3.20h	3.43kl	93.33b	0.91ab	65.00gh	76.00i	85.53i	0.74gh	0.79abcd	9
T24	18.00r	76.00l	23.68x	0.10ijk	1.90lm	3.00lm	63.33m	0.36hij	52.00j	76.00i	68.42p	0.43n	0.30kl	29
T25	84.00c	90.00f	93.33de	0.94ab	4.73ab	6.57abc	72.03ij	0.52efgh	88.00bc	90.00ef	97.78bc	0.96bcd	0.81abcd	6
T26	42.00k	86.00h	48.84p	0.41efgh	2.77ijk	2.86jk	96.83a	0.98a	66.00gh	100.00a	66.00q	0.34o	0.58fgh	18
T27	87.33b	92.00e	94.93c	0.96a	4.63abc	6.71ab	69.01l	0.47ghi	91.00ab	92.00de	98.91ab	0.98ab	0.80abcd	7
T28	88.00b	96.00c	91.67f	0.92ab	4.80ab	6.86a	70.00kl	0.48gh	95.00a	96.00bc	98.96ab	0.98ab	0.80abcd	8
T29	76.67d	78.00k	98.29b	1.00a	4.73ab	4.86ef	97.45a	0.99a	82.00d	90.00ef	91.11g	0.84f	0.94a	1
T30	44.00j	54.00q	81.48j	0.80abc	3.60fg	3.71ghi	96.92a	0.98a	76.00e	80.00h	95.00f	0.91e	0.90ab	3

秋冬茬及冬春茬保护地栽培，具有较好的耐低温性；耐低温性中等的资源组：T23、T2、T1、T3、T7、T15、T11、T14、T6、T26、T12、T19、T5、T13、63特；耐低温性弱的资源组：T22、T8、T9、T16、T21、T24、T17，适宜露地栽培。

该试验仅研究了辣椒不同种质资源种子萌发期的耐低温性，为筛选辣椒耐低温品种提供依据，但是整个生育期过程的耐冷性比较，有待进一步研究。

（二）辣椒不同种质资源种子萌发期耐盐碱综合评价

土壤盐渍化是一个全球性问题。据统计，全世界有各类盐渍土9.5亿hm²，占全球陆地面积的10%。其中，次生盐渍化土壤约有0.77亿hm²，58%发生在灌溉农业区，20%的灌溉土壤受到盐渍化的威胁。目前，这个比例还在增加，而且由于土壤的次生盐渍化，全球土壤盐渍化面积仍然在迅速增加。长期的盐胁迫，会抑制植物根系生长，影响植物地上部分生长，进而影响植物的光合作用。再加上土壤中长期积累下大量盐分，在此种环境中生长的植物就会受到来自各种盐的胁迫，致使植物发生胁变。若是盐分胁迫较小，在去除盐分胁迫后，这类胁变就能够恢复，植物也不会受到很大的影响；反之，可能导致植物发生严重胁变，且不能恢复，而发生盐害。因此，培育耐盐碱的品种一直是我国作物抗逆育种的主攻目标之一，辣椒材料耐盐碱性的比较与筛选为选育耐盐碱的优异育种材料奠定了物质基础，对辣椒栽培与推广具有深远的指导意义。宁夏农林科学院种质资源研究所辣椒课题组对其所选育的27份辣椒新种质资源P1、P2、P3、P4、P5、P6、P7、P8、P9、P10、P11、P12、P13、P14、P15、P16、P17、P18、P19、P20、P21、P22、P23、P24、P25、P26、P27进行了种子萌发期的耐盐碱综合评价。

不同辣椒种质资源在盐浓度下的发芽指数存在显著差别。发芽指数反映的是种子的活力指标，发芽指数越大，说明种子的发芽速度越快，种子的活力越高。从图2-10可以看出，在不同的盐浓度下的各种质资源变化幅度显著。P1、P4、P2、P8、P18、P23、P13发芽指数较高，分别为0.99、0.97、0.96、0.93、0.92、0.92、0.92，说明以上7份资源发芽速度较快，种子活力也较高，耐盐性较强,其中P1发芽指数最高,其种子发芽速度也最快,种质活力最高,说明耐盐性极强。P21、P27、P14发芽指数较低,分别为0.11、0.16、0.17,说明以上3份资源发芽速度较慢,种质活力也较低,耐盐性较弱,其中P21最低,为0.11,其种子发芽速度最慢,种子活力最低,说明耐盐性极弱。

种子发芽率是衡量种子质量好坏的重要指标,且易受外部光照、水分、温度等因素及种子自身胚活性等因素的影响。从图2-11可知,空白试验和盐浓度下的种子发芽率存在一定的显著性差异,其中P1发芽率最高,为88.00%;P8、P13、P11发芽率较高,发芽率分别为83.33%、73.33%、73.33%;而P21、P20、P16较低,分别为0.67%、2.67%、7.33%。综上所述,P21、P20、P16受盐浓度的影响较大,表现为不耐盐,其中P21受盐浓度影响最大,发芽率最低,为0.67%;P8、P13、P11受盐浓度的影响较小,盐胁迫对辣椒种子发芽率的影响表现为中等;P1受盐浓度的影响最小,耐盐性最强。

发芽势是测试种子发芽速度、整齐度的指标,发芽势数值越大,说明种子的发芽势越强,它也是检测种子质量的重要指标之一。从图2-12可以看出,空白试验和盐浓度下的辣椒种子发芽势有一定变化但是不显著。P8发芽势与空白试验变化最显著,其次为P1的发芽势与空白试验的变化较显著,说明发芽势较空白试验弱;而P27与空白试验无差异,其发芽势也最低,说明种子的发芽势最弱。这些种质资源的发芽势均不高,均低于60%,其中P8的发芽势最高,为55.33%,说明这批种质资源中,P8种子的发芽势最强。

相对盐碱害率表示辣椒种子在盐浓度下耐盐的影响状况,27份资源的相对盐碱害率总体差距较大(图2-13),在10.00%以下的有6份资源,4份资源在10.00%~20.00%,在60.00%以上的有10份资源,其余占总资源的25.93%。相对盐碱害率最高的是P21,为88.89%;最低的为P1,相对盐碱害率为2.94%。P21、P27、P14共3份资源相对盐碱害率较高,在80.00%以上;P1、P2共2份资源相对盐害较低,在5.00%以下。

种子发芽的隶属函数值可以很好地看出辣椒种子的活力,通过计算不

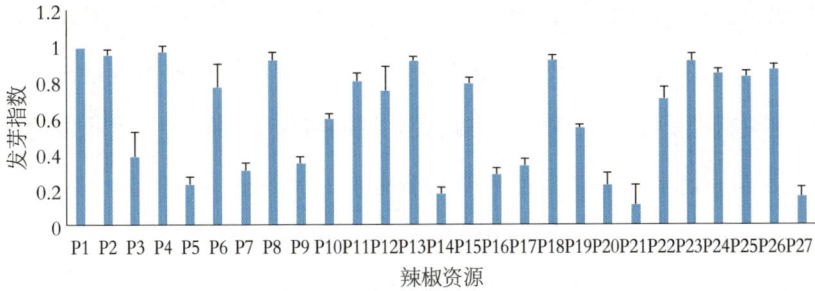

图 2-10 盐胁迫对辣椒种质资源发芽指数的影响

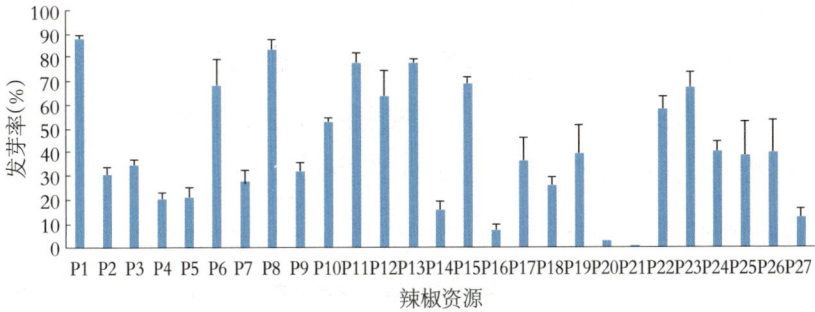

图 2-11 盐胁迫对辣椒种质资源发芽率的影响

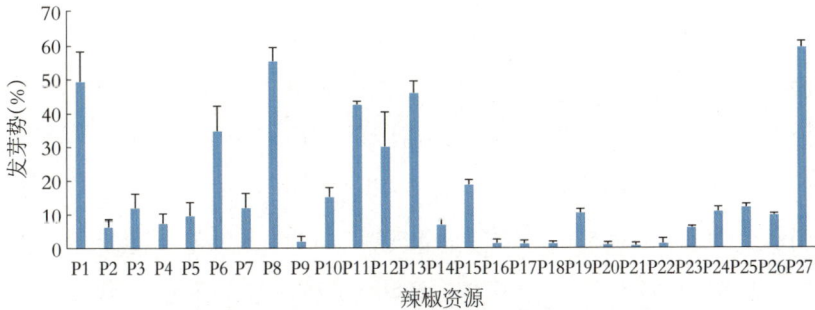

图 2-12 盐胁迫对辣椒种质资源发芽势的影响

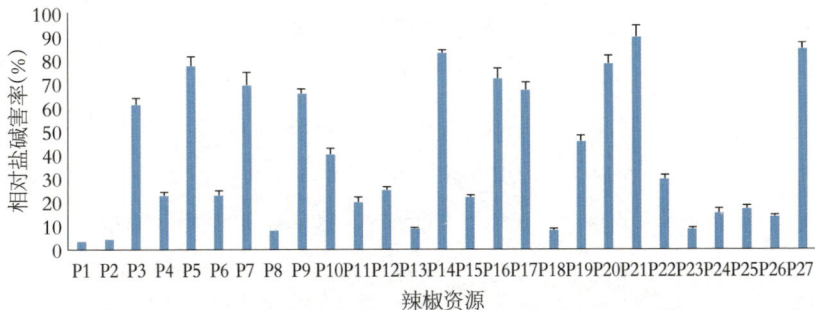

图 2-13 盐胁迫对辣椒种质资源相对盐碱害率的影响

同种质资源的相对发芽率、相对发芽指数、相对发芽势 3 项指标,用 3 项指标的平均隶属函数值表示种子的发芽活力, 反映出辣椒种子在盐浓度下的发芽生长状况。平均隶属函数值越大,说明辣椒资源在盐浓度下的变化较小,该辣椒资源耐盐;反之,辣椒资源不耐盐。由表 2-17 可知,平均隶属函数值排名前 10 位的为 P8>P26>P1>P23>P24>P15>P13>P2>P25>P18,辣椒资源耐盐性强; 排名后 10 位的为 P27<P14<P21<P20<P5<P9<P16<P7<P17<P3,辣椒资源耐盐性不强。

根据隶属函数值的大小可以得出不同辣椒资源的耐盐性,在 27 份辣椒资源中,有 7 份极耐盐资源、10 份不耐盐资源,其余为中度耐盐。资源 P8 表现为耐盐性极强;而 P27、P14、P21、P20、P5、P9、P16、P7、P17、P3 共 10 份资源表现为不耐盐(表 2-17)。

表2-17 辣椒种质资源种子发芽的隶属函数值

资源	相对发芽势(%)	隶属函数值	相对发芽指数	隶属函数值	相对发芽率(%)	隶属函数值	平均隶属值	排名
P1	66.67	0.74	0.99	1.00	97.06	1.00	0.91	3
P2	33.33	0.37	0.96	0.97	95.83	0.99	0.77	8
P3	23.08	0.26	0.39	0.32	38.89	0.32	0.30	18
P4	0.00	0.00	0.97	0.97	77.50	0.77	0.58	14
P5	22.22	0.25	0.23	0.13	22.70	0.13	0.17	23
P6	28.89	0.32	0.77	0.75	77.27	0.77	0.61	13
P7	18.18	0.20	0.30	0.22	31.11	0.23	0.22	20
P8	89.25	0.99	0.93	0.93	92.59	0.95	0.96	1
P9	3.33	0.04	0.35	0.27	34.78	0.28	0.19	22
P10	20.18	0.22	0.60	0.56	59.85	0.57	0.45	17
P11	50.79	0.56	0.81	0.79	80.56	0.81	0.72	11
P12	40.54	0.45	0.75	0.73	75.40	0.75	0.64	12
P13	57.50	0.64	0.92	0.92	92.06	0.94	0.83	7
P14	14.49	0.16	0.17	0.07	17.39	0.07	0.10	26

（续表）

资源	相对发芽势(%)	隶属函数值	相对发芽指数	隶属函数值	相对发芽率(%)	隶属函数值	平均隶属值	排名
P15	85.71	0.95	0.79	0.77	78.64	0.79	0.84	6
P16	22.22	0.25	0.28	0.20	28.21	0.20	0.21	21
P17	22.22	0.25	0.33	0.25	33.33	0.26	0.25	19
P18	33.33	0.37	0.92	0.92	92.31	0.94	0.75	10
P19	66.67	0.74	0.55	0.50	54.63	0.51	0.58	15
P20	11.11	0.12	0.22	0.13	22.22	0.13	0.13	24
P21	33.33	0.37	0.11	0.00	11.11	0.00	0.12	15
P22	3.17	0.04	0.71	0.68	70.73	0.69	0.47	16
P23	68.89	0.77	0.92	0.92	92.08	0.94	0.88	4
P24	75.00	0.83	0.85	0.84	85.00	0.86	0.84	5
P25	54.55	0.61	0.83	0.82	82.76	0.83	0.75	9
P26	90.00	1.00	0.87	0.86	86.96	0.88	0.92	2
P27	0.00	0.00	0.16	0.05	15.79	0.05	0.04	27

五、宁夏辣椒优良新品种选育

（一）杂交组合选配的原则

优良杂交组合的选配原则：一是选择遗传差异大的双亲配组；二是选择农艺性状互补的双亲配组；三是选择农艺性状优良的双亲配组；四是选择配合力高的双亲配组。

（二）组合评比

根据辣椒育种目标的要求和主要性状的遗传动态选配的杂交组合，按双行种植，每一个小区种植面积 10~15 m²，栽 40~60 株，进行观察鉴定试验。淘汰较差的组合，对表现较好的组合进行重点分析。根据植株生长势、整齐度、抗性、熟性、产量、果实颜色、果实大小及形状、商品果的整齐度等进行观察对比，筛选出符合育种目标要求的较优组合。2017 年、2018 年，宁夏农林科学院种质资源研究所辣椒课题组连续两年对已选配的 50 份组合资源进行了田间品比。

从表 2-18 来看，果形为羊角形的组合有 F1、F2、F4、F5、F6、F8、F9、F10、F12、F16、F18、F25、F26、F23、F28、F29、F32、F33、F37、F38、F39、F40、F43、F44、F46、F47、F48、F49 和 F51，其中果形、单果重均表现优良的组合有 F12、F26、F32、F37、F38、F39、F47 和 F48，这些组合的单果重 70~100 g，果长 23~30 cm，果肉厚 2.3~2.9 mm，果实性状好。果形为牛角形的组合有 F14、F15、F17、F35、F36、F41 和 F50，其中 F17、F35、F41 和 F50 单果重 90~110 g，果长 18~23 cm，果肉厚 4.0~4.5 mm，果实性状突出。甜椒组合之间的果实性状无明显差异。

表 2-18　辣椒组合果实性状比较

编号	单果重 (g)	果长 (cm)	果柄长 (cm)	肩宽 (cm)	萼宽 (cm)	肉厚 (mm)	中心柱 (cm)	描述
F1	60.6	23	4.3	3.1	2.4	1.8	4.6	红色,粗羊角形,果肩部大,果实有皱,果皮光
F2	69.8	23.3	5.8	3.6	2.9	2.3	4.1	红色,果皮光,果肩部大,有皱,羊角形,果尖钝
F4	67.7	23.2	4.5	3.8	3	3.2	5.1	果肩部大皱,深红色,果实下部皮光
F5	66.9	30	4.5	2.7	2.2	2.2	4.1	红色,果面有少量浅皱,果皮光
F6	63.4	28	5.5	3.1	2.5	2.2	4.6	果皮光,红色,果面有少部浅凹
F8	65.3	27.3	6.5	4	2.3	2.5	5.8	果实上部有大深皱,下部皮光,大羊角形
F9	58.3	28	4	3.1	2.2	2	3.8	红色,羊角形,果实皮光,有浅皱
F10	73.8	25	5.2	3.9	2.8	2.1	4.7	红色,果实上部有皱,凹深,下部皮光,大羊角形
F11	168.1	8.6	4.3	8.2	3.3	4.9	2.5	红色,心室有 3 个
F12	87.8	25	6.1	4.2	2.7	2.6	4.9	果实粗、大,羊角形,鲜红色
F14	22.6	11.3	4.1	2.9	2.1	3.2	3.2	果实皮光,小牛角形,红色
F15	59.4	21.8	4.3	3.6	2.6	3.4	3.3	果实皮光,牛角形,红色
F16	78.8	26.6	4.7	3.4	2.3	2.7	3.6	鲜红色,果实上部有不大的凹陷,下部皮光,羊角形

（续表）

编号	单果重（g）	果长（cm）	果柄长（cm）	肩宽（cm）	萼宽（cm）	肉厚（mm）	中心柱（cm）	描述
F17	92.9	22.3	5.1	3.7	2.6	4.2	3.5	果实皮光,牛角形,红色
F18	77.2	29.2	5.3	3.9	2.9	2.4	7.3	大长剑,鲜红色
F19	63.7	25.3	4.2	4.5	2.9	3.2	5.7	果实有小浅皱,锥形,暗红色
F23	66.8	25.2	4.5	4.5	2.9	3.7	6.7	果实有浅皱,有棱,鲜红色
F25	66.6	24.2	5.3	3.9	2.4	2.3	4.7	果实有大凹浅皱,红色,短羊角形
F26	70.1	23	7.5	4.1	1.8	2	4.6	羊角形,果实大,果面皱少
F27	78.6	26.5	5.2	4.1	3.3	2	3.7	果肩部大凹,长剑形,暗红色
F28	61.9	21.6	5.1	3.5	2.4	2.8	6.5	鲜红色,果皮光,羊角形
F29	77.6	23.7	5.1	4.7	2.2	2.7	5.6	红色,果皮光,有浅皱,羊角形
F31	74.7	27.2	6.1	3.4	3	2.7	7.2	果面皱多,长羊角形,鲜红色
F32	64.5	26.6	5.1	3.7	2.5	3.2	3.9	果实上部有大皱,下部皮光,长羊角形
F33	54.4	21.8	4.1	3.2	2.5	2.7	3.3	果皮光,红色,羊角形
F34	44.5	18.8	4.3	2.7	2.3	2.4	5.6	果实上部有小浅皱,果皮光
F35	110.4	14.5	5.1	6.4	2.9	4.2	2.9	锥形,鲜红色
F36	79	21	3.8	4.4	2.8	3.3	3.4	果实粗,牛角形,红色
F37	77.9	26.2	6.3	3.5	2.5	2.5	8.4	鲜红色,大羊角形,果面皱多
F38	76.7	26.9	5.1	4.3	2.7	2.7	7.6	果实上部有大深皱,下部皮光,羊角形,鲜红色
F39	73.1	31.2	5.3	4	2.5	2.7	6.6	果实皱多,果形大,长羊角形,鲜红色
F40	54.3	23	3	3.6	2.2	2.4	3.2	果实上部有大凹,红色,大羊角形
F41	96.5	18.5	4.8	3.8	2.3	2.7	3.3	果皮光,有棱,牛角形,红色
F42	40.9	18.1	4.3	3	2.2	2.7	3.5	果皮光,果肉厚,短牛角形,暗红色
F43	41.2	21.6	4.2	3.7	1.7	1.9	4.8	果实上部有深皱,下部皮光,小羊角形,鲜红色
F44	39.6	17	3.8/	3.3	1.8	2.5	3.9	果实有浅凹,小羊角形,红色
F46	56.8	22	8.1	2.7	2.4	3	3.8	果实上部皱多、深,下部皮光,羊角形,鲜红色

（续表）

编号	单果重（g）	果长（cm）	果柄长（cm）	肩宽（cm）	萼宽（cm）	肉厚（mm）	中心柱（cm）	描述
F47-1	84.1	26.6	4	4.3	3.3	1.7	4	果面皱多,羊角形,鲜红色
F48	111.1	26.1	4.2	4.7	3.3	2.9	1.9	特大羊角形,果肩大凹,果实下部皮光,鲜红色
F49	41.9	25.3	5.1	3.7	2.9	2.6	4.6	果形呈S形,有大浅皱,果肩宽,下部细,暗红色
F50	96.9	14	4.7	5.3	3	4.5	2.5	果皮光,短牛角形,红色
F51	58.4	27.5	5.1	4	2.4	1.9	6.4	果面有浅凹,果肩宽,下部细长,羊角形

从表2-19可以看出,羊角椒组合中,生长势旺盛、分枝能力强的有F1、F2、F10、F18、F25、F26、F23、F28、F29、F32、F33、F40、F43、F44、F46、F47、F48和F51,其中产量较高的有F2、F5、F6、F9、F10、F18、F40、F44、F46、F48和F51,亩产2 500~3 100 kg。牛角椒组合中,F15和F35生长势强;亩产均在2 300~2 900 kg,其中F50亩产2 974 kg。

表2-19 辣椒组合植物学性状与产量比较

编号	始花节位	株高（cm）	冠幅（cm）	叶色	果色	绒毛有无	分枝强弱	产量（kg/亩）
F1	9	70	58	浅绿	浅绿	无	强	2 042
F2	8	93	73	绿	绿	无	强	2 583
F3	8	97	76	绿	绿	无	强	2 369
F4	8	75	77	绿	绿	无	中	1 688
F5	9	82	73	浅	浅	无	中	2 696
F6	8	76	70	绿	绿	无	中	1 701
F8	8	89	60	浅	浅	无	中	1 689
F9	8	82	70	绿	绿	无	中	3 099
F10	8	70	64	绿	浅黄绿	无	强	2 344
F11	10	50	52	绿	深绿	无	弱	1 928
F12	9	90	57	绿	浅绿	无	中	2 255

（续表）

编号	始花节位	株高（cm）	冠幅（cm）	叶色	果色	绒毛有无	分枝强弱	产量（kg/亩）
F13	9	70	60	绿	绿	无	强	2 331
F14	9	89	70	绿	果白色	无	中	1 260
F15	9	90	65	绿	浅黄绿	无	强	2 280
F16	8	86	60	绿	绿	无	中	2 016
F17	9	70	62	绿	深绿	无	中	2 596
F18	8	82	54	绿	浅黄绿	无	强	2 948
F19	9	90	62	绿	浅绿	无	中	2 067
F20	9	83	63	绿	浅绿	无	中	1 386
F21	8	95	64	绿	绿	无	强	1 701
F22	8	80	70	浅绿	绿	无	强	2 495
F23	8	88	73	浅绿	浅绿	无	强	2 230
F24	9	85	56	绿	浅绿	无	弱	1 726
F25	9	66	52	绿	绿	无	强	1 915
F26	10	80	57	浅绿	绿	无	强	1 084
F27	10	90	70	绿	浅黄绿	无	强	1 890
F28	10	94	67	浅绿	浅黄绿	无	强	1 500
F29	8	79	55	绿	绿	无	强	1 638
F30	8	78	60	绿	绿	无	强	2 079
F31	9	88	60	浅绿	绿	无	强	2 750
F32	8	72	65	绿	绿	无	强	2 520
F33	11	85	64	绿	绿	无	强	1 688
F34	10	80	75	绿	绿	无	强	1 890
F35	8	82	54	浅绿	浅绿	无	强	2 860
F36	11	56	55	深绿	深绿	无	中	2 419
F37	9	77	61	绿	绿	无	中	2 520
F38	8	88	60	浅绿	浅绿	无	弱	1 676
F39	9	94	77	绿	绿	无	中	2 419

（续表）

编号	始花节位	株高（cm）	冠幅（cm）	叶色	果色	绒毛有无	分枝强弱	产量（kg/亩）
F40	8	66	69	绿	绿	无	强	3 326
F41	9	76	67	绿	绿	无	中	2 344
F42	8	80	72	绿	绿	无	强	1 890
F43	8	84	59	绿	绿	无	强	2 419
F44	9	76	57	绿	绿	无	强	2 646
F45	8	81	70	绿	绿	无	中	2 066
F46	8	85	70	绿	绿	无	强	2 520
F47	7	75	60	绿	绿	无	强	2 394
F48	9	70	60	绿	绿	无	强	3 780
F49	8	93	64	绿	绿	无	中	1 386
F50	9	94	70	绿	浅黄绿	无	弱	2 974
F51	10	76	50	绿	绿	无	强	2 583

从表 2-20 可以看出,羊角椒组合中,F1、F2、F9、F25、F30、F36、F46 和 F47 可溶性糖含量和 Vc 含量明显高于其他组合,可溶性糖含量 33~40 mg/g,Vc 含量 160~180 mg/100 g。牛角椒组合中 F36 的可溶性糖含量 41 mg/g,Vc 含量为 141 mg/100 g;F50 的可溶性糖含量 39 mg/g,Vc 含量为 181 mg/100 g。

从综合调查结果可以看出,参试的 50 个杂交组合中,F1、F2、F3、F10、F14、F17、F22、F23、F24、F26、F27、F31、F32、F41、F40、F48、F50、F51 综合表现突出,须进一步栽培观察。

（三）宁夏辣椒新品种选育

1. 辣椒新品种宁椒 3 号的选育

宁椒 3 号辣椒是由材料 9970 与 9861 杂交而成的鲜食辣椒品种,该品种为螺丝椒形羊角椒,株高 66.2~72.5 cm,开展度 55.1~55.6 cm,始花节位 8~9 节,果实长度 26.6~29.7 cm,果肩宽 3.1~3.3 cm,果肉厚 0.24~0.25 cm,单果重 62.1~72.6 g;果面皱褶均匀,果形好,味香辣,青果深绿色,成熟果红色,连续

表 2-20 辣椒组合果实品质的比较

编号	可溶性糖 （mg/g）	蛋白质 （%）	干物质 （%）	Vc （mg/100 g）	可溶性固形物 （%）
F1	39.63	0.36	12.57	137.66	7.7
F2	32.37	0.50	12.63	146.66	7
F3	29.48	0.49	11.41	159.00	6.7
F4	38.07	0.45	11.94	155.00	7.3
F5	23.40	0.49	11.13	155.00	7.1
F6	27.31	0.42	11.32	150.00	7.1
F8	38.98	0.93	11.91	149.00	7.5
F9	41.90	0.99	12.93	163.00	8.5
F10	30.11	0.79	9.66	147.00	8.1
F12	35.01	0.87	10.32	155.66	9.2
F13	35.44	0.68	11.07	178.00	7.6
F14	25.46	0.89	12.86	150.33	8.4
F16	30.11	0.66	9.65	146.00	6.8
F17	30.06	0.76	9.21	158.00	7.6
F18	26.19	0.68	8.69	137.00	7.8
F19	28.81	0.54	12.97	163.66	7.7
F20	30.67	0.50	11.49	171.00	7.5
F21	29.76	0.59	12.22	142.00	6.7
F22	31.17	0.51	12.05	153.00	7.2
F23	27.89	0.58	8.48	154.33	7.4
F24	40.01	0.79	13.23	167.00	9
F25	41.53	0.37	13.41	170.00	8.1
F30	47.55	0.45	13.94	165.00	8.7
F36	41.60	0.39	13.23	141.00	8.2
F37	34.65	0.46	11.76	122.00	7.1
F38	33.98	0.28	9.59	125.00	6.5
F46	42.44	0.35	13.89	177.00	8.7

（续表）

编号	可溶性糖 （mg/g）	蛋白质 （%）	干物质 （%）	Vc （mg/100 g）	可溶性固形物 （%）
F47	42.671	0.42	13.17	154.00	8.3
F49	40.20	0.98	13.68	181.00	8.3
F50	42.15	0.88	10.43	158.00	7.5
F51	38.59	0.93	13.34	181.00	7.8

坐果性强,果实商品性好,品质优良,果实 Vc 含量 177 mg/100 g,干物质含量 11.9%,辣椒素含量 0.122 g/kg,抗疫病,中抗病毒病。

选育过程及方法:宁椒 3 号母本材料 9970 是从引进材料 LS-99 中选育出的优良单株,经过 6 代连续自交分离选育出的优良自交系;父本材料 9861 是从宁夏地方品种银川羊角椒中连续自交定向选育获得的优良自交系。母本 9970 的选育,2008 年 2 月于永宁县引进辣椒材料 LS-99,2008 年 4 月种植于日光温室中,田间表现在果实大小、皱褶、果肩有不同差异,选择果实皱褶深、果肩宽、肉厚、果实深绿、坐果性好、抗逆性强的单株,2008 年 11 月—2011 年分别在宁夏、三亚露地和日光温室按系谱法种植 6 代,并不断淘汰田间表现不良和整齐度差的株系,于 2011 年选择保留 3 个稳定的株系用于组配杂交组合,其中 1 个株系配合后代表现优异,编号为 9970。父本材料 9861 的选育,2007 年 9 月收集宁夏地方品种银川羊角椒种质资源 5 份,2008 年 5 月种植于露地,田间表现果实性状、生长势、抗病性差异较大,选择羊角椒性状典型、果实皱褶均匀、深、果实长度 26 cm 以上,辣味浓,抗病性较强的单株,2009—2011 年分别在宁夏、三亚露地和日光温室按系谱法种植 4 代,并不断淘汰整齐度差、抗病性差、皱褶浅的株系,于 2011 年选择保留 4 个稳定的株系,用于杂交组合选配,其中 1 个株系配合后代表现优异,自交系编号为 9861。

2012 年 6 月在宁夏农林科学院综合试验基地配制杂交组合 9970×

9861,2012 年 9 月收获杂 1 代种子,2012 年 11 月—2013 年 3 月在海南进行种植观察和配合力测试,2013 年在宁夏银川和中卫露地、温室,彭阳早春拱棚进行组合品比试验。在不同栽培条件下,该组合田间表现产量、品质、耐低温性均表现突出。在彭阳拱棚品比试验中,9970×9861 组合单株坐果数达到 32.8 个,产量达到 5 000 kg 以上,且品质优良,辣味浓,田间病害调查,辣椒疫病、病毒病基本无发病,抗病性强。2013 年 11 月—2014 年在宁夏银川、固原以及新疆、甘肃等地开展多点区域试验和生产试验,田间表现适应性强,性状稳定,抗逆性强,连续坐果性好,品质优良,辣味浓,较对照品种陇椒 3 号增产 10.1%~11.5%。2016—2017 年开始在生产中推广应用。

宁椒 3 号适宜宁夏及环境条件相近区域露地及早春保护地种植,选择排灌良好的沙壤土种植,与非茄科作物实行 3 年以上轮作;宁夏露地栽培,3 月中下旬育苗,5 月上中旬定植,早春拱棚保护地栽培,2 月上中旬育苗,4 月上中旬定植;建议定植密度 3 000~3 300 穴/667 m²,垄高 25~30 cm,大小行双株种植,生产中根据各地区气候条件栽培方式等选择合适定植密度;定植前亩施优质有机肥 3 500~4 000 kg,复合肥 30~40 kg,早期适量浇水促进根系发育,生长管理切忌大水漫灌;结果盛期加强肥水供应,追肥以 NPK 复合肥为主,提高坐果率;病虫害防治遵循预防为主,综合防治的原则,注意早期及时防治蓟马、棉铃虫、疫病、白粉病等病虫害。

2. 辣椒新品种宁椒 6 号的选育

宁椒 6 号辣椒是由宁夏农林科学院种质资源研究所选育的杂 1 代鲜食辣椒品种,是由材料 9771 与 98622 杂交而成的。该品种为螺丝椒形羊角椒,中早熟,株高 64.8~71.3 cm,开展度 56.3~59.4 cm,始花节位 7~8 节,果实长度 27.5~29.1 cm,果肩宽 2.7~2.9 cm,果肉厚 0.23~0.24 cm,单果重 51~62.3 g,果面上下皱褶均匀,果形好,味香辣,青果绿色,成熟果红色,连续坐果性强,果实商品性好,品质优良,果实 Vc 含量 157 mg/100 g,干物质含量 12.6%,抗疫病,中抗病毒病。

选育过程及方法:宁椒 6 号母本材料 9771 是从引进材料 GY-97 中选育出的优良单株,经过 6 代连续自交分离选育出的优良自交系;父本材料 98622 是从宁夏地方品种银川羊角椒中连续自交定向选育获得的优良自交系。母本 9771 的选育,2007 年 9 月引进辣椒材料 GY-97,2008 年 5 月种植于宁夏农林科学院试验基地,田间表现在叶色、果实皱褶、果肩有不同差异,选择果实皱褶均匀、果肩宽、肉厚、田间抗逆性和抗病性强的单株,2008—2011 年分别在宁夏、三亚露地和日光温室按系谱法种植 6 代,并不断淘汰田间表现不抗疫病和病毒病,整齐度差的株系,于 2011 年选择保留 2 个稳定的株系用于组配杂交组合,其中 1 个株系配合后代表现优异,编号为 9771。父本材料 98622 的选育,2007 年 9 月收集宁夏地方品种银川羊角椒种质资源 5 份,2008 年种植于露地,田间表现果实性状、生长势、抗病性差异较大,选择羊角椒性状典型、果实皱褶均匀、深,果实长度 26 cm 以上,辣味浓,抗病性较强的单株,2009—2011 年分别在宁夏、三亚露地和日光温室按系谱法种植 4 代,并不断淘汰整齐度差、抗病性差、皱褶浅的株系,于 2011 年选择保留 4 个稳定的株系,用于杂交组合选配,其中 1 个株系配合后代表现优异,自交系编号为 98622。

2012 年 6 月在宁夏农林科学院综合试验基地,以 9771 为母本,98622、9855、9866 等 6 个羊角椒为父本配制杂交组合,2012 年 9 月收获杂 1 代种子。2013 年在宁夏银川露地、彭阳早春拱棚进行组合品比筛选试验,在不同区域和不同栽培条件下,9771×98622 组合田间表现产量、果实商品性、抗病性均表现突出。在彭阳拱棚品比试验中,9771×98622 组合单株坐果数达到33.6 个,且品质优良、辣味浓,田间病害调查,抗辣椒疫病、中抗病毒病。2013—2014 年在宁夏银川、固原、石嘴山、中卫等地开展多点区域试验和生产试验,田间表现适应性强,性状稳定,抗逆性强,连续坐果性好,果实商品性好,辣味浓,较对照品种陇椒 2 号增产 20.4%~22.3%,2015 年定名为宁椒 6

号。2015—2017 年开始在生产中推广应用。

宁椒 6 号适宜宁夏及环境条件相近区域露地及早春保护地种植,选择排灌良好的沙壤土或壤土种植,与非茄科作物实行 3 年以上轮作;宁夏露地栽培,3 月中下旬日光温室育苗,5 月上中旬定植,早春拱棚保护地栽培,2 月上中旬日光温室育苗,4 月上中旬定植;建议定植密度 3 000~3 300 穴/667 m² 垄高 25~30 cm,大小行双株种植,生产中根据各地区气候条件栽培方式等选择合适定植密度。定植前亩施优质有机肥 3 500~4 000 kg,复合肥 30~40 kg,早期适量浇水促进根系发育,生长管理切忌大水漫灌;结果盛期加强肥水供应,追肥以 NPK 复合肥为主,根据植株长势合理调节用肥量,确保水肥充足,提高坐果率。病虫害防治遵循预防为主,综合防治的原则,注意早期及时防治蓟马、棉铃虫、疫病、白粉病等病虫害。

3. 辣椒新品种宁椒 7 号的选育

宁椒 7 号辣椒是由宁夏农林科学院种质资源研究所选育的杂 1 代鲜食辣椒品种,是由材料 9861 与 H-1139 杂交而成的。该品种为螺丝椒形羊角椒,中早熟,株高 68~71 cm,开展度 59~65 cm,始花节位 8~9 节,果实长度 28~30.4 cm,果肩宽 3~3.2 cm,果肉厚 0.22~0.24 cm,单果重 63~76 g;果肩下皱褶深,果形好,味辣香,青果绿色,成熟果红色,连续坐果性强,果实商品性好,果实 Vc 含量 165.7 mg/100 g,干物质含量 12.7%,生育期 190 d,抗疫病,中抗病毒病。

选育过程及方法:宁椒 7 号母本材料 9861 是从宁夏地方品种银川羊角椒中选育出的优良单株,经过 4 代连续自交分离选育出的优良自交系;父本材料 H-1139 是从引进材料 H-11 中选育出的优良单株,经过连续自交定向选育获得的优良自交系。母本 9861 的选育,2007 年 9 月收集宁夏地方品种银川羊角椒种质资源 5 份,2008 年分别种植于露地,田间表现果实性状、生长势、抗病性差异较大,选择羊角椒性状典型,果实皱褶均匀、深,果实长度 26 cm 以上,辣味浓,抗病性较强的单株,2009—2011 年分别在宁夏、三亚露地和日光温室按系谱法种植 4 代,并不断淘汰整齐度差、抗病性差、单株坐果少、皱褶浅的株系,于 2011 年选择保留 4 个稳定的株系,用于杂交组合选配,其中一个株系配合后代表现优异,自交系编号为 9861。父本材料 H-1139 的选育,2007 年 7 月收集辣椒材料 H-11,2008 年 5 月种植于宁夏农林科学院试验基地,田间表现果实大小、颜色、果形等有不同差异,选择单果质量 60 g 以上,果实绿色、果肉厚、肩宽 3.7 cm 以上,果面有浅皱、连续坐果好的优良单株,2009—2012 年分别在宁夏、三亚露地和日光温室按系谱法种植 6 代,并不断淘汰田间表现不抗疫病和病毒病、整齐度差、果实不均匀的株系,于 2012 年选择保留 2 个稳定的株系用于组配杂交组合,其中一个株系配合后代表现优异,编号为 H-1139。

2013 年 6 月在宁夏农林科学院综合试验基地,以 9861 为母本,H-1139、H-1152、R-1234、R-074 等 7 个自交系为父本配制杂交组合,2013 年 9 月收获杂交 1 代种子,2014 年 5 月在宁夏银川露地、彭阳早春拱棚进行组合品比筛选试验,组合 9861×H-1139 在生长势、辣度、抗逆性、连续坐果性、产量、抗病性等各项指标在品比的组合中表现突出。与对照陇椒 3 号相比,组合 9861×H-1139 在辣度、抗逆性、连续坐果性、产量均优于对照。2014—2015 年在宁夏银川、彭阳、中卫等地开展多点区域试验和生产试验示范,田间表现适应性强,抗逆性强,丰产性稳定,抗病性强,果实辣味浓郁,较对照品种陇椒 3 号增产 9.5%~10.43%。2016—2017 年开始在生产中推广应用。

宁椒 7 号适宜宁夏及环境条件相近区域露地及早春保护地种植,选择排灌良好的沙壤土或壤土种植,与非茄科作物实行 3 年以上轮作;宁夏露地栽培,3 月中下旬日光温室育苗,5 月上中旬定植,早春拱棚保护地栽培,2 月上中旬日光温室育苗,4 月上中旬定植;建议定植密度 3 000~3 300 穴/667 m²,垄高 25~30 cm,大小行双株种植,生产中根据各地区气候条件栽培方式等选择合适定植密度。定植前亩施优质有机肥 3 500~4 000 kg,复合肥 30~40 kg,

早期适量浇水促进根系发育,生长管理切忌大水漫灌;结果盛期加强肥水供应,追肥以 NPK 复合肥为主,根据植株长势合理调节用肥量,确保水肥充足,提高坐果率。病虫害防治遵循预防为主,综合防治的原则,注意早期及时防治蓟马,棉铃虫、疫病、白粉病等病虫害。

4. 辣椒新品种宁椒 10 号的选育

宁椒 10 号辣椒是宁夏农林科学院种质资源研究所选育的杂 1 代辣椒品种,是由材料 9873 与 H9974 杂交而成的。该品种为牛角椒,中早熟,株高 67.4 cm 左右,节间短,开展度 64.5 cm 左右,始花节位 9~10 节,果实长度 15.8 cm 左右,果肩宽 4.1 cm 左右,果肉厚 0.37 cm 左右,单果重 67.8 g 左右,最大单果重 95.3 g;青果浅黄绿色,成熟果红色,连续坐果性好,肉质脆,果实商品性好,品质优良,果实 Vc 含量 146 mg/100 g,抗疫病,中抗病毒病,耐低温弱光性较强。

选育过程及方法:宁椒 10 号母本材料 9873 是从引进材料 N-98 中选育出的优良单株,经过 6 代连续自交分离选育出的优良自交系;父本材料 H9974 是通过杂交分离利用系谱法多代选择获得的自交系。母本 9873 的选育,2008 年收集辣椒材料 N-98,2008 年 4 月种植于日光温室中,田间表现在果实大小、果实颜色、果形有不同差异,选择果实肉厚、果肩宽、果实浅黄绿色,坐果性好,抗逆性强的单株,2008 年 11 月—2011 年分别在宁夏、三亚露地和日光温室按系谱法种植 6 代,并不断淘汰田间表现不良和整齐度差的株系,于 2011 年选择保留 3 个稳定的株系用于组配杂交组合,其中一个株系配合后代表现优异,编号为 9873。父本材料 H9974 的选育,2007 年选择牛角椒材料 H07-72 与羊角椒材料 Y07-62 组配杂交,2008 年种植 F2 群体 400 株,田间分离出红色、黄色牛角椒和羊角椒,果实大小也不同,选择果实牛角形,果实顺直浅黄绿色,果实长度 26 cm 以上,连续坐果性好,抗病性较强的单株,2008—2011 年分别在宁夏、三亚露地和日光温室按系谱法种植 7 代,并不断淘汰整齐度差、抗病性差的株系,于 2011 年选择保留 4 个稳定的株系,用于杂交组合选配,其中一个株系配合后代表现优异,自交系编号为H9974。

2012 年 6 月在宁夏农林科学院综合试验基地配制杂交组合 9873×H9974,2012 年 9 月收获杂 1 代种子,2013 年在宁夏银川露地、温室、彭阳早春拱棚进行组合品比试验,在不同区域、不同栽培条件下,该组合田间表现连续坐果习性、产量、耐低温性均表现突出。2014—2016 年在宁夏银川、彭阳开展多点区域试验和生产试验,田间表现性状稳定,果色亮丽、抗逆性强,连续坐果性好,耐低温弱光性好,较对照品种世纪椒王增产 5.2%~11.5%,2016—2017 年开始在生产中推广应用。

宁椒 10 号适宜宁夏及环境条件相近区域露地及早春保护地种植,选择排灌良好的沙壤土或壤土种植,与非茄科作物实行 3 年以上轮作;宁夏露地栽培,3 月中下旬日光温室育苗,5 月上中旬定植,早春拱棚保护地栽培,2 月上中旬日光温室育苗,4 月上中旬定植;建议定植密度 3 100~3 300穴/667 m²,定植行距 60~65 cm,株距 30~35 cm,垄高 25 cm,大小行双株种植,生产中根据各地区气候条件栽培方式选择合适定植密度。定植前施足底肥,早期少浇水,适当蹲苗,促进根系发育,生长管理切忌大水漫灌,宜小水勤浇,见干见湿,少量多次浇水;结果盛期加强肥水供应,追肥以 NPK复合肥为主,根据植株长势合理调节用肥量,确保肥水充足,提高坐果率。病虫害防治遵循防治为主,综合防治的原则,注意早期及时防治病虫害。

辣椒新种质：1003

辣椒新种质：1014

辣椒新种质：1017

辣椒新种质：1020

辣椒新种质：1030

辣椒新种质：1043

辣椒新种质：1045

辣椒新种质：1046

辣椒新种质：1048

辣椒新组合：F1

辣椒新组合：F4

辣椒新组合：F31

辣椒新组合：F38

宁椒 3 号

宁椒 6 号

宁椒 10 号

第三节　番茄种质资源收集与创制

一、宁夏番茄产业现状

番茄(*Lycopersicon esculentum* Mill.)在中国又称"西红柿"、"洋柿子",原产于南美洲西部的秘鲁、智利、玻利维亚及厄瓜多尔等国的高原或谷地,是茄科(*Solanaceae*)番茄属中以成熟多汁浆果为产品、全株生黏质腺毛、有强烈气味的草本植物。番茄最初被当作观赏植物,大约到 19 世纪才作为商品蔬菜栽培,因其营养丰富、风味特殊、产量高、适应范围广泛、用途及栽培方式多样等特点, 仅用 100 多年的时间几乎普及世界各国, 成为全球栽培范围最广、消费量最大的蔬菜作物,中国是世界最大的番茄生产和消费国家之一,2016 年全球番茄总产值约为 654 亿美元,我国约占 1/3。

番茄在中国作为商品蔬菜栽培的历史较短, 自 20 世纪 60 年代大规模生产开始,番茄的栽培面积和产量都在逐年增加。目前,番茄已成为全国性的主要蔬菜和大众化的水果。据国家统计局数据显示,2017 年,我国的番茄总播种面积为 1 977.4 万亩,其中设施总面积为 1 114.7 万亩。番茄是我国种植面积排名第四的蔬菜品种, 番茄产业已成为我国蔬菜产业的重要组成部分,番茄生产是农民增收致富和出口创汇的重要途径,在国民经济发展中占据重要的地位。

宁夏属温带大陆性干旱半干旱气候,按自然条件分为引黄灌区、中部干旱带和南部山区三大区域。全区光热资源丰富,年日照时数 3 000 h 以上,太阳辐射强,无霜期 140~160 d,年平均气温 5~10℃,昼夜温差大,达 13~15℃。全区年平均降水量为 305 mm,降雨集中在 6—9 月,具有光照充足、热量丰富、冬无严寒、夏无酷暑、昼夜温差大等特点,十分有利于作物光合作用和干物质积累,所生产的农产品糖分含量高、品质优、市场竞争力强,是农业部规划确定的黄土高原夏秋蔬菜生产优势区域和设施农业优势生产区。近年来,宁夏回族自治区党委、政府做出建设"三个百万亩"高效农业的重大决策以来,蔬菜产业呈现出了持续、快速、健康发展的良好态势。番茄实现了日光温室、拱棚、露地四季生产、周年供应。

（一）宁夏番茄生产规模和重点区域

截至 2018 年年底,宁夏瓜菜生产总面积 317.8 万亩,总产量 702.8 万 t,总产值 130.7 亿元,其中番茄种植面积 30 万亩,约占总蔬菜种植面积的十分之一,年产量达 134 万 t,目前宁夏日光温室番茄种植面积约 16 万亩,上市量达 64 万 t。上市期主要分为 3 个时间段:1—3 月,上市量约 8 万 t;4—6 月,上市量约 37 万 t;9—12 月,上市量近 19 万 t。拱棚和露地番茄的种植面积 14 万亩左右,上市量约 70 万 t,上市期主要集中在 7—10 月。

主要生产区域:银川市金凤区 1.28 万亩日光温室番茄,银川市兴庆区有 1.4 万亩日光温室番茄,银川市贺兰县有 3.28 万亩日光温室番茄、1.53 万亩拱棚番茄、1.46 万亩露地番茄,银川市永宁县 2.66 万亩,石嘴山市平罗县 1.54 万亩日光温室番茄、0.54 万亩拱棚番茄、0.98 万亩露地番茄,中卫市沙波头区 2.65 万亩日光温室番茄,固原市西吉县 0.55 万亩拱棚番茄、0.55 万亩露地番茄。生产面积最大的是银川市贺兰县,所有种植类型番茄生产面积 6.27 万亩,主要在贺兰县金贵镇、习岗镇和立岗镇。

（二）宁夏地区番茄播种和收获时期

宁夏蔬菜产业主要是日光温室、拱棚和露地 3 种生产类型,日光温室番茄生产以一年两茬为主,早春栽培 12 月底播种育苗,采用 98 穴穴盘育苗,苗期 35~40 d,1 月初定植,3 月中下旬上市,6 月底拉秧,亩产 10 t 以上,秋冬茬在 6 月育苗,7 月中下旬定植,10 月初上市。

拱棚番茄播种时间不定,主要是拱棚的结构、保温条件差异较大,最早可在 2 月下旬定植,最晚 3 月下旬定植,6 月初上市,10 月底结束。露地番茄 5 月上旬定植,7 月上市,9 月底结束。

(三)主要销售市场

宁夏粉果番茄主要销往上海和武汉批发市场,红果番茄主要销往深圳、广州和浙江市场。当前,外销型的宁夏番茄主要以粉果为主。全区粉果与红果的种植比例在 8:2 左右。

(四)品种选择

优良的番茄品种应具有 4 个特点:适应市场、适应当地的自然条件或设施条件、具有较好的抗逆能力以及高产优质。

1. 适应市场

需要根据市场需求选择番茄品种。例如外销型的番茄,要求果皮较厚,耐储运能力较强。还有一些特色番茄口感佳,虽然果皮比较薄,不耐储运,但是适合做订单农业。

2. 适应当地的自然条件或设施条件

选择与栽培茬口相适应的番茄品种。例如有的番茄品种只适合春茬种植,不适合秋茬种植。春茬番茄一般选择前期耐低温、弱光,结果期耐高温、强光,抗病性较强的品种。而秋茬番茄苗期处于高温季节,结果期处于低温季节,因此要选择耐低温、弱光的品种。由于宁夏属于黄土高原强光照区,因此露地选择需要品种的叶片大、长势旺,抗病性、耐裂性等要求较高。

3. 具有较好的抗逆能力

选择抗逆能力较强的番茄品种。不同的番茄品种抗病害能力不同。目前 TY 病毒(番茄黄化曲叶病毒)、斑萎病毒在宁夏产区呈加重趋势。未来抗病性将成为宁夏产区筛选品种的重要指标。

4. 优质高产

在同类型番茄品种中,选择更加优质、高产的番茄品种,从而获得优质优价。随着消费者对番茄品质、口感的要求逐渐提高,未来抗性强、光泽度好、萼片美观、果形漂亮且口感好的品质型番茄将是宁夏番茄品种首选。兼顾"大"的发展同时,宁夏也注重"小"的突破。目前,樱桃番茄在全国拥有很大的市场,而在 7—9 月可以上市的樱桃番茄数量较少,且大部分品质一般,依据宁夏优势露地可以选择种植樱桃番茄。

（五）宁夏番茄育种现状

宁夏开展番茄育种较晚，宁夏农林科学院种质资源研究所 2009 年开始番茄种质资源的收集、评价和保存工作。随着政府对蔬菜育种工作支持力度的加大，宁夏农林科学院自 2015 年开始自主研发立项番茄和辣椒育种工作。2015 年"宁夏农林科学院十三五"重大科研项目"开始申报,2016 年 3 月获批立项一、二、三产业融合发展科技创新示范项目"宁夏特色瓜菜产业关键技术创新示范"立项子课题"特色蔬菜种质资源收集与创制",主要针对瓜菜产业存在的育种技术落后、重引进轻培育、种源优势和产品特色不明显的问题开展番茄和辣椒种质资源的收集、鉴定、保存、创制、抗逆性鉴定、新组合的配制及品比,项目实施期 2016—2020 年,主要实施地点为宁夏农林科学院现代农业综合试验示范基地和贺兰园艺产业园。

二、番茄种质资源收集、整理和保存

种质资源的拥有量和对其研究利用的程度成为一个国家育种水平和科研实力的标志,并直接关系到一个国家的农业战略安全。目前,全世界"基因银行"所收集的番茄材料已多达 32 000 份,估计这些收集的材料已可覆盖地方小种总量的 90%和野生种的 70%左右,其收集的完善程度可以与马铃薯类比,超过了其他作物。至 1990 年,全世界拥有番茄种质样品 32 000 份,其中确切材料有 1 000 份。我国从 20 世纪 80 年代中期先后组织了 2 次大规模的番茄遗传资源收集工作,现在收集的番茄资源 1 922 份,占我国蔬菜资源的 7%(28 765 份)。目前,我国引种保存的番茄原始材料已经超过了 10 000 份(王素等,1998)。种质资源是育种的基础。由于番茄是一种严格的自花授粉植物,经过长期的驯化和选育,番茄的遗传背景逐渐变窄,因此,通过广泛的资源收集以丰富番茄的种质资源对番茄育种极其重要。

2015—2020 年收集引进番茄品种和资源种质材料 150 份,初步完成了番茄种质资源的收集、前期评价、保存工作(表 2-21)。

表 2-21　材料编号、来源及特征特性

序号	编号	来源	特征特性
1	1 号	荷兰	粉果,中熟,无限生长,大小均匀,单果重 220~260 g
2	2 号	宁夏	粉果,中早熟,无限生长,大小均匀,单果重 220~240 g
3	3 号	宁夏	无限生长,中早熟,粉果,果色鲜亮,无青肩,肉厚,硬度好,单果重 260~300 g
4	4 号	宁夏	无限生长,中早熟硬质果型,成熟果粉红、亮丽、高圆形,单果重 260 g 左右
5	5 号	宁夏	无限生长,中早熟,长势旺盛,果色粉红,果肉厚,果实圆形,单果重 300~350 g
6	6 号	宁夏	中早熟,无限生长,成熟果粉红亮丽,果肉厚硬,高圆形,单果重 250~300 g
7	7 号	宁夏	无限生长,中早熟,长势旺盛,果实圆形,成熟果粉红、亮丽,单果重 200~250 g
8	8 号	宁夏	无限生长,中熟,粉红果,高圆,硬度高,耐贮运,单果重 260~350 g
9	9 号	山东寿光	无限生长,粉果,中早熟,果实硬度大、耐裂,果实高圆形,单果重 250 g 左右
10	10 号	广东	粉果,极早熟,高圆形,耐裂,表面光滑,单果重 200~350 g,果皮厚,口感好
11	11 号	美国	无限生长,粉红色,中早熟,果型高圆略扁形,果皮坚硬,单果重 220·260 g
12	12 号	北京	无限生长,生长势较强,叶量中等,早熟,圆形,色泽粉红、亮丽,单果重 250 g 左右
13	13 号	东北	无限生长,生长势强,成熟果粉红,平均单果重 240~300 g,高圆形,甜酸适宜
14	14 号	北京	粉果,无限生长,生长势强,圆形,酸甜适宜
15	15 号	陕西西安	果肩极小,高圆形,果面光滑发亮,无裂果,单果重 300 g 左右,肉厚、皮厚,口感风味好
16	16 号	陕西西安	粉果,无限生长,中熟,叶量中等,生长旺盛,果形高圆,整齐度好,色泽艳丽,单果重 300~500 g,硬度好
17	17 号	陕西西安	粉果,无限生长,中熟,叶量中等,生长旺盛,果形高圆,色泽艳丽,单果重 300~500 g 以上,硬度好
18	18 号	山东寿光	无限生长,粉果,果实高圆,硬度好,单果重 260~300 g

（续表）

序号	编号	来源	特征特性
19	19号	安徽	无限生长,极早熟,长势旺,叶稀,皮硬,肉厚 0.9~1.0 cm,果光滑圆整,畸形果少,单果重 350~450 g
20	20号	陕西	无限生长,长势强,熟性中等,粉红果,果形近高球形,光滑亮丽,无绿肩,皮厚,单果重 300~600 g
21	21号	陕西西安	果形圆正,粉红色,单果重 200 g 左右,无限生长,中晚熟
22	22号	甘肃	无限生长,长势强,每穗 4~5 个果,果实扁圆形,坐果率高,单果重 150~200 g,粉红色,果肉厚
23	23号	甘肃	中早熟,无限生长,粉色,果高桩圆球形,果皮厚不裂果,单果重 200 g 左右
24	24号	河北青县	中熟,无限生长,果实粉红,圆形周正,单果重 200~400 g,不易裂果,果味酸甜适中、口感好
25	25号	宁夏	无限生长,长势旺,节间较短,果实红色圆球形,大小均匀,萼片美观,单果重 200~260 g,硬度极好
26	26号	宁夏	无限生长,长势旺盛,早熟,果实圆形,果色鲜红、亮丽,单果重 200~260 g,硬度强
27	27号	宁夏	中早熟,无限生长,长势旺盛,果实圆球形,果个均匀,成熟果亮红色,单果重 190~240 g 果皮厚硬
28	28号	宁夏	无限生长,中熟,大红果,单果重 220~240 g,果实硬
29	29号	河南	无限生长,大红果,单果重 220~280 g,果实圆形,商品性好,皮厚肉硬
30	30号	山东	无限生长,单果重 180~220 g,色泽鲜红,果形扁圆,大小均匀,果肉厚实
31	31号	甘肃酒泉	中晚熟品种,有限生长,叶片肥大,深绿色,果实圆形,橘黄色,平均单果重 350 g 左右
32	32号	甘肃酒泉	中晚熟,无限生长,果实圆形,橙黄色,果肉厚,酸甜可口,单果重 250 g 左右
33	33号	甘肃酒泉	早熟,有限生长,植株长势强,叶色浓绿,坐果率高,果大,单果重 250~300 g,果面光滑黄色,肉厚,不易裂果,果汁多,商品性好,耐贮运
34	34号	黑龙江哈尔滨	中晚熟,植株蔓生,果实圆形,橙黄色,单果重 240~320 g,生长健壮
35	35号	宁夏	无限生长,果实圆形,橙黄色,单果重 200 g,生长健壮,口感好
36	36号	北京	无限生长,长势旺盛,单穗坐果多,连续坐果力强,穗形整齐,果实圆球形,成熟果亮丽橘黄色,单果重 200~250 g,果肉厚硬
37	37号	宁夏	中晚熟,无限生长,成熟果黄色,单果重 180 g 左右

（续表）

序号	编号	来源	特征特性
38	38号	内蒙古	中晚熟,无限生长,成熟果黄色,不裂果,单果重200 g左右
39	39号	宁夏	无限生长,黄色,樱桃番茄,单果重20 g左右,抗病性强,耐裂,口感好
40	40号	宁夏	无限生长,粉色,樱桃番茄,单果重20 g左右,抗病性强,耐裂,口感好
41	41号	浙江	无限生长,早熟,果实圆形,成熟果实粉红色,单果重18 g左右,可溶性固形物含量9%,口感好
42	42号	宁夏	无限生长,粉色,樱桃番茄,单果重20 g左右,抗病性强,耐裂,口感好
43	43号	四川	黄色樱桃番茄,生长势强,无限生长
44	44号	宁夏	黄色樱桃番茄,生长势强,无限生长
45	45号	广东	黄色樱桃番茄,生长势强,无限生长
46	46号	台湾	无限生长,结果能力强,产量高,果实长椭圆形,单果重17 g左右,成熟果橙色,肉质脆爽,可溶性固形物含量可达10%,风味佳
47	47号	北京	樱桃番茄,无限生长,中熟,果实圆球形,成熟果绿色透亮似绿宝石,单果重20 g左右,果味酸甜浓
48	48号	北京	无限生长,生长势强,中熟,主茎7~8片叶着生第一花序,总状和复总状花序,圆形果,幼果显色果肩,成熟果晶莹透绿似宝石,平均单果重25 g左右,果味酸甜浓郁,口感好
49	49号	黑龙江哈尔滨	果实圆形似珍珠,紫色果面上相间绿色不规则条纹,口感佳,糖度高,裂果少,整齐度高,栽培容易,平均单果重10~20 g,无限生长
50	50号	黑龙江哈尔滨	中熟,无限生长,总状花序为主,每穗着花6~10朵,果实长卵形带凸尖,成熟果为豆沙紫底面上嵌有绿色条纹,单果重30~40 g,口感风味独特
51	51号	黑龙江哈尔滨	无限生长,早熟,果皮为红、黄、绿、粉相间的花纹,外观美丽,单果重150 g左右
52	52号	黑龙江哈尔滨	中早熟,无限生长,植株生长势强,枝叶繁茂,叶厚肥大,普通叶形,深绿色,果外皮呈绿色,顶部有红点,果实高圆形,甜味浓,品质佳,单果重100 g左右
53	53号	北京	无限生长,生长强健,水果型小番茄,形状为梨形,果实重15~20 g,果皮和果肉均为黄色
54	54号	海南	无限生长,椭圆形,紫黑色,单果平均重量16~20 g,产量高,抗病强,口感好

（续表）

序号	编号	来源	特征特性
55	55 号	山东	彩色水果型小番茄,早熟,无限生长,植株生长势强,果实高圆形,成熟果深红近紫色,单果重 15~20 g
56	56 号	宁夏	无限生长,生长势中等,果实圆球形,果形美观,观赏性樱桃番茄,单果重 8~12 g,大小均匀,幼果有浅绿色果肩,成熟果黄色,色泽鲜艳,果实圆整,抗裂耐贮,可溶性固形物含量达 6%以上,味浓质脆
57	191 号	上海	中早熟,无限生长,长势强,单果重 300 g 左右,每穗 3~4 个果,果实圆整光滑有光泽
58	192 号	上海	无限生长,中熟,粉红果,果实圆形,单果重 180~220 g,畸形果和裂果率低,果脐小,耐运输,可溶性固形物含量 4.6%左右
59	193 号	宁夏	无限生长,亮丽深粉红色,果实高圆扁形,植株长势旺盛,节间短,萼片舒展,单果重 230~250 g,硬度好
60	194 号	宁夏	无限生长,植株长势旺盛,连续坐果能力强,果实圆球平顶,亮丽深粉红色,大小均匀,整齐度高,单果重 230~250 g,特耐裂,硬度高
61	195 号	北京	无限生长,早熟,未成熟果绿色,无绿果肩,成熟果粉红色,果形稍扁圆和圆,单果重 200~300 g,果肉硬
62	196 号	德国	无限生长,中早熟品种,植株长势旺,连续坐果能力强,果穗整齐,果实圆形,萼片厚长,单果重 190~230 g,果色深粉、亮丽,果实厚实
63	197 号	德国	无限生长,植株长势中等,连续坐果能力强,早熟性好,单果重 200~230 g,果实圆形,均匀度好,无明显果棱,果色深粉、亮丽,萼片美观,硬度高
64	198 号	美国	红果番茄,无限生长,植株长势中等,色泽亮红,果实圆形略扁,坐果率高,果实大小均匀,产量极高,硬度高,单果重 180~230 g
65	199 号	美国	红果,无限生长,植株长势旺盛,连续坐果能力强,中熟,色泽亮丽,转色均匀,萼片厚而平展,硬度好,耐裂果,果实高圆形,果个均匀,大小整齐,单果重 220~250 g
66	200 号	美国	果实深粉色,中早熟,无限生长,植株长势旺盛,叶片浓绿,节间中等,坐果性好,果形圆形略扁,转色均匀,单果重 200~220 g,果实硬度好
67	201 号	宁夏	粉果番茄,单果重 220~250 g,果色深粉、亮丽,连续坐果能力强
68	202 号	山东	无限生长,长势壮旺,单果重 190~230 g,色泽鲜红、艳丽,无青肩或青腐现象,极耐贮运,节间短,中熟
69	218 号	北京	中熟,无限生长,植株长势强,叶片较大,深绿色,果实圆形,成熟后白绿色,果汁多,酸甜适中,风味浓,单果重 200 g 左右

（续表）

序号	编号	来源	特征特性
70	156号	山东济南	无限生长,果实高球形,单果重80~130 g,青果带有绿肩,成熟后为粉红色,口感酸甜可口
71	157号	辽宁沈阳	无限生长,植株生长势中等,叶片绿色,叶片中大,节间中等,中早熟,果实粉红色略带绿色果肩,果实圆形,萼片平展,果肩光滑,果实整齐、亮丽,口感极佳,平均单果重220~240 g,果实硬度高
72	158号	日本	鲜食粉果番茄,口感好,坐果能力强,耐储运,抗病性强
73	159号	北京	无限生长,粉果番茄,植株生长旺盛,叶片略小,果实高扁圆形,单果重约250 g,果面光滑,有光泽,果实皮硬
74	160号	陕西西安	粉红果,无限生长,株高150~160 cm,其茎、叶、果实表面密生白色长茸毛,单果重200~300 g
75	161号	北京	无限生长,长势中等,果实为大红色,高圆形,单果重300 g左右,肉厚果硬
76	162号	广东	大红色,高圆果形,耐储运,果重220~250 g,无限生长
77	163号	宁夏	无限生长,中早熟,大红果,平均单果重180~230 g,果实圆形略扁,硬度佳
78	164号	山东寿光	无限生长,植株长势旺,叶片深绿色,单果重260~280 g,连续坐果能力强,果圆形略扁,果色粉红,硬度好
79	165号	黑龙江哈尔滨	中晚熟,无限生长,果实扁圆形,红色,果肉厚,酸甜适中,成熟早,单果重250 g左右
80	166号	山东青岛	无限生长,大果形,果色红艳,无青肩,平均单果重240 g,总状花序,可溶性固形物含量5%
81	167号	荷兰	粉果番茄,无限生长,植株长势旺盛,节间较紧凑,连续坐果能力强,中熟,硬度较好,酸甜适口,果实圆形略扁,果形整齐一致,单果重240~260 g
82	168号	江苏	粉果,中早熟,果色深粉,长势旺盛,节间中等,果实高圆形,单果重220~250 g,硬度好
83	249号	宁夏	无限生长,中早熟,粉果番茄,植株长势旺盛,产量高,深粉红色,果实圆形略扁,无青肩,单果重220~260 g,连续坐果能力强,萼片美观,硬度好
84	204号	辽宁沈阳	植株高性,叶片较疏,早生,复花序,一花穗最高可结60果左右,果实呈长椭圆球形,果色鲜紫色,果重14 g左右,不易裂果
85	205号	北京	早熟,生长强健,果实椭圆形,果重约20 g,橙色果,风味佳,果实硬
86	206号	宁夏	无限生长,中早熟,长势旺盛,节间较短,单果重18~29 g,成熟果短椭圆形,亮丽粉红色,口感好

（续表）

序号	编号	来源	特征特性
87	207 号	台湾	无限生长,生长势弱,复状花穗多,萼片舒展,果实短椭球形,单果重 20~22 g,果色粉红,可溶性固形物含量 8%左右,果硬,不易裂果
88	208 号	台湾	无限生长,生长势弱,复状花穗多,萼片舒展,果实短椭球形,单果重 20~22 g,果色粉红,可溶性固形物含量 8%左右,果硬,不易裂果
89	209 号	台湾	无限生长,早生,生长势弱,结果力强,一穗花常可结 14~31 个果,果实椭圆形,单果重 20 g 左右,成熟果桃红色,可溶性固形物含量可达 9.6%,口感好
90	210 号	台湾	早生,植株高性,生育强健,果色鲜红、亮丽,果形椭圆,单果重约 23 g,肉质脆爽,口感好,风味佳,不易裂果,耐贮运
91	211 号	台湾	植株高性,果实短椭圆形,果重约 25 g,果实红色,可溶性固形物约 8%,风味甜美,肉质脆嫩,果实硬,不易裂果
92	212 号	陕西西安	无限生长,樱桃番茄,早熟,植株生长势强,红果香甜,叶量中等,果稍有青肩,椭圆形,单果重 20 g 左右,单穗结果 15~20 个,果硬不裂果,可成串采收
93	213 号	台湾	有限生长,早生,生长强健,结果力强,果实长椭圆形,果色鲜红,单果重约 15 g,可溶性固形物含量 9.6%
94	214 号	台湾	早生,有限生长,生育强健,果实长椭圆形,大小均匀,果色鲜红,单果重约 17 g,可溶性固形物含量 8.5%
95	215 号	台湾	有限生长,果实短椭圆形,单果重 20 g 左右,果实红色,可溶性固形物含量 8%左右,不易裂果
96	216 号	台湾	有限生长,生长势强,果实长椭圆形,单果重 17 g 左右,成熟果桃红色,皮薄,肉质甜脆
97	217 号	台湾	有限生长,生长势强,果实椭圆形,单果重 17 g 左右,成熟果桃红色,皮薄,肉质甜脆
98	229 号	江苏	粉红色,樱桃番茄,果实圆形,复状花序,单果重 25~30 g,口感好
99	230 号	上海	无限生长,粉红色,樱桃番茄,植株生长旺盛,叶色深绿,单果重 18~25 g,圆球形,萼片美观,果色深粉红,色泽鲜艳,果硬,耐裂果
100	231 号	北京	无限生长,短椭圆,樱桃番茄,中早熟,生长势极强,单果重 25~30 g,亮粉红色,耐裂,硬度好,果顶钝圆
101	232 号	山东	有限生长,红色樱桃番茄,椭圆形,口感好,坐果能力强
102	233 号	北京	无限生长,中熟,以总状花序为主,每穗着花 6~10 朵,果实长卵形,未成熟果浅绿,果面上有深绿条纹,成熟果红色底面上有金黄条纹,单果重 35 g 左右

（续表）

序号	编号	来源	特征特性
103	234 号	台湾	早生,果实高球形,果色橘色,果重约 32 g,可溶性固形物含量 7.6%
104	235 号	山东寿光	无限生长,果实椭圆形,粉红色,单果重 20 g 左右,萼片美观
105	236 号	甘肃	无限生长,长势极旺,早熟,果实短椭圆形,果色金黄,口感爽甜,单果重 20 g 左右,可溶性固形物含量 8.9%,不易裂果
106	287 号	广西	无限生长,长势旺,坐果能力强,成熟果粉红色,果色亮丽,短椭圆形,单果重 16~20 g,果实硬度高
107	288 号	宁夏	红色,樱桃番茄
108	289 号	上海	樱桃番茄,口感甜,穗形好,适合整穗采收
109	290 号	山东	樱桃番茄,穗形好,红果,口感好
110	170 号	北京	粉果,早熟,无限生长,长势强,果实正圆形,果色亮,萼片平展,每穗坐果数 4~5 个,单果重 240~280 g
111	172 号	宁夏	无限生长,中早熟,生长势旺盛,果实圆形,果色粉红,果肉厚,单果重 300~350 g
112	367 号	福建厦门	无限生长,红色
113	368 号	福建厦门	有限生长,生长强壮,果实椭圆形,果色亮红色,口感特甜,坐果率高,果重 18~22 g
114	369 号	福建厦门	无限生长,红色
115	370 号	福建厦门	无限生长,红色
116	371 号	福建	无限生长,橘黄色
117	372 号	台湾	无限生长,早生,叶微卷,叶色浓绿,结果能力强
118	373 号	台湾	无限生长,橙黄色
119	374 号	北京	无限生长,黑彩樱桃番茄
120	375 号	福建厦门	中早熟,有限生长,生育强健,果实半长椭圆形,果重约 20 g,萼片大,果色亮红,肉质脆嫩多汁,果实硬
121	376 号	福建厦门	有限生长,早生,果实短椭圆形,果重 17~20 g,果色亮红,大小匀称,口感甜脆
122	250 号	荷兰	粉果,生长势强,高圆形
123	251 号	荷兰	粉果,生长势强,高圆形,有绿果肩
124	252 号	荷兰	粉果,生长势强
125	253 号	荷兰	粉果,生长势强
126	254 号	宁夏	粉果,生长势强

（续表）

序号	编号	来源	特征特性
127	255 号	宁夏	粉果,生长势强
128	256 号	宁夏	粉果,生长势强
129	257 号	宁夏	粉果,无限生长
130	258 号	先正达	粉果,无限生长
131	259 号	先正达	粉果,无限生长
132	260 号	宁夏	粉果,无限生长
133	261 号	宁夏	粉果,无限生长
134	262 号	北京	粉果,有叶霉病发生
135	263 号	湖南	粉果,生长势强
136	264 号	北京	粉果,生长势强,无限生长
137	265 号	宁夏	红果,生长势强,果大小均匀
138	266 号	宁夏	红果,生长势强,叶有早衰
139	267 号	宁夏	红果,生长势强,叶有早衰
140	268 号	宁夏	生长势强,红果
141	269 号	宁夏	红果,生长势强,抗病,坐果多,大小均匀,果偏小
142	270 号	先正达	长势强,红果
143	271 号	先正达	长势强,红果
144	272 号	宁夏	红果
145	273 号	宁夏	红果
146	274 号	北京	红果,长势强,果大,坐果多
147	275 号	北京	粉果,大果番茄
148	276 号	陕西	粉果,樱桃番茄,长势旺,口感好
149	277 号	山东	黄果,樱桃番茄,圆形,口感好,长势强
150	280 号	宁夏	无限生长,中熟,植株长势较旺,节间略长,叶片稀疏,果实圆形,亮黄色,单果重 15~20 g,无绿果肩

三、番茄优良新种质资源创制

宁夏农林科学院种质资源研究所广泛收集国内外番茄优良种质资源,

利用常规育种与分子标记辅助育种技术相结合，创制出聚合多个优异性状的新种质38份(表2-22)。

表2-22 番茄新种质材料性状描述

序号	编号	性状描述
1	42-3号	樱桃番茄,无限生长,生长势强,叶片小,叶幕稀,坐果多,椭圆形,粉红果,具有抗根结线虫(Mil)、抗花叶病毒病($Tm-2a$)、抗叶霉病($Cf9$、$Cf5$)、抗黄萎病($Ve1$、$Ve2$)、抗枯萎病($I2$)、抗斑萎病($SW5$)的基因位点
2	41-2号	樱桃番茄,粉红色高圆形,无限生长,生长势强,每穗坐果20个左右,口感好,具有抗黄化曲叶病毒病($Ty5$)、抗根结线虫(Mil)、抗黄萎病($Ve1$、$Ve2$)、抗疮痂病($RX4$)的基因位点
3	41-3号	樱桃番茄,无限生长,生长势强,每穗坐果20个左右,橙黄色高圆形,口感好,具有抗晚疫病($PH3$)、抗斑萎病($SW5$)、抗叶霉病($Cf5$)的基因位点
4	100号	樱桃番茄,无限生长,复穗每穗坐果100个以上,果小梨形,红果,生长势强,耐裂耐放,具有抗黄化曲叶病毒病($Ty5$)、抗晚疫病($PH3$)、抗细菌性斑点病(PTO)、抗番茄花叶病($Tm-2a$)、抗疮痂病($RX4$)、抗叶霉病($Cf5$)的基因位点
5	78-2号	樱桃番茄,无限生长,粉红果,圆形,每穗坐果100个左右,具有抗黄化曲叶病毒病($Ty5$)、抗根结线虫(Mil)、抗花叶病毒病($Tm-2a$)、抗叶霉病($Cf9$、$Cf5$)、抗黄萎病($Ve1$、$Ve2$)、抗疮痂病($RX4$)、抗灰斑病(SM)的基因位点
6	85-2号	樱桃番茄,无限生长,生长势强,椭圆形,坐果多,16个左右,粉红果,具有抗根结线虫(Mil)、抗黄化曲叶病毒病($Ty-1$、$Ty-3a$、$Ty5$)、抗枯萎病($I2$)、抗疮痂病($RX4$)、抗叶霉病($Cf9$)的基因位点
7	87-3号	樱桃番茄,无限生长,生长势强,粉红果,圆形,坐果多,叶幕小,具有抗黄化曲叶病毒病($Ty-1$、$Ty-3a$、$Ty5$)、抗根结线虫(Mil)、抗青枯病($Bwr12$)、抗叶霉病($Cf9$、$Cf5$)、抗枯萎病($I2$)、抗黄萎病($Ve1$、$Ve2$)、抗斑萎病($SW5b$)、抗根腐病($Scar200$)、抗疮痂病($RX4$)、抗灰斑病(Sm)的基因位点
8	88-3-2号	樱桃番茄,无限生长,穗形好,果大小合适,粉红果,具有抗黄化曲叶病毒病($Ty5$)、抗根结线虫(Mil)、抗青枯病($Bwr12$)、抗花叶病毒病($Tm-2a$)、抗疮痂病($RX4$)、抗叶霉病($Cf9$、$Cf5$)、抗斑萎病($SW5b$)的基因位点
9	89号	樱桃番茄,无限生长,坐果多,同78号,生长势强,圆形,粉红果,具有抗黄化曲叶病毒病($Ty-1$、$Ty-3a$、$Ty5$)、抗根结线虫(Mil)、抗青枯病($Bwr12$)、抗花叶病毒病($Tm-2a$)、抗黄萎病($Ve1$、$Ve2$)、抗疮痂病($RX4$)的基因位点

（续表）

序号	编号	性状描述
10	92号	樱桃番茄,无限生长,黄色果,椭圆形,穗形好,有果肩,萼片卷曲,具有抗黄化曲叶病毒病($Ty5$)、抗疮痂病($RX4$)、抗青枯病($Bwr12$)、抗根腐病($Scar200$)的基因位点
11	109-1号	樱桃番茄,无限生长,生长势强,粉红果,椭圆形,坐果多,具有抗黄化曲叶病毒病($Ty-1$、$Ty-3a$、$Ty5$)、抗根结线虫(Mil)、抗番茄花叶病($Tm-2a$)、抗疮痂病($RX4$)、抗叶霉病($Cf9$、$Cf5$)、抗枯萎病($I2$)的基因位点
12	141-1号	樱桃番茄,红果,有限生长,坐果能力强,椭圆形,生长势强,具有抗黄化曲叶病毒病($Ty5$)、抗晚疫病($Ph3$)、抗斑萎病($SW5b$)、抗疮痂病($RX4$)、抗根腐病($Scar200$)的基因位点
13	49-1号	无限生长,特色番茄,果色粉果上有绿纹,坐果20个,茎上有根,具有抗番茄花叶病($Tm-2a$)、晚疫病($Ph3$)、枯萎病($I2$)的基因位点
14	47号	樱桃番茄,绿果,圆形,果软,不耐储,生长势强,复穗,坐果多,果大小均匀,坐果50个以上,具有抗晚疫病($PH3$)、抗细菌性斑点病(PTO)、抗番茄花叶病($Tm-2a$)、抗叶霉病($Cf5$)的基因位点
15	46-4号	樱桃番茄,无限生长,生长势强,坐果12个左右,果透亮黄,椭圆形,易裂,具有抗黄化曲叶病毒病($Ty5$)、抗细菌性斑点病(PTO)、抗疮痂病($RX4$)、抗根腐病($Scar200$)、抗叶霉病($Cf5$)的基因位点
16	44-2号	樱桃番茄,无限生长,生长势中等,橘黄色,椭圆形,大小均匀,果适中,口感好,具有抗黄化曲叶病毒病($Ty5$)、抗晚疫病($PH3$)、抗斑萎病($SW5b$)、抗根腐病($Scar200$)的基因位点
17	91号	樱桃番茄,无限生长,生长势强,果转色前为绿白,复穗形好,颜色亮丽,口感特别好,汁多味甜,耐裂性好,粉红色,桃扁椭圆形,具有抗黄萎病($Ve1$、$Ve2$)、抗根腐病($Scar200$)的基因位点
18	57号	大果红色,无限生长,每穗坐果5个左右,穗形好,大小整齐,萼片长,转色前后平展,叶大、紧凑,具有抗冠状根腐病($Frl949$、$Frl954$)、抗叶霉病($Cf9$、$Cf5$)、抗枯萎病($I2$)、抗黄萎病($Ve1$、$Ve2$)、抗灰斑病(SM)的基因位点
19	58号	大果红色,无限生长,生长势中等,每穗坐果7个左右,穗散,果大小不均匀,扁圆形,具有抗冠状根腐病($Frl949$、$Frl954$)、抗叶霉病($Cf9$、$Cf5$)、抗枯萎病($I2$)、抗黄萎病($Ve1$、$Ve2$)的基因位点
20	59号	大果红色,无限生长,生长势中等,每穗坐果7个左右,穗散,果大小不均匀,扁圆形,具有抗冠状根腐病($Frl949$、$Frl954$)、抗叶霉病($Cf9$、$Cf5$)、抗枯萎病($I2$)、抗黄萎病($Ve1$、$Ve2$)的基因位点
21	60号	大果红色,无限生长,生长势中等,坐果8个左右,穗形好,圆形,具有抗枯萎病($I2$)、抗根结线虫(Mil)、抗灰斑病(SM)、抗黄萎病($Ve1$、$Ve2$)、抗叶霉病($Cf9$、$Cf5$)的基因位点

（续表）

序号	编号	性状描述
22	61 号	大果粉色,无限生长,生长势强,圆形,坐果 4~6 个,果大,具有抗灰斑病(SM)、抗叶霉病($Cf5$)的基因位点
23	36-1 号	生长势中,有限生长,生长势一致,大果黄色圆形,萼片平展,果偏小,抗病性强,坐果 6~8 个,适合为母本,硬度中等,耐放耐裂,具有抗冠状根腐病($Frl949$、$Frl954$、$Frl960$)、抗晚疫病($PH3$)、抗番茄花叶病($Tm-2a$)、抗斑萎病($SW5b$)、抗黄萎病($Ve1$、$Ve2$)、抗青枯病($Bwr12$)、抗叶霉病($Cf5$)的基因位点
24	150-2 号	有限生长,生长势中等,坐果 4~5 个,粉果,扁圆形,具有抗灰斑病(SM)、抗叶霉病($Cf5$)的基因位点
25	151 号	有限生长,生长势中等,坐果 4~6 个,粉果,圆形,具有抗枯萎病($I2$)、抗灰斑病(SM)、抗黄萎病($Ve1$、$Ve2$)、抗叶霉病($Cf5$)的基因位点
26	152-2 号	无限生长,叶卷曲,红果椭圆,有果尖,坐果 7 个以上,具有抗枯萎病($I2$)、抗晚疫病($Ph3$)、抗灰斑病(SM)、抗斑萎病 $SW5b$、抗黄萎病($Ve1$、$Ve2$)、抗叶霉病($Cf5$)的基因位点
27	152-3 号	无限生长,抗病性强,坐果 12 个以上,红果,叶幕稀小,长椭圆形,具有抗枯萎病($I2$)、抗晚疫病($Ph3$)、抗灰斑病(SM)、抗斑萎病($SW5b$)、抗黄萎病($Ve1$、$Ve2$)、抗叶霉病($Cf5$)的基因位点
28	153 号	有限生长,大果粉红,坐果 5~8 个,生长势中等,扁圆形,具有抗黄化曲叶病毒病($Ty-1$、$Ty-3a$)、抗根结线虫(Mil)、抗花叶病毒($Tm-2a$)、抗青枯病($Bwr12$)、抗黄萎病($Ve1$、$Ve2$)、抗叶霉病($Cf5$)、抗灰斑病(SM)的基因位点
29	155 号	大红果,无限生长,生长势中等,果小,具有抗根结线虫(Mil)、抗黄化曲叶病毒病($Ty-1$、$Ty-3a$)、抗番茄花叶病($Tm-2a$)、抗枯萎病($I2$)、抗黄萎病($Ve1$、$Ve2$)、抗青枯病($Bwr12$)、抗叶霉病($Cf5$)的基因位点
30	35 号	无限生长,生长势强,大果黄色扁圆形,坐果 4 个左右,口感好,具有抗枯萎病($I2$)、抗叶霉病($Cf5$)的基因位点
31	136 号	无限生长,生长势中等,大果黄色圆形,坐果 6 个以上,口感好,具有抗枯萎病($I2$)、抗叶霉病($Cf5$)的基因位点
32	12-1-1 号	大果黄色,圆形,无限生长,生长势强,萼片展,果硬,耐裂耐放,果特硬,风味好,口感好,果大,坐果 4~6 个,具有抗青枯病($Bwr12$)、抗叶霉病($Cf5$),抗枯萎病($I2$)、抗灰斑病(SM)、黄萎病($Ve1$、$Ve2$)
33	14-3-3 号	大果黄色,圆形,有限生长,生长势中等,每穗坐果 6 个左右,果大小均匀,节间短,适合为母本,具有抗青枯病($Bwr12$)、抗叶霉病($Cf9$、$Cf5$)、抗枯萎病($I2$)、抗晚疫病($Ph3$)、抗灰斑病(SM)、抗黄萎病($Ve1$、$Ve2$)的基因位点
34	62-4-1 单 1	大果粉红,圆形,生长势强,萼片平展,果形、穗形好,坐果 5~6 个,果大,口感好,酸甜,具有抗叶霉病($Cf5$)、抗枯萎病($I2$)、抗灰斑病(SM)、抗黄萎病($Ve1$、$Ve2$)的基因位点

（续表）

序号	编号	性状描述
35	73-1-1号	大果粉红,圆形,生长势中等,萼片平展,果形、穗形好,果大小均匀,无棱,具有抗黄萎病($Ve1$、$Ve2$)、抗灰斑病(SM)、抗叶霉病($Cf5$)的基因位点
36	63-1-2单2	大果淡黄,圆形,生长势中等,转色前为绿果,萼片平展,坐果6~8个,果形、穗形好,具有抗枯萎病($I2$)、抗灰斑病(SM)、抗黄萎病($Ve1$、$Ve2$)、抗叶霉病($Cf5$)的基因位点
37	66-3号	大果粉红,高圆,生长势中等,坐果6~8个,萼片平展,果色转色前为绿果,有深绿果肩,具有抗枯萎病($I2$)、抗灰斑病(SM)、抗黄萎病($Ve1$、$Ve2$)、抗叶霉病($Cf5$)的基因位点

番茄新种质:73-1-1

番茄新种质:36-1

番茄新种质:14-3-3

番茄新种质:63-1-2单2

番茄新种质:62-4-1单1

番茄新种质:78-2

番茄新种质:47

番茄新种质:109-1

番茄新种质:46-4

番茄新种质:100

四、番茄种质资源抗逆性研究与评价

(一)番茄种质资源种子萌发期耐低温性试验评价

1. 研究目的及意义

番茄是一种喜温蔬菜,在生长发育过程中,温度对其生长发育起着至关重要的作用, 低温甚至亚适温是番茄在反季节设施栽培和早春露地栽培的关键限制因子, 低温往往造成其生长发育受阻, 严重影响成株期的生长发育、早期产量和果实的商品性。因此耐低温育种是番茄等茄果类蔬菜育种的主要目标,优良的耐低温种质资源是培育耐低温性品种的依据。在耐低温种质资源筛选中,可在种子萌发期、幼苗期或开花结果期进行。由于幼苗期和开花结果期阶段的筛选费时费力，且开花结果期阶段的筛选需要借助自然环境，人工很难创造适宜的筛选低温环境。因此，在种子萌发期进行耐低温筛选具有简单、易操作的优点。本试验以 86 份不同番茄资源为供试材料，测定常温（25℃）下和低温（15℃）下种子的发芽率、发芽势、发芽指数、发芽受损率等指标，探讨低温对不同番茄资源种子萌发期的影响，以期为鉴定和培育耐低温番茄品种提供参考依据。

本试验在宁夏农林科学院种质资源研究所 8 楼实验室完成，试验时间为 2018 年 3—4 月。选取籽粒饱满的番茄种子，置于 55℃的水中浸种，室温自然冷却 2 h，将种子平放于铺有 2 层滤纸的培养皿中，每个培养皿放 30 粒，完全随机排列，每品种重复 3 次，将培养皿置于 15±1℃恒温培养箱，以 25℃培养为对照，种子每天用蒸馏水冲洗 2 次。

单一指标的鉴定：将番茄材料分别放入 15±1℃恒温培养箱中让其萌发，每天观察其发芽情况，以胚根长超过种子长度的一半为标准，并记录番茄种子的发芽数。统计低温处理下 10 d 的发芽势、12 d 的发芽率，常温处理下 4 d 的发芽势、7 d 的发芽率，并计算相对发芽指数及发芽受损率。计算公式如下：

发芽势（%）= 4 d（10 d）内正常发芽种子数/供试种子总数 ×100%

发芽率（%）= 发芽终期正常发芽种子数/供试种子总数×100%

发芽指数=∑（日发芽数/发芽天数）

发芽受损率（%）=（对照发芽数−处理发芽数）/对照发芽数×100%

综合指标的鉴定：以 15℃低温条件下的发芽率、发芽势和发芽指数指标，计算这些指标的综合隶属函数值。根据隶属函数值的大小，确定番茄品种耐低温性的差异，从中筛选出耐低温性最强的番茄品种。耐低温隶属函数值 X_{ij}，用模糊数学隶属函数值方法。

公式：$X_{ij}=X_{ij}-X_{jmin}/X_{jmax}-X_{jmin}$

式中，X_{ij} 表示 i 种类 j 指标的耐冷隶属值，X_{ij} 表示 i 种类 j 指标的测定值，X_{jmax}、X_{jmin} 分别表示指标的最大值和最小值。

2. 番茄不同品种种子萌发期耐低温性试验评价

以番茄为供试材料，大番茄资源有 57 份，供试材料编号分别为 1、2、3、4、5、6、7、8、9、10、11、12、13、15、16、20、21、22、23、24、25、26、27、28、29、30、31、32、33、34、36、38、156、157、158、159、160、161、162、163、164、165、166、167、168、193、194、195、196、197、198、199、200、201、202、218、249；樱桃番茄资源有 29 份，供试材料编号分别为 43、45、47、48、49、50、51、52、53、54、55、56、204、207、208、209、210、211、212、213、214、215、216、217、229、233、234、235、236。供试的 86 份番茄资源由宁夏农林科学院种质资源研究所番茄课题组提供（表 2-23）。

（1）低温对大番茄不同种质资源种子萌发期各指标的影响

由图 2-14 可知，种子在低温处理下的发芽势低于常温处理下的发芽势。在低温处理下发芽势变化幅度为 0%~91%，57 份番茄资源中，发芽势在 20% 以下的占 47%，在 20%~80% 的占 46%，在 80% 以上的占 7%。在常温处理下，1、5、9、25、26、28、158、194、196、197、201 的发芽势都超过 90%；而低温下，26、156、196、201 的发芽势与常温下的发芽势没有明显的变化趋势，由此可见，这 4 份资源的发芽势最强，低温对发芽势影响较小。1、5、6、7、9、13、23、27、31、32、33、36、38、157、158、160、163、164、165、167、168、194、195、197、198、200 这 26 份番茄资源次之，表现为一般耐低温性。低温对种子的发芽势影响最大的资源有 2、3、4、8、10、11、12、15、16、20、21、22、24、25、28、29、34、161、162、166、193、199、202、218、249，这些资源的发芽势均低于 20%，表现为耐低温性较弱。30、159 的发芽势为 0%，这 2 份资源表现为极不耐低温。

由图 2-15 可知，25℃ 条件下各资源间发芽率变化不大，当温度降到 15℃ 时各资源间发芽率的变化较大。在低温处理下，发芽势变化幅度在 0%~100%，57 份番茄资源中，发芽率在 40% 以下的占 37%，在 40%~80% 的占 37%，在 80% 以上的占 26%。在低温处理下，1、9、26、27、36、156、158、164、168、194、196、197、198、200、201 的发芽率均超过 80%。由此可见，这些资源在发芽阶段

表 2-23 供试番茄资源品种及编号

编号	品种	编号	品种	编号	品种	编号	品种
1	黄金 959	27	麦迪	156	粉贝尔	202	多菲亚
2	美粉 863F1	28	麦奇丽 F1	157	铁太郎	204	阿紫
3	粉贝	29	豫星红美	158	FTL-6	207	新禧
4	粉贝 5 号	30	加茜亚	159	瑞丹	208	爱妃
5	瑞芬	31	丰收黄番茄	160	毛粉 802	209	千禧
6	芬丽达	32	大黄 156	161	北京圣红	210	爱珠
7	菲尼尔	33	黄帅	162	亚历山大	211	小明
8	瑞丽	34	北京大黄番茄	163	卓雅 307	212	红妃
9	欧曼琦	36	德福 605H	164	东风 601	213	格格
10	真优美 201	38	内番三号	165	极品大红	214	玛丽
11	欧盾	43	欧蜜	166	007	215	状元红
12	绿亨 111 秋艳	45	黄金甲	167	普罗旺斯	216	碧娇
13	佳人	47	绿宝石	168	爱吉 168	217	凤娇
15	精品 2008	48	紫宝石	193	天粉 107	218	贼不偷
16	精棚 108	49	紫珍珠	194	莫卡	229	爱吉蓓丽
20	阳光威霸	50	紫彩桃	195	仙客六号	233	彩玉一号
21	改良毛粉 802	51	大花彩球	196	芬达	234	金串
22	中疏四号	52	绿一点红	197	粉宴 1 号	235	澳美一号
23	西凉特选白果强丰	53	黄洋梨	198	德奥特 7742	236	帅童
24	白果强丰	54	紫圣女	199	SV4224TH	249	丰收 128
25	卓玛 A6F1	55	紫玫瑰	200	欧贝		
26	途锐 F1	56	黄珍珠	201	嘉粉 8346		

有较强的耐低温性,不受低温的抑制。2、3、5、6、7、12、13、24、25、28、31、32、33、38、157、160、167、193、195、199、249 这些资源在发芽时期受低温胁迫与常温下的对比效果不明显,表现为一般耐低温性。4、8、10、11、15、16、20、21、22、23、28、29、34、161、162、165、166、202、218 这些资源受低温影响最大,表现为耐低温性较弱。在低温处理下,30、159 的发芽率为 0%,表现为极不耐低温。

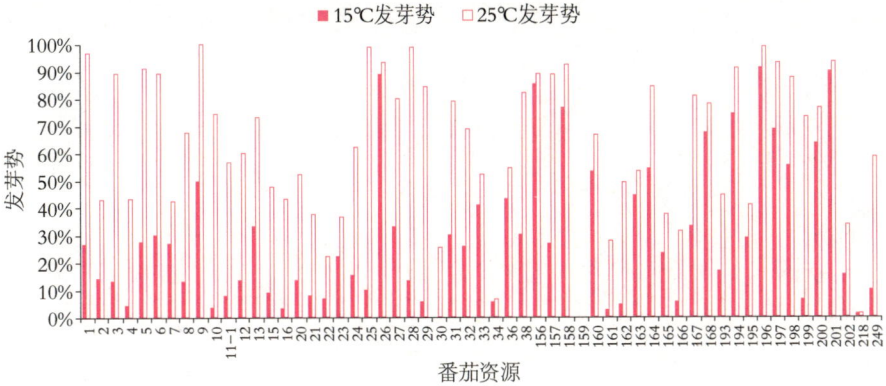

图 2-14　大番茄不同种质资源常温下与低温下的发芽势

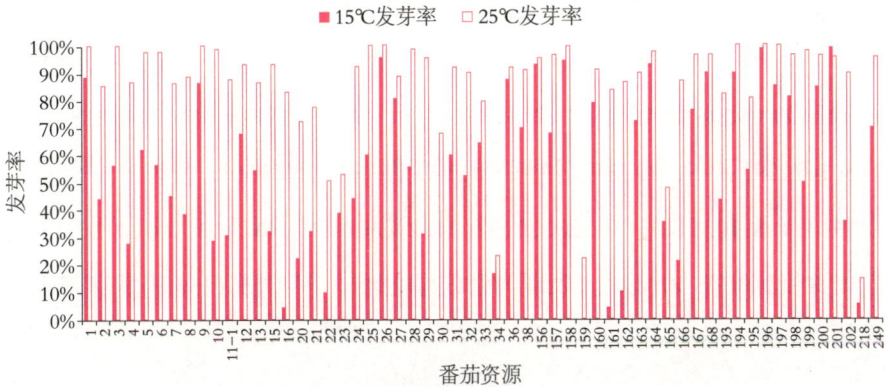

图 2-15　大番茄不同种质资源常温下与低温下的发芽率

　　由图 2-16 可知,与常温相比,低温处理下的番茄各资源的发芽指数均较低。低温处理下,1、9、26、33、36、38、156、158、160、163、164、168、194、196、197、198、200、201 这 18 份资源的发芽指数高,说明发芽速度快,耐低温性强。3、5、6、7、12、13、23、25、27、31、32、157、165、167、195、249 这些资源发芽指数次之,低温对发芽指数的影响一般。2、4、8、10、11、15、16、20、21、22、24、28、29、34、161、162、166、193、199、202、218 这些资源发芽指数受低温影响较大,发芽指数最低,表现为耐低温性较弱。30、159 低温下的发芽指数为 0,表现为极不耐低温。

　　由图 2-17 可知,低温处理下的番茄各资源发芽受损率的变化幅度较

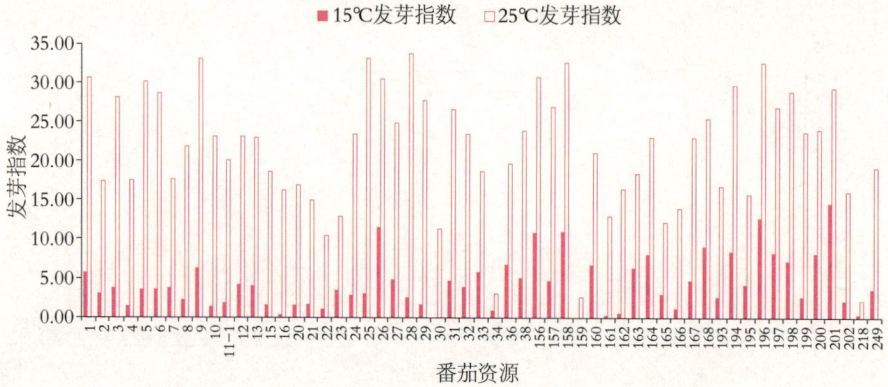

图 2-16　大番茄不同种质资源常温下与低温下的发芽指数

大，变化幅度在 0%~100%。1、9、26、27、33、36、156、158、160、163、164、168、194、196、197、198、200、201 这些资源的发芽受损率低于 20%，其中 201 发芽受损率为 0%，耐低温性强。2、3、5、6、7、12、13、23、25、28、31、32、34、38、157、165、167、193、195、199、249 这些资源的受损率在 20%~50%，表现为一般耐低温性。4、8、10、11、15、16、20、21、22、24、29、30、159、161、162、166、202、218 这些发芽受损率在 50% 以上，表现为耐低温性较弱，其中 30、159 的发芽受损率为 100%，表现为极不耐低温。

图 2-17　大番茄不同种质资源的发芽受损率

（2）低温对樱桃番茄不同种质资源种子萌发期各指标的影响

由图 2-18 可知，常温下的发芽势均高于低温下的发芽势，发芽势的变化幅度较大。在低温处理下，29 份番茄资源中，发芽势在 20% 以下的占 10%，

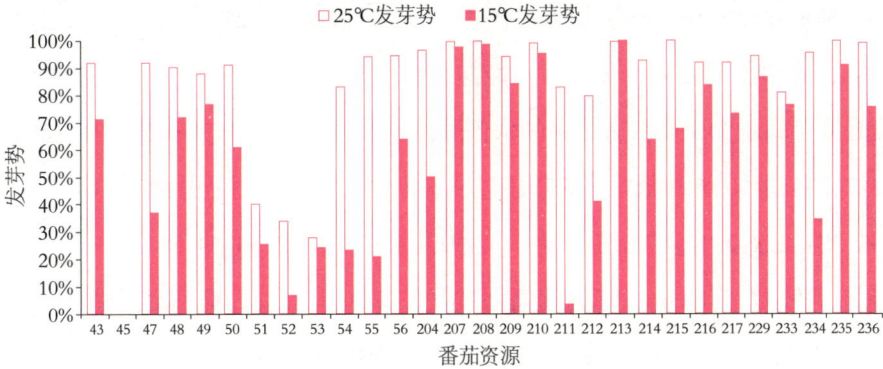

图 2-18　樱桃番茄不同种质资源常温下与低温下的发芽势

在 20%~80%的占 62%，在 80%以上的占 28%。低温处理下，213 的发芽势为 100%，207、208、209、210、216、229、235 的发芽势均超过 80%。低温下的发芽势与常温下的发芽势的变化不大，说明这 8 份资源的发芽势最强，低温对发芽势影响较小。43、47、48、49、50、51、53、54、55、56、204、212、214、215、217、233、234、236 的发芽势次之，表现为一般耐低温性。低温对种子的发芽势影响最大的资源是 52 和 211，发芽势低于 10%，表现为耐低温性较弱；45 的发芽势为 0%，表现为极不耐低温。

由图 2-19 可知，种质资源常温下发芽率与低温处理下发芽率变化较大。在常温处理下，除了 45、51、52、53 这 4 份资源外，其他 25 份资源的发芽率均高于 90%，说明这些资源的种子是合格的。低温条件下，29 份番茄资源

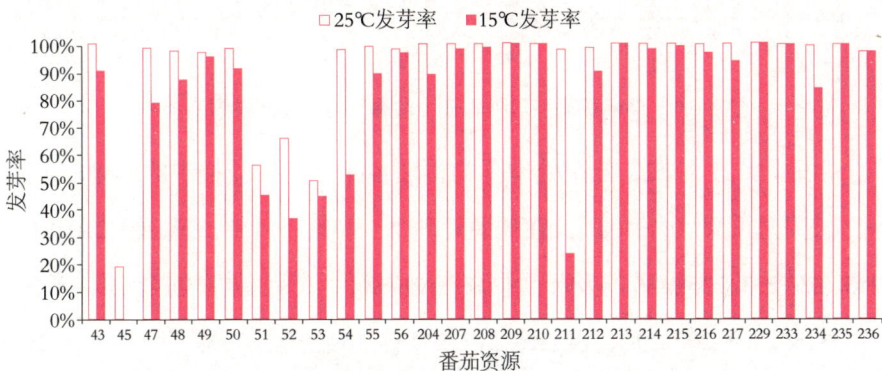

图 2-19　樱桃番茄不同种质资源常温下与低温下的发芽率

中,种子发芽率在 70%以下的占 20%,在 70%~90%的占 25%,在 90%以上的占 55%。在种子萌发期,低温并不能抑制 209、210、213、229、233、235 这 6 份资源,发芽率均为 100%,有较高的耐低温性。49、50、56、207、208、214、215、216、217、236 这 10 份资源发芽率都超过 90%,也有较强的耐低温性。43、47、48、55、204、212、234 这 7 份资源为一般耐低温性。51、52、53、54、211 这 5 份资源耐低温较差,其中 45 在低温处理下的发芽率为 0,表现为极不耐低温性。

由图 2-20 可知,与常温下相比,低温处理下的番茄各品种的发芽指数降低。在低温处理下,发芽指数的变化幅度为 0~20.25。资源 207、208、210、213、235、236 的发芽指数最高,发芽速度快,表现为耐低温强。资源 51、52、53、54、211 的发芽指数受低温影响较大,发芽指数较低,表现为耐低温性较弱。45 的发芽指数为 0,表现为极不耐低温。其余 43、47、48、49、50、55、56、204、209、212、214、215、216、217、229、233、234 资源,低温对其发芽指数的影响一般,表现为一般耐低温性。

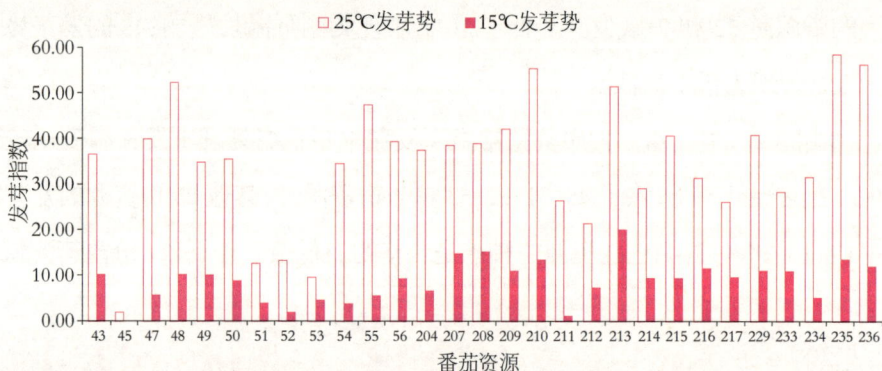

图 2-20　樱桃番茄不同种质资源常温下与低温下的发芽指数

由图 2-21 可知,低温处理下的番茄各品种发芽受损率的变化幅度较大,变化幅度为 0%~100%。在低温处理下,资源 49、56、208、209、210、213、215、229、233、235、236 的发芽受损率在 0%~2%,耐低温性较强。43、48、50、51、53、55、204、207、212、214、216、217、234 这 13 份资源的发芽受损率在 2%~20%,表现为一般耐低温性。47、52、54、211 这 4 份资源的发芽受损率较高,表

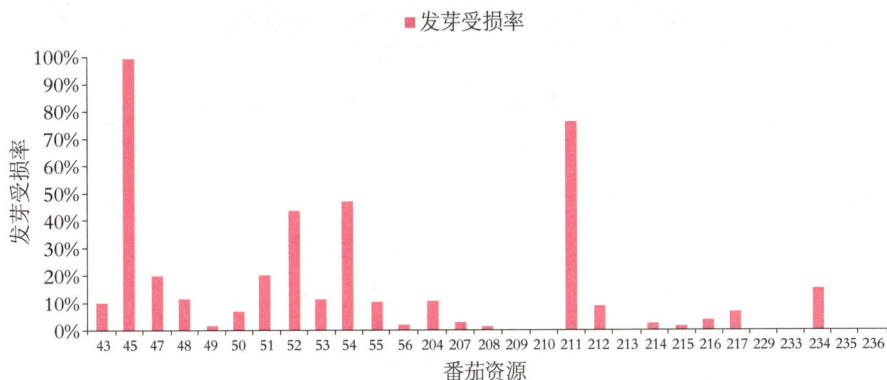

图 2-21　樱桃番茄不同种质资源的发芽受损率

现为耐低温性较弱。45 的发芽受损率为 100%,表现为极不耐低温。

（3）番茄不同品种种子萌发期耐低温性综合评价

隶属函数值能鉴定番茄不同品种的耐低温能力，为了更准确地表示番茄种子的活力，可以用相对发芽势、发芽率和发芽指数三者构建综合活力指标，三者的隶属函数平均值表示种子活力。平均隶属函数值越小，说明该番茄种质资源低温处理后的变化较大，从而说明该番茄种质资源不耐低温；反之，平均隶属函数值越大，该番茄种质资源低温处理后的变化较小，说明该番茄种质资源耐低温。

由表 2-24 可知,平均函数值排名前 10 的种质资源有 201、196、26、156、168、158、200、36、163、160；排名 11~40 的种质资源有 194、164、33、197、34、198、195、23、165、9、27、218、167、7、38、1、13、31、157、12、32、249、193、2、5、6、20、23、24、25；排名 41~51 的种质资源有 28、21、8、166、199、20、15、161、11、22、4、29、10、162、16、30、159。平均隶属函数值中,201 的隶属函数值最大,为 0.98,说明 201 的耐低温性最强;159 和 30 的隶属函数值最小，为 0，说明 159 和 30 的耐低温性最弱。

由表 2-25 可知，平均函数值排名前 10 的种质资源有 210、235、213、236、208、209、207、229、48、49；排名后 7 的资源有 212、234、51、54、52、211、45；排名在中间的资源有 233、216、215、56、43、50、214、217、204、53、55、47。平

表 2-24　大番茄种质资源种子发芽隶属函数值

品种	发芽势 隶属函数值	发芽率 隶属函数值	发芽指数 隶属函数值	平均 隶属值	排名
1	0.27	0.89	0.37	0.51	26
2	0.32	0.52	0.34	0.39	34
3	0.17	0.57	0.28	0.34	38
4	0.10	0.35	0.15	0.20	51
5	0.30	0.63	0.25	0.39	35
6	0.34	0.58	0.26	0.39	36
7	0.65	0.55	0.44	0.55	24
8	0.19	0.44	0.20	0.28	43
9	0.50	0.87	0.39	0.59	20
10	0.05	0.29	0.11	0.15	53
11	0.16	0.36	0.19	0.24	49
12	0.25	0.73	0.37	0.45	30
13	0.47	0.63	0.36	0.49	27
15	0.18	0.35	0.17	0.23	47
16	0.08	0.06	0.05	0.06	55
20	0.26	0.30	0.18	0.25	46
21	0.20	0.42	0.22	0.28	42
22	0.32	0.20	0.19	0.24	50
23	0.69	0.75	0.61	0.68	18
24	0.26	0.47	0.25	0.33	39
25	0.10	0.60	0.19	0.30	40
26	0.95	0.95	0.77	0.89	3
27	0.42	0.92	0.40	0.58	21
28	0.14	0.56	0.15	0.28	41
29	0.07	0.33	0.13	0.18	52
30	0.00	0.00	0.00	0.00	56
31	0.39	0.65	0.36	0.47	28
32	0.36	0.58	0.33	0.42	31

（续表）

品种	发芽势隶属函数值	发芽率隶属函数值	发芽指数隶属函数值	平均隶属值	排名
33	0.78	0.82	0.61	0.74	13
34	0.83	0.74	0.61	0.73	15
36	0.80	0.92	0.66	0.79	8
38	0.36	0.77	0.43	0.52	25
156	0.96	0.98	0.71	0.88	4
157	0.30	0.68	0.37	0.45	29
158	0.84	0.94	0.68	0.82	6
159	0.00	0.00	0.00	0.00	56
160	0.80	0.87	0.64	0.77	10
161	0.10	0.06	0.04	0.07	48
162	0.09	0.11	0.06	0.09	54
163	0.84	0.80	0.68	0.77	9
164	0.66	0.96	0.68	0.77	12
165	0.63	0.74	0.49	0.62	19
166	0.20	0.24	0.15	0.20	44
167	0.41	0.79	0.40	0.53	23
168	0.87	0.93	0.71	0.84	5
193	0.38	0.53	0.29	0.40	33
194	0.82	0.90	0.57	0.76	11
195	0.71	0.69	0.53	0.64	17
196	0.92	0.99	0.80	0.90	2
197	0.74	0.85	0.59	0.73	14
198	0.64	0.84	0.50	0.66	16
199	0.09	0.51	0.21	0.27	45
200	0.83	0.91	0.70	0.81	7
201	0.96	0.99	1.00	0.98	1
202	0.47	0.39	0.25	0.37	37
218	0.00	0.33	0.25	0.19	22
249	0.21	0.74	0.37	0.44	32

表 2-25　樱桃番茄种质资源种子发芽隶属函数值

品种	发芽势 隶属函数值	发芽率 隶属函数值	发芽指数 隶属函数值	平均 隶属值	排名
43	0.77	0.90	0.60	0.76	15
45	0.00	0.00	0.00	0.00	29
47	0.39	0.80	0.66	0.62	22
48	0.80	0.89	0.87	0.85	9
49	0.87	0.99	0.57	0.81	10
50	0.69	0.93	0.58	0.73	16
51	0.70	0.80	0.19	0.56	25
52	0.22	0.56	0.20	0.33	27
53	0.89	0.89	0.13	0.64	20
54	0.29	0.54	0.57	0.46	26
55	0.22	0.90	0.79	0.64	20
56	0.68	0.99	0.65	0.77	14
204	0.52	0.89	0.62	0.67	19
207	0.98	0.98	0.63	0.86	7
208	0.99	0.99	0.64	0.87	5
209	0.90	1.00	0.70	0.87	6
210	0.97	1.00	0.92	0.96	1
211	0.04	0.24	0.42	0.23	28
212	0.52	0.91	0.34	0.59	23
213	1.00	1.00	0.86	0.95	3
214	0.69	0.98	0.47	0.71	17
215	0.68	0.99	0.67	0.78	13
216	0.91	0.97	0.51	0.80	12
217	0.79	0.93	0.42	0.71	17
229	0.92	1.00	0.67	0.86	7
233	0.94	1.00	0.46	0.80	11
234	0.36	0.84	0.51	0.57	24
235	0.91	1.00	0.98	0.96	1
236	0.77	0.97	0.94	0.89	4

均隶属函数值中，210 和 235 的隶属函数值最大，为 0.95，说明 210 和 235 的耐低温性最强；45 的隶属函数值最小，为 0，说明 45 的耐低温性最弱。

不同番茄种质资源种子萌芽期的耐低温性不同，根据表 2-23 和表 2-24 可知，大番茄的发芽势隶属函数值、发芽率隶属函数值、发芽指数隶属函数值 3 项指标的变化极大，而樱桃番茄的变化较小。根据隶属函数数值大小以及种质资源之间的变化可以将 86 份番茄资源耐低温性分为 4 个类型：耐低温性强的种质资源有 201、196、26、156、168、158、200、210、235、213、236、208、209、207、229、48、49；耐低温性中等的种质资源有 36、163、160、194、164、33、197、34、198、195、23、165、9、27、218、167、7、38、1、13、31、157、12、32、249、233、216、215、56、43、50、214、217、204、53、55、47、212、234、51、54；耐低温性弱的种质资源有 193、2、5、6、202、3、24、25、28、21、8、166、199、20、15、161、11、22、4、29、10、162、16、52、211；极不耐低温的种质资源有 159、30、45。

（4）结论与讨论

该试验通过对不同番茄资源进行种子萌发期低温与常温处理，测定发芽势、发芽率、发芽指数、发芽受损率，研究得出以下结论。

从单一指标来看，供试的 86 份番茄材料，15℃条件下番茄种子的发芽势、发芽率和发芽指数与常温相比均有所下降，各品种间变化幅度大。从这 3 个指标来看，樱桃番茄比大番茄发芽的时间早、速度快，在种质资源受低温胁迫时，发芽率差异不太明显，发芽势和发芽指数的差异较为明显。1、9、26、27、36、156、158、164、168、194、196、197、19 8、200、201、49、50、56、207、208、209、210、213、214、215、216、217、229、233、235、236 这 31 份资源的耐低温性强；4、8、10、11、15、16、20、21、22、23、28、29、34、161、162、165、166、202、218、51、52、53、54、211 这 24 份资源的耐低温性弱；30、45、159 这 3 份资源极不耐低温；其余 28 份资源表现为一般耐低温性。单一指标并不能准确地反映各资源的耐冷低温性强弱，但是结果基本上能反映各资源耐低温性的差异。

从综合指标来看，根据隶属函数平均值的大小对番茄资源进行耐低温性评价,86 份供试试验材料中,隶属函数值为 0.80~1.00 的划分为耐低温强资源,共 17 份;隶属函数值为 0.40~0.80 的划分为一般耐低温性资源,共 41 份;隶属函数值为 0.01~0.40 划为耐低温弱资源种,共 25 份;隶属函数值为 0 是极不耐低温资源,共 3 份。

综上所述,26、48、49、156、158、168、196、200、201、207、208、209、210、213、229、235、236 耐低温性较强,适用于秋冬茬及冬春茬保护地栽培,具有较好的耐低温性;2、3、4、5、6、8、10、11、15、16、20、21、22、24、25、28、29、52、161、162、166、193、199、202、211 耐低温较弱,适宜露地栽培;30、45、159 极不耐低温。

发芽率、发芽势和发芽指数等常作为评价种子发芽的指标。番茄种子在萌发过程中,可以反映种子的发芽速度、发芽整齐度及种子的发芽活力,可用于萌芽期耐低温材料的筛选。不同番茄种质资源之间的发芽势、发芽率、发芽指数、发芽受损率有明显变化。一方面是由于 15℃的低温处理延迟了种子的发芽速度以及抑制了部分种子的萌发,另一方面由于种子成熟度、种子年龄、种子生产环境及贮藏条件的差异导致种子活力不同,进而影响种子在低温处理下的反应。因此,在评价同种植物不同品种的低温发芽能力时应考虑种子自身活力的因素。本试验采用低温下与常温下种子发芽能力的相对值对不同品种材料的耐低温性进行评价,可以有效克服种子本身活力差异所产生的影响。

本试验研究了番茄不同种质资源种子萌发期的耐低温性,为筛选番茄耐低温品种提供了依据,但是对整个生育期过程的耐冷性比较,有待进一步研究。

3. 27 份番茄种质资源种子萌发期耐低温性试验评价

本试验以 27 份不同番茄资源为供试材料,测定常温(25℃)下和低温(15℃)下种子的发芽率、发芽势、发芽指数、发芽受损率等指标,探讨低温对不同番茄资源种子萌发期的影响,以期为鉴定和培育耐低温番茄品种提供参考依据。

供试材料编号分别为 35、41、57、58、59、60、61、78、78-2、78-3、85、85-1、85-2、88-1、88-2、88-3、88-4、87、89、90-1、92、100、108、109、109-1、109-2、136。

（1）结果与分析

由图 2-22 可知，种子在低温处理下的发芽势低于常温处理下的发芽势。在低温处理下，发芽势变化幅度为 46%~100%，27 份番茄资源中，发芽势在 70% 以下的占 11%，在 70%~90% 的占 22%，在 90% 以上的占 67%。在低温处理下，41、57、59、60、78、78-2、78-3、85-1、85-2、87、90-1、108、109-1 这 13 份资源的发芽势超过 90%，88-2、88-4、89、109、109-2 这 5 份资源的发芽势均为 100%。由此可见，这 18 份资源的发芽势最强，低温对发芽势影响较小。35、58、61、88-3、85、92 这 6 份番茄资源次之，表现为一般耐低温性。低温对种子的发芽势影响最大的资源有 88-1、100、136，表现为耐低温性较弱。

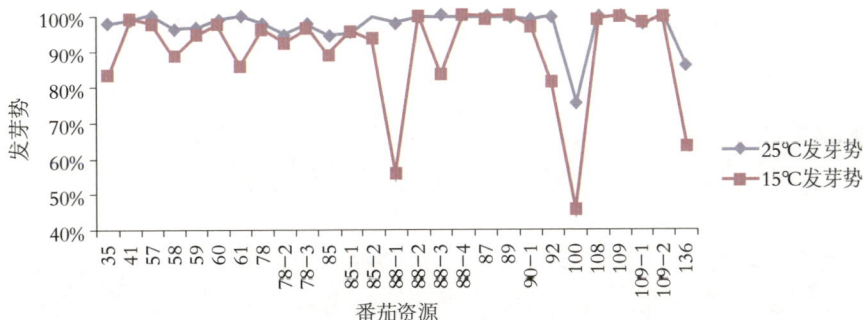

图 2-22　番茄种质资源常温下与低温下的发芽势

由图 2-23 可知，种质资源常温下发芽率与低温处理下的发芽率变化较大。在常温处理下，27 份番茄资源种子的发芽率均超过 90%，说明这些资源的种子是合格的。在低温条件下，27 份番茄资源中，有 18 份资源在低温下与常温下的发芽率没有变化，它们是 41、57、60、78、78-2、78-3、85、85-1、85-2、88-2、88-4、87、89、90-1、108、109、109-1、109-2，说明这 18 份资源有较高的耐低温性。35、58、59、61、88-3、92 这 6 份资源为一般耐低温性。88-1、100、136 这 3 份资源耐低温较差。

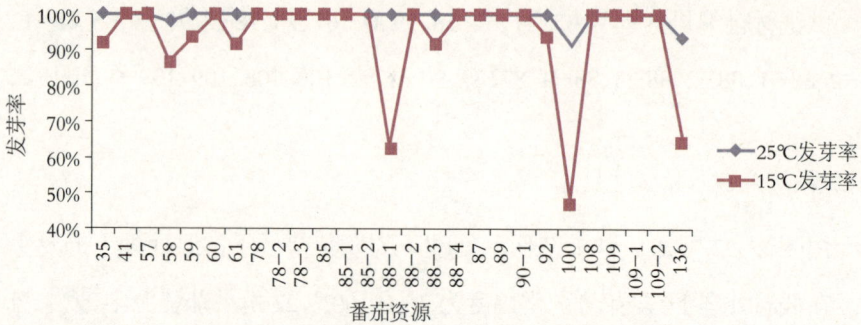

图 2-23　番茄种质资源常温下与低温下的发芽率

由图 2-24 可知,与常温下相比,低温处理下番茄各资源的发芽指数降低。在低温处理下,发芽指数的变化幅度为 8.03~21.86。其中 60、78、78-2、78-3、85、87、88-2、88-4、90-1、109 的发芽指数最高,发芽速度快,表现为耐低温强。35、85-2、88-1、100 的发芽指数受低温影响较大,发芽指数较低,表现为耐低温性较弱。其余 41、57、58、59、61、85-1、88-3、89、92、108、109-2、109-1、136,低温对其发芽指数的影响一般,表现为一般耐低温性。

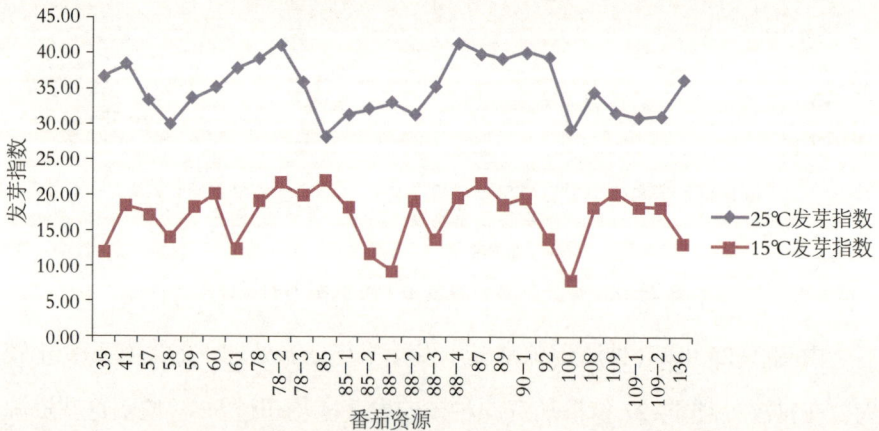

图 2-24　番茄种质资源常温下与低温下的发芽指数

由图 2-25 可知,低温处理下番茄各资源发芽受损率的变化幅度不大,变化幅度为 0%~23%。在低温处理下,资源 41、57、60、78、78-2、78-3、85、85-1、85-2、88-2、88-4、87、89、90-1、108、109、109-1、109-2 的发芽受损率为 0%,耐低温性较强。35、58、59、61、88-3、92 这 6 个资源的发芽受损率低于

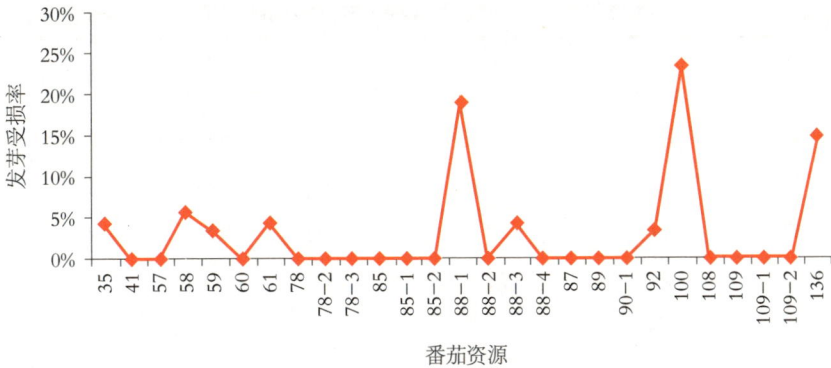

图 2-25 番茄不同种质资源的发芽受损率

10%,表现为一般耐低温性。88-1、100、136 资源的发芽受损率较高,表现为耐低温性较弱。

(2)番茄不同种质资源种子萌发期耐低温性综合评价

隶属函数值能鉴定植物的耐冷性,为了更准确地表示番茄种子的活力,可以用相对发芽势、发芽率和发芽指数三者构建综合活力指标,三者的隶属函数平均值表示种子活力。平均隶属函数值越小,说明该番茄种质资源低温处理后的变化较大,该番茄种质资源不耐低温;反之,平均隶属函数值越大,该番茄种质资源低温处理后的变化较小,该番茄种质资源耐低温。

由表 2-26 可知,平均函数值排名前 10 位的种质资源有 85、109、88-2、109-1、85-1、109-2、60、78-3、87、108;排名 11~20 位的种质资源有 78-2、57、41、88-4、78、89、90-1、59、85-2、58;排名 21~27 位的种质资源有 35、88-3、61、92、136、88-1、100。平均隶属函数值中,85 的隶属函数值最大,为 0.94,说明 85 的耐低温性最强;100 的隶属函数值最小,为 0.13,说明 100 的耐低温性最弱。

(3)结论与讨论

不同番茄种质资源种子萌芽期的耐低温性不同。由表 2-26 可知,种质资源发芽势隶属函数值、发芽率隶属函数值、发芽指数隶属函数值 3 项指标存在极显著差异。根据隶属函数值大小以及种质资源之间的显著性可以将

表 2-26　番茄种质资源种子发芽隶属函数值

品种	发芽势 隶属函数值	发芽率 隶属函数值	发芽指数 隶属函数值	平均 隶属值	排名
35	0.67 abcde	0.84 a	0.16 g	0.56 abcd	21
41	1.00 a	1.00 a	0.47 cdef	0.82 a	13
57	0.95 ab	1.00 a	0.54 bcde	0.83 a	12
58	0.79 abcd	0.76 a	0.45 def	0.67 abc	20
59	0.94 abc	0.83 a	0.60 bcd	0.79 a	18
60	0.97 ab	1.00 a	0.65 bcd	0.87 a	7
61	0.63 cde	0.77a	0.19 g	0.53 abcd	23
78	0.98 ab	1.00 a	0.48 cdef	0.82 a	15
78-2	0.95 ab	1.00 a	0.57 bcd	0.84 a	11
78-3	0.97 ab	1.00 a	0.61 bcd	0.86 a	8
85	0.82 abcd	1.00 a	1.00 a	0.94 a	1
85-1	1.00 a	1.00 a	0.65 bcd	0.88 a	5
85-2	0.82 abcd	1.00 a	0.25 fg	0.69 ab	19
88-1	0.19 g	0.37 b	0.08 g	0.21 cd	26
88-2	1.00 a	1.00 a	0.71 bc	0.90a	3
88-3	0.53 def	0.80 a	0.30 efg	0.54 abcd	22
88-4	1.00 a	1.00 a	0.47 cdef	0.82 a	13
87	0.95 ab	1.00 a	0.60 bcd	0.85a	9
89	1.00 a	1.00 a	0.46 def	0.82 a	15
90-1	0.91 abc	1.00 a	0.48 cdef	0.80 a	17
92	0.42 ef	0.89 a	0.21 g	0.51 abcd	24
100	0.02 g	0.26 b	0.10 g	0.13 d	27
108	0.97 ab	1.00 a	0.58 bcd	0.85 a	9
109	1.00 a	1.00 a	0.77 b	0.92 a	2
109-1	1.00 a	1.00 a	0.69 bcd	0.90 a	4
109-2	1.00 a	1.00 a	0.65 bcd	0.88 a	5
136	0.31 f	0.38 b	0.25 fg	0.31 bcd	25

注:同列小写的不同字母表示在 5%水平上差异显著

27 份番茄资源耐低温性分为 4 个类型：耐低温性强的种质资源有 85、109、88-2、109-1、85-1、109-2、60、78-3、87、108；耐低温性中等的种质资源有 78-2、57、41、88-4、78、89、90-1；耐低温性弱的种质资源有 59、85-2、58、35、88-3、61、92；极不耐低温的种质资源有 136、88-1、100。根据隶属函数值的大小可得出不同番茄材料的耐低温性，4 个耐低温性强的番茄资源为樱桃番茄 85、109、88-2，大番茄 60 号。

4. 宁夏设施番茄主栽品种芽期和苗期抗寒性评价

番茄种子阶段耐低温性能基本能反映苗期、开花结果期耐低温性能，而低温时不同种质材料种子的发芽势、发芽率、发芽指数，以及相对电导率、胚根长度等是鉴定番茄种子耐低温性能的较好指标。因此，研究番茄的发芽期和幼苗期耐冷性对生产上选用优良品种及制订优质高效栽培措施都具有现实的指导意义。本试验以 9 个不同番茄品种在低温下的发芽特性及苗期的冷害指数综合评估其耐冷性，以期为生产中筛选抗寒性强的番茄品种提供依据。

以宁夏设施主栽品种为供试材料，供试的 9 个番茄品种和来源见表 2-27。

表 2-27　番茄品种及来源

序号	品种	品种来源
1	美粉 863	宁夏巨丰种苗有限责任公司
2	欧盾	美国圣尼斯种子公司
3	FTL-6	宁夏巨丰种苗有限公司
4	普罗旺斯	荷兰德澳特种业集团公司
5	爱吉 168	江苏绿港现代农业发展有限公司
6	芬达	纽内姆(北京)种子公司
7	粉宴一号	纽内姆(北京)种子公司
8	德澳特 7742	美国圣尼斯蔬菜种子有限公司
9	嘉粉 8346	宁夏嘉禾源种业有限公司

本试验在宁夏农林科学院种质资源研究所实验室完成。每个番茄品种，选取籽粒饱满的种子置于55℃的水中浸种，室温自然冷却2 h，将种子平放于铺有2层滤纸的培养皿中，每个培养皿放50粒，完全随机排列，每品种重复3次，将培养皿置于15±1℃恒温培养箱，以25℃培养为对照，种子每天用蒸馏水冲洗2次。

将25℃发芽的种子播于98孔穴盘中，每穴盘4个品种，各24株，每个品种播2组，基质为专用育苗基质，置于温室自然环境中培养，依照常规生产方法管理。待幼苗3~4片叶时将其中1组移到光照培养箱进行48 h 5±2℃低温处理，观察幼苗的冷害指数；另1组在温室内正常生长作为对照。

冷害指数：参考郑东虎等的试验方法，分级标准为0级，幼苗正常生长，无任何受冻症状；1级，仅少数叶片边缘有轻度的皱缩萎蔫；2级，半数以下的叶片萎蔫死亡，但主茎未死，恢复常温后能长出新叶；3级，半数以上的叶片萎蔫死亡；4级，植株全部受冻死亡。

冷害指数 = $\sum$（各级株数×级数）/（最高级数×总株数）×100%

冷害指数=(1×S1+2×S2+3×S3+4×S4)/[n(调查总株数)×4]

S为受害后每一级冷害苗数，n为调查总株数。

(1)结果与分析

由表2-28可知，25℃条件下各品种间发芽率均到达了90%以上，说明各品种种子是合格的变化；当温度降到15℃时各品种间发芽率的变化较大。在低温处理下，发芽势变化幅度为31%~99%。在低温处理下，"FTL-6"、"爱吉168"、"芬达"、"嘉粉8346"的发芽率均超过90%。由此可见，这些品种在发芽阶段有较强的耐低温性，不受低温的抑制。"普罗旺斯"、"粉宴一号"和"德澳特7742"在发芽时期受低温胁迫不明显，表现为一般耐低温性。"美粉863"和"欧盾"品种受低温影响最大，表现为耐低温性较弱。在低温处理下，发芽势变化幅度为8%~91%。9个番茄品种中，发芽势在40%以下的占33%，在40%~90%的占45%，在90%以上的占22%。在低温处理下，"芬达"、"嘉粉

8346"的发芽势超过90%。由此可见,低温对这2个品种的发芽势影响较小,发芽势最强。而"FTL-6"、"爱吉168"、"粉宴一号"和"德澳特7742"这4个番茄品种次之,表现为一般耐低温性。低温对种子的发芽势影响最大的资源有"美粉863"、"欧盾"和"普罗旺斯",表现为耐低温性较弱。在低温处理下,发芽指数的变化幅度为1.89~14.57。"FTL-6"、"芬达"和"嘉粉8346"的发芽指数最高,发芽速度快,表现为耐低温强。"美粉863"、"欧盾"和"普罗旺斯"的发芽指数受低温影响较大,发芽指数较低,表现为耐低温性较弱。"爱吉168"、"粉宴一号"和"德澳特7742"的发芽指数受低温影响一般,表现为一般耐低温性。低温处理下的番茄各品种发芽受损率的变化幅度较大,变化幅度为0%~65%。在低温处理下,"芬达"和"嘉粉8346"的发芽受损率为0%,耐低温性较强。"FTL-6"、"普罗旺斯"、"粉宴一号"和"德澳特7742"的发芽受损率低于30%,表现为一般耐低温性。"美粉863"和"欧盾"的发芽受损率较高,表现为耐低温性较弱。

表2-28 低温对不同番茄品种发芽势、发芽率、发芽指数和发芽受损率的影响

品种	25℃发芽率 (%)	15℃发芽率 (%)	发芽势 (%)	发芽指数	发芽受损率 (%)
美粉863	92.22b	44.44e	14.44e	2.99ef	0.48b
欧盾	94.44ab	31.11f	7.78e	1.89f	0.65a
FTL-6	100.00a	94.44ab	76.67ab	10.93bc	0.06de
普罗旺斯	96.67ab	76.67d	33.33d	4.81e	0.21c
爱吉168	96.67ab	90.00abc	67.78bc	9.08cd	0.07de
芬达	100.00a	98.89a	91.11a	12.74ab	0.01e
粉宴一号	100.00a	85.55bcd	68.89bc	8.20d	0.15cd
德澳特7742	96.67ab	81.11cd	55.55c	7.16d	0.16cd
嘉粉8346	100.00a	98.89a	90.00a	14.57a	0.01e

注:同列小写的不同字母表示在5%水平上差异显著

(2)不同番茄品种种子萌发期耐低温性综合评价

隶属函数值能鉴定植物的耐冷性,为了更准确地表示番茄种子的活

力,可以用相对发芽势、发芽率和发芽指数三者构建综合活力指标,三者的隶属函数平均值表示种子活力。平均隶属函数值越小,说明该番茄种质资源低温处理后的变化较大,该番茄种质资源不耐低温;反之,平均隶属函数值越大,该番茄种质资源低温处理后的变化较小,说明该番茄种质资源耐低温。

由表 2-29 可知,平均函数值排名前 3 位的品种有"嘉粉 8346"、"芬达"和"爱吉 168";排名后 6 位的品种有"FTL-6"、"粉宴一号"、"德澳特 7742"、"普罗旺斯"、"美粉 863"和"欧盾"。平均隶属函数值中,"嘉粉 8346"的隶属函数值最大,为 0.98,说明"嘉粉 8346"的耐低温性最强;"欧盾"的隶属函数值最小,为 0,说明"欧盾"的耐低温性最弱。

表 2-29　宁夏设施主栽番茄品种种子发芽隶属函数值

品种	发芽势隶属函数值	发芽率隶属函数值	发芽指数隶属函数值	平均隶属值	排名
美粉 863	0.18 d	0.25 d	0.20ef	0.21 ef	8
欧盾	0.00 d	0.00 e	0.00f	0.00f	9
FTL-6	0.81 ab	0.91 ab	0.62 bc	0.78 abc	4
普罗旺斯	0.29 cd	0.67 c	0.29 de	0.42 de	7
爱吉 168	0.84 ab	0.90 ab	0.66 bc	0.80 abc	3
芬达	0.90 a	0.98 a	0.76 ab	0.88 ab	2
粉宴一号	0.68 ab	0.77 bc	0.53 bcd	0.66 bc	5
德澳特 7742	0.56 bc	0.75 bc	0.39 cde	0.57 cd	6
嘉粉 8346	0.96 a	0.98 a	1.00 a	0.98 a	1

注:同列小写的不同字母表示在 5%水平上差异显著

(3)低温对不同番茄品种幼苗冷害指数评价

冷害指数是反映品种耐冷性的重要指标,一般认为冷害指数越大,耐冷性越差。在人工模拟低温条件下,番茄不同品种冷害指数呈现极显著差异。由图 2-26 可知,"嘉粉 8346"、"爱吉 168"和"普罗旺斯"在幼苗期表现为耐低温性较强,"欧盾"、"FTL-6"、"芬达"和"德澳特 7742"在幼苗期表现为耐

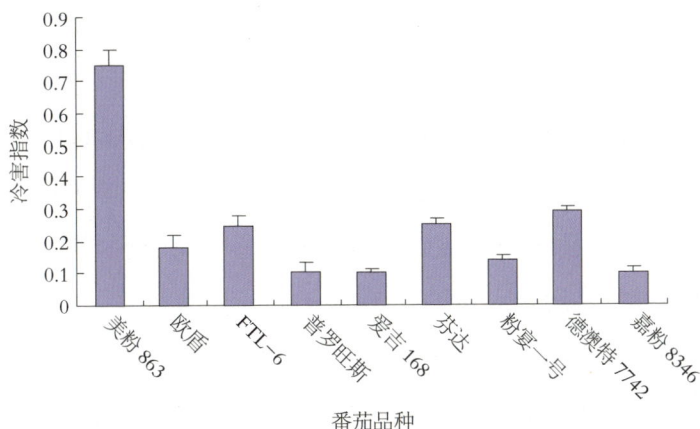

图 2-26 低温对不同番茄品种幼苗冷害指数评价

低温性一般,而"美粉 863"在幼苗期表现为耐低温较弱。

(4)结论与讨论

通过对 9 个不同番茄品种在 15±1℃低温下的发芽试验,综合发芽势、发芽率、发芽指数、发芽受损率的分析和种子发芽隶属函数值的分析,"嘉粉8346"、"芬达"和"爱吉 168"是耐低温较强的品种。而对 9 个不同番茄品种幼苗冷害指数的评价,得出"嘉粉 8346"、"爱吉 168"和"普罗旺斯"在幼苗期表现为耐低温较强的品种。通过对 9 个不同番茄品种在低温下发芽试验和幼苗冷害指数的综合分析比较,得出"嘉粉 8346"和"爱吉 168"为耐低温较强的品种。

(二)番茄不同种质资源种子萌发期耐盐性评价与分析

由于番茄种植面积的不断扩大、番茄种植年限的延长以及在栽培中不能进行合理的轮作,同时大量的使用农药和化肥导致土壤中盐碱化越来越严重,番茄属中度盐敏感的鲜食和加工型蔬菜作物,在高盐土壤上生育状况差,国内外学者们对番茄的耐盐性进行了广泛的研究。植物的耐盐性处于萌发和幼苗阶段,其次是繁殖阶段,而其他发育阶段对盐胁迫相对不敏感。番茄不同品种之间的耐盐力差异性较大,不同浓度的盐溶液对番茄种子的萌发有很明显的影响。不同阶段番茄的耐盐性表现不同,番茄耐盐性敏感期是发芽期和幼苗期。

本试验以 29 份不同番茄种质资源为供试材料,试剂选用 $NaHCO_3$+$NaCl$+Na_2SO_4+Na_2CO_3 1:1:1:1 的 100 mmol/l 复合盐溶液,在 pH 为 9.0 下试验,蒸馏水作为对照(CK)。研究复合盐溶液对番茄不同种质资源种子的发芽势、发芽率、发芽指数、相对盐碱害率的影响,探讨番茄不同种质资源种子萌发期的耐盐性,为耐盐品种的鉴定和培育提供可靠的依据。

29 份番茄种质资源中,有大果番茄 7 份、樱桃番茄 22 份。大果番茄为 35、57、58、59、60、61、136,樱桃番茄为 41、42、78、78-2、78-3、85、85-1、85-2、88-1、88-2、88-3、88-4、87、89、90-1、92、100、108、109、109-1、109-2、141、232,均由宁夏农林科学院种质资源研究所蔬菜课题组提供。

试验于 2019 年 1—5 月在实验室进行。以蒸馏水为空白实验,每份番茄种质资源种子各 30 粒,选择时选取籽粒饱满、完整的种子,每一个培养皿放 30 粒种子,每一个资源设 3 个重复。采用温烫浸种的方法,将种子在 55℃的温水中浸泡,搅拌至水温降为 30℃,停止搅拌,浸泡 4 h,使种子充分吸收。将种子完全随机排列在铺有 2 层滤纸的培养皿中,加入溶液使滤纸完全湿润,再将所有培养皿编号,放入 28℃培养箱中,每天下午增补复合盐溶液 1 ml 并记录种子发芽数,维持培养皿内溶液浓度不变,直至种子萌发,且胚根长超过种子长度的 1/2 视为种子萌发。

单一指标:将番茄种质资源放入 28℃的恒温培养箱中让其萌发,从种子出芽开始,每天观察其发芽情况,以胚根长超过种子长度的 1/2 为标准,并记录番茄种子的发芽数。统计第七天的发芽势、第八天的发芽率,计算相对发芽指数、发芽率、发芽势相对盐碱害率。计算公式如下:

发芽率(%)=(发芽粒数/供试粒数)×100%

发芽指数(GI)=Σ(Gt/Dt),其中 Gt 为 t 日发芽数,Dt 为发芽天数。

相对盐碱害率(%)=〔(对照发芽率-处理发芽率)/对照发芽率〕×100%

发芽势(%)=第六天的发芽数占种子总数的百分比

相对发芽势(%)=(处理发芽势/对照发芽势)×100%

相对发芽率(%)=(处理发芽率/对照发芽率)×100%

相对发芽指数(%)=(处理发芽指数/对照发芽指数)×100%

综合指标：以 28℃条件下的发芽率、发芽势和发芽指数指标，计算这 3 个指标的综合隶属函数值。根据隶属函数值的大小，确定番茄资源耐盐性的差异，从中挑选出耐盐性较强的番茄资源品种。耐盐隶属函数值 X_{ij}，用模糊数学隶属函数值方法，公式如下：

$$X_{ij}=X_{ij}-X_{jmin}/X_{jmax}-X_{jmin}$$

式中，X_{ij} 表示 i 种类 j 指标的耐盐隶属值，X_{ij} 表示 i 种类 j 指标的测定值，X_{jmax}、X_{jmin} 分别表示指标的最大值和最小值。

1. 结果与分析

(1)盐胁迫对大果番茄不同种质资源种子萌发期各指标的影响

发芽势是测试种子发芽速度、整齐度的指标，发芽势数值越大，说明种子的发芽势越强。它也是检测种子质量的重要指标之一。从图 2-27 可以看出，空白试验和复合盐溶液下的番茄种子发芽势有一定变化，其中 57 空白试验与复合盐溶液下发芽势的对比变化十分显著，种子的发芽势为 2%，说明 57 的耐盐性弱；58、60、59、35、136、61 的空白试验与发芽势对比变化较显著，种子的发芽势分别为 9%、21%、22%、32%、33%、56%，其中 61 的发芽势较好，种子的发芽势为 56%，说明 61 种子质量较好。

种子发芽率是衡量种子质量好坏的重要指标，且易受外部光照、水分、温度等因素及种子自身胚活性等因素的影响，种子的发芽率越高，说明种子的质量越好。由图 2-28 可知，空白试验与复合盐溶液下的种子发芽率存在一定的变化，其中 61 发芽率最高，为 53%，种子的发芽率越高，说明种子的质量越好；136、35 的发芽率较高，发芽率分别为 32%、30%；而 60、58、59、57 的发芽率较低，分别为 13%、6%、3%、1%。综上所述，60、58、59、57 受复合盐浓度的影响较大，表现为耐盐性弱，其中 57 的发芽率最低，为 1%，说明 57 耐盐性

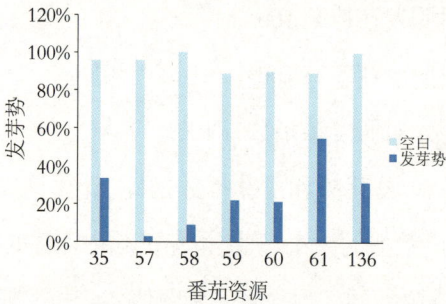

图 2-27　盐胁迫对种子发芽势的影响

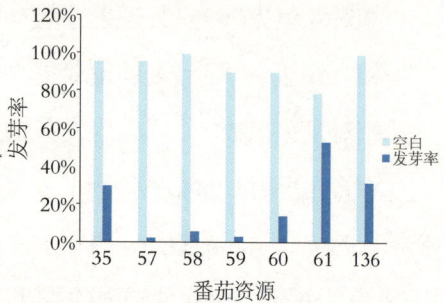

图 2-28　盐胁迫对种子发芽率的影响

最弱;61 受复合盐浓度的影响较小，盐胁迫对番茄种子的发芽率影响较小，说明 61 耐盐性较强。

　　不同番茄种质资源在盐浓度下的发芽指数有显著变化。发芽指数反映的是种子的活力指标,发芽指数越大,说明种子的发芽速度越快,种子的活力越高。从图 2-29 可以看出,空白试验与复合盐溶液下各资源对比的变化显著,其中 61、35、136 的发芽指数较高,分别为 11.32、6.38、5.79,说明以上 3 份资源发芽速度较快，种子活力也较高，耐盐性较强。61 的发芽指数为 11.32,发芽指数最高,其种子发芽速度也最快,种子活力最高,说明耐盐性极强。58、60、59、57 的发芽指数较低,分别为 3.61、1.95、1.85、0.33,说明以上 4 份资源发芽速度较慢,种子活力也较低,耐盐性较弱。57 的发芽指数最低,发芽指数为 0.33,其种子发芽速度最慢,种子活力最低,说明 57 耐盐性最弱。

　　相对盐碱害率表示番茄种子在复合盐溶液下耐盐的影响状况。从图 2-30 可以看出,7 份资源的相对盐碱害率总体变化趋势较平稳且盐害率大,57、

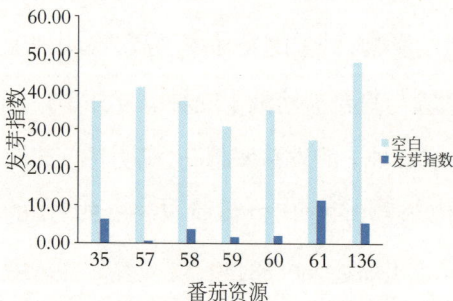

图 2-29　盐胁迫对发芽指数的影响

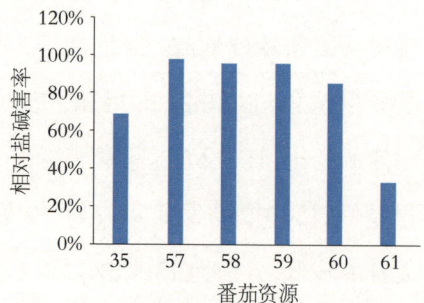

图 2-30　盐胁迫对相对盐碱害率的影响

58、59、60 的相对盐碱害率分别为 98%、96%、96%、85%；其中 57 的相对盐碱害率最高，为 98%，说明 57 耐盐性弱；35、136 的相对盐碱害率分别为 69%、68%；61 的相对盐碱害率最低，为 33%，说明 61 耐盐性强。

（2）盐胁迫对樱桃番茄不同种质资源种子萌发期各指标的影响

从图 2-31 可以看出，空白试验和复合盐溶液下的番茄种子的发芽势有一定的变化，但不显著。其中 100、141、88-3、232、85 复合盐溶液下的发芽势与空白试验的变化最显著，发芽势分别为 34%、37%、38%、40%、48%；100 的发芽势最显著，为 34%，种子发芽势弱，说明 100 耐盐性弱；88-1、87、85-1、85-2、109 的发芽势与空白试验的变化明显，发芽势分别为 53%、60%、62%、64%、68%；78-2、78-3、78、88-4、108、109-2、88-2、90-1、109-1、89 的发芽势与空白试验的变化较显著，发芽势分别为 82%、83%、83%、83%、84%、84%、86%、87%、87%、88%；41 和 92 的发芽势均为 90%，发芽势最强，说明 41 和 92 种子的质量最好，耐盐性最强。

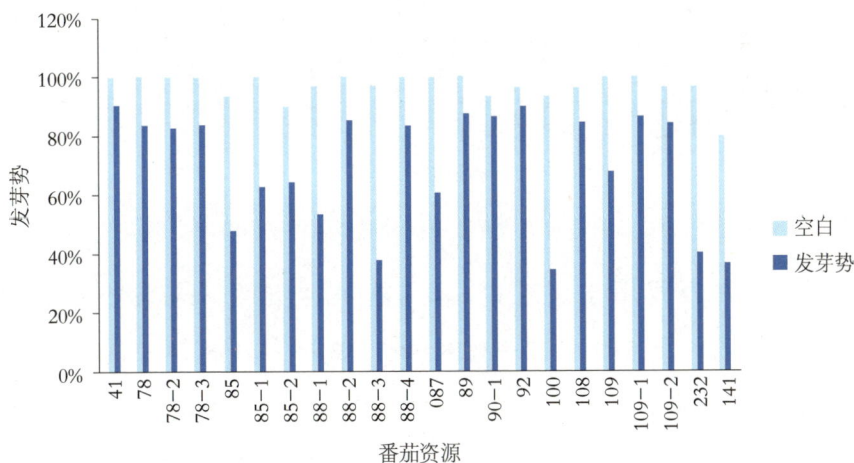

图 2-31　盐胁迫对樱桃番茄不同种质资源种子发芽势的影响

由图 2-32 可知，空白试验和复合盐溶液下的种子的发芽率存在一定的变化，其中 41 和 92 种子的发芽率最高，都为 90%，种子的发芽率最高，说明 41 和 92 种子的质量最好、耐盐性最强；78、78-2、78-3、88-4、108、109-2、

88-2、89、90-1、109-1 的种子发芽势较高，发芽率分别为 81.11%、82.22%、83.33%、83.33%、84.44%、84.44%、95.56%、87.78%、86.67%、86.67%；而 100、232、88-3、141、85 的种子发芽势较低，分别为 31.11%、33.33%、35.56、36.67%、45.56%。综上所述，100、232、88-3、141、85 受复合盐溶液的影响较大，表现为不耐盐，其中 100 受复合盐溶液的影响最大，发芽率最低，为 31.11%，说明 100 耐盐性最弱；78-2、78-3、78、108、109-2、88-4、88-2、89、90-1、109-1 受复合盐溶液的影响较小，盐胁迫对樱桃番茄种子的发芽率影响较小；41 和 92 受复合盐溶液的影响最小，说明 41 和 92 耐盐性最强。

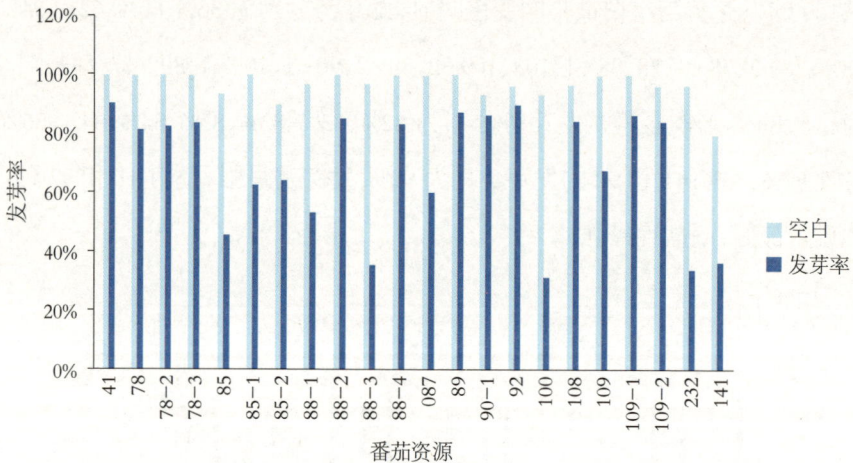

图 2-32　盐胁迫对樱桃番茄不同种质资源种子发芽率的影响

从图 2-33 可以看出，在空白试验与复合盐溶液下，各资源发芽指数对比的变化显著，其中 41、89、78-3、78、92、78-2、88-4、108、88-2 的种子发芽指数较高，分别为 30.19、23.78、23.26、22.6、22.18、22.04、20.24，说明以上 7 份资源发芽速度较快，种子活力较高，耐盐性强。41 的种子发芽指数最高，为 30.19，种子的发芽速度也最快，种子的活力最高，说明 41 耐盐性最强；141、100、88-3、232、85、88-1 的种子发芽指数较低，分别为 5.57、5.98、6.42、6.34、8.13、9.71，说明以上 6 份资源发芽速度较慢，种子活力也较低，耐盐性较弱。141 的种子发芽指数最低，为 5.57，种子发芽速度最慢，种子活力最低，说明

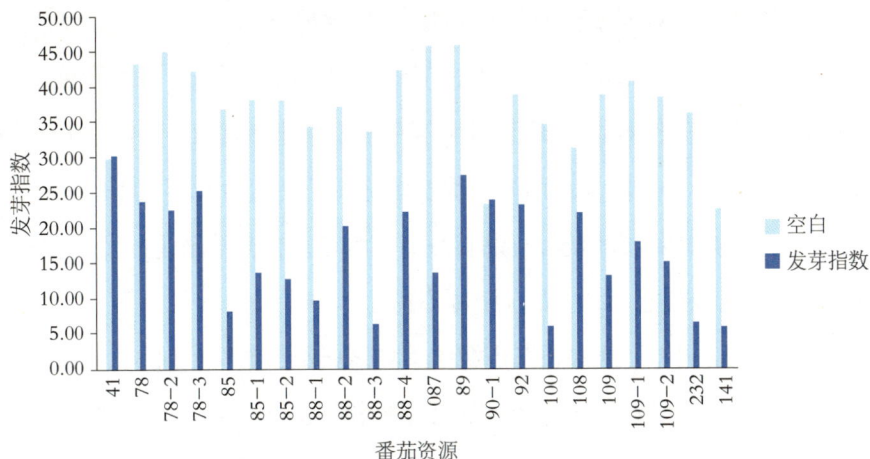

图 2-33　盐胁迫对樱桃番茄不同种质资源种子发芽指数的影响

141 耐盐性最弱。

　　从图 2-34 中可看出,相对盐碱害率为 1%~66%,在 10% 以下的有 4 份资源,分别为 41、89、87、92;在 10% 以上的有 9 份资源,分别为 90-1、108、109-1、109-2、88-2、88-4、78-3、78-2、78;在 20%~60% 以下的有 6 份资源,分别为 85-2、109、85-1、88-1、85、141;在 60% 以上的有 3 份资源,分别为 88-3、232、100。其中相对盐碱害率最高的是 100,为 66%,说明 100 耐盐性最弱;最低的是 41,为 1%,说明 41 耐盐性较强。

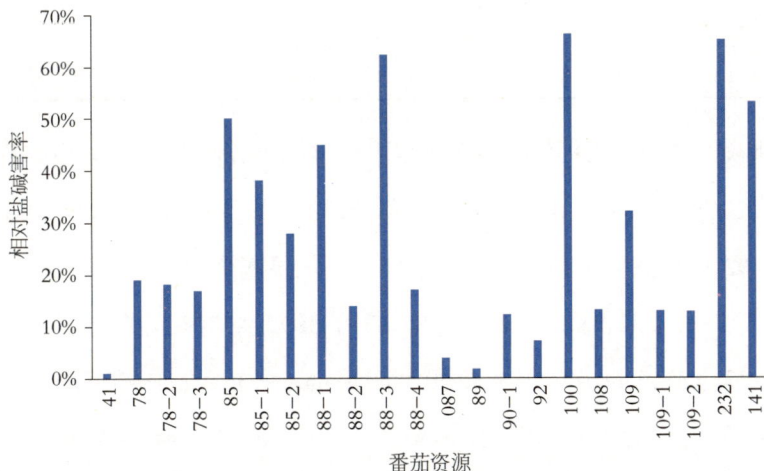

图 2-34　盐胁迫对樱桃番茄不同种质资源种子相对盐碱害率的影响

(3)盐胁迫下不同番茄种质资源的综合性评价

种子发芽的隶属函数值可代表番茄种子的活力,通过计算不同种质资源的相对发芽率、相对发芽指数、相对发芽势 3 项指标,用 3 项指标的平均隶属函数值表示种子的发芽活力,反映番茄种子在复合盐溶液下的发芽生长状况。平均隶属函数值越大,说明番茄资源在复合盐溶液下的变化较小,说明该番茄资源耐盐;反之,番茄资源不耐盐。

由表 2-30 可知,大果番茄资源中平均隶属函数值排名前 3 位的是 61、35、136,平均隶属函数为 0.56、0.35、0.28;排名后 3 位的是 59、58、57,平均隶属函数为 0.13、0.05、0。平均隶属函数值中,61 的隶属函数值最大,为 0.56,说明 61 耐盐性最强;57 的隶属函数值最小,为 0,说明 57 耐盐性最弱。

表 2-30　大果番茄种质资源种子发芽隶属函数值

排名	发芽势隶属函数值	发芽率隶属函数值	发芽指数隶属函数值	平均隶属值	品种
1	0.61	0.60	0.4	0.56	61 号
2	0.44	0.44	0.21	0.35	35 号
3	0.33	0.33	0.19	0.28	136 号
4	0.22	0.16	0.05	0.14	60 号
5	0.23	0.14	0.05	0.13	59 号
6	0.08	0.05	0.03	0.05	58 号
7	0.00	0.00	0.00	0.00	57 号

由表 2-31 可知,樱桃番茄资源中平均隶属函数值排名前 10 位的是 41、89、78-3、78、92、78-2、88-4、108、90-1、88-2,平均隶属函数为 1.07、0.95、0.93、0.92、0.92、0.91、0.91、0.90、0.88、0.86;平均隶属函数值排名后 10 位的是 141、100、88-3、232、85、88-1、85-2、87、85-1、109,平均隶属函数分别为0.29、0.29、0.33、0.33、0.44、0.48、0.58、0.60、0.60、0.65。平均隶属函数值中,41 的隶属函数值最大,为 1.07,说明 41 的耐盐性最强;100 和 141 的隶属函数值最小,为 0.29,说明 100 和 141 的耐盐性最弱。

综上所述,不同番茄种质资源种子萌芽期的耐盐性不同。由表 2-29、表 2-31 可知,大果番茄资源的发芽势隶属函数值、发芽率隶属函数值、发芽指数隶属函数值 3 项指标存在显著差异,樱桃番茄资源的差异较小。根据隶属函数值大小以及种质资源之间的显著性,可以将 7 份大果番茄资源耐盐性

表 2-31 樱桃番茄种质资源种子发芽隶属函数值

排名	发芽势隶属函数值	发芽率隶属函数值	发芽指数隶属函数值	平均隶属值	品种
1	1.05	1.07	1.06	1.07	41 号
2	1.04	1.05	0.98	0.95	89 号
3	0.95	0.99	0.85	0.93	78-3 号
4	0.95	0.98	0.81	0.92	78 号
5	0.97	0.99	0.80	0.92	92 号
6	0.96	0.95	0.79	0.91	78-2 号
7	1.00	0.94	0.77	0.91	88-4 号
8	0.97	0.94	0.77	0.90	108 号
9	1.01	1.00	0.83	0.88	90-1 号
10	0.91	0.96	0.68	0.86	88-2 号
11	0.9	0.96	0.60	0.84	109-1 号
12	0.89	0.91	0.49	0.85	109-2 号
13	0.74	0.76	0.48	0.65	85-1 号
14	0.76	0.77	0.45	0.60	87 号
15	0.68	0.71	0.45	0.60	109 号
16	0.70	0.70	0.43	0.58	85-2 号
17	0.59	0.63	0.33	0.48	88-1 号
18	0.51	0.51	0.27	0.44	85 号
19	0.42	0.41	0.20	0.33	232 号
20	0.40	0.38	0.21	0.33	88-3 号
21	0.39	0.36	0.20	0.29	100 号
22	0.38	0.36	0.18	0.29	141 号

分为 4 个类型：耐盐性强的种质资源有 61；耐盐性较强的种质资源有 35、136；耐盐性弱的种质资源有 60、59；耐盐性最弱的资源有 57、58、59。将 22 份樱桃番茄资源耐盐性分为 4 个类型：耐盐性强的种质资源有 41；耐盐性较强的种质资源有 89、78-3、78、92、88-4、78-2、108、90-1、88-2、109-1、109-2；耐盐性较弱的种质资源有 85-1、87、109、85-2、88-1、85、232、88-3；耐盐性最弱的资源有 100、141。

(4)结论与讨论

发芽率、发芽势和发芽指数通常用作评价种子萌发的指标。发芽期间，番茄种子可以反映种子的发芽速度、发芽均匀度和种子萌发活力，可用于发芽过程中耐盐物质的筛选。不同浓度、不同配比的复合盐溶液对番茄种质资源种子的发芽势、发芽率、发芽指数和发芽损伤率均发生显著变化。一方面，在盐浓度处理下，它延缓了种子的发芽速度，胁迫了一些种子的萌发；另一方面，种子成熟度、种子年龄、种子生产环境和贮藏条件的不同导致了差异，影响种子在盐胁迫处理下的反应。因此，在评价不同品种植物的发芽能力时，应考虑种子自我活力的因素。本试验的种子萌发试验用的是在蒸馏水中吸胀的种子，含水量充足，种子萌发不存在水分亏缺的问题，但不同种子的发芽率、发芽势、发芽指数不同，表明盐胁迫对种子的萌发确实有影响。

本次试验以 7 份大果番茄和 22 份樱桃番茄为研究对象，通过调查发芽率、相对发芽率、发芽势、相对发芽势、发芽指数、相对发芽指数 6 个指标，运用隶属函数值法对不同番茄资源在复合盐溶液下的生长情况进行排名，利用隶属函数值的大小对番茄资源的耐盐性强度进行分析评价。研究表明，在 7 份大果番茄种质资源中，有 1 个耐盐性最强资源、2 个耐盐性最弱资源、4 个较耐盐资源，其中 61 的耐盐性最强，35、136、59、60 的耐盐性较强，57、58 的耐盐性最弱。在 22 份樱桃番茄种质资源中，有 2 个耐盐性最强资源、4 个耐盐性最弱资源、16 个较耐盐资源，其中 41 和 92 的耐盐性最强，100、232、141、88-3 的耐盐性最弱。

第三章　西瓜、甜瓜种质资源收集与创新利用

　　种质资源是一个物种全部遗传物质载体的集合，是进行品种选育和科学研究的重要材料，也是维系粮食安全和农业可持续发展的物质基础。目前，我国已建成苹果、葡萄、桃、柑橘，水生蔬菜如莲藕，多年生蔬菜如山药、大蒜等作物的 32 个种质资源圃，用于种质资源的无性繁殖保存，也建立了 12 个种质资源库，用于包括西瓜、甜瓜在内的一年生作物的种子保存。这些种质库(圃)的建立为我国农作物种质资源保护体系的建立奠定了坚实的基础。西瓜、甜瓜是全球重要的园艺作物，其种质资源工作，首要目标是种质保护，通过保存不同类型的西瓜、甜瓜种质，维持种内遗传多样性，减少因环境胁迫、品种竞争等因素造成的种质灭绝；其次是种质利用，提供包括栽培、育种和相关研究方面的种质利用，为我国西瓜、甜瓜的产业发展提供重要的种质支撑。我国的西瓜、甜瓜种质资源调查、收集整理工作始于 20 世纪 50 年代。1985 年西瓜、甜瓜品种资源工作列入国家"七五"计划项目，由中国农业科学院郑州果树研究所牵头，共收集入库 1 700 多份国内外西瓜、甜瓜种质资源。1986 年我国建成国家作物种质库(国家长期库)，"九五"结束时完成西瓜、甜瓜编目入国家长期库近 2 000 份。2001 年起中国农业科学院郑州果树研究所开始筹建国家西瓜、甜瓜中期库，2010 年中期库建成，设计种质保存容量在 10 000 份以上，采用的低温干燥保存技术可以安全保存种质 20 年以上。2010 年后种质资源收集方向转向国外，重点收集西瓜与甜瓜的近缘种植

物、野生种质、抗性种质和优质种质等,涵盖西瓜属的 5 个种和甜瓜属的 14 个种,目前的保存总量突破 4 000 份。中期库的建立标志着我国西瓜、甜瓜种质资源中长期保存和分发利用体系已经形成,为种质资源的安全保护和有效利用提供了重要保障。由于我国不是西瓜和甜瓜的初生原产地,西瓜和甜瓜的野生或半野生植物十分缺乏,种质资源的遗传多样性不够丰富,因此加大国外种质的考察收集和引进,重点深入原产地收集西瓜和甜瓜的野生、近缘种植物,拓宽我国西瓜、甜瓜种质资源的遗传背景非常重要。就西瓜和甜瓜种质资源的鉴定评价来讲,丰富的种质信息如表型性状信息、抗性鉴定信息、基因组遗传信息等对于提高种质资源的保存效率和利用价值具有重要作用。目前,我国西瓜、甜瓜种质资源的鉴定评价主要体现在表型性状方面,鉴定评价的结果易受栽培环境的影响,多年多点的精准鉴定评价数据较为缺乏,且系统性的基因组分子遗传鉴定尚未开展。未来应逐步开展种质资源的精准鉴定和评价研究,启动种质资源的基因组分子遗传鉴定,采集全基因组水平的遗传变异位点、分子标记、基因型以及功能基因等信息,为西瓜、甜瓜的种质资源的利用与创新提供重要支撑。

第一节　研究简介

一、研究目的及意义

西瓜和甜瓜作为宁夏优势特色产业,种植效益远远高于一般粮食和经济作物,压砂、露地及设施栽培西瓜、甜瓜成为宁夏发展特色农业、提高农业效益和增加农民收入的主要途径。但是宁夏西瓜、甜瓜种植和育种工作还存在比较大的脱节问题。目前,宁夏市场销售和种植的西瓜、甜瓜品种全部从外省引进,西甜瓜种子销售价格和品种受到种子销售公司的控制,对宁夏西瓜、甜瓜生产和经济效益有巨大影响。同时,宁夏当地的西瓜、甜瓜主栽品种在抗性、品种丰富度以及栽培技术方面存在诸多不足。宁夏西瓜、甜瓜栽培有多种模式,不同的栽培环境下对品种的需求也不相同。压砂地栽培西瓜、甜瓜需要抗病、抗旱、生长势强、不空心、耐贮运的品种,露地栽培西瓜、甜瓜对抗病、坐果率、产量、成熟期多样性有更多的要求,而设施栽培西瓜侧重于选择抗病、耐湿、耐弱光、高坐果能力和短生育期的品种。宁夏压砂地及设施条件栽培的西瓜多为外省销售,为了适应宁夏不同栽培环境对西瓜、甜瓜品种的要求,要培育出具有不同的性状的品种,因此,持续性开展西瓜、甜瓜种质资源创新及育种工作是不断培育新品种的工作基础。培育宁夏拥有自主知识产权的优良西瓜、甜瓜品种,对降低西瓜、甜瓜生产成本,提高农民经济收入,进而推动宁夏西瓜、甜瓜产业的健康发展具有重要意义。

二、研究内容及成果

着眼于宁夏引黄灌区与压砂地的西瓜甜瓜品种选育,广泛收集与整理新的种质资源,主要收集具有耐盐、耐旱、抗白粉病、抗枯萎病、优质、高产以及具有功能性特点的西瓜和甜瓜种质资源。对新引进的西瓜品种及种质资源进行田间栽培鉴定、评价与筛选,详细掌握资源的数量性状与质量性状。综合运用远缘杂交、回交选育等分子育种技术与常规育种方法结合,通过目标性状定向转移获得新的西瓜、甜瓜种质资源,开展种质资源的创新与利用,在育种目标的指引下选育新的西瓜、甜瓜品种。

自 2016 年起,课题组通过出外考察、参加全国性会议、与西瓜和甜瓜同行交流互访等途径,以采集、交换等多种途径和方法收集西瓜、甜瓜种质资源 170 份,并建立了完整的西瓜、甜瓜资源信息纸质与电子档案。通过不间断的育种材料系选,培育出骨干亲本自交系西瓜 2 个,甜瓜自交系 2 个。2016—2019 年,总计配制西瓜、甜瓜杂交组合 150 份,筛选出表现较为优良的西瓜、甜瓜组合各 2 个。2018 年,培育的甜瓜品种"宁甜 1 号"获得农业部非主要农作物品种登记。

第二节　西瓜、甜瓜种质资源收集与创新利用

一、西瓜、甜瓜种质资源收集及性状鉴定

(一)试验材料

1. 种质资源收集

2016 年起,课题组通过利用出外考察、参加全国性会议、与西瓜和甜瓜同行交流互访等途径,以采集、交换等多种途径和方法收集西瓜、甜瓜种质资源 170 份。收集的西瓜资源有小果型、中果型、大果型资源,小型西瓜资源,黄皮种质资源,黄瓤资源,4n 西瓜资源等;收集的甜瓜资源有白皮白肉、白皮橘肉、白皮绿肉、黄皮白肉、黄皮橘肉、哈密瓜类型资源,网纹厚皮甜瓜资源,多种薄皮甜瓜等。其中大果型、中晚熟西瓜,网纹厚皮甜瓜以甘肃、新疆、陕西为主要收集地点;薄皮甜瓜主要来自山西、陕西以及东北地区;光皮甜瓜、早熟小果型甜瓜来自北京、河南、天津、福建等地。

(二)种质资源的鉴定

1. 种质资源初步分类

对新引进的西瓜、甜瓜品种及种质资源,详细研究其历史、生态类型、原产地的自然条件和耕作制度,初步确定其栽培特性,然后确定其栽培模式;根据其初步预知生育期的长短,分析是否能充分成熟,根据其特性适当调整种植地点及种植方式。

2. 种质资源田间鉴定

试验地点设于宁夏农林科学院园林场西甜瓜种质资源圃,试验地面积共 15 亩,主要功能区划分为新引进资源调查试验区、资源提纯区。每年 5 月上旬定植,每个资源定植 20 株,柱距 40 cm,行距 2.6 m,采用高畦起垄覆膜栽培种植方式,其他同日常田间管理。

田间鉴定时间:调查分别在苗期、始花期、坐瓜期、成熟期进行。

田间鉴定性状指标:在 4 个时期,每个处理随机选取 5 个植株,伸蔓时间、始花节位、始花期、节间长度、叶柄长度、坐瓜节位、坐果期、成熟日期测量,果实纵横径、皮色及覆纹、皮厚、韧性、瓤色、风味、中心糖和边糖含量,种子颜色、大小以及多少等。

(三)筛选获得优良株系

宁夏农科院园林场试验基地连续开展种质资源田间鉴定工作,通过对生长发育期各项植物学性状、果实性状和植株抗性的调查分析,对收集的西瓜、甜瓜资源资源进行鉴定、评价,筛选出优良株系,并对其进行优良特性的提纯复壮,建立完整的西瓜、甜瓜种质资源电子与纸质资源档案。现将筛选出的 40 份优良的西瓜、甜瓜种质资源的主要表型性状及果实数量性状见表 3-1 表 3-2、表 3-3、表 3-4。

(四)结 论

在西瓜优选的 20 份资源中,果实形状有椭圆形、圆形、橄榄形以及高柱形 4 种类型;关于果实外观,果皮的底色有黄绿、墨绿、浅绿、绿、深绿、绿白 6 种类型;果肉颜色有粉红、红、桃红、大红、橙黄、黄 6 种类型。在甜瓜优选的 20 份资源中,果实形状主要有椭圆形、圆形、长棒形 3 种类型;关于果实外观,果皮底色有绿白、黄、黄绿、绿、白、黄白、橘黄 7 种类型;果肉颜色有浅橘色、橘红色、绿白色、浅绿色、绿色、白色 6 种类型。资源的丰富度为继续开展西瓜、甜瓜资源的优异形状的纯化利用奠定了坚实的基础。

二、西瓜、甜瓜种质资源创新与利用

(一)西瓜、甜瓜自交系培育

1. 材料与方法

试验地点设于宁夏农林科学院园林场和海南乐东宁夏南繁育种基地。园林场试验地共 15 亩,海南乐东试验基地面积 5 亩。2017—2019 年 5 月上旬在宁夏园林场西瓜、甜瓜资源圃定植,同年 11 月初在海南乐东育种基地

表 3-1　西瓜种质资源主要性状列表

编号	播种至伸蔓(d)	第一雄花开花节位	播种至雄花开花节位	第一雌花开花节位	播种至雌花开花节位	雌花间隔节位	果实发育期(d)	全生育期(d)	株型	雄花育性	两性花	子房形状	蔓白封顶	耐旱性	耐盐性	枯萎病抗性
W18-1	35	2	41	6	46	5	35	105	丛生	正常	有	椭圆形	无	强	强	抗
W18-2	35	2	40	7	45	4	35	105	丛生	正常	有	椭圆形	无	强	中	中抗
W18-3	32	2	37	4	42	4	30	98	丛生	正常	有	椭圆形	无	强	中	感
W18-4	30	2	35	4	40	4	32	98	丛生	正常	有	圆形	无	中	中	中抗
W18-5	30	2	35	6	42	4	34	100	丛生	正常	有	圆形	无	中	中	中抗
W18-6	35	2	40	6	46	5	35	105	丛生	正常	有	椭圆形	无	强	强	抗
W18-7	34	2	35	6	42	4	33	102	丛生	正常	有	椭圆形	无	强	强	抗
W18-8	30	2	35	5	41	5	30	98	丛生	正常	有	椭圆形	无	中	中	中抗
W18-9	30	2	35	4	41	4	32	99	丛生	正常	有	圆形	无	中	中	中抗
W18-10	30	2	34	4	42	4	35	103	丛生	正常	有	圆形	无	弱	中	中抗
W18-11	30	3	35	5	42	4	30	95	丛生	正常	有	椭圆形	无	弱	中	感
W18-12	30	3	34	5	41	4	28	95	丛生	正常	有	椭圆形	无	弱	弱	感
W18-13	32	3	37	6	44	4	35	103	丛生	正常	有	长椭圆形	无	中	中	感
W18-14	35	2	40	8	45	5	35	100	丛生	正常	有	圆形	无	中	强	抗
W18-15	35	2	41	4	45	4	35	100	丛生	正常	有	长椭圆形	无	中	强	抗
W18-16	34	2	40	6	43	4	33	101	丛生	正常	有	圆形	无	中	强	中抗
W18-17	30	2	35	4	38	4	32	97	丛生	正常	有	椭圆形	无	中	中	中抗
W18-18	32	2	36	4	40	4	34	98	丛生	正常	有	椭圆形	无	弱	中	中抗
W18-19	29	2	34	5	39	4	34	98	丛生	正常	有	圆形	无	弱	中	中抗
W18-20	27	2	30	3	35	3	34	99	紧凑	正常	有	圆形	无	弱	弱	感

表 3-2 西瓜种质资源果实性状列表

编号	果实形状	果实基部形状	果皮底色	果皮覆纹颜色	果皮覆纹形状	果皮覆纹数量	花痕大小(cm)	果实重量(kg)	果皮硬度(kg/cm²)	果肉剖面	果肉颜色	果实长度(cm)	果实宽度(cm)	果形指数	果皮厚度(cm)	中心糖(%)	边糖(%)
W18-1	椭圆形	平	黄绿	绿	条带	13	0.4	6.5	19.3	均匀	粉红	32	21	1.5	1.2	12.4	7.5
W18-2	椭圆形	平	墨绿	无	无	0	0.4	6	14.5	均匀	粉红	29	19	1.5	1.3	11.6	8.3
W18-3	椭圆形	平	浅绿	绿	条带	14	0.2	1.6	9.8	均匀	红	16.5	13.8	1.2	0.5	10.6	8.9
W18-4	圆形	平	绿	墨绿	条带	11	0.2	1.9	12.4	均匀	红	15.5	15.1	1	0.6	11	8
W18-5	圆形	平	深绿	墨绿	条带	13	0.2	2.7	10.7	均匀	红	17.8	16.8	1.1	0.7	10.6	7
W18-6	椭圆形	平	黄绿	绿	条带	13	0.4	6	14.9	均匀	粉红	32	20.5	1.6	1	11.8	7.8
W18-7	椭圆形	平	黄绿	绿	条带	14	0.4	4.2	10.5	均匀	红	27.5	18.9	1.5	1	11.5	7
W18-8	圆形	平	浅绿	绿	条带	11	1	5.2	9.78	均匀	红	24.5	23	1.1	1.2	11.2	8
W18-9	椭圆形	平	墨绿	无	无	0	0.6	4.8	10.6	均匀	红	25	21.4	1.2	1.1	11	6.8
W18-10	圆形	平	绿	深绿	条带	14	0.2	1.54	17.4	均匀	红	16.2	14.7	1.1	0.8	11.8	8
W18-11	椭圆形	平	黄绿	绿	网条	13	0.2	1.58	12.6	均匀	红	16.4	13.6	1.2	0.5	10.9	8.3
W18-12	圆形	平	浅绿	绿	条带	14	0.2	0.9	4.62	均匀	黄	11.8	11.9	1	0.3	12.3	9.7
W18-13	敞桃形	尖	深绿	墨绿	齿条	11	0.1	2.58	14.8	均匀	桃红	27	14.9	1.85	1.3	11.6	8.2
W18-14	圆形	平	黄绿	深绿	条带	13	0.8	4.9	15.1	均匀	红	25.5	24	1	1.2	10.5	7.5
W18-15	圆柱形	平	黄绿	浅绿	网条	13	0.3	6.2	12.9	均匀	粉红	32	19	1.7	0.9	11	7.8
W18-16	圆形	平	绿	墨绿	条带	13	0.4	4.5	15.3	均匀	红	24.8	24.3	1.1	1	11	6.9
W18-17	椭圆形	平	绿	深绿	齿条	16	0.3	1.97	9.6	均匀	大红	20	16.4	1.2	0.8	12.3	9.8
W18-18	椭圆形	平	绿	墨绿	齿条	18	0.3	1.7	6.58	均匀	橙黄	16.5	14.7	1.1	0.4	10.8	7.7
W18-19	圆形	平	浅绿	浅绿	条带	13	0.3	1.25	3.39	均匀	黄	15	12.7	1.2	0.2	10	8.3
W18-20	圆形	平	绿白	浅绿	网条	15	0.1	0.35	8.7	均匀	红	9	9	1	0.3	10.7	7.8

表3-3 甜瓜种质资源果实性状列表

编号	果实形状	果面特征	肉色	肉厚(cm)	皮厚(cm)	质地	纤维	汁液	香味有无
CY001	椭圆形	底色绿白,有黄绿晕	浅橘	3.7	0.2	脆	少	多	无
CY002	椭圆形	底色黄,全稀粗网	橘红	3	0.3	脆	中	中	无
CY003	椭圆	底色黄绿,覆绿色呈点斑	浅橘	2.45	0.5	软	少	较多	淡
CY004	椭圆	底色黄绿,覆黄斑,全密中网	绿白	4.3	0.3	绵	中	多	淡
CY005	椭圆形	底色绿,有黄斑点,70%密中网	浅黄	4.3	0.3	绵	中	中	无
CY006	椭圆形	底色黄,覆黄斑,全密中网	浅橘	3.16	0.3	绵	少	中	香
CY007	椭圆形	底色黄,全密中网	浅橘	4	0.3	脆	少	中	香
CY008	椭圆形	底色黄,有裂刻,全密中细网	浅橘	4.5	0.3	脆	中	多	无
CY009	圆形	白色	白	4.5	0.1	脆	少	中	无
CY010	椭圆形	绿色,富有稀粗网	白	3.7	0.1	绵	少	多	香
CY011	椭圆形	黄色	白	4.4	0.1	软	少	多	淡
CY012	长棒形	底色黄,浅白	绿	1.2	0	脆	少	多	香
CY013	圆形	黄白	橘红	2.5	0.3	软	少	中	香
CY014	椭圆形	底色黄绿,覆网纹	橘红	4.8	0.4	硬	多	多	香
CY015	圆形	浅绿色,全密粗网纹	橘红	4.5	0.5	软	中	多	香
CY016	圆形	底色黄白,有黄晕,全密细网	浅橘	4.4	0.4	脆	少	多	香
CY017	短椭圆	底色黄白,有黄晕	绿	5.2	0.4	脆	多	多	无
CY018	圆形	橘黄	浅橘红	4.3	0.4	硬	中	多	无
CY019	椭圆圆形	底色黄绿,绿色棱沟	绿	2.7	0.2	软	少	多	香
CY020	圆形	底色白,中粗裂刻	白	3.6	0.2	软	少	多	异香

表 3-4　甜瓜种质资源果实性状列表

编号	中心糖(%)	边糖量(%)	风味	第一雌花开放	单性花否	单瓜重(kg)	坐果难易	生长势	抗病性	抗虫性	抗逆性
CY001	14.5	7.6	中	30	否	2.9	强	强	强	较强	强
CY002	13	7.2	上	31	是	1.35	弱	较强	较强	较强	较强
CY003	13.2	6.8	上	30	否	1.38	强	较强	强	强	较强
CY004	14.2	7.2	中	32	否	3.5	强	强	强	较强	较强
CY005	14.5	7.5	中	34	否	2.49	弱	较强	较强	强	较强
CY006	15.6	7.8	浓	32	否	1.61	强	强	强	强	强
CY007	15.5	7.9	浓	32	否	2.28	强	强	强	较强	强
CY008	13.4	9.2	上	33	否	2.44	较强	较强	较强	较强	强
CY009	15.2	8.9	上	35	否	1.65	强	中	较强	强	强
CY010	14.3	6.7	浓	32	否	1.48	强	较强	强	较强	强
CY011	15.2	9.1	上	33	否	1.64	较强	较强	强	较强	较强
CY012	13.2	10.4	浓	32	否	0.6	较强	较强	较强	较强	中
CY013	10.4	8.1	浓	31	否	0.8	强	较强	较强	强	较强
CY014	14.8	11.0	上	30	是	1.89	强	强	强	强	强
CY015	15.5	9.2	浓	34	否	2.35	强	较强	较强	较强	较强
CY016	16.3	12.1	浓	31	否	2.28	较强	较强	较强	较强	强
CY017	12.1	9.1	中	33	否	2.25	较强	强	强	较强	较强
CY018	15.6	8.9	淡	33	否	2.1	强	强	强	强	中
CY019	14.3	7.9	中	35	否	1.41	较强	较强	中	较强	中
CY020	12.5	9.5	浓	33	否	1.2	中	较强	较强	较强	较强

种植,将多年来收集到的各类西瓜资源,通过前期的田间鉴定掌握其主要特性后,开展分离提纯复壮研究,经过高世代繁育,选育出性状稳定的自交系与骨干亲本。采用田间系选的方式,1 年 2 代进行加代繁育,2 个试验地的种植方法相同,每个资源定植 100 株,柱距 40 cm,行距 2.6 m,采用高畦起垄覆膜栽培种植方式,其他同日常管理。

2. 研究内容

2017—2019 年,通过宁夏、海南两地加代繁育、田间系选,培育出骨干亲本自交系西瓜 2 个。

3. 结果

通过不间断的田间系选,培育出骨干亲本自交系西瓜 2 个、甜瓜自交系 2 个,其主要性状如下。

西瓜 W1310:中晚熟,全生育期 100 d 左右,果实发育期约 33 d。果实椭圆形,绿底覆墨绿条带,瓤色粉红,肉质酥脆,纤维少、汁液多,中心折光糖

表 3-5　西瓜自交系材料性状表(一)

编号	始花节位	第一、二雌花间隔	子房形状	坐果节位	单株坐果数	果实外观
C5	3~5	1~4	圆形	4~13	1	黄绿底,绿色整齐细核桃纹
2YPM	3~6	4~5	圆形	3~8	1.2	绿底,墨绿整齐条带
113-1	4	4~5	圆形	6~10	2.1	绿底,墨绿粗条带 18 条
307-2	4	4~6	长棒形	4~10	1.9	绿底,散网条
111-1	4	5	圆形	4~15	1.3	深绿底,墨绿齐条带
503-2	4~5	4~5	圆形	3~9	1.1	绿底,墨绿整齐条带带
333	3~8	5	细长形	3~11	1.4	黄绿底,绿色斑条
402	6~7	4	细长形	4~10	1.2	浅绿底,深绿齿条
SH102-1	3~5	5~6	细长形	11~15	1.5	浅绿底,墨绿齿条
2YYM-4	3~4	3~5	圆形	5~15	1.3	浅绿底,墨绿整齐条带
W1310	6~8	3~5	椭圆形	5~15	1.1	绿底,墨绿条带

表3-6 西瓜自交系材料性状表(二)

编号	肉色	单瓜重（kg）	皮厚	质地	纤维	汁液	含糖量（中/边）（%）	种子
C5	粉	3.74	0.93	酥脆	中	多	11.5/6.6	黑色中小子
2YPM-15	红	3.64	0.55	酥脆	少	少	10.8/6.5	黑色中子
113	橘红	7.56	1.1	脆	中	多	10.5/7.2	黑色中子
307	粉红	9.61	1.5	脆	中	多	10.77/3.5	浅黄小子,褐色斑
111	粉红	4.1	1.2	脆	中	多	10.8/5	黑褐色中子
503	红	4.68	0.9	沙	中	中	11/6.8	棕褐中子
333	红	7.38	1.1	酥脆	少	多	10.4/10	棕黄小子
402	红	5.16	0.9	酥	少	多	11/7.7	棕黄小子
SH102-1	粉	6.69	0.9	酥	中	多	9.1/7.1	土黄黑边大子
2YYM-4	黄	2.97	0.6	酥	少	多	10.2/6.4	棕褐中子
W1310	粉红	9.5	1.1	酥	少	多	11.5/8.5	棕褐中子

表3-7 甜瓜自交系材料性状表(一)

编号	形状	底色	肉色	质地	香味	中心糖（%）	边糖（%）	风味
16J14	椭圆形	青白底	绿	脆	淡	16.4	9.4	上
16J15	椭圆形	乳白	白	硬脆	淡	15.2	12.6	中
16J18	椭圆形	金黄	浅绿、白	沙软	香味	13.1	10.1	上
16J20	椭圆形	乳白	白、浅橘	软	淡	16	11	上
16J36	椭圆形	青白底	绿	沙软	香味	14.3	8.7	上
16J52	椭圆形	金黄	浅绿、白	软	淡	15.4	9.4	中
16J53	椭圆形	金黄	白	沙脆	淡	12	10.8	上
W1	椭圆形	金黄	淡绿	脆	淡	12.9	11.4	上
W4	椭圆形	金黄	白	软	香	15.6	13.5	下
W26	椭圆形	乳白	橘	沙脆	淡	15.9	9.9	上
M41	圆形	乳白	白	脆	香	16.5	10.1	上
M38	圆形	乳白	白	脆	淡香	15.7	9.1	上

表 3-8　甜瓜自交系材料性状表（二）

编号	单瓜重 （kg）	肉厚 （cm）	皮厚 （cm）	种腔颜色	种腔横 径(cm)	种腔充实 度(%)	种腔 粘连度	抗白 粉病
16J14	1.68	3.2	0.4	白	7.3	50	紧	中
16J15	1.2	3.5	0.3	白	6	100	紧	弱
16J18	2.4	4.2	0.3	浅橘	5.7	70	中	较弱
16J20	0.81	2.1	0.4	白、浅橘	3.9	100	紧	中
16J36	1.53	4	0.3	白	5.3	70	紧	弱
16J52	1.26	2.9	0.2	黄白	6	70	松	较强
16J53	1.04	2.5	0.4	白	5.5	100	紧	中
W1	1.15	2.1	0.4	橘	1.6	80	中	较强
W4	1.37	3.2	0.3	橘	7.2	80	紧	较强
W26	1.52	3.6	0.5	橘	6.5	80	中	中
M41	1.52	3.8	0.3	白	5.8	100	紧	强
M38	1.48	3.9	0.4	白	5.5	100	紧	强

11.5%左右，品质优。果实不易空心，果皮坚韧耐储运。单瓜重 8.0~10 kg。坐果整齐，商品率高，适应性广，抗性强，易栽培。

西瓜 333：花皮长果，晚熟，株系内各性状表现一致，植株长势强，抗病力强，坐过能力强，单果重 9.8 kg，长椭圆形，果形指数 2.14，底色绿，有深绿齿条带，果肉沙脆，坐果整齐，商品率高，适应性广，抗性强，易栽培。

甜瓜 m41：单果重 1.3~1.8 kg，果实圆形，乳白底，成熟略有黄晕，果肉白色，肉厚 3.5~4.2 cm，果实口感质地脆，纤维少，汁液多，有香味，果实中心糖含量 16.5%，边糖含量 10.1%，风味上，田间表现生长势强，抗病性强，坐果率高，耐储运。

甜瓜 m38：单果重 1.25~1.6 kg，果实圆形，乳白底，成熟略有黄晕，果肉白色，肉厚 3.5~4.2 cm，果实口感质地脆，纤维少，汁液多，有香味，果实中心糖含量 15.7%，边糖含量 9.1%，风味上，田间表现生长势强，抗病性强，耐储运。

三、西瓜、甜瓜杂交组合配制与新品种选育

杂交组合的配制紧紧围绕育种目标展开,通过本项目的开展,西瓜育种目标为,针对引黄灌区设施西瓜生产需要定向培育早熟、优质、少籽中小果型西瓜品种,中果型优质无籽西瓜品种;针对城郊观光采摘型西甜瓜生产需要定向培育特小果型优质盆栽西瓜品种,小果型优质无籽西瓜品种,特大果型西瓜新品种;黄皮红肉、黄皮黄肉、绿皮黄肉等特色西瓜新品种培育。

通过本项目的开展,甜瓜育种目标为,针对引黄灌区设施栽培,定向培育早熟、优质薄皮甜瓜,早熟高抗小型厚皮甜瓜新品种;针对宁夏日光温室栽培条件,培育大果型、优质晚熟哈密瓜类型甜瓜新品种。

(一)西瓜、甜瓜杂交组合的配制

1. 材料与方法

在育种目标的指导下,开展西瓜杂交组合的配制,亲本为多年来培育的优良骨干系亲本。试验地点设于宁夏农林科学院园林场,试验地3亩,在试验地设置大型的纱网网室,从而避免授粉期间受到蜜蜂等昆虫的危害和干扰。2016—2019年5月上旬在宁夏园林场西甜瓜资源圃定植,每个亲本材料种植30株,父本比母本提前7~10 d定植,以利提供足够的花粉。母本进行单蔓整枝,主蔓留瓜,选留第二、三雌花结果,尽早摘除第一雌花。父本留3~4蔓。在西瓜开花期,观察第二天即将要开放的雄花和雌花,并将其套上纸帽,为便于查找,每个套纸筒的雌花处扎根竹签做标记。第二天,将盛开的西瓜花蕾除去纸筒及花冠,露出雌蕊柱头,用已除去花冠的雄花的花粉轻轻涂抹在雌花柱头上。随即在果柄处做好杂交标记,挂标记牌,记录组合信息和杂交日期。其他种植模式与西瓜资源鉴定试验相同。

2. 研究内容

2016—2019年,总计配制西瓜、甜瓜杂交组合近150份,并在此期间,分别在宁夏农林科学院园林场西瓜、甜瓜资源圃基地进行杂交组合的后代观察试验,筛选出表现较为优良的西瓜、甜瓜组合各2个。

表3-9　西瓜杂交组合性状列表

编号	单瓜重（kg）	果实形状	果实外观	肉色	皮厚（cm）	质地	纤维	汁液	中心糖（%）	边糖（%）	田间表现
WZ-16	1.91~3.84	椭圆形	墨绿有棱	橙红	1.2	酥脆	少	多	11.3~11.9	8.2	良
WZ-17	2.07~3.03	椭圆形	墨绿底细齿条	红	1.2	脆	多	多	10.7~13	8.2	良
WZ-19	1.83~3.43	椭圆形	绿底墨绿细齿条	红	1.2	脆	中	多	10.8~13.9	9.8	良
WZ-25	2.83~6.2	椭圆形	绿底墨绿整齐条带	红	1	酥脆	少	中	11.1~13.3	9.1	良
WZ-26	2.91~5.19	圆形	深绿	红	1.2	酥脆	中	多	10.6~13.9	7.8	良
WZ-27	4.51~6.85	椭圆形	浅绿底深绿宽条带	红	1	酥脆	中	多	11.6~13.4	7.5	良
WZ-29	3.62~5.35	圆形	绿底 整齐粗条带	红	1.1	沙脆	中	多	10.2~11.4	7.1	优良
WZ-32	3.5~4.52	椭圆形	深绿底墨绿条带	红	1.3	酥脆	中	多	10~12	7.1	良
WZ-36	4.66~6.56	椭圆形	绿底深绿宽齿条	粉红	1	软	中	多	9.8~10.9	7.7	良
WZ-24	2.99~5.25	椭圆形	绿底深绿整齐条带	橘黄	1	酥脆	中	多	9.7~12.1	7.7	优良

3. 结论

通过对众多杂交组合的果实品质进行比较和鉴定，初选出表现较为优良的西瓜组合2个、甜瓜组合2个。

西瓜WZ-29：椭圆形，果形端正，单果重4.23 kg，瓤色红、均匀，肉质沙脆，皮较韧，中心糖含量11%，抗性强，坐果率高，商品率高。

西瓜WZ24：椭圆形，单果重3.89 kg，瓤橘黄色，肉质沙脆，爽口，中心糖含量12%，皮较脆，抗性较强。

甜瓜16Z-5：果形端正，长椭圆形，单瓜重1.27 kg，皮色乳白，光皮，外形美观，果实肉厚3.2 cm，中心糖含量16.8%，边糖含量7.8%，口感脆爽，风味佳，田间表现生长势强，抗病性较强。

甜瓜16Z-36：果实外形美观，单瓜重1.3 kg，果实椭圆形，皮色乳白，覆

表3-10　甜瓜杂交组合性状列表

编号	单瓜重 kg	形状	底色	覆色及花纹	肉厚（cm）	含糖量(%)（中/边）	质地	风味
16Z-5	1.27	长椭圆形	乳白	光皮	3.2	16.8/7.8	脆	上
16Z-6	1.09	圆形	乳白	光皮	3.4	16.4/8.8	酥脆	上
16Z-20	1.32	短椭圆形	乳白	60%竖纹	3.4	15.5/8.5	硬脆	中上
16Z-21	1.60	圆柱形	乳白	光皮	3.5	12.2/6.9	脆	上
16Z-22	0.92	短椭圆形	乳白	10%稀细网3条深裂刻	2.7	15.0/8.1	硬脆	上
16Z-23	1.93	椭圆形	浅绿白	70%稀中网5%深裂刻	4.5	13.2/4.1	软	中上
16Z-26	0.89	短椭圆形	乳白	有棱沟	2.7	15.3/6.4	脆	上
16Z-27	0.70	椭圆形	乳白	光皮	3.0	15.5/6.4	硬脆	上
16Z-34	1.97	椭圆形	青白	60%中细网	3.0	13.9/7.4	脆	上
16Z-35	1.17	短椭圆形	乳白	30%中细网基部裂	3.0	16.1/6.8	脆	上
16Z-36	1.3	椭圆形	乳白	80%中细网	4.0	16.3/10.1	脆	上

有80%中细网纹，果实肉厚4.0 cm，中心糖含量16.3%，边糖含量10.1%，口感脆爽，风味上，田间生长势强，抗病性较强。

（二）厚皮甜瓜新品种"宁甜1号"的选育

1. 亲本来源

父本来源及特性：WOY-3，是用小暑红瓤白兰瓜与白皮脆的杂交1代中经5年10代自交分离和定向培育而获得的性状稳定的高世代优良自交系，全生育期90~95 d，坐果至成熟35 d。植株生长势强，叶片圆形，种子浅黄色，果实圆形，单瓜重1.2~1.5 kg，外形美观，果肉浅橙色，中心可溶性固形物含量15.0%以上。其特点是剖面美观，易坐果，抗性强。

母本来源及特性：WWY-2，是用源于日本的品种（代号JPX-32，白皮橙肉）经5年10代连续筛选分离而获得的高代优良自交系，全生育期100 d左右，坐果至成熟35 d左右，植株生长势较强，叶片圆形，种子黄白色，果实圆形,单瓜重 1.0~1.5 kg,果肉浅橙色,肉质爽口,中心可溶性固形物含量 16.0% 左右。

2. 组合筛选和品种比较试验

2007 年在银川市贺兰县金山乡露地栽培选配甜瓜杂交 1 代组合 165 个。2008 年在金山乡和海南露地进行新组合观察和筛选试验。2009 年对筛选出的 15 个组合进行小区比较试验,选出较好的组合,定名为 NAAS-4。发现此组合生长势强,抗逆性强,易坐果,果实外观整齐漂亮,口感好,中心可溶性固形物含量显著高于其他组合。

2010—2012 年分别在银川园林场露地栽培、日光温室吊蔓栽培、海南三亚冬季露地栽培进行观察和小面积栽培试验,以玉金香为对照品种,可溶性固形物含量、口感风味、耐贮性都优于对照(露地试验结果见表 3-11)。

2013—2014 年参加国家光皮甜瓜组的品种区域试验。2015 年参加国家光皮甜瓜组的品种生产试验。2016 年通过国家西甜瓜品种委员会审定,获得品种审定证书。2018 年获得农业部非主要农作物品种登记证书。

表 3-11　组合筛选和品种比较试验

年份	2015		2016	
品种	NAAS-4	玉金香	NAAS-4	玉金香
果实发育期(d)	35	35	34	34
果实外观	白皮圆果	白皮圆果	白皮圆果	白皮圆果
单株结果数(个)	1.6	1.4	1.5	1.6
平均单瓜重(kg)	1.35	1.17	1.41	1.25
折合单产(kg/667 m²)	2676	2151	2753	2344
可溶性固形物含量(%)	16.5	15.0	17.3	15.2
果肉颜色	浅橙	白	浅橙	白
果肉厚度(cm)	3.2	2.7	3.3	2.9
肉质	脆、爽口	软、爽口	脆、爽口	软、爽口
耐贮运性	强	强	强	强

3. 试验结果

宁甜 1 号以育种代号 NAAS-4 名称参加 2013 年、2014 年的国家级甜瓜品种(光皮甜瓜组)的区域试验,2015 年参加国家级甜瓜品种(光皮甜瓜组)的生产试验。

在区域试验中,共有 14 个品种参试,对照品种为银露 1 号。果实中心可溶性固形物含量为 13.5%~18.6%,平均 16.4%,14 个试点全部超过对照,其中 3 个试点高于对照 20%,4 个试点高于对照 15%。果实中边可溶性固形物含量梯度差为 2%~9.6%,14 个试点中有 8 个点低于对照 5%,平均 6.8%。果实整齐,外形美观,商品率高,植株抗逆性从较强到强,平均为较强,易坐果,贮运性从中到强,平均较强。

综合评价:植株生长势强,抗性、坐果性好,圆果,白光皮,浅橙肉,果实中心糖含量较高,适应性和贮运性好,综合表现好。

生产试验分别在天津、河北廊坊、陕西杨凌、甘肃民勤、宁夏银川、新疆鄯善、黑龙江哈尔滨、湖北武汉、湖南邵阳、安徽合肥、江苏海门、浙江宁波 12 个试点进行,以银露 1 号为对照,具体结果见表 3-12。

从表 3-12 中可以看出,NAAS-4 在果心糖方面明显高于对照,平均糖含量达到 17.0%;虽然在亩产和单瓜重方面略低于对照,但是平均亩产也已达到 2 504 kg,平均单瓜达到 1.5 kg,口感爽口。综合各项指标来看,NAAS-4 果实整齐,外形美观,果实中心可溶性固形物含量高,平均单瓜重适中,抗性较强,耐贮运,口感爽口,综合表现好。

4. 栽培技术要点

栽培季节:春季日光温室栽培一般 2 月上旬温室育苗,3 月上旬定植。露地栽培一般 3 月底到 4 月初育苗,4 月底到 5 月初定植。

培育壮苗:采用穴盘育苗,苗龄 25~35 d,三叶一心定植。

重施基肥,高畦栽培,合理密植。亩施用有机肥 3 500~4 000 kg、NPK 复合肥 50 kg,高畦地膜覆盖栽培。露地栽培每亩种植 800 株左右,设施栽培每

表3-12 国家甜瓜品种生产试验(光皮组)数据汇总表(NAAS-4)

试点	亩产 (kg)	CK+ (±%)	果心糖	CK+ (±%)	中边差	CK+ (±%)	单瓜重 (kg)	CK+ (±%)	肉厚 (cm)	CK+ (±%)	商品率	CK+ (±%)	口感
天津	2 754	-18.6	19.0	3.8	12.0	3.4	1.2	-20.0	3.4	-12.8	100.0	0.0	爽口
廊坊	3 232	-12.6	15.7	-0.6	5.8	-7.9	2.0	-13.0	4.4	-4.3			爽口
杨凌	2 549	-5.0	16.7	-2.3	5.3	-17.2	1.7	-5.6	3.8	-9.5	100.0	0.0	爽口
民勤	1 656	-0.2	15.2	15.2	3.4	-26.1	1.0	-33.3	3.6	-16.3	88.2	1.8	爽口
银川	2 380	7.5	18.8	14.6	11.4	21.3	1.6	0.0	3.2	-5.9	100.0	0.0	爽口
鄯善	2 224	5.7	19.9	5.9	10.4	-8.8	1.4	-12.5	3.7	-15.9			一般
哈尔滨	3 224	2.7	17.3	2.4	3.8	-11.6	2.5	-3.8	3.6	-7.7	97.8	0.3	爽口
武汉	2 037	-7.9	16.2	3.2	8.8	-1.1	1.0	-9.1	3.0	-9.1	96.3	2.7	爽口
郧阳	3 015	7.4	16.0	10.3	7.3	-6.4	1.5	-6.3	3.7	-2.6	96.0	-1.0	爽口
合肥	2 501	-28.6	17.5	7.4	11.5	18.6	1.5	-25.0	3.9	-20.4	100.0	0.0	一般
海门	1 925	-25.2	15.1	4.9	4.2	-10.6	0.9	-35.7	3.1	-20.5	90.7	5.0	爽口
宁波	2 552	-14.6	16.5	6.5	3.9	-22.0	1.8	-14.3	3.6	-12.2	100.0	0.0	爽口
平均	2 504		17.0		7.3		1.5		3.6		96.8		

亩 1 800 株左右。

植株管理:露地栽培单蔓或双蔓整枝,子蔓 4 节以后留果;设施栽培单蔓整枝,主蔓 12 节左右子蔓坐瓜。

病虫害防治:以防为主,及时发现病虫害及时防治,采用综合防治的措施,主要病害有霜霉病、白粉病等。

适时采收:花后 30~38 d,果实外观光滑,呈现出成熟特性时果实成熟。

(三)压砂地中晚熟西瓜主要性状的遗传效应及其配合力分析

选配亲本材料是压砂地西瓜育种中一个关键环节,因此亲本选配时,在选择优良性状,对配合力测定,可进一步选出性状优良、配合力高、表型整齐一致的优良亲本。针对压砂地中晚熟西瓜主要性状开展遗传效应及其配合力分析,可以反映亲本的利用价值,预测杂种后代的表现。

1. 材料与方法

W03-15、W08-15、W14-16、W32-16 均为宁夏农林科学院种质资源研究所西瓜、甜瓜课题组选育的中晚熟西瓜高代自交系材料,各自交系之间遗传差异较大。

本试验安排在宁夏中卫市香山乡试验基地和海南三亚市九所镇基地,2018 年 2 月采用穴盘育苗,4 月 25 日定植移栽于压砂地,行距 1.6 m,株距 1.5 m(中卫硒砂瓜种植密度为每亩 260~280 株,故株距 1.5 m),每小区定植 20 株,3 次重复,随机区组排列,栽培管理按照常规生产。

采收期每小区随机取 3 个成熟果实,测定果形指数、果皮硬度、果肉硬度、单果质量、可溶性固形物含量、硒含量、Vc 含量等指标。果实纵横径用直尺测量,果皮硬度和果肉硬度用硬度计测量,单果质量用数显电子秤测量,可溶性固形物含量用便携测糖仪测定,硒含量用荧光光度计、原子吸收分光光度计等测定,Vc 含量用 2,6-二氯酚靛酚滴定法测定。

2. 结果与分析

(1)果实主要性状分析

果形指数、果皮硬度、果肉硬度、单果质量、可溶性固形物含量、硒含量、Vc含量7项指标在组合间的差异均达到极显著水平。

表3-13　西瓜各数量性状平均值

组合	纵径(cm)	横径(cm)	果形指数	果皮硬度	果肉硬度	单果质量(kg)	可溶性固形物含量(%)	硒含量(%)	Vc含量(%)
W03-15×W08-15	35	18.5	1.89	16.9	0.64	6.7	11.5	11.3	6.4
W03-15×W14-16	33	20	1.65	12.1	0.65	5.1	12.6	12.5	5.3
W03-15×W32-16	23	19.5	1.18	13.8	0.78	4.5	11.7	11.9	4.3
W08-15×W14-16	44.5	19	2.34	12.1	0.43	8.6	12.6	12.2	9.0
W08-15×W32-16	20	19.5	1.03	7.6	0.63	4.1	12.8	12.6	3.9
W14-16×W32-16	28	20.5	1.37	7.5	0.45	5.3	12.0	12.2	5.2

表3-14　西瓜7个主要性状的方差分析

项目	自由度	F值						
		果形指数	果皮硬度	果肉硬度	单果质量	可溶性固形物含量	硒含量	Vc含量
处理间	5	6.14	67.53	8.75	20.98	109.22	101.09	51.49
误差	18							
总变异	35							

(2)西瓜果实主要性状遗传力分析

从表3-14可以看出,果皮硬度、单果质量特殊配合力方差分别为0.065 4和0.044 9,小于一般配合力,果皮硬度、可溶性固形物含量、硒含量一般配合力在19.0以上,其亲本在该性状上具有广谱性。果肉硬度也直接影响口感和贮运。在测定的7个性状指标中,除果形指数广义遗传力为0.49、果肉硬度遗传力为0.67和单果质量遗传力为0.8以外,其余性状广义遗传力都在0.91以上。分析表明,除果形指数、果肉硬度和单果质量性状以外,为加快育种进程,可先对该性状进行筛选,以更好实现压砂西瓜的品质提升。

表 3-15 西瓜果实性状的配合力方差及遗传力分析

性状	配合力		环境方差	广义遗传力	狭义遗传力
	一般配合力	特殊配合力			
果形指数	0.001 5	0.001 4	−0.18	0.49	0.11
果皮硬度	0.073 6	0.065 4	1.18	0.94	0.67
果肉硬度	0.000 8	0.000 7	0.012	0.67	0.59
单果质量	0.050 5	0.044 9	0.81	0.80	0.34
可溶性固形物含量	0.015 1	0.013 4	0.24	0.97	0.86
硒含量	0.016 5	0.014 7	0.26	0.96	0.75
Vc 含量	0.024 4	0.021 7	0.025	0.91	0.47

（3）一般配合力效应分析

各亲本果实主要性状一般配合力效应值（表 3-15），W03-15 的果形指数、果皮硬度、果肉硬度为正值，效应值分别为 0.11、3.90、0.14，单果质量、可溶性固形物含量等 4 项指标分别为−0.45、−2.60、−0.85、−0.51，均为负值，说明 W03-15 除了耐贮运性指标较好外，品质和产量不如其他亲本材料。W08-15 亲本有 5 个性状都是正值，单果质量的一般配合力为 1.14，也是 4 个亲本中最高的，果实可溶性固形物含量、果皮硬度、硒含量、Vc 含量一般配合力也为正值，分别为 0.49、0.78、0.15、1.12，说明这个亲本不但耐贮运性好，而且品质优良、高产，可以在后期继续使用。W32-16 亲本果皮硬度效应值为−3.03，影响该亲本的贮运性，单果质量效应值为−1.63，对产量影响也较大。W32-16 在品质育种中可能表现不佳，应予以淘汰。

（4）特殊配合力效应分析

本试验对 6 个杂交组合进行配合力分析，配合力可见表 3-16。配合力较好的组合是 W03-15×W08-15 和 W14-16×W32-16；果皮硬度特殊配合力效应值变异幅度大，特殊配合力效应较好的是 W03-15×W32-16 和 W08-15×W14-16；果肉硬度特殊配合力值较高的是 W03-15×W14-16 和 W08-15×W32-16；单果质量特殊配合力效应值较好的是 W03-15×W32-16 和

表 3-16 各亲本果实主要性状的一般配合力相对效应值

性状	果形指数	果皮硬度	果肉硬度	单果质量	可溶性固形物含量	硒含量	Vc 含量
W03-15	0.11	3.90	0.14	−0.45	−2.60	−0.85	−0.51
W08-15	−0.05	0.78	−0.05	1.14	0.49	0.15	1.12
W14-16	0.08	−1.65	−0.13	0.94	0.35	2.43	1.21
W32-16	−0.14	−3.03	0.04	−1.63	1.76	−1.74	−1.82

W08-15×W14-16；可溶性固形物含量特殊配合力效应值较好的是 W03-15×W14-16 和 W08-15×W32-16；硒含量特殊配合力效应值较好的是 W03-15×W08-15 和 W14-16×W32-16；Vc 的特殊配合力效应值较好的是 W03-15×W32-16 和 W08-15×W14-16。

从高产优质的角度可以看出，W03-15×W08-15 和 W08-15×W14-16 两个组合特殊配合力效应较好，结合表 3-17，W32-16 一般配合力效应较差，不适宜做亲本，性状不能稳定遗传，因此 W03-15×W32-16 这个组合不适宜选择做杂交组合。W03-15×W08-15 中含有一般配合力效应较好的 W08-15，而且特殊配合力效应又高，是一个优良组合。

通过分析 6 个正交组合的特殊配合力及其效应值，可以总结出组合 W03-15×W08-15 配合力最大，其次是组合 W14-16×W32-16，属优良组合。在这 2 个表现优良的组合中，组合 W03-15×W08-15 含有 W08-15，该

表 3-17 各亲本主要性状的特殊配合力相对效应值

组合	果形指数	果皮硬度	果肉硬度	单果质量	可溶性固形物含量	硒含量	Vc 含量
W03-15×W08-15	0.09	0.53	−0.05	0.29	−0.43	0.54	0.11
W03-15×W14-16	0.02	−1.84	0.04	−1.12	0.72	0.44	−1.07
W03-15×W32-16	−0.11	1.31	0.01	0.83	−0.28	−0.98	0.96
W08-15×W14-16	−0.11	1.31	0.02	0.83	−0.28	−0.98	0.96
W08-15×W32-16	0.02	−1.84	0.04	−1.12	0.72	0.44	−1.07
W14-16×W32-16	0.09	0.53	−0.05	0.29	−0.43	0.54	0.11

亲本表型整齐一致、配合力高。W14-16×W32-16 组合中的 W32-16 一般配合力表现不好，选其作为亲本并不能稳定遗传。所以从高产优质的选择评价角度考虑各个组合，W03-15×W08-15 组合为最佳组合。

3. 结论

通过配合力分析，W03-15 除了耐贮运性指标较好外，品质和产量不如其他亲本材料，但其与 W08-15 的组合却具有比较优良的性状。要想育成高产的品种，选配这样的亲本较好。W08-15 亲本材料平均水平较高，其单果质量、Vc 含量、果皮硬度、可溶性固形物含量 4 个性状的一般配合力方差所占比例各为 32%、31%、22%、14%。单果质量、可溶性固形物含量性状配合力分结果相近，这也符合压砂地西瓜耐储运的特点。主蔓长度、果皮厚度 2 个性状比例各为 50%左右的研究结果不完全相同。主蔓长度性状没有作为主要性状进行分析评价，所以其效果没有显现。总结试验经验，在配合力分析时，测配时不能忽视主蔓长度等其他性状，只有保证这 2 个方面的特征，才能更好地保证育种质量。

压砂地种植穴施菌肥

压砂地种植穴施基质与菌肥

压砂地敷管覆膜一体机

硒砂瓜工厂化穴盘育苗

硒砂瓜嫁接苗培育

硒砂瓜

西瓜资源品比鉴定

宁甜1号(代号 NAAS-4)

第四章　宁夏新型装配式温棚构建及环境调控设备应用

第一节　研究简介

一、研究目的及意义

宁夏现有的日光温室以夯土墙体温室为主,墙体底宽 2.2~2.5 m、高 2.3~2.5 m,跨度 8~9 m,具有较强的保温性能,但棚室整体空间较为低矮,不宜开展机械化操作。"十三五"以来,随着耕地保护政策的收紧,占地较大的土筑墙体日光温室和永久性的砖混墙体日光温室在宁夏已基本不再支持建造。设施农业属于劳动密集型产业,随着人工成本攀升和劳动力老龄化严重,现有日光温室结构、空间不能满足设施机械化和自动化操作需求。为实现宁夏日光温室轻简化建造和宜机性能的提升,研发大空间、装配式新型日光温室是亟待解决的关键问题。

目前,宁夏塑料拱棚以水泥桁架 8 m 跨单层塑料拱棚为主,拱棚空间小,立柱多,保温性能较差,且生产中农户自行搭建的拱棚大小参差、材料各异,无法保证拱棚蓄热保温及抗风雪灾害的能力,无法充分满足农户对春提早和秋延后栽培的环境需求。为充分发挥拱棚在蔬菜春提早、秋延后栽培中的关键作用,研发保温性能强、操作空间大的新型拱棚是必然方向。

宁夏现有日光温室和拱棚日常管理大量依赖人力,劳动强度大,环境调控自动化装备普及率不足,机械化、信息化水平较低,缺乏省力、易用、耐久的环境调控设备,一方面与现有设施水电路等基本条件不尽匹配有关,另一方面支持日光温室、拱棚使用的轻简化环境调控设备研发和推广相对较少,农户缺少获取新型环境调控装备和技术的渠道。

"十三五"期间,通过自主创新和引进集成创新,开展安全越冬、大空间、装配式新型日光温室及春提早、秋延后越冬拱棚的自主研发和示范,设计并建造新结构、新材料温棚新型装配式日光温室 1 种、新型多层覆盖内置保温被日光温室 1 种、新型越冬桥式大棚 1 种和新型装配式越冬大棚 1 种;自主研发和引进自动化放风系统、卷帘机限停系统、日光温室电动内遮阳系统并进行推广应用,为宁夏设施瓜菜生产提供技术支持。

二、研究内容及成果

第一,设计并建造 1 种新型装配式日光温室,轻简化装配式建造,具有主动蓄热系统, 结合墙体内填充新型蓄热保温块可显著增强墙体蓄热保温性能,满足喜温蔬菜越冬栽培需求。形成地方标准《装配式日光温室建造技术规程(DB64/T 1743—2020)》。

第二,设计并建造 1 种新型多层覆盖内置保温被日光温室,轻简化装配式建造,具有内置保温被、操作空间大、适宜机械化作业的优点,环境监测表明冬季可满足喜温蔬菜越冬栽培需求。形成地方标准《多层覆盖内置保温被日光温室建造技术规程(DB64/T 1713—2020)》,授权实用新型专利《装配式日光温室》。

第三,设计并建造 1 种新型越冬桥式大棚,轻简化装配式建造,东西两侧建有 1.2 m 高桥式墙体和南北两侧山墙,配合主动蓄热系统可提高夜间墙体保温性能,装备轻质保温被,可保证喜温蔬菜秋延后、春提早 30 d 以上。形成地方标准《越冬桥式大棚建造技术规程(DB64/T 1742—2020)》。

第四,设计并建造 1 种新型装配式越冬大棚,轻简化装配式建造,仅温棚正中有支撑立柱,配备轻质保温被,可保证叶菜安全越冬。形成《新型装配式越冬大棚》建造规程 1 套。

第五,自主研发 1 种日光温室拉索式自动放风装置,授权实用新型专利《日光温室拉索式自动放风装置》;引进 1 套温感式温室自动化放风系统。使用自动放风系统可自动控制日光温室风口开合,调控日光温室温度,提高日光温室环控自动化水平。

第六,引进 1 套日光温室电动内遮阳系统,内遮阳电动起落可显著降低人工操作成本,操作简便,遮光性能良好,降温效果明显。

第七,自主研发 1 套摇臂限位式卷帘机限停系统,授权实用新型专利《一种温室用卷帘限位卷放装置》;引进 1 套压力感应式卷帘机限停系统。使用卷帘机限停系统可准确控制保温被起落位置,减少卷帘事故发生率。

第八,授权实用新型专利《双层除湿保温的温室大棚》《降温蓄热越冬大棚》《防沉陷沙漠种植温室》。

第二节　研究成果

一、新型装配式日光温室

日光温室作为中国北方最常用的经济型节能栽培设施,有着悠久的发展历史。截至 2015 年,面积达到 97.42 万 hm²,有效地解决了中国冬季蔬菜生产问题,实现了新鲜蔬菜周年供给。但是,现在被广泛推广的日光温室仍然存在一些问题亟待解决。首先,土地利用率低,日光温室后墙过厚,导致日光温室的土地利用率一般在 40%左右,极大地浪费了土地资源;其次,建造标准不同,存在采光保温性能降低、耕作层破坏严重、室内地面过度下沉、抗灾性差等问题;最后,建造日光温室费时费工,高昂的人工成本导致温室造价高,限制了设施农业的快速发展与应用。

新型装配式日光温室是由宁夏农林科学院种质资源研究所根据轻简

化、大空间、高性能目标提出的。本项目于 2017 年设计构建 1 种新型装配式日光温室,根据实际建成效果,在原有设计理念上进行墙体内部蓄热材料及蓄热方式等方面改良。2018 年设计下部墙体填充新型蓄热块及上下部墙体填充新型蓄热块温室 2 种装配式日光温室,并进行温室越冬性能持续监测。

(一)基本参数

温室跨度以 8~15 m 为宜,脊高 4.0~7.5 m,高跨比为 1.0:2.0。单栋温室长度以 70~100 m 为宜。前屋面角度一般为 31.9°,前屋面的形状为拱圆形。后屋面角度为 45°。后墙高 3.6 m,山墙高度与脊高一致,厚 50 cm,墙体用水泥发泡板和苯板填充,并设有主动蓄热系统(图 4-1)。方位以坐北向南、正南偏西 5°~7°为宜。

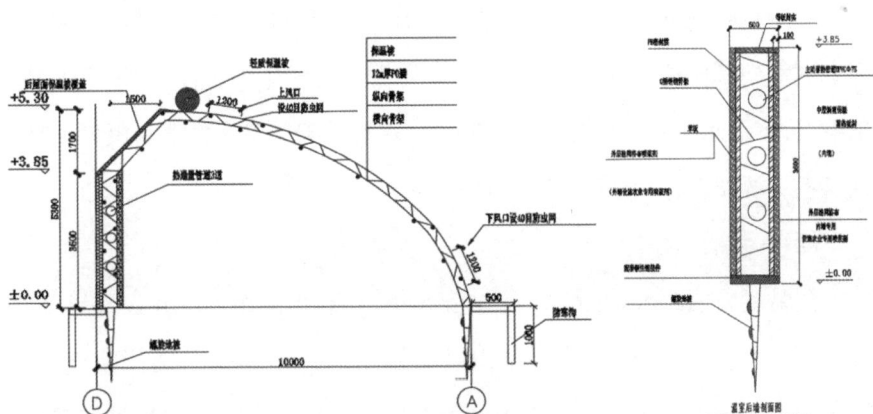

图4-1　新型装配式日光温室结构

(二)性能特点

1. 结构性能改进

新型装配式日光温室主要创新点是引入新型墙体蓄热技术,在墙体空间填充新型蓄热块后,结合主动蓄热管道,使热空气在蓄热块中均匀流动,蓄热块能够均匀蓄热,从而提高温室蓄热能力,实现最冷冬季温室安全生产,使温室冬季生产抗灾减灾能力得到有效提升。

2. 建造工艺改进

新型装配式日光温室全部采用工厂化、标准化、规模化生产的建造材料,进行全装配式建造,极大地缩短了建造时间,降低了建造成本。

(三)建造及施工

1. 处理地基

平整地面、清理杂物;依据场地勘察结果,结合实际情况,确定温室放线地坪标高。

2. 安装骨架

(1)安装温室骨架

先将螺旋地锚安装于地下,间距 4.8 m,再在大棚四周平铺角钢(宽 5 cm、高 5 cm、厚 4.5 mm)并焊接固定在螺地锚上。组装设施农业多功能组装式卡槽型钢骨架制成的构件,连接成多个单元再组合成 1 个整体,用吊车吊装在角钢上,校正水平后用螺栓与角钢固定。双榀骨架与单榀骨架间距为 1.2 m,且二者交替安装,南北末端安装双榀骨架。

(2)安装横向拉杆

在温室后墙距离地面 55 cm 处安装第一道,再间距 88 cm 安装第二道,再间距 116 cm 分别安装第三道和第四道,后墙外侧共计 4 道横向拉杆;后屋面的中间位置安装 1 道,在距离脊高 1.1 m 处安装 1 道,再距离 1.2 m 安装 1 道;在前屋面距离地面 30 cm 处安装 1 道,再间距 1.2 m 安装 1 道;骨架内侧距离地面 30 cm 处安装第一道,每间距 60 cm 安装 1 道,后墙共计 6 道;距离脊高 1.7 m 处安装第一道,每间距 1.7 m 安装 1 道,总计 6 道。

(3)安装卡槽

从地面距离后墙最高点 10 cm 处和脊高处各安装 1 道卡槽,距离脊高 1.2 m 安装 1 道,前屋面处距离地面 60 cm 安装 1 道,再间隔 1.2 m 安装 1 道卡槽。

3. 安装主动蓄热系统

在温室墙体苯板与发泡水泥板之间的骨架内安装 3 道平行 Φ75pvc 管道作为主动蓄热系统热通量管道,30 m 为 1 个单元。轴流引风机安装固定在温室后墙最高处,一台轴流引风机带 1 个单元主动蓄热系统。

4. 安装墙体

内墙材料用发泡水泥板(高 1.2 m、宽 1 m、厚 10 cm)填充,外墙材料用容重 12 kg/m³ 苯板(高 1.2 m、宽 1.17 m、厚 10 cm)填充,外侧附 1 层 12 丝的 PE 膜,均用锚固钉固定在骨架上;墙体上部盖板用容重 12 kg/m³ 苯板,用锚固钉将网格布固定在墙体骨架上,然后喷涂设施农业墙面专用喷浆剂(内墙专用喷浆剂为灰色,外墙专用喷浆剂为红色)。

5. 安装覆盖材料

(1)安装棚膜

棚膜选用耐老化、透光性好的无滴膜,应符合 GB 4455-2006 的规定,分为上风口膜、顶部膜和底膜,通过卡槽卡簧绷紧、固定。上下风口均 1.2 m,在设施农业多功能组装式卡槽型钢骨架的上下端分别安装八字勾,将压膜线固定在八字勾上,从第一个安装卡槽骨架上端的八字勾连接到第二个安装骨架下端的八字勾,依次安装压膜线,使之形成波浪形。

(2)安装防虫网

内外两侧的上下风口均用 40 目、宽 1.3 m 的防虫网,通过卡槽、卡簧将其绷紧固定。

(3)安装棉被

保温被安装在内骨架上,每床棉被宽 3 m、长 23 m,棉被之间重叠搭接长度不少于 10 cm。棉被后端用卡槽固定在温室脊高和后墙 3.5 m 处,再将棉被的密封膜(宽 3 m)用卡簧固定到卡槽上。保温被 1.25 kg/m²,并符合DB64/T 708-2011 的规定。

(4)安装卷膜器

卷膜杆(直径 25 mm、厚 1.3 mm)横铺在膜下端,用膜卡将膜下端卷 2圈固定,膜卡间隔为 0.8~1.0 m,在内外上风口的一端分别安装 1 个电动卷膜器,在内外下风口的一端分别安装 1 个手动卷膜器,共计 4 个。

(5)安装卷帘机系统

卷帘机采用侧卷机,卷杆选用保温被专用卷杆,Φ73 防锈国标管,壁厚扭矩大,两端焊接法兰盘,用专用螺丝固定,卷杆上焊接 6 cm 长圆钢,每0.6 m 安装 1 个,用于勾住保温被,防止出现脱轴空转现象。

6. 修建防寒沟

在温室四周距离温室 50~60 cm 处挖 1 条深 1 m、宽 40 cm 的沟,内用容重 12 kg/m³ 苯板(高 1 m、厚 0.1 m)填充,埋土夯实,再用宽 0.5 m、容重12 kg/m³ 苯板覆盖,用土覆盖并压实。

7. 安装温室门

在日光温室的一侧山墙上安装机械门和工作门,其中机械门供机械设备进入,尺寸为高 2.2 m、宽 2.4 m;工作门供农户平常工作进出,尺寸为高2.2 m、宽 0.95 m。

(四)相关知识产权

实用新型专利 2 项:《装配式日光温室》《日光温室拉索式自动放风装置》。

(五)小气候观测试验

项目在 2017 年设计建造的无蓄热保温板装配式温室基础上进行蓄热性能改良,2018 年设计建造下部墙体填充新型蓄热块及上下部墙体填充新型蓄热块温室 2 种。新型蓄热块为圆形吸热炉渣预制块,填充 1.2 m 以下的墙体或1.2 m 以上、1.2 m 以下的墙体,结合主动蓄热风机将温室白天的热空气抽入墙体,热空气在蓄热块缝隙间流动使蓄热块均匀吸热,夜间蓄热块放热提高温室夜温。试验于 2019 年 12 月 1—5 日进行,试验温室位于宁夏银川市,温室内外如图 4-2 所示。连续观测温室内温度变化,取样间隔为150 s。

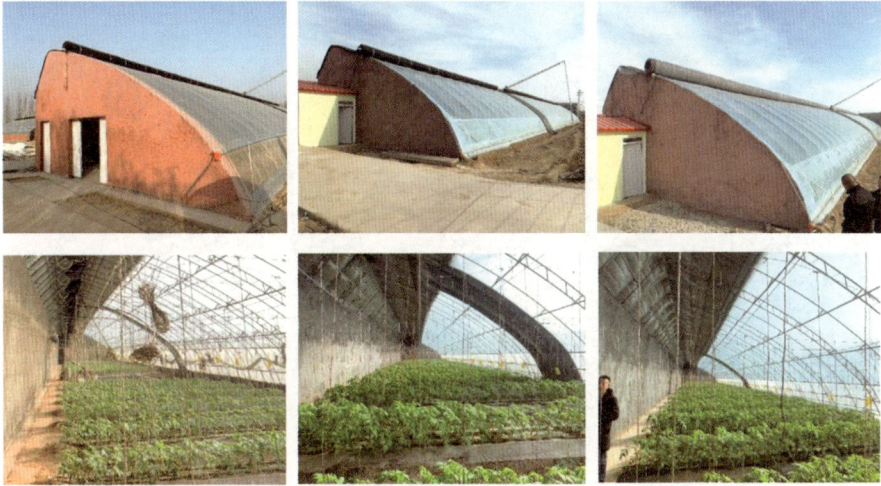

图 4-2 新型装配式日光温室及2 种改良型装配式日光温室

3 种新型温室环境监测数据表明,在 12 月 1—5 日测试期间,3 种温室白天温度变化趋势相似,但夜间保温放热效果存在显著差异。在无蓄热块填充的装配式日光温室中,夜间最低温度在 5℃左右,与无蓄热保温板装配式温室相比,填充新型蓄热块的下部蓄热块保温板温室,夜间温度提升 2℃左右,夜间最低温度为 7℃左右;上下部填充蓄热块温室较下部填充温室夜间温度提升 1.8℃,夜间最低温度在 8℃以上,且其在放苫后温度高于其他两种温室,说明后墙上下部填充的蓄热块在温室温度开始降低时会放热,吸放热效果都较好。本试验说明采用上下蓄热块保温板装配式日光温室,冬季夜间温度能保持在 8℃以上,可以满足喜温蔬菜冬季越冬生产的需要(图 4-3)。

二、新型多层覆盖内置保温被日光温室

宁夏川区四季多风沙、昼夜温差大,保温被外置易受雨水、风沙侵蚀,甚至被大风吹翻,破损的保温被保温性能降低,给日光温室冬季安全生产带来不利影响。为进一步提高宁夏川区日光温室保温性能,延长保温被使用时

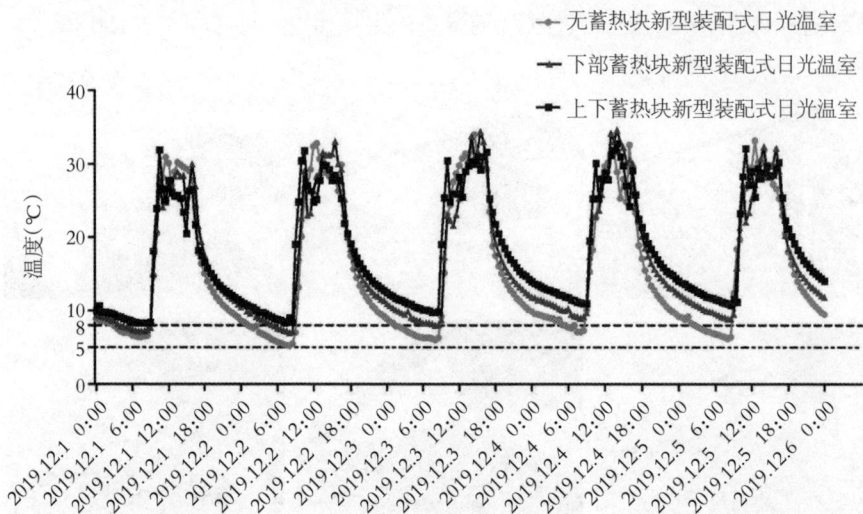

图 4-3 3 种新型装配式日光温室温度日变化

间,在大空间、轻简化、宜机化的设计理念下,本项目于 2016 年设计并建造 1
种新型多层覆盖内置保温被日光温室,根据建成后的实际应用效果,在原有
设计上进行后屋面材质、墙体材料等方面改良,于 2017 年设计了改良型多层
覆盖内置保温被日光温室,并进行温室越冬性能持续监测。监测结果表明,
该种温室可满足喜温蔬菜越冬栽培的需要。

(一)基本参数

温室跨度以 8~15 m 为宜,脊高 4.4~7.5 m,高跨比为 1.0:1.8~1.0:2.0。前
屋面角度为 31.9°,前屋面的形状为拱圆形;后屋面角度为 45°,厚度 0.1 m。
温室墙体厚度 0.5 m,墙体用水泥发泡板(高 1.2 m、宽 1 m、厚 10 cm)和容重
12 kg/m³ 苯板(高 1.2 m、宽 1.17 m、厚 10 cm)填充,并设有主动蓄热系统(图
4-4)。温室建造方位以坐北向南、正南偏西 5°以内为宜。

(二)性能特点

1. 结构性能改进

多层覆盖内置保温被日光温室主要创新点是采用内置保温被模式、内外
双层高透光性棚膜覆盖技术,从温室高度、跨度、拱圆形前屋面设计等方面进

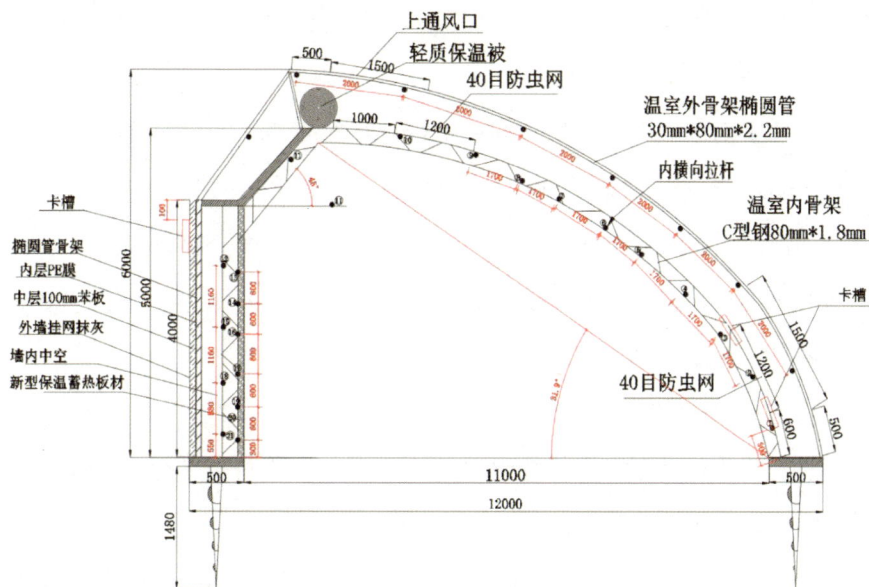

图 4-4　多层覆盖内置保温被日光温室结构

行了创新改进,减少前屋面热量散失,温室空间更大、更高,方便机械操作。

2. 建造工艺改进

多层覆盖内置保温被日光温室采用工厂化、标准化、规模化生产的镀锌轻简骨架材料,代替传统手工焊接喷漆的圆管骨架材料,使温室建造水平得到大幅提升。

3. 装配性能提升

多层覆盖内置保温被日光温室组装配套自动放风器、卷帘机、保温被,使温室设施设备水平得到全面提升;引入墙体蓄热技术,使温室墙体由被动蓄热变为主动吸热,从而提高温室蓄热能力,实现最冷冬季温室安全生产,使温室冬季生产抗灾减灾能力得到有效提升。

(三)建造及施工

1. 处理地基

平整地面、清理杂物;依据场地勘察结果,结合实际情况,确定温室放线地坪标高。

2. 安装骨架

（1）安装内骨架

先将螺旋地锚安装于地下，间距 4.8 m，再在大棚四周平铺角钢（宽 5 cm、高 5 cm、厚 4.5 mm）并焊接固定在螺地锚上。组装设施农业多功能组装式卡槽型钢骨架制成的构件，连接成多个单元再组合成 1 个整体，用吊车吊装在角钢上，校正水平后用螺栓与角钢固定。双椼骨架与单椼骨架间距为 1.2 m，且二者交替安装，南北末端安装双椼骨架。

（2）安装外骨架

前屋面和后屋面的内外骨架间距 1 m，后墙内外骨架平行；先将前屋面的螺旋地锚埋入地下固定，间距 4.8 m，再在温室前屋面平铺觉钢（宽 5 cm、高 5 cm、厚 4.5 mm）焊接固定在螺地锚上，最后将椭圆管钢骨架用螺丝固定到觉钢上，间距 1.2 m；每间隔 4.8 m 安装 1 根设施农业多功能组装式卡槽型钢骨架（用于固定外膜）。

（3）安装内骨架后屋面

用钻尾丝将彩钢板（厚 0.1 m、苯板容重 18 kg/m³）固定到内骨架的后屋面上。

（4）安装横向拉杆

安装内骨架横向拉杆：在温室后墙距离地面 55 cm 处安装第一道，再间距 88 cm 安装第二道，再间距 116 cm 分别安装第三道和第四道，后墙外侧共计 4 道横向拉杆；后屋面的中间位置安装 1 道，在距离脊高 1.1 m 处安装 1 道，再距离 1.2 m 处安装 1 道；在前屋面距离地面 30 cm 处安装 1 道，再间距 1.2 m 安装 1 道；骨架内侧距离地面 30 cm 处安装第一道，每间距 60 cm 安装 1 道，后墙共计 6 道；距离脊高 1.7 m 处开始安装第一道，每间距 1.7 m 安装 1 道，总计 6 道。

安装外骨架横向拉杆：外骨架横向拉杆为 25 mm×1.3 mm 的热镀锌圆管，在后屋面中间位置和脊高处分别安装 1 道横向拉杆，距离脊高 2 m 处到外骨架前屋面底部均匀安装 6 道横向拉杆,共计 8 道。

(5)安装卡槽

从地面距离后墙最高点 10 cm 处和脊高处各安装 1 道卡槽,距离脊高 1.2 m 安装 1 道,前屋面处距离地面 60 cm 安装 1 道,再间隔 1.2 m 安装 1 道卡槽。

(6)安装主动蓄热系统

在温室墙体苯板与发泡水泥板之间的骨架内安装 3 道平行 Φ75pvc 管道,作为主动蓄热系统热通量管道,30 m 为 1 个单元。轴流引风机安装固定在温室后墙最高处,1 台轴流引风机带 1 个单元主动蓄热系统。

3. 安装墙体

内墙材料用发泡水泥板(高 1.2 m、宽 1 m、厚 10 cm)填充,外墙材料用容重 12 kg/m³ 苯板(高 1.2 m、宽 1.17 m、厚 10 cm)填充,外侧附 1 层 12 丝的 PE 膜,均用锚固钉固定在骨架上;墙体上部盖板用容重 12 kg/m³ 苯板,用锚固钉将网格布固定在墙体骨架上,然后喷涂设施农业墙面专用喷浆剂(内墙专用喷浆剂为灰色,外墙专用喷浆剂为红色)。

4. 安装覆盖材料

(1)安装棚膜

棚膜选用耐老化、透光性好的无滴膜,应符合 GB 4455-2006 的规定,分为上风口膜、顶部膜和底膜,通过卡槽卡簧绷紧、固定。上下风口均 1.2 m,在设施农业多功能组装式卡槽型钢骨架的上下端分别安装八字勾,将压膜线固定在八字勾上,从第一个安装卡槽骨架上端的八字勾连接到第二个安装骨架下端的八字勾,依次安装压膜线,使之形成波浪形。

(2)安装防虫网

内外两侧的上下风口均用 40 目、宽 1.3 m 的防虫网,通过卡槽、卡簧将其绷紧固定。

（3）安装棉被

保温被安装在内骨架上，每床棉被宽 3 m、长 23 m，棉被之间重叠搭接长度不少于 10 cm，棉被后端用卡槽固定在温室脊高和后墙 3.5 m 处，再将棉被的密封膜（宽 3 m）用卡簧固定到卡槽上。保温被 1.25 kg/m²，并符合 DB64/T 708-2011 的规定。

（4）安装卷膜器

卷膜杆（直径 25 mm、厚 1.3 mm）横铺在膜下端，用膜卡将膜下端卷 2 圈固定，膜卡间隔为 0.8~1.0 m，在内外上风口的一端分别安装 1 个电动卷膜器，在内外下风口的一端分别安装 1 个手动卷膜器，共计安装 4 个。

（5）安装卷帘机系统

卷帘机采用侧卷机，卷杆选用保温被专用卷杆，Φ73 防锈国标管，壁厚扭矩大，两端焊接法兰盘，用专用螺丝固定，卷杆上焊接 6 cm 长圆钢，每 0.6 m 安装 1 个，用于勾住保温被，防止出现脱轴空转现象。

5. 修建防寒沟

在温室四周距离温室 50~60 cm 处挖 1 条深 1 m、宽 40 cm 的沟，内用容重 12 kg/m³ 苯板（高 1 m、厚 0.1 m）填充，埋土夯实，再用宽 0.5 m、容重 12 kg/m³ 苯板覆盖，用土覆盖并压实。

6. 安装温室门

在日光温室的一侧山墙上安装机械门和工作门，其中机械门供机械设备进入，尺寸为高 2.2 m、宽 2.4 m；工作门供农户平常工作进出，尺寸为高 2.2 m、宽 0.95 m。

（四）相关知识产权

实用新型专利 3 项：《双层除湿保温的温室大棚》《装配式日光温室》《日光温室拉索式自动放风装置》。

（五）小气候观测试验

为观测多层覆盖内置保温被日光温室及改良型多层覆盖内置保温被日

光温室冬季保温抗寒性能,为以后示范推广提供依据,特设此试验。试验于2019 年 12 月 1—4 日进行,试验温室位于宁夏中卫市沙坡头区镇罗镇设施蔬菜核心区,温室内外如图 4-5 所示。改良型多层覆盖内置保温被温室在原设计上采用 0.7 cm 厚彩钢板加固后墙和两侧山墙,采用保温材料加厚墙体内部,加装内层保温防晒二层幕,二层幕于放苫时放下,起苫时收起。试验期间连续观测温室内温度及光照强度,取样间隔为 150 s。

图 4-5　多层覆盖内置保温被日光温室及改良型多层覆盖内置保温被日光温室

　　试验结果表明,在试验地中卫市,2019 年 12 月 1—4 日,多层覆盖内置保温被温室最低气温保持在 8℃以上,而改良型多层覆盖内置保温被温室最低气温较前者高 3℃左右,可保证温室内温度保持在 10℃以上,满足喜温瓜菜越冬的生产要求(图 4-6)。分析 2 种温室光照强度,发现改良对温室光照强度影响不大,2 种温室日均光照强度均在 10 000 Lux 以上,最高光照强度达 20 000 Lux 以上,基本满足果菜类蔬菜的光照需求(图 4-7)。

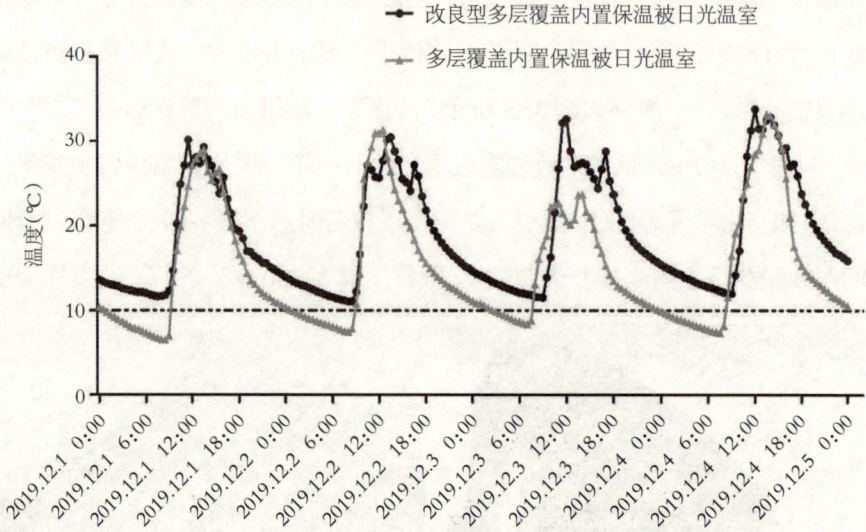

图4-6　2种多层覆盖内置保温被日光温室温度日变化

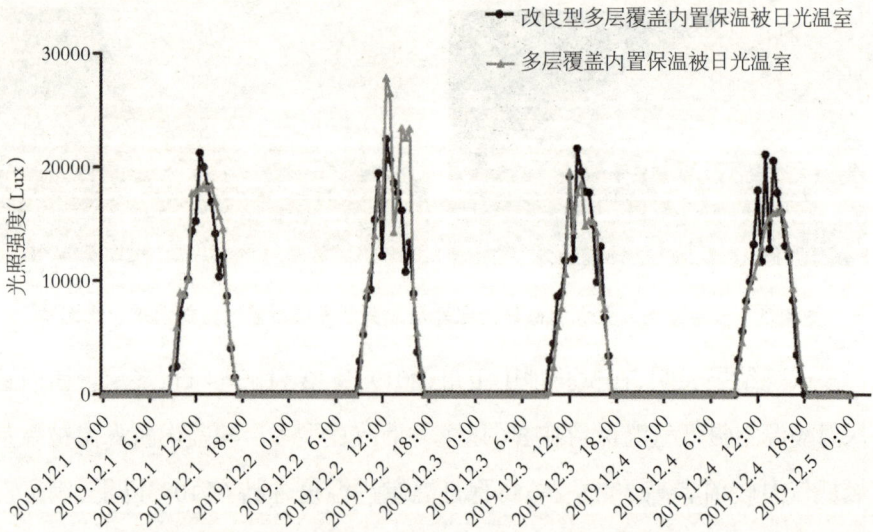

图4-7　2种多层覆盖内置保温被日光温室光照日变化

三、新型越冬桥式大棚

　　宁夏现有拱棚以水泥桁架塑料大中拱棚为主，它们普遍存在建设标准低、材料非标化、空间小、温光保障及抗雨雪风灾性能弱等问题，不能有效承载现代机械、智能化装备的集成配置以及支持越冬栽培和周年安全生产。为此,设计建设新型越冬大棚已成为宁夏设施瓜菜产业发展面临的必然课题。自2016年起,为建造适宜宁夏的大跨度越冬桥式大棚,"宁夏特色瓜菜产业关键技术创新与示范项目"子课题"新型温棚构建及蔬菜高新栽培技术研究示范课题"与宁夏区内外相关专家进行多次探讨,作前瞻性研发,提出了桥式越冬大棚的构想,应用标准化新材料,构建性价比高、能够安全越冬栽培的大跨度拱棚,变革目前的拱棚结构和栽培模式,为宁夏设施园艺产业纵深及可持续发展提供技术支撑。

(一)基本参数

大棚长度以60~100 m为宜,跨度以16~24 m为宜,脊高4.0~6.0 m,东西两侧墙高1.2 m,南北山墙高4.0~6.0 m,墙体厚度0.5 m。双榀骨架肩高2.0 m时单面弧长11.0 m,单榀骨架肩高2.0 m时单面弧长11.0 m(图4-8)。拱棚为南北方向延长,依据地形地貌做适当调整。相邻拱棚之间的间距为4.0~7.0 m。

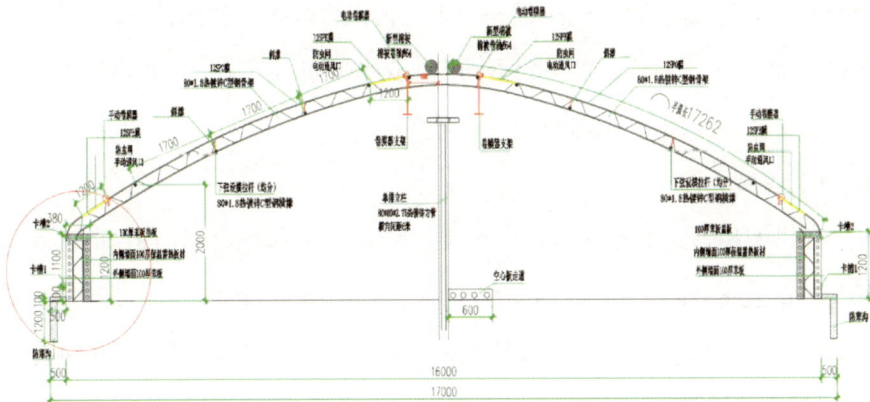

图4-8　新型越冬桥式大棚结构

(二)性能特点

1. 围护结构创新

新型越冬桥式大棚主要创新点是在大棚东西两侧建有1.2 m高的桥式

墙体,能主动蓄热,保证了热能综合利用最大化。该墙体兼顾保温和围护大棚结构稳定的作用,有利于大棚在多风及低温时节安全生产。

2. 装配性能提升

新型越冬桥式大棚组装配套卷帘机、保温被,使温室设施设备水平得到全面提升;引入墙体蓄热技术,使桥式墙体由被动蓄热变为主动吸热,从而提高墙体蓄热能力,实现新型大棚越冬生产。

(三)建造及施工

1. 处理地基

平整地面、清理杂物;依据场地勘察结果,结合实际情况,确定温室放线地坪标高。

2. 安装骨架

(1)安装大棚骨架

先将螺旋地锚安装于地下,间距 4.8 m,再在大棚四周平铺角钢(宽 5 cm、高 5 cm、厚 4.5 mm)并焊接固定在螺地锚上。组装设施农业多功能组装式卡槽型钢骨架制成的构件,连接成多个单元再组合成 1 个整体,用吊车吊装在角钢上,校正水平后用螺栓与角钢固定。双楹骨架与单楹骨架间距为 1.2 m,且二者交替安装,南北末端安装双楹骨架。

(2)安装立柱

在拱架最高点下方设热镀锌方管作为支柱,长依据脊高而定,钢管壁厚 2.75 mm、宽 8 cm。螺旋地锚安装于地下 1.48 m 处,间隔 6 m,将钢板(长 30 cm、宽 30 cm、厚 0.6 cm)焊接到螺旋地锚上,再将方管支柱焊接到钢板上。

(3)安装横梁

在立柱上南北贯穿安装 1 道热镀锌方管作为横梁,热镀锌方管规格为 5 cm×5 cm×2.75 mm。

(4)安装横向拉杆

横向拉杆采用组装设施农业多功能组装式卡槽型钢骨架,规格符合

DB64/T 1278-2016 的规定。在拱棚顶部骨架上弦 1.0 m 处安装横向拉杆 1 道,在距离第一道横向拉杆 1.2 m 处安装第二道横向拉杆,在骨架肩高距离地面 2.0 m 处安装第三道横向拉杆;在骨架内侧距离横梁 1.7 m 处安装第一道横向拉杆,间距为 1.7 m,骨架内侧横向拉杆用螺栓将斜撑连接到骨架上弦,共安装 5 道横向拉杆。距离地面处 30 cm 处安装横向拉杆 1 道,间距 60 cm 处安装第二道横向拉杆。

(5)安装卡槽

在东西墙体各安装 2 道卡槽,距离地面 10 cm 处安装第一道卡槽,间距 1.1 m 处安装第二道卡槽。

(6)安装蓄热系统

在大棚墙体苯板与发泡水泥板之间的骨架内安装 2 道平行的 Φ75PVC 管,作为主动蓄热系统热通量管道,20 m 为 1 个单元。轴流引风机安装固定在大棚立柱上,高度不得低于 3.5 m,1 台轴流引风机带 2 个单元的主动蓄热系统。

3. 安装墙体

内墙材料用发泡水泥板(高 1.2 m、宽 1 m、厚 10 cm)填充,外墙材料用容重 12 kg/m³ 苯板(高 1.2 m、宽 1.17 m、厚 10 cm)填充,均用锚固钉固定在骨架上;墙体上部盖板用容重 12 kg/m³ 苯板,用锚固钉将网格布固定在墙体骨架上,然后喷涂设施农业墙面专用喷浆剂(内墙专用喷浆剂为灰色,外墙专用喷浆剂为红色),最后外墙覆 15 丝黑色 PE 膜。

4. 安装覆盖材料

(1)安装棚膜

棚膜选用耐老化、透光性好的无滴膜,应符合 GB 4455-2006 的规定,分为顶部膜、两侧膜,每侧顶部风口膜 2.5 m,通过卡槽卡簧绷紧、固定。在卡槽的上下端分别安装八字勾,将压膜线固定在八字勾上,从第一个安装卡槽骨架上端的八字勾连接到第二个安装卡槽骨架下端的八字勾,依次安装压膜线,使之形成波浪形。

(2)安装防虫网

大棚两侧上下风口处均安装 40 目、宽 1.3 m 的防虫网,用卡槽、卡簧将其绷紧固定。

(3)安装棉被

每床棉被宽 3 m,棉被之间重叠搭接长度不少于 10 cm,棉被后端用卡槽固定在顶部横梁上。保温被应符合 DB64/T 708-2011 的规定。

(4)安装卷膜器

卷膜杆(直径 25 mm、厚 1.3 mm)横铺在膜下端,用膜卡将膜下端卷 2 圈固定,膜卡间隔为 0.8~1.0 m,在外部两侧上风口的一端分别安装 1 个电动卷膜器,在外部两侧下风口的一端分别安装 1 个手动卷膜器,共计安装 4 个。

(5)安装卷帘机系统

卷帘机采用爬杆式,卷杆选用保温被专用卷杆,Φ73 防锈国标管,壁厚扭矩大,两端焊接法兰盘,用专用螺丝固定,卷杆上焊接 6 cm 长的圆钢,每 0.6 m 安装 1 个,用于勾住保温被,防止出现脱轴空转现象。

5. 修建防寒沟

在大棚四周距离温室 50~60 cm 处挖 1 条深 1 m、宽 40 cm 的沟,内用容重12 kg/m³ 苯板(高 1 m、厚 0.1 m)填充,埋土夯实,再用宽 0.5 m、厚 0.1 m、容重 12 kg/m³ 苯板覆盖,用土覆盖并压实。

6. 安装大棚门

在全光照越冬大棚的南山墙上安装机械门和工作门,其中机械门供机械设备进入,尺寸为高 2.2 m、宽 2.4 m;工作门供农户平常工作进出,尺寸为高 2.2 m、宽 0.95 m。

(四)相关知识产权

实用新型专利 1 项:《降温蓄热越冬大棚》。

(五)小气候观测试验

为观测新型越冬桥式大棚的冬季温光性能,为以后示范推广提供依据,特设此试验。试验于 2019 年 11 月 27 日—12 月 1 日进行,试验拱棚位于宁夏银川市,拱棚内外如图 4-9 所示。以普通双层塑料大棚为对照,连续观测拱棚内温度及光照强度,取样间隔为 150 s。

图 4-9　新型越冬桥式大棚

　　环境监测数据表明,11 月 27 日—12 月 1 日是典型冬季晴天,双层塑料拱棚夜间温度已低于 0℃,喜温蔬菜会遭受冻害,蔬菜秋延后只能进行至 11 月初,无法进行蔬菜越冬生产。新型越冬桥式大棚可保证拱棚内夜均温在 5℃以上,可保障喜温蔬菜采收期延至 12 月初,12 月—次年 1 月可保证叶菜越冬生产(图 4-10)。与双层塑料拱棚相比,新型越冬桥式大棚东西两侧侧墙和南北两侧山墙对拱棚内光照强度没有明显影响(图 4-11)。

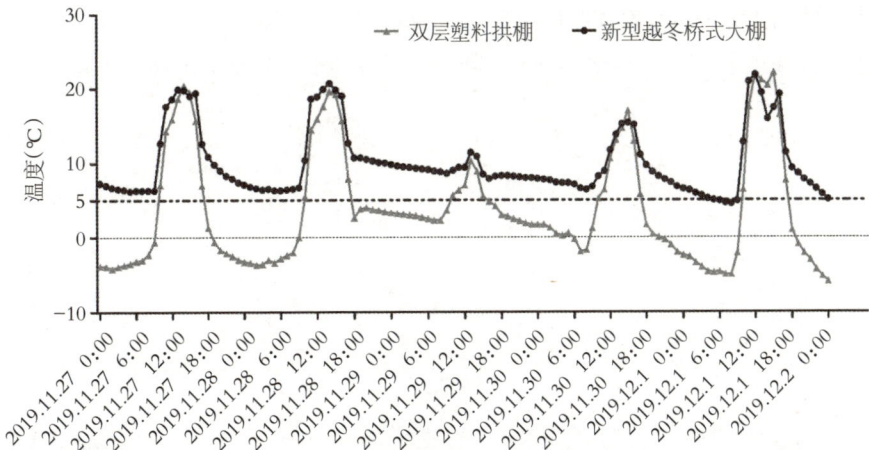

图 4-10　新型越冬桥式大棚温度日变化

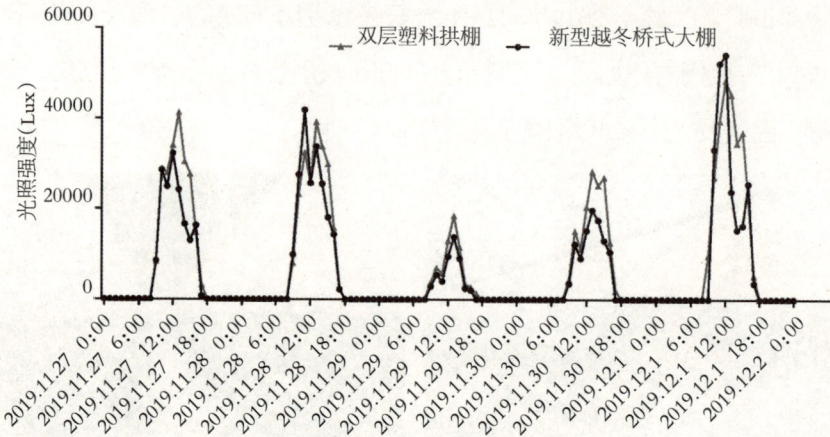

图 4-11　新型越冬桥式大棚光照日变化

四、新型装配式越冬大棚

针对宁夏塑料大棚空间较小、立柱多、采光性能差、保温性能弱、承载能力差等共性问题，项目设计并建造了 1 种配备轻质保温被的新型装配式越冬大棚，在增大拱棚跨度、提升操作空间、增强保温性能的基础上，全部使用标准化装配组件，能实现大拱棚快速、标准化建造。

(一) 基本参数

大棚长度以 60~100 m 为宜，跨度以 16~24 m 为宜，脊高 4.0~6.0 m，南北山墙高 4.0~6.0 m，墙体厚度 0.5 m。双榀骨架肩高 2.0 m 时单面弧长 11.0 m，单榀骨架肩高 2.0 m 时单面弧长 11.0 m (图 4-12)。拱棚为南北方向延长，依

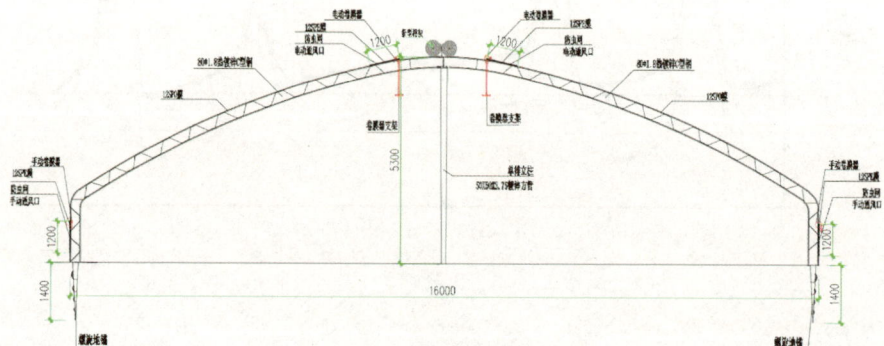

图 4-12　新型装配式越冬大棚结构

据地形地貌做适当调整。相邻拱棚的间距为 4.0~7.0 m。

(二)性能特点

1. 采光性能优化

新型装配式越冬大棚对大棚高跨比进行了优化,合理高跨比为 1.0:1.8,一是增加可利用面积,二是采光率提高 20%,光线损失很少,9:00 以前和 15:00 以后有合理的入射角,且大棚空间更大、更高,方便操作。

2. 建造工艺改进

新型越冬桥式大棚全部采用工厂化、标准化、规模化生产的建造材料,进行全装配式建造,极大地缩短了建造时间,降低了建造成本。

(三)建造及施工

1. 地基处理

平整地面、清理杂物;依据场地勘察结果,结合实际情况,确定温室放线地坪标高。

2. 安装骨架

(1)安装大棚骨架

先将螺旋地锚安装于地下,间距 4.8 m,再在大棚四周平铺角钢(宽 5 cm、高 5 cm、厚 4.5 mm)并焊接固定在螺地锚上。组装设施农业多功能组装式卡槽型钢骨架制成的构件,连接成多个单元再组合成 1 个整体,用吊车吊装在角钢上,校正水平后用螺栓与角钢固定。双榀骨架与单榀骨架间距为 1.2 m,且二者交替安装,南北末端安装双榀骨架。

(2)安装立柱

在拱架最高点下方设热镀锌方管作为支柱,长依据脊高而定,钢管壁厚 2.75 mm、宽 8 cm。螺旋地锚安装于地下 1.48 m 深处,间隔 6 m,将钢板(长 30 cm、宽 30 cm、厚 0.6 cm)焊接到螺旋地锚上,再将方管支柱焊接到钢板上。

(3)安装横梁

在立柱上南北贯穿安装 1 道热镀锌方管作为横梁,热镀锌方管规格为

50 mm×50 mm×2.75 mm。

(4)安装横向拉杆

横向拉杆采用组装设施农业多功能组装式卡槽型钢骨架,规格符合DB64/T 1278-2016 的规定。在拱棚顶部骨架上弦 1.0 m 处安装横向拉杆 1道,在距离第一道横向拉杆 1.2 m 处安装第二道横向拉杆,在骨架肩高距离地面 2.0 m 处安装第三道横向拉杆。在骨架内侧距离横梁 1.7 m 处安装第一道横向拉杆,间距为 1.7 m,骨架内侧横向拉杆用螺栓将斜撑连接到骨架上弦,共计安装 5 道横向拉杆。距离地面 30 cm 处安装横向拉杆 1 道,间距 60 cm安装第二道横向拉杆。

(5)安装卡槽

在东西墙体上各安装 2 道卡槽,距离地面 10 cm 处安装第一道卡槽,间距 1.1 m 安装第二道卡槽。

(6)安装蓄热系统

在大棚墙体苯板与发泡水泥板之间的骨架内安装 2 道平行的 Φ75PVC管,作为主动蓄热系统热通量管道,20 m 为 1 个单元。轴流引风机安装固定在大棚立柱上,高度不得低于 3.5 m,1 台轴流引风机带 2 个单元主动蓄热系统。

3. 安装覆盖材料

(1)安装棚膜

棚膜选用耐老化、透光性好的无滴膜,应符合 GB 4455-2006 的规定,分为顶部膜、两侧膜,每侧顶部风口膜 2.5 m,通过卡槽卡簧绷紧、固定。在卡槽的上下端分别安装八字勾,将压膜线固定在八字勾上,从第一个安装卡槽骨架上端的八字勾连接到第二个安装卡槽骨架下端的八字勾,依次安装压膜线,使之形成波浪形。

(2)安装防虫网

大棚两侧上下风口处均用 40 目、宽 1.3 m 的防虫网,通过卡槽、卡簧将其绷紧固定。

（3）安装棉被

每床棉被宽幅为 3 m,棉被之间重叠搭接长度不少于 10 cm,棉被后端用卡槽固定在顶部横梁上。保温被应符合 DB64/T 708-2011 的规定。

（4）安装卷膜器

卷膜杆(直径 25 mm、厚 1.3 mm)横铺在膜下端,用膜卡将膜下端卷 2 圈固定,膜卡间隔为 0.8~1.0 m,在外部两侧上风口的一端分别安装 1 个电动卷膜器,在外部两侧下风口的一端分别安装 1 个手动卷膜器,共计安装 4 个。

（5）安装卷帘机系统

卷帘机采用爬杆式,卷杆选用保温被专用卷杆,Φ73 防锈国标管,壁厚扭矩大,两端焊接法兰盘,用专用螺丝固定,卷杆上焊接 6 cm 长圆钢,每0.6 m 安装 1 个,用于勾住保温被,防止出现脱轴空转现象。

4. 修建防寒沟

在大棚四周距离温室 50~60 cm 处挖 1 条深 1 m、宽 40 cm 的沟,内用容重12 kg/m³ 苯板(高 1 m、厚 0.1 m)填充,埋土夯实,再用宽 0.5 m、厚 0.1 m、容重 12 kg/m³ 苯板覆盖,用土覆盖并压实。

5. 安装大棚门

在全光照越冬大棚的南山墙上安装机械门和工作门,其中机械门供机械设备进入,尺寸为高 2.2 m、宽 2.4 m;工作门供农户平常工作进出,尺寸为高 2.2 m、宽 0.95 m。

（四）小气候观测试验

为观测新型装配式越冬大棚冬季温光性能,为以后示范推广提供依据,特设此试验。试验于 2019 年 11 月 27 日—12 月 1 日进行,试验拱棚位于宁夏银川市,拱棚内外如图 4-13 所示。以普通双层塑料大棚为对照,连续观测大棚内温度及光照强度,取样间隔为 150 s。

环境监测结果表明,11 月 27 日—12 月 1 日是典型的冬季晴天,新型装配式越冬大棚白天温度与双层塑料拱棚相当,而夜晚越冬大棚东西两侧保

图 4-13　新型装配式越冬大棚

温被放下,夜温可保持在 3℃以上,较普通双层塑料大棚高 8.1℃,最高可达 9.5℃(图 4-14),满足叶菜类蔬菜越冬需求,与普通双层塑料拱棚相比具有较强的保温优势。与双层塑料拱棚相比,新型装配式越冬大棚光照强度与塑料大棚没有显著差异,说明新型装配式越冬大棚的大跨度和南北两侧山墙并不会影响棚内采光(图 4-15)。

五、温室自动化放风系统

宁夏四季日照充沛,日光温室白天温湿度变化迅速,若想保证日间温室内温度保持在瓜菜最适宜生长的范围,需及时调整上下风口大小,控制温室

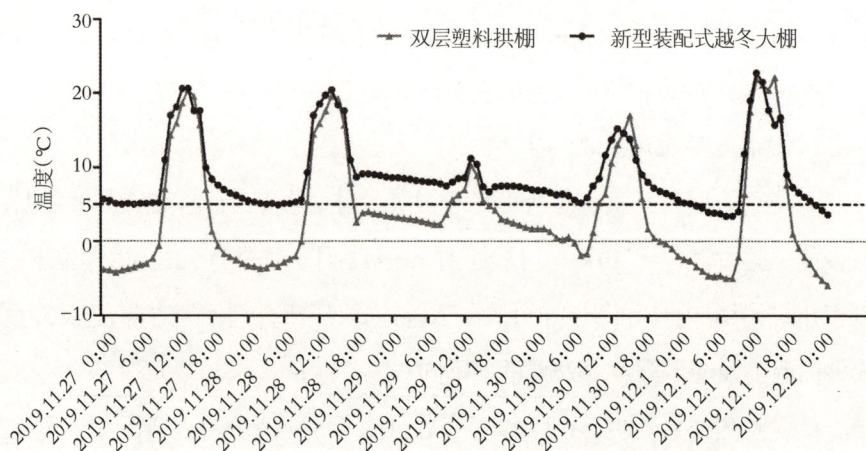

图 4-14　新型装配式越冬大棚温度日变化

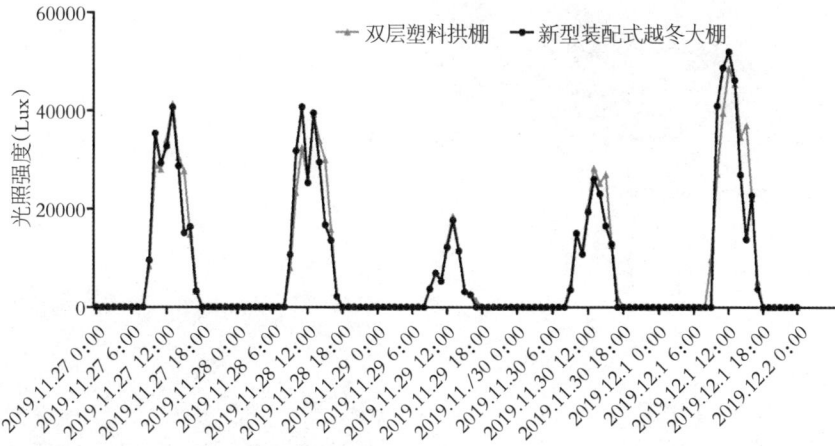

图 4-15　新型装配式越冬大棚光照日变化

内外空气交换,进行温室通风降温排湿。但人工操控风口开合往往存在无法恰当掌握放风时间、不能精确控制棚内温度、多次操作费时费力等问题。项目自主研发 1 种日光温室拉索式自动放风装置,授权实用新型专利《日光温室拉索式自动放风装置》;引进 1 套温感式日光温室自动放风系统,由温度探头采集温室温度数据, 根据设定的最适温度进行风口自动控制和手机遥控控制,实现全天无人值机放风智能控制,降低温度剧烈变化对植物生长的影响,保障植物处于最适温湿度。

(一)设备组成

温感式日光温室自动放风系统由总控制器、机械卷杆、上风口控位系统和温度传感器组成, 其中机械卷杆及上风口控位系统为自动放风系统的核心部件,能实现单机控制百米长日光温室上风口的开闭(图 4-16)。上风口控位系统由塑料卡托将风口与拉丝相连, 拉丝可上下移动, 当需要打开风口时,卷杆转动连带拉丝向上运动,风口被收起;当风口需闭合时,卷杆反向卷动,由固定在棚膜上的滑轮组提供反向拉力,将风口下拉,从而实现对上风口的双向控制。

图 4-16　温感式日光温室自动放风系统

(二)控制方法

1. 手动控制模式

人工操作风口的开闭程度,不受时间、温度、湿度影响,灵活控制开启或关闭风口。

2. 基于温室温度参数的自动控制模式

根据种植蔬菜不同生育期对温度的不同需求,设置风口开启和关闭的温度,在温室内温度达到设定的风口开启温度后,风口打开 1/3,等待温度数据采集周期,若此时温度达到设定温度以下,风口不在继续开启,若温度高于设定值,再打开 1/3,之后若温度仍然过高,风口全部开启;控制系统关闭风口时同理。

3. 自动控制加警报模式

此模式在开闭风口温度设定值的基础上,增加极端高温和极端低温手机报警功能,当温室温度在风口全部开放或关闭后,温度仍然高于或低于设定温度并达到预设的极端温度,自动放风系统将通过手机呼叫的方式提醒用户采取其他必要措施升高或降低温室温度。

(三)性能特点

1. 风口开合控制灵活

该温感式日光温室自动放风系统控制精准，每次风口只开启或关闭1/3，避免因风口开放过大导致棚内温度剧烈变化，防治闪苗、冻苗等问题。

2. 温度调控精准

该设备以温室内温度变化为参数，可根据植物需要的温度灵活设定风口开合的大小，准确地调控温室内温度，并能在棚温达到极端值时发给手机警报，可在春夏高温季节棚室高温时发挥辅助作用。

(四)设备使用效果

为观测新型环境调控设备应用效果，为以后示范推广提供依据，特设此试验。试验于 2020 年 4 月 19 日进行，试验温室位于宁夏银川市。自动放风系统风口开启温度设定为 27℃，关闭温度设定为 22℃。以人工控制风口开合的同结构日光温室为对照，连续观测日光温室内温度，取样间隔为 150 s。

环境监测结果表明，在典型春季晴天，随着室外气温的升高，日光温室内温度也不断攀升。在使用自动放风系统的温室中，当日光温室内温度达到27℃时，自动放风系统启动，并在白天温室内温度最高的 11:00—15:00 根据室内温度的变化进行多次打开操作，而人工管理工人在 10:00 开启风口降湿后没有根据室内温度变化再次调整风口，导致 12:00 后室内温度一直较高(图 4-17)。与人工控制相比，自动控制风口控制更为精准，基本可以完成无人值机操作，降低了人工成本。

六、日光温室电动内遮阳系统

宁夏春夏日照强烈，日光温室 3 面为蓄热结构，由于强烈的日照温室内经常出现 35℃以上高温，造成叶片灼伤、衰老，降低了植株光合性能。高温干燥还易引起养分吸收失衡，影响植株产量和品质。目前，常用的降温方法有拉设遮阳网、使用防晒棚膜涂料、装备湿帘风机系统、室内喷水降温等，其中

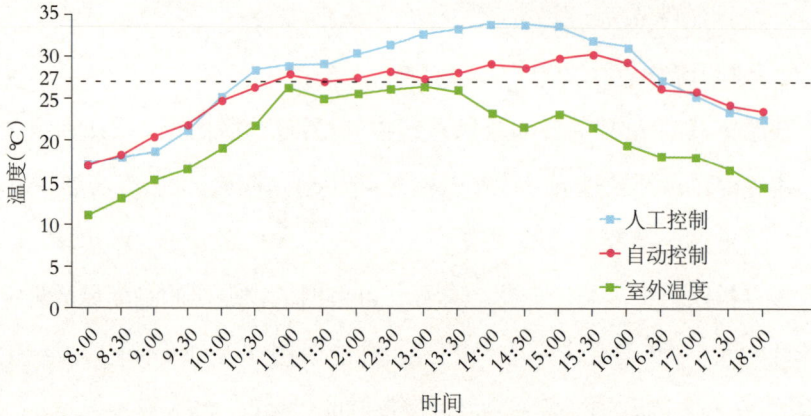

图 4-17 不同放风模式对日光温室温度的影响

拉设遮阳网成本较低、装卸较为简单,是日光温室中应用最多的降温方法。与外置遮阳网相比,内置遮阳网能更为灵活地收放和调整遮阳面积,但由于温室面积大,作物生长较高,人工操作内遮阳网较为费工。项目引进一种新型日光温室电动内遮阳系统,特点在于将遮阳幕悬挂于日光温室采光面钢骨架上,避免由于遮阳网离作物顶端过近导致遮阳网上部热量蓄积,温室通风不畅导致遮阳但不降温。遮阳网打开位置可固定,升降皆为电动控制,操作省工省力。

(一)设备组成

日光温室电动内遮阳系统由总控制器、机械卷杆、遮阳网悬挂定位系统(图 4-18)和全棚内遮阳幕(图 4-19)组成,其中机械卷杆及遮阳网悬挂定位系统为核心部件,能实现单机控制百米长日光温室遮阳幕的开闭和位置固定。根据温室采光面的大小,每隔 2 根钢骨架铺设与其内侧重合的导轨,整张遮阳幕被纵向固定在数个卡扣上,卡扣可在导轨中上下滑动,卡扣间有电动定位拉丝用来固定每个卡扣的位置,以确保遮阳幕打开程度不同时卡扣和遮阳幕不会受重力和惯性作用下滑。在遮阳幕全部收起时,卡扣将遮阳幕固定在北上方,与棉被收起位置垂直,不影响温室正常采光。在需要遮阳时,电动卷轴带动拉丝使纵向卡扣依次下移,带动遮阳幕展开。需要收起时,卷杆反向卷动,由固定在棚膜上的滑轮组提供反向拉力,将卡扣向上拉起,从而实现对遮阳幕的双向控制。

图 4-18　日光温室电动遮阳系统控制及悬挂装置

图 4-19　日光温室电动遮阳系统遮阳幕

(二)控制方法

日光温室电动遮阳系统由温室管理人员根据当日外界气温和日照情况手动控制或通过遥控器控制,灵活控制遮阳幕打开面积,调控温室内温度和光照。

(三)性能特点

1. 电动控制节省人力

普通内遮阳网通常安装后便固定不动或每日人工收放 1 次,无法做到灵活控制。该内遮阳系统开闭由电动控制,可根据环境变化随时调整遮阳网的打开程度,灵活控制棚内光照进而调控棚内温度,便于日光温室温光环境精准管理。

2. 采光面悬挂设计

本内遮阳系统为采光面悬挂设计,遮阳网远离植物,在打开遮阳网时不影响下部农事操作空间,棚室内通风效果良好,避免遮阳网位置过低导致温室顶部热积累,降温效果更好。

(四)设备使用效果

为测试内遮阳系统的降温效果,为以后示范推广提供依据,特设此试验。试验于 2020 年 5 月 15 日进行,试验温室位于宁夏银川市。试验时,9:30 将遮阳幕 100%打开,15:30 完全收起,以不遮阳同结构温室为对照,统一通风管理。连续观测日光温室内温度和光照变化,取样间隔为 150 s。

环境监测结果表明,在外界最高温度达到 30℃时,上下风口全部开启的无遮阳日光温室最高温度高达 36℃,且 10:00 时温室内温度就已达到 30℃,且随着室外气温的升高和光照强度的不断增强,日光温室内的温度不断攀升。在有遮阳系统的温室中,在打开遮阳幕后温度持续低于无遮阳温室,且低于外界环境温度,降温效果明显(图 4-20)。

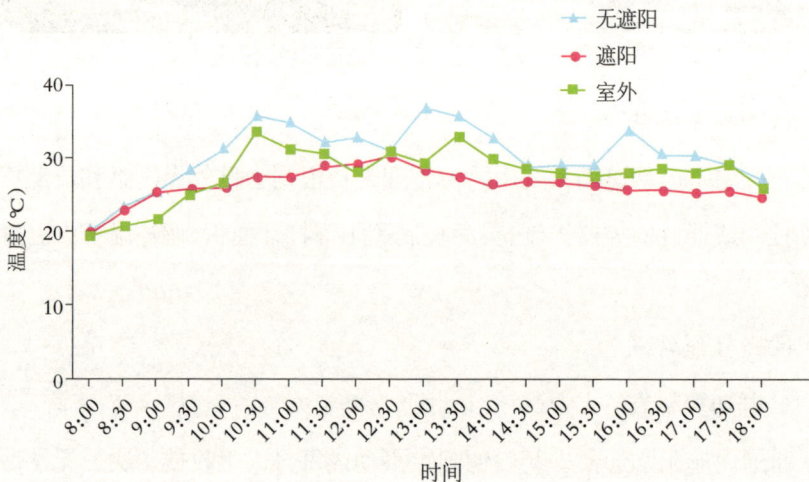

图 4-20　遮阳对日光温室温度的影响

如图 4-21 所示,5 月宁夏处在春夏之交,日最高光照强度可达 12 万 Lux,10:00 后光照强度达 7 万 Lux 以上,极易造成日光温室春夏栽培日间高温。日光温室棚膜对光线的反射和散射使温室内光照强度为室外光照强度的 60%~70%。本试验中使用的遮阳幕为银白色反光幕,遮阳率高,在本次试验中,遮阳后透光率约为 10%,使用后大幅降低温室内光热辐射,在高温季节可明显降低棚内温度。实际操作时,应根据外界光强和温度适时适量调整遮阳网的打开面积,控制光线入射角度,在降低棚内温度和避免过度遮阳降低光合作用中寻求最优调控策略。

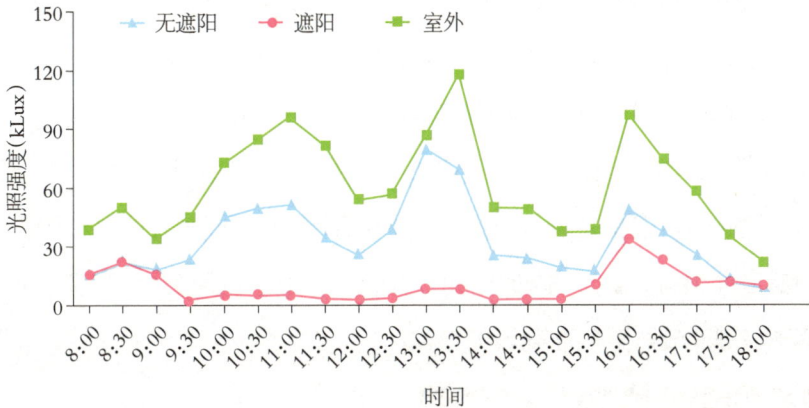

图 4-21　遮阳对日光温室内光照强度的影响

七、日光温室卷帘机限停系统

保温被是日光温室重要的保温部件,每年 10 月—次年 4 月,种植户每日傍晚都需将保温被打开,通过采光面放出日光温室白天蓄积的热量,次日早晨需将保温被卷起使温室受光,可见保温被卷帘系统使用之频繁。目前,除仍使用草帘的日光温室外,使用大棚专用棉被的日光温室大多采用电动卷帘机卷放保温被,在卷放保温被时通常需要人工留守观察卷放位置。保温被若收放不当,易出现 2 种问题:一是保温被上卷过多,出现保温被翻滑下后坡的情况,几十米甚至上百米长的保温被重量极大,需要耗费大量人力或机械力才能将其抬起归位；二是卷帘机下放过多，导致拉弯卷杆或拉坏棉被。为避免卷帘机过度卷放，限制卷帘机停止位置，本项目自主研发1套摇臂限位式卷帘机限位卷放装置，授权实用新型专利《一种温室用卷帘限位卷放装置》，引进1套压力感应式卷帘机限停系统，2种卷帘限停系统均表现出较好的使用效果。

（一）压力感应式卷帘机限停系统

压力感应式卷帘机限停系统由控制器和上、下压力感应器构成（图4-22），该系统基于电动卷帘系统，当保温被卷杆在卷帘机带动下降至近地面时，保温被卷杆压在预定位置的感应器指针上，感应到压力信号后，集成在电动卷帘系统开关处的控制器控制卷帘机的电闸断开，从而完成卷帘机下放限停。同理，当卷帘机上卷到预设好的上部压力感应器预定位置时，棉被卷杆压到上压力感应器指针上，卷帘机电闸断开，完成卷帘机上卷限停。该压力感应式卷帘机限停系统可根据温室上屋面倾角、保温被长度等设置上、下压力感应器位置，方便不同棚型和多种卷帘机配套使用，具有安装方便、操作简单、感应灵敏、限位准确等优点。

图4-22　压力感应式卷帘机限停系统上下限位装置

（二）摇臂限位式卷帘机限停系统

摇臂限位式卷帘机限停系统，基于摇臂式自走卷帘机，由装设在摇臂与支撑臂连接处附近的限位器和位于卷帘机电闸的控制器构成（图4-23）。该系统限位控制原理与卷放保温被时摇臂和支撑臂间的角度变化有关。当保温被卷起时,自走式卷帘机机头带动摇臂上移,摇臂和支撑臂间角度不断扩大,在支撑臂上端的限位器由滑轮组和连接线构成,连接线的上端固定在摇臂上,下端由支撑臂滑轮固定,末端与卷帘机电闸相连,连接线上段与支撑臂上端、摇臂顶端构成三角结构,连接线上端完全绷紧的长度即为摇臂、支撑臂间的直线距离。安装时,工作人员按照实际角度调节连接线上端长度,保证其绷直时保温被卷至预设位置,连接线上段完全绷直时带动末端连接的卷帘机电闸上拉,从而完成卷帘机上卷限停。该卷帘机限停系统通过限定摇臂张开角度限停卷帘机,原理简单、操作方便、成本较低。

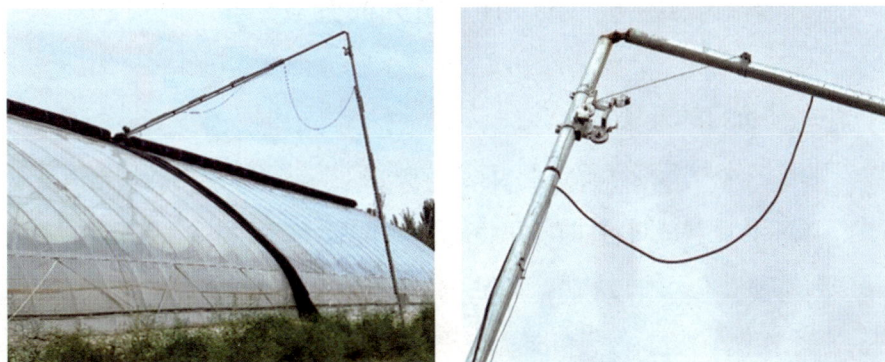

图 4-23　摇臂限位式卷帘机限停系统

第五章　宁夏日光温室蔬菜水肥一体化精准管理技术

第一节　研究简介

一、研究目的及意义

水肥一体化,又称灌溉施肥、管道施肥、随水施肥等,是指利用管道灌溉系统,将液体肥料或可溶性固体肥料配制成的肥液与灌溉水一起定时、定量输送到作物生长区域的方法。水肥一体化能够根据土壤养分状况和作物需肥、需水规律与特点,做到精准灌溉、科学施肥,具有水肥均衡、节水节肥、易于控制温湿度、减轻病害、提高水肥利用率、减少人力与物力的浪费、改善产品品质和生态环境的优点。我国发展水肥一体化技术已有 40 多年的历史,开展了灌溉系统设计、肥料选择、灌溉方式筛选、水肥耦合效应、养分运移规律及配套技术等方面的应用研究。宁夏地区 2013 年首次引进水肥一体化控制设备,2014 年将水肥一体化技术列入农业产业化政策进行扶持,水肥一体化技术在设施蔬菜中的普及应用面积逐渐增多,到 2019 年年底,达到60%以上。

目前在宁夏地区,使用的水肥一体化装备大部分为单体或小规模水肥一体化管理系统,这种设备主要是针对单体温室或小面积的作物生产而研发的小规模灌溉施肥管理系统,通过吸肥泵或文丘里施肥器自动吸取生产人员在作物不同生育阶段准备的水溶肥料。虽然宁夏日光温室蔬菜滴灌和水肥一体化装备逐渐普及,但是在水肥管理制度上,仍然沿用以往的经验进行管理,灌水量和施肥量依旧远超蔬菜作物所需,土壤养分大量盈余并快速富集,导致土壤次生盐渍化逐渐加重,因此项目针对宁夏日光温室蔬菜生产特点,以主栽作物黄瓜和番茄为研究对象,通过施肥器筛选比较、水肥一体化装备的组装,开展日光温室早春茬和秋冬茬温光环境和作物生长的分析,提出黄瓜和番茄水肥管理参数,进行全生育期精准量化管理。

二、研究内容及成果

基于农业科技园区精准灌溉的需求,2016 年项目组与吴忠国家园区管委会、紫藤连线合作组装了 1 种日光温室单体水肥精准控制装置(申请了实用新型专利 201721908072.1),系统包括数据采集器、灌溉控制器(紫藤连线提供)、管道电磁阀、比例施肥泵,通过组装,实现单体温室进水灌溉压力达 0.27 Pa(10 m³/h),经过系统出水压力为 0.2 Pa(7 m³/h),采集器采集土壤水分数据并交远端计算处理,通过制定全生育期水肥灌溉制度,即可以配方施肥,也可使用商品水溶性复合肥,控制器接收远端指令执行灌溉操作。目前,在吴忠园区示范 3 栋温室(2 栋土壤栽培模式,1 栋袋培模式),效果显著。

针对单体日光温室水肥管理中施肥设备混乱、施肥参数缺乏等问题,选择 Mixrite 2.5 比例施肥泵(TR1)、可调比例式文丘里注肥器(TR2)、涡旋水肥一体化机(TR3)3 种施肥器,在统一供水设备条件下,比较分析不同施肥器的运行参数及效果,筛选出 1 种适宜日光温室土壤栽培的施肥装备。利用筛选出的可调比例式文丘里注肥器、无线传输数字水表、管道电磁阀组装适宜单体温室土壤栽培水肥一体化简易控制装备,利用控制器通过"以水控肥"进行水肥管理,制定日光温室秋冬茬樱桃番茄水肥一体化管理制度、日光温室春夏茬番茄水肥一体化管理方案和基于不同水肥用量优化日光温室春夏茬黄瓜水肥制度,并在国家农业科技园区和种植大户进行示范,显著提高了水肥利用效率。项目授权实用新型专利 2 项(1 种日光温室单体水肥精准控制装置 201721908072.1、1 种用于日光温室立体管培叶菜营养液回收装置 ZL201821534521.5),发表文章 3 篇。

(一)通过比较不同施肥器应用效果,筛选出 1 种适宜日光温室土壤栽培的施肥装备

试验以二珉圆茄为研究对象,选择 Mixrite2.5 自动比例施肥器(APF)、可调比例式文丘里施肥器(APVI)和涡旋式施肥器(VF)3 种施肥器,分析应用 3 种施肥器对茄子根际土壤 EC、pH,茄子植株茎粗、株高、产量及水肥生产率的影响。结果表明,APF 和 APVI 处理产量分别为 27 860.4 kg/hm²、27 685.05 kg/hm²,灌溉水分生产率分别为 24.43 kg/m³、24.29 kg/m³,肥料偏生产率为 61.91 kg/kg、61.52 kg/kg,两种施肥器处理差异不显著,但显著高于 VF 处理,考虑 APF 设备操作要求高且造价昂贵,大面积推广有一定的局限性,农民不易接受,而 APVI 设备造价便宜,操作简单,后续维护工作少,易在田间地头安装,因此,推荐 APVI(可调比例式文丘里注肥器)进行推广。

(二)提出日光温室秋冬茬樱桃番茄水肥一体化管理制度

为了探索日光温室秋冬茬番茄灌水量,通过测定樱桃番茄生育期土壤含水量变化、果实产量及品质,提出日光温室秋冬茬樱桃番茄水肥一体化制度参数:全生育期灌水总额 76 m³/667 m²,苗期每次灌水定额为 1.5 m³/667 m²,施复合肥 2.5 kg/667 m²,灌溉周期为 3~5 d;开花坐果期、采收初期、采收盛期每次灌水定额依次为 2 m³/667 m²、2.5 m³/667 m²、3 m³/667 m²,每次施复合肥 2.5 kg/667 m²,灌溉周期平均为 3~5 d;生长末期灌水定额为 1.5 m³/667 m²,每次施复合肥 2.5 kg/667 m²,灌溉周期 20~22 d;在秋冬茬,樱桃番茄产量可达到 2 933.06 kg/667 m²。

(三)制定日光温室春夏茬和秋冬茬番茄水肥一体化管理方案

宁夏旱作区日光温室番茄春夏茬期间(3—7 月)活动积温较高,能够满足番茄正常生长需求,在春夏茬番茄生长期间(生育期 4 个月),以定植期、

开花期、坐果初期、坐果后期划分生育阶段进行水肥管理,在定植后的第一个月,每 6 d 滴 1 次水,每次灌水定额 6~7 m³/667 m²,追肥 2~3 次,追肥量为总施肥量的 15%~20%;在开花期(定植后第二个月),每 5 d 滴 1 次水,每次灌水定额 7~8 m³/667 m²,追肥量为总施肥量的 25%~30%;在坐果初期,每 4~5 d 滴 1 次水,每次灌水定额 7~8 m³/667 m²,追肥量为总施肥量的 25%~30%;在坐果后期,每 5~6 d 滴 1 次水,每次灌水定额 7~8 m³/667 m²,追肥量为总施肥量的 15%~20%。早春茬番茄全生育期灌水量推荐 180 m³/667 m²,追肥量 N:10~12 kg/667 m²,P_2O_5:5~6 kg/667 m²,K_2O:20~25 kg/667 m²,2017 年和 2018 年连续 2 年早春茬番茄产量在 7 000 kg/667 m² 左右。

(四)提出基于不同水肥用量优化日光温室春夏茬黄瓜水肥制度

通过研究灌水量和施肥量耦合对黄瓜生长指标、果实产量及品质的影响,探索宁夏旱作区温室黄瓜的水肥一体化管理制度,试验以春夏茬黄瓜为试材,设置灌水量、用肥量 3 个水平 9 个处理的试验,结果表明,以经济效益为主,综合产量指标、水肥生产率来看,TR4(用肥量 1 200 kg/hm²,灌水量 2 250 m³/hm²)为最佳处理,即在沙土壤条件下,用 N 量为 216 kg/hm²,用 P_2O_5 量为 108 kg/hm²,用 K_2O 量为 324 kg/hm²,整个生育期灌水定额为2 253.6 m³/hm²,灌水次数 27 次。其中,3—4 月,每次灌水 45 m³/hm²,间隔 5~7 d;5 月,每次灌水 105 m³/hm²,间隔 2~3 d;6—7 月中旬,每次灌水 84 m³/hm²,间隔 3~4 d;7 月中旬—7 月底,每次灌水 39.3 m³/hm²,间隔 3~4 d。

第二节　研究成果

一、不同施肥器在日光温室茄子生产中的应用分析

水肥一体化技术是肥溶于水,按需灌溉施肥及节水节肥的技术措施。通过管道设计,将作物所需养分和水分定时定量地按配比供给,实现节水节肥、省工、高产高效的目的。而实现水肥一体化的关键是灌溉施肥装置,目

前,国外如荷兰、以色列、日本等农业发达国家针对灌溉施肥机的研究和使用已相当成熟,其推广使用的自动灌溉施肥机可实现智能化的精准水肥一体化,也是施肥器大型化、国际智能化的发展趋势,但价格高昂、移动不便,很难适应国内的市场需求。国内学者关于灌溉施肥机的研究也取得了一定的进展,市面上推广的主要有压差溶肥器、文丘里注肥器、电动注肥泵、比例注肥泵等施肥装置。施肥装置的灌水和施肥均匀度是决定水肥利用率的重要因素,会直接影响作物的产量和品质,也是评价滴灌施肥系统性能的重要指标。学者针对施肥机的稳定性和可操作性作了大量的研究,但混肥均匀度、浓度调配及其对作物和土壤 EC、pH 的影响等研究往往被忽略,现有的灌溉施肥系统也难以满足不同作物在不同生长时期对营养均匀度和浓度的动态需求。因此,本文通过比较现有的 3 种施肥器对日光温室茄子生长及根际养分浓度的影响,结合施肥器的灌溉量和灌溉时间等操作性能,初步确定在农民农业蔬菜生产中溶肥浓度和均匀度高、容易推广、性价比高的水肥一体机,以提高设施农业生产的效率和用户的经济效益。

(一)材料与方法

1. 试验基地概况

试验设置在宁夏吴忠(孙家滩)国家农业科技园区的日光温室,基地全年光照时间达 3 000 h,全年太阳辐射高达 700 kJ/m²,年平均气温 8.8℃,年平均降水量 193 mm,年蒸发量 2 013 mm,气候干燥。试验温室宽 15 m、长 100 m,钢架结构,净栽培面积 0.107 hm²,温室后墙基底宽 8 m,脊高 7.5 m,棚膜种类是明净华涂层膜,外覆盖保温材料保温被,保温采光效果良好。

2. 试验材料和试验方法

供试茄子品种为二珉圆茄。供试肥料为海法魔力丰 12-5-40+2MgO ($N-P_2O_5-K_2O$)。茄子幼苗于 2017 年 9 月 8 日定植,定植密度为 27 000 株/hm²,株距 25 cm,垄宽 80 cm,走道 60 cm。试验结束于 2017 年 12 月 28 日。

在统一压力水源条件下,选择 3 种均依靠供水压差驱动的施肥器,施肥浓度可调控,试验处理按照主要施肥器类型,选择 Mixrite 2.5 自动比例施肥器(型号:Mixrite 2.5)、可调比例式文丘里施肥器(型号:ATP800,工作压力 1.0~5.0 Bar,吸入流量 6.0~160 L/h)、涡旋式施肥器。为方便记录,分别将 3 种施肥器按照英文首字母记录为 APF（Automatic Proportional Fertilizer）、APVI（Adjustable Proportional Venturi Injector）、VF（Vortex Fertilizer）,小区面积 16.8 m²,重复 4 次。

APF、APVI 试验开始前, 将一定量的海法魔力丰复合肥倒入容积 15 L 的施肥罐中,进水管加水至施肥罐满,人为搅匀(肥液里没有固体颗粒);VF 先将一定量的海法魔力丰复合肥倒入容积 15 L 的施肥罐中, 盖上施肥罐,直接打开进水管,罐内靠压差自动加水至满罐然后搅匀,具体水肥管理如下表:

表 5-1　茄子生育期计划用水、用肥情况

	生长阶段	幼苗期	开花坐果	采收期	总计
用水情况	每次用量(m³·hm⁻²)	75	75	60	
	间隔时间(d)	7	6	10	
	生育阶段(d)	40	30	50	
	总量(m³·hm⁻²)	450	375	300	1 125
用肥情况	每次用量(kg·hm⁻²)	15	24	18	
	间隔时间(d)	5	6	5	
	生育阶段(d)	40	30	50	
	总量(kg·hm⁻²)	120	120	180	420

3. 测定项目与方法

测定项目:茎粗、株高,果实产量、定植前及收获后土壤(0~30 cm、30~60 cm)EC 和 pH;跟踪持续测定土壤自然含水量、肥液 EC 和 pH;测试系统稳定性及压力参数、系统流量。

(1)肥液 EC、pH

利用便携式 EC 测量仪 CT-20、便携式 pH 测量仪在不同时间段在滴灌

带末端接取肥液进行测定。

（2）土壤含水量

随机取不同土层的土壤测定，计算公式：土壤含水量（重量%）=（原土重-烘干土重）/烘干土重×100%。

（3）土壤 EC、pH

每次施肥灌水前后取原状土测定。

（4）株高

选择生长大小基本一致的植株 5 株进行标记作为调查株，小区株高（地面到生长点）用钢卷尺每 10 d 测量 1 次；茎粗用游标卡尺测量植株地面以上 10 cm 处植株直径，每 10 d 测量 1 次。

（5）产量

用电子秤称量小区产量（精确到 0.01 g），根据小区面积换算成 hm²。

4. 数据处理

数据采用 Excel 2007、DPS 7.05 统计分析软件、Origin 2017、Curve Expert 曲线软件进行处理。

（二）结果与分析

1. 3 种不同施肥器运行参数

比例施肥器 APF 的系统稳定性高，可控性高，吸肥量相对稳定。文丘果施肥器 APVI 较 APF 可控性差，吸肥量与压差值有很大关系；涡旋式施肥器 VF 稳定性和可控性不高，施肥桶盖容易破损，影响气密性，肥浓度不均匀，在运行过程中不断被稀释。从表 5-2 可以看出，三者的系统流量从高到低依次为 APVI>APF>VF。

表 5-2　3 种水肥一体机运行参数

处理	APF	APVI	VF
压差	0.05（0.16~0.11）	0.2（0.25~0.05）	0.01（0.1~0.09）
系统流量	0.89 L/h	1.32 L/h	0.8 L/h

2. 3 种施肥器运行下肥液 EC、pH 变化

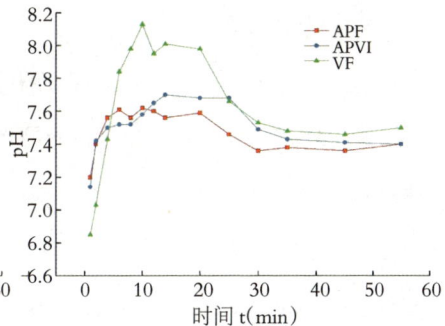

由图 5-1、5-2 可知,在前 6 min 内,APF、APVI、VF 的肥液 EC、pH 均是增高趋势,此阶段可能是肥液逐步进入试验田的时间段。6 min 之后,APF 肥液 EC 稳定,维持在 1.61~1.65 mS/cm,pH 变化趋势和 EC 基本保持一致,变化范围在 7.36~7.61;APVI 的肥液 EC 依然呈现缓慢增长趋势,至 12 min 时达最大值 1.98 mS/cm,之后缓慢下降至 1.54 mS/cm,随后趋于稳定,其 pH 变化趋势同 EC。这可能是施肥器 APF、APVI 开始施肥前罐内先充满水,人为搅匀,肥料溶解得相对充分,故 APF 肥液在到达试验田时 EC、pH 恒定,肥液均匀,APVI 在 6~25 min 时运行压差相对不稳定, 造成肥液 EC、pH 不均匀、有波动,后期趋于稳定。VF 是先加肥,盖上施肥罐,直接打开进水管,罐内靠压差自动加水至满罐且搅拌, 在运行阶段施肥罐内会不断有水进入和肥液流出。6 min 之后,肥液浓度瞬时最高,达 3.2 mS/cm,pH 为 8.13,随施肥过程的进行,进入施肥罐内的水不断稀释肥液,肥液浓度逐渐变小,即 EC、pH 的变化趋势,至 35 min 时 EC、pH 恒定,分别为 0.73 mS/cm、7.48,即开始运行前水的 EC、pH 值, 说明此阶段后施肥罐内的肥料已经全部溶解用尽。肥液溶解的均匀度会直接影响到作物根系对营养的吸收, 根据以上 3 个施肥设备的 EC、pH 变化,表明溶肥的均匀度依次为 APF>APVI>VF。

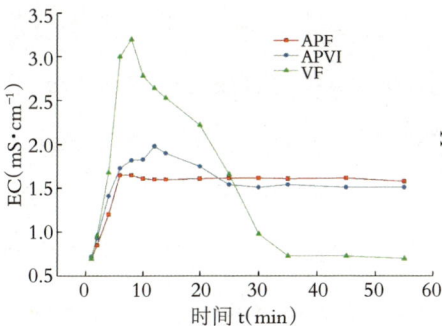

图 5-1　3 种施肥器运行下肥液 EC 变化　　图 5-2　3 种施肥器运行下肥液 pH 变化

3. 不同处理 0~30 cm、30~60 cm 土层自然含水量变化

由图 5-3 可知,0~30 cm 土层在 APF、APVI、VF 施肥器应用下的土壤平

均含水量分别为 14.71%、14.85%、13.08%，前两者之间差异不显著，较 VF 均存在显著差异；30~60 cm 土层在 APF、APVI、VF 施肥器应用下的土壤平均含水量分别为 10.47%、8.31%、10.07%，APF、VF 差异不显著，两者较 APVI 均存在显著性差异。这可能与系统流量有很大关系，土壤表层系统流量大、易积水，而对于土层深处来说，由于系统流量大，容易漏水走水，土层下渗的水就会相对减少。

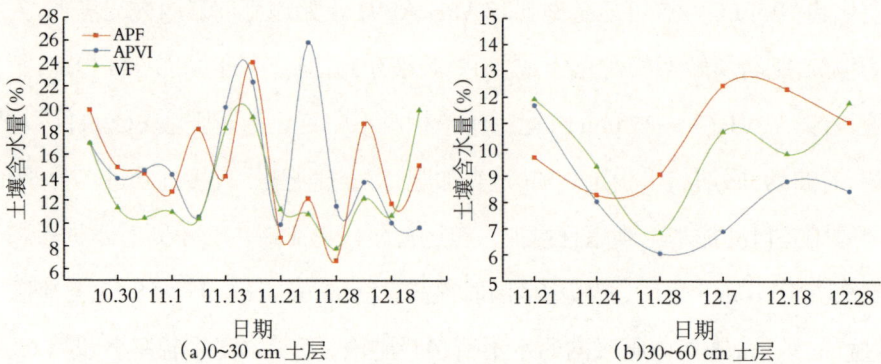

图 5-3　生育期 0~30 cm、30~60 cm 土壤自然含水量变化

4. 不同处理 0~30 cm、30~60 cm 土壤 EC 变化

由图 5-4 可知，0~30 cm、30~60 cm 土壤 EC 在 0.1~0.8 mS/cm 之间变化。APF 应用下的 0~30 cm 土壤 EC 变化在茄子整个生育期呈 M 形变化，这与施肥前后有关系，波峰是施肥后第一天的数据，而波谷是施肥前的数据，明显反映了施肥前后 0~30 cm 土壤的 EC 变化与作物吸收有直接关系；30~60 cm 土壤 EC 呈波峰式变化，深层土壤养分被作物利用过程相对缓慢，需要土壤养分运移过程，且无论定植前和生育末期，0~30 cm、30~60 cm 土壤的 EC 值几乎没有变化，可见 APF 应用下的营养液浓度均匀，易被作物迅速吸收，且不在土壤残留；APVI 应用下的 0~30 cm、30~60 cm 土壤 EC 前期只有 0.1 mS/cm，肥液施入后没有明显变化，后期骤然增高，达 0.7~0.8 mS/cm。可能是肥液浓度的不均匀造成的，但在土壤自身可调节范围内，之后又骤然下降，生育末期与定植时 EC 值相比较，0~30 cm 土壤增加了 0.06 mS/cm，30~60 cm 土壤

反而下降了 0.06 mS/cm;VF 应用下的 0~30 cm、30~60 cm 土壤 EC 变化趋势与 APF 相似,均呈 M 形,随施肥时土壤 EC 的增高,植物吸收后下降。

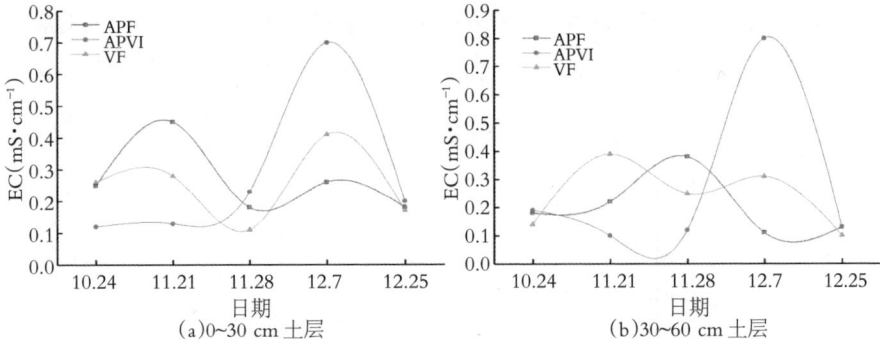

(a)0~30 cm 土层　　　　　　(b)30~60 cm 土层

图 5-4　生育期 0~30 cm、30~60 cm 土壤 EC 的变化

5. 不同处理 0~30 cm、30~60 cm 土壤 pH 变化

土壤 pH 是影响植物生长的关键因子,由图 5-5 可知,0~30 cm、30~60 cm 土壤 pH 为 7.84~8.63,均呈碱性甚至强碱性。3 个处理的 0~30 cm 土壤 pH 生长末期与定植前相比较,差异不显著,其中 APF 由定植前的 8.52 降低为 8.2,APVI 比定植前降低 0.07,VF 较定植前提高 3.75%。30~60 cm 土壤中,3 个施肥罐的土壤 pH 虽然在生长中期有降低,但总体变化均在生长末期时呈增高趋势。较定植前,三者应用下分别增加 4.33%、4.2%、3.91%。

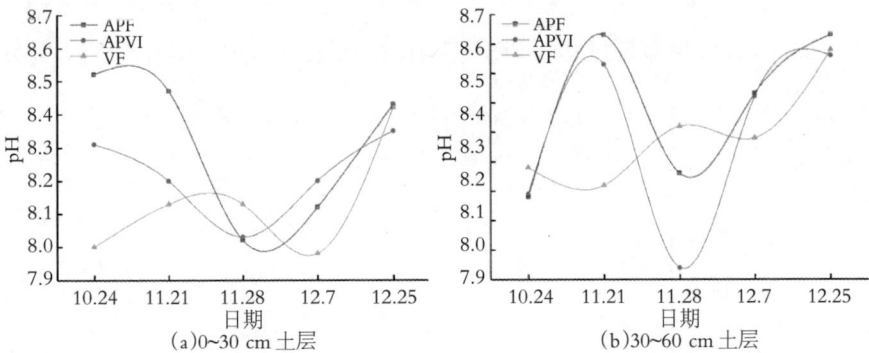

(a)0~30 cm 土层　　　　　　(b)30~60 cm 土层

图 5-5　生育期 0~30 cm、30~60 cm pH 变化

6. 不同处理对茄子生长指标的影响

由图 5-6 可知,茄子茎粗生长在 11 月下旬就趋于稳定,定植后的前

60 d 属于缓慢增长期,APF、APVI、VF 应用下分别以 0.11 mm/d、0.11 mm/d、0.10 mm/d 的速度快递增长;定植后的 60~76 d 属于快速增长期,三者分别以 0.17 mm/d、0.15 mm/d、0.18 mm/d 的速度快递增长。APF 的茎粗最高达 17.44 mm,分别比 APVI、VF 高出 2.72%、0.77%。可见,水肥一体机的系统流量、运行稳定性直接影响植株茎粗的生长。

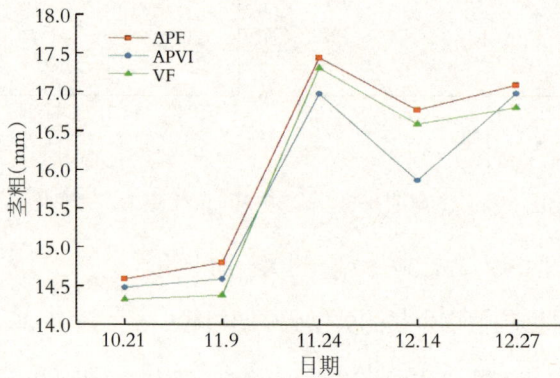

图 5-6 茄子生育期茎粗变化

实际测得数据可用 logistic 方程模拟不同处理下茄子株高生长曲线(图 5-7)。APF、APVI、VF 的株高分别可以用 logistic 方程式 $y=124.91/(1+20.997e-0.0628x)$、$y=120.15/(1+26.03e-0.059x)$、$y=123.23/(1+34.2e-0.0705x)$ 模拟,且相关系数均达到 0.99。株高可以反映作物的生长趋势,直接影响产量高低。通过模拟方程可知,APF 的株高最高可达 118.51cm,比 APVI、VF 分

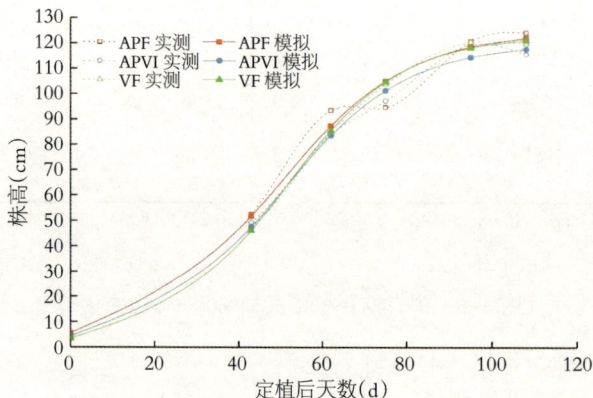

图 5-7 茄子生育期实际株高及 S 形模拟曲线

别高出 0.71%、2.95%。

　　叶面积与产量的关系最密切、变化最大,同时又是比较容易控制的一个因素。叶面积变化又与叶形指数变化高度正相关,其相关性计算参照宋亚平等学者的叶面积测量方法研究。

表 5-3　茄子叶长与叶面积的相关系数及回归方程(哈尔滨,1985)

叶形指数(宽/长)	相关系数(r)	回归方程
0.63~0.86	0.951	y=10.865 5x-46.721 4
≤0.63	0.954	y=10.519 0x-52.839 5
0.7~0.8	0.978	y=11.607 3x-52.487 5
≥0.81	0.979	y=12.312 1x-52.934 3

备注:叶面积通过参考上述叶长与叶面积的回归方程所得(x:叶长,y:叶面积)

　　如图 5-8 所示,茄子叶形在不同生育期有差别,对应的叶面积也大不相同,叶形指数(宽/长)在生育前期较小,变化范围为 0.57~0.71,随生育期逐渐变大, 生育期末叶形指数为 0.57~0.88。其中,APF、VF 应用下的叶形指数变化趋势及变化值相近,生育前期叶形指数<0.63,叶片为长椭圆形,生育末期叶形指数为 0.63~0.86, 叶片为椭圆形;APVI 应用下, 生育前期叶形指数 0.71,叶片为椭圆形,生育末期叶形指数高达 0.88,叶片为椭圆形。

　　根据叶形指数变化范围对应的叶面积公式计算得出不同处理下的叶面积变化(图 5-9),茄子叶面积在前期处于缓慢增长期,生育末期有所变小,这

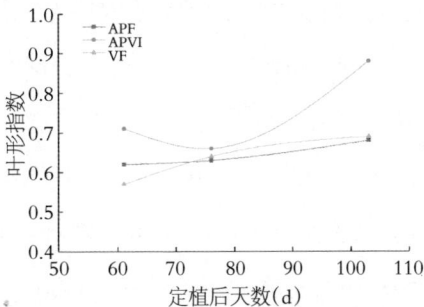

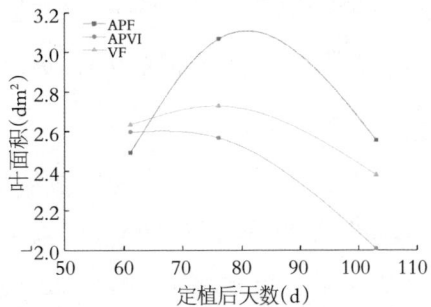

图 5-8　生育期茄子叶形指数变化　　图 5-9　生育期茄子叶面积变化

可能与叶片萎蔫缩水有一定关系。APF 的叶面积明显高于 VF、APVI,在叶面积最大时,前者比后者分别高出 12.43%、19.48%,最高达 306.62 cm²。

7. 不同处理对茄子产量及水肥生产率的影响

在同等施肥量、灌水量条件下,APF、APVI 之间的产量未达到显著差异,而两者均与 VF 的产量达到极显著差异,在灌溉水分生产率和肥料偏生产率上也存在差异。其中,APF、APVI 比 VF 分别增产 17.77%、17.03%;APF、APVI 的灌溉水分生产率比 VF 均高出 17.81%、17.05%;APF、APVI 的肥料偏生产率比 VF 均高出 17.78%、17.04%。可见,APF、APVI 在同等用肥量和灌水量条件下,达到了增产增效的目的。

表 5-4　不同水肥一体机对茄子产量及水肥生产率的影响

处理	产量（kg/hm²）	实际用水（m³/hm²）	实际用肥（kg/hm²）	灌溉水分生产率(kg/m³)	肥料偏生产率(kg/kg)
APF	27 860.4±20.44Aa	1 140	450	24.43	61.91
APVI	27 685.05±14.01Aa	1 140	450	24.29	61.52
VF	23 656.35±25.76Bb	1 140	450	20.75	52.57

（三）结论与讨论

本试验从 0~30 cm 土壤自然含水量的变化来看,变化范围为 13.08%~14.85%,30~60 cm 土层保持在 8.31%~10.47%。从肥液 EC、pH 来看,3 种施肥器肥液输送至田间 6 min 之后,APF 的肥液 EC 稳定,维持在 1.61~1.65 mS/cm,pH 变化趋势和 EC 基本保持一致,APVI 的肥液 EC 依然缓慢增长至 12 min,之后缓慢下降至 1.54 mS/cm,之后基本恒定,其 pH 变化趋势同 EC。VF 在运行阶段肥液浓度不断被稀释,最高达 3.2 mS/cm,pH 为 8.13,之后肥液浓度逐渐变小至肥料全部溶解。由肥液 EC、pH 可推知溶肥的均匀度依次为 APF>APVI>VF。3 个不同施肥器应用下的茄子根际的土壤 EC、pH 变化不同,APF 土壤 EC 在 0~30 cm 土层呈 M 形变化,30~60 cm 土层呈波峰式;APVI 0~30 cm 土层增加了 0.06 mS/cm,30~60 cm 土壤反而下降了 0.06 mS/cm;VF 0~60 cm 土层变化趋势与 APF 相似。土壤 pH 在 0~30 cm 土层,3 个处理变化趋势不同,在 30~60 cm 土层,变化趋势相同,这就和施肥设备的性能及混肥均匀度有关。学者陈囡囡、韩启彪的研究表明,压差施肥器施肥前期肥液浓度消减较快,后期会趋于平缓,且入罐流量的大小是影响肥液浓度衰减速率的主要因素。同时,李加念团队及赵燕东的研究指出,灌溉施肥器运行性能、混肥均匀度会影响作物的生长及根际养分浓度的分布以及水和肥的利用率。本研究中选择的 APF 施肥器混肥均匀度高、施肥量可控,且可以通过肥液 EC 和 pH 进行实时调控,EC 和 pH 变化相对平稳;APVI、VF 肥液的溶解有时不均匀,会造成某次或某个时期土壤 EC 骤然增高,从而可能造成土壤反渗透压,植物根系无法吸收营养和养分,抑制作物的生长。故试验结果表明,茄子生长指标茎粗、株高、产量及水肥利用率均是 APF 最高,APVI 次之,APF、APVI 产量差异不显著。

综上所述,APF、APVI 产量分别为 27 860.4 kg/hm²、27 685.05 kg/hm²,灌溉水分生产率分别为 24.43 kg/m³、24.29 kg/m³,肥料偏生产率分别为 61.91 kg/kg、61.52 kg/kg。在以上指标均差异不显著的条件下,考虑 APF 设备操作要求高且造价高,大面积推广有一定的局限性,农民不易接受,而 APVI 设备造价低,操作简单,后续维护工作少,易在田间地头安装,因此,推荐 APVI(可调比例式文丘里注肥器)进行大面积推广。

二、日光温室秋冬茬樱桃番茄水肥一体化管理制度研究

番茄为遍布世界的重要茄果类蔬菜,是温室、大棚等设施农业栽培的主要蔬菜品种。番茄在生长期间对水的要求较高,灌水是其获得高产的关键。传统管理方式一般"大水大肥",水和肥料的投入量是作物实际需求量的 2~3 倍,甚至更高,盲目过量水肥投入不仅不会增加产量,而且会降低作物品质及水肥利用效率,还会导致病害加剧、肥料深层淋失、产量品质下降及环境污染等问题,尤其是北方日光温室冬春季节温度低且封闭,易形成高湿生态环境,导致多种病害发生和蔓延。国内外学者针对水肥一体化技术对番茄的

生长发育、产量品质、水肥利用效率等方面进行了大量研究,结果表明,与传统的灌水施肥方式相比,水肥一体化技术可以提高肥料 30%~40%的利用率,同时有助于樱桃番茄产量和品质的提高。还有研究发现,通过适当控制灌水上下限可以显著提高番茄的干物质量和产量。合适的土壤含水量是保障作物生长发育的重要条件, 也是确定作物需水量和合理灌溉的重要依据,因此,本试验在前人对番茄灌水量及施肥量进行研究的基础上总结经验,如许金香得出秋冬茬番茄灌水量为 139.93 m³/666.7 m²;王文娟指出在日光温室番茄产量 50 000 kg/hm² 条件下,灌水定额为 200 mm;张兰勤研究得出日光温室番茄在开花坐果期的灌溉上限为田间持水量的 85%;曾向辉等试验研究认为日光温室番茄苗期的灌溉上限为 55%~70%,开花坐果期为 65%~85%,结果期为 70%~90%。试验基于前人的研究,根据宁夏中部干旱带温光条件,制定日光温室秋冬茬樱桃番茄水肥灌溉制度,通过采用紫藤连线智能灌溉控制系统,监测控制樱桃番茄不同生育期土壤含水量变化,验证此方案下的水肥一体化灌溉制度是否合理。

(一)材料与方法

1. 试验基地概况

试验在宁夏吴忠(孙家滩)国家农业科技园区的日光温室(106°6′26″E,37°57′10″N)内实施。孙家滩属大陆性干旱、半干旱气候,海拔高度 1 130 m,全年光照时间达 3 000 h,全年太阳辐射高达 700 kJ/m²,年平均气温 8.8℃,年平均降水量 193 mm,年蒸发量 2 013 mm,气候干燥。无霜期 170 d 左右,冬季寒冷多风。试验温室净跨 10 m,长 70 m,钢架结构,温室后墙底宽 3 m,脊高 5 m,棚膜种类是明净华涂层膜(日本住友化学公司生产),外覆盖保温材料保温被,保温采光效果良好。供试土壤容重为 1.38 g/cm³,田间持水量为 25.68%,具体理化性质见表 5-5:

表5-5　供试土壤理化性质

土层 (cm)	全磷 (g/kg)	全钾 (g/kg)	碱解氮 (mg/kg)	有效磷 (mg/kg)	速效钾 (mg/kg)	有机质 (g/kg)	全盐 (g/kg)	质地
0~30 cm	1.66	14.8	142	245	345	14	0.65	沙壤土

2. 试验材料

供试品种:小番茄丽妃2号。

供试肥料:海法魔力丰复合肥Ⅱ 12-5-40+2MgO(N-P$_2$O$_5$-K$_2$O),海法魔力丰复合肥Ⅰ号(N:18,P$_2$O$_5$:18,K$_2$O:18)。

供试水肥设备及网络监测设备:以色列进口 MixRite2.5 自动比例泵,采用滴头压力补偿滴头,滴头间距10 cm,滴头流速1.15 m³/h,系统走水5.7 m³/h。北京紫藤连线智能灌溉控制系统,无线智能采集器,多种环境传感器以及无线传感网络系统平台,试验人员手机下载大棚云管家APP并登陆,无线传感网系统有参数传感器,如温度,相对湿度,土壤温度,土壤水分,营养液EC、pH,光照度,二氧化碳浓度。

3. 试验设计

在统一施用有机肥(牛粪)2 000 kg/667 m²、磷酸二铵45 kg/667 m²的基础上,后期水肥量按需供给。温室栽培株行距垄宽80 cm,走道60 cm,株距22 cm,采用单行种植。种植密度2 780株/666.7 m²。定植于2016年9月19日,生育期结束于2017年3月15日。试验设置2个处理:常规水肥管理(处理1)、试验制定制度(处理2)。具体水肥、灌溉制度设置如下(表5-6、表5-7):

表5-6　日光温室秋冬茬番茄栽培灌溉制度

生育期	月份	灌水定额 (m³/666.7 m²)	灌水周期 (d)	次数	灌溉定额 (m³/666.7 m²)
苗期	9月底—10月	1.50	3~5	9	
开花坐果期	11—12月下旬	2.00	3~5	9	
采收初期	12月下旬—1月中旬	2.50	3~5	7	76
采收盛期	1月中旬—2月中旬	3.00	3~5	8	
生长末期	2月下旬—3月中旬	1.50	20~22	2	

表5-7　日光温室秋冬茬番茄肥料施用制度

生育期	月份	用肥种类	用量（kg/次）	施肥周期（d）	次数	总计
苗期	9月底—10月	复合肥Ⅰ	2.50	3~5	9	22.5
开花坐果期	11—12月下旬	复合肥Ⅱ	2.50	3~5	9	
采收初期	12月下旬—1月中旬			3~5	7	
采收盛期	1月中旬—2月中旬			3~5	8	65
生长末期	2月下旬—3月中旬			20~22	2	

备注：复合肥Ⅰ，海法魔力丰（N:18，P_2O_5:27，K_2O:27）；复合肥Ⅱ，海法魔力丰（N:12，P_2O_5:5，K_2O:40）

4. 测试项目与方法

（1）土壤水肥

利用北京紫藤连线智能灌溉控制系统监测（0~20 cm），并记录滴水肥时间、水肥量、水肥次数。

（2）番茄生长指标

株高测定：选择生长大小基本一致的植株5株进行标记作为调查株，小区株高（地面到生长点）用钢卷尺每10 d测量1次。

茎粗测定：茎粗用游标卡尺测量植株地面以上10 cm处植株直径，每10 d测量1次。

（3）番茄产量

用电子秤称量小区产量（精确到0.01 g），根据小区面积换算成667 m^2。

（4）番茄果实品质

可溶性固形物：使用TD-45数字折光仪测定；

可溶性糖：采用蒽酮比色法测定；

有机酸：采用酸碱滴定法测定；

Vc：采用钼蓝比色法测定；

果形指数：用游标卡尺测量果实纵横径并计算（果实纵径/横径）；

烂果、裂果率：采摘的烂果、裂果与总产量的百分比值。

5. 数据处理

数据使用 Excel 2007、DPS 7.05 统计分析软件。

(二)结果与分析

1. 不同管理方案下樱桃番茄整个生育期土壤含水量变化

通过对樱桃番茄不同生育期土壤含水量的检测(图 5-10),处理 1 整个生育期土壤含水量保持在 22%~35%;处理 2 不同生育期土壤含水量不同,在苗期时,土壤含水量达 17.98%~20.54%,开花坐果期达 15.41%~17.98%,采收期达 20.54%~24.4%,生长末期达12.84%~15.41%。

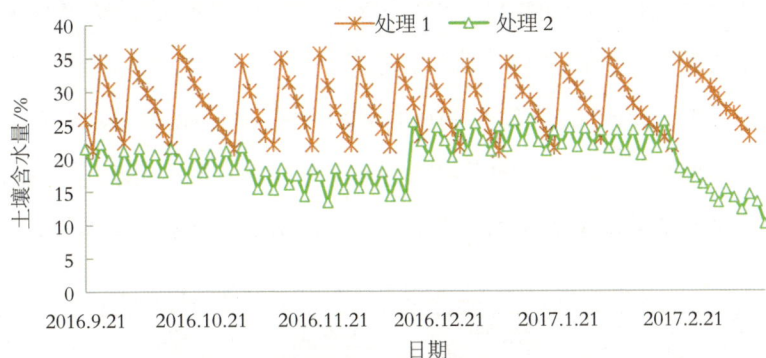

图 5-10　樱桃番茄不同生育期土壤含水量变化

2. 不同管理方案对樱桃番茄生长指标的影响

(1)樱桃番茄株高

由表 5-8 可知,番茄株高的生长速率在各生育期不同,在开花坐果期最大,缓苗期次之,采收期的生长速率趋于平缓,生长末期几乎停止生长。株高可以反映作物的生长趋势,直接关系到产量。在缓苗期,处理 2 的生长速率比处理 1 高出 0.12 cm/d,但是均未达到显著水平,可见,缓苗期需要较高的土壤水分来促进植株生长。开花坐果期,虽然 2 个处理株高生长速率差异不显著,但是处理 2 的株高生长比处理 1 高 3.96%。可见,适当的水分空缺有助于植株伸长生长。采收期的 2 个处理的土壤水分含量范围相似,株高生长速率差异不显著,处理 1 略高于处理 2,说明在此期间,充足水分可以促进植株生长。生长末期,植株生长趋于缓慢,不需要大量水分供应,2个处理的株高生长速率均小于1 cm/d,但两者株高有显著差异,处理2株高生长率比处理1高出30.43%。

表5-8 不同生育阶段番茄株高生长速率比较

生育期	缓苗期	开花坐果期	采收期	生长末期
处理1	2.16±0.01Aa	2.27±0.04Aa	1.23±0.03Aa	0.46±0.05Bb
处理2	2.28±0.11Aa	2.36±0.06Aa	1.01±0.26Aa	0.60±0.04Aa

(2)樱桃番茄茎粗

由表5-9可知,番茄茎粗的生长速率在各生育期不同,在采收期最大,开花坐果期次之,生长末期趋于平缓,几乎停止生长。缓苗期和开花坐果期,2个处理间茎粗生长速率均存在显著差异,处理2比处理1高出58.33%~88.24%。可见,处理2的土壤水分在缓苗期和开花坐果期就可以满足茎粗生长需求。采收期,2个处理的株高生长速率几乎相同。生长末期,茎粗生长几乎停止,2个处理的茎粗生长速率均小于0.1 mm/d,且两者差异不显著。

表5-9 不同生育阶段番茄茎粗生长速率比较

生育期	缓苗期	开花坐果期	采收期	生长末期
处理1	0.12±0.03Bb	0.17±0.03Bb	0.26±0.02Aa	0.06±0.02Aa
处理2	0.19±0.02Aa	0.32±0.03Aa	0.26±0.01Aa	0.05±0.01Aa

3. 不同管理方案对番茄果实品质的影响

可溶性糖、有机酸、糖酸比、Vc、果形指数、烂果率均是衡量番茄果实品质的重要指标,其含量高低与番茄的营养价值和口感有直接关系。从表5-10可以看出,2个处理间的可溶性糖、有机酸、果形指数含量虽有所差异,但均未达到显著水平。较高的可溶性糖含量和适当的有机酸含量可以提高糖酸比,2个处理的糖酸比差异显著,处理2比处理1高出53.46%,表明在番茄整个生育期,尤其是末期,适当的控制水分有利于糖分的积累。在烂果、裂果率方面,2个处理存在显著差异,处理1是处理2的2.6倍。可见,在生长末期,过多的水分供应会增加番茄烂果、裂果数量,而烂果、裂果率越低,番茄品质越好,易于运输和贮藏。

表 5-10　不同土壤含水量处理对番茄品质的影响

处理	可溶性糖 (%)	有机酸 (%)	糖酸比	Vc (mg·100g FW⁻¹)	果形指数	烂果、裂果率 (%)
处理 1	2.62±0.08Aa	0.12±0.02Aa	21.83±0.12Bb	22.43±0.05Bb	0.99±0.01Aa	9.85±0.05Aa
处理 2	2.68±0.12Aa	0.08±0.02Aa	33.5±0.36Aa	26.38±0.05Aa	1.01±0.02Aa	3.79±0.04Bb

4. 不同管理方案对番茄产量及水肥生产率的影响

在同等施肥量的条件下,2 个处理的产量、耗水量、水分生产率均达到显著差异。产量水平方面,处理 2 比处理 1 增产 3.32%,处理 1 的耗水量是处理 2 的 1.59 倍,且水分生产率比处理 2 低 38.95%。可见,处理 2 在节水的同时,还达到了增产的目的。肥料生产率方面,虽然 2 个处理没有达到显著差异水平,但是处理 2 略高于处理 1。因此,番茄整个生育期合理的控制水分供应,更能达到高产、高效、优质,节水、节肥的栽培目的。

表 5-11　不同土壤含水量处理对番茄产量及水肥生产率的影响

处理	产量 (kg/667 m²)	耗水量 (m³/667 m²)	耗肥量 (kg/667 m²)	水分生产率 (kg/m³)	肥料生产率 (kg/m³)
处理 1	2838.7±5.44Bb	120.5±1.040Aa	87.5	23.56±1.08Bb	32.44±0.44Ab
处理 2	2933.06±7.5Aa	76±1.53Bb	87.5	38.59±0.27Aa	33.52 ±0.1Aa

(三)结论与讨论

本次试验将常规滴灌和试验制定灌水制度进行对比,通过对土壤含水量的监控,测定樱桃番茄长势、产量、果实品质及水肥生产率等指标。结果发现,在本试验的水肥制度条件下,温室秋冬茬樱桃番茄缓苗期、开花坐果期、采收期、生长末期的土壤含水量分别控制在 17.98%~20.54%、15.41%~17.98%、20.54%~24.4%、12.84%~15.41%范围;番茄长势良好,可溶性糖含量达 2.68%,有机酸达 0.08%,糖酸比 33.5,Vc 达 26.38 mg·100g FW⁻¹,果形指数 1.01,为椭圆形,烂果率 3.79%;产量高达 2 933.06 kg/667 m²,水分生产率为 38.59 方/m³,肥料生产率 33.52 kg/m³。

因此,在宁夏旱作区日光温室种植樱桃番茄,推荐此水肥制度:全生育期灌水总额为 76 m³/667 m²,苗期、开花坐果期、采收初期、采收盛期每次灌水定额分别为 1.5 m³/667 m²、2 m³/667 m²、2.5 m³/667 m²、3 m³/667 m²,灌溉周期均为 3~5 d;采收末期灌水定额为 1.5 m³/667 m²,灌溉周期 20~22 d;肥同灌水一起进行,缓苗期每次施用海法魔力丰平衡肥(N:18,P$_2$O$_5$:18,K$_2$O:18)2.5 kg/667 m²,周期均为 3~5 d;开花坐果期、采收初期、采收盛期每次施用海法魔力丰复合肥(N:12,P$_2$O$_5$:5,K$_2$O:40)2.5 kg/667 m²,周期均为 3~5 d;采收末期每次施用海法魔力丰复合肥(N:12,P$_2$O$_5$:5,K$_2$O:40)2.5 kg/667 m²,周期均为 20~22 d。果实口感好,烂果、裂果率低,水肥生产率高,可达到高产高效、优质栽培目的。

三、宁夏日光温室一年两茬番茄水肥一体化管理制度优化应用

(一)材料与方法

1. 试验地点

试验在宁夏吴忠(孙家滩)国家农业科技园区的日光温室进行,试验温室净跨 10 m,长 70 m,钢架结构,脊高 4.5 m,棚膜种类是明净华涂层膜,外覆盖保温材料保温被。试验从 2017 年春茬番茄开始,到 2018 年秋冬茬结束。

2. 试验方法

番茄品种为粉宴 1 号,主要生育时期见表 5-12。定植密度2 000 株/667 m²,水肥一体化管理系统流量 5.7 m³/h，田间滴头距离 10 cm，滴头流速

表 5-12　日光温室一年两茬番茄栽培生育期

时间		品种	定植时间	始收期	拉秧期	生育期(d)
2017	春夏茬	粉宴 1 号	3 月 14 日	5 月 28 日	7 月 15 日	122
	秋冬茬	粉宴 1 号	9 月 8 日	12 月 13 日	2 月 28 日	170
2018	春夏茬	粉宴 1 号	3 月 27 日	6 月 11 日	7 月 31 日	123
	秋冬茬	粉宴 1 号	9 月 22 日	12 月 21 日	2 月 16 日	157

1.15 m³/h。追肥营养液肥为海法磨粒丰复合肥(N-P-K:16-8-32)。试验温室土壤容重 1.38 g/cm³，田间最大持水量 25.68%。在统一施有机肥（牛粪）2 000 kg/667 m²、磷酸二铵 30 kg/667 m² 的基础上，土壤含水量保持在 12.84%~24%、营养液 EC 控制在 1.8~2.15 ms/cm 的条件下进行管理。

(二)结果与分析

1. 春夏茬番茄全生育期水肥管理参数初步确定

(1)2017 年春夏茬番茄生长期间活动积温

由图 5-11 可知，在 2017 年 3—7 月，试验温室每日平均温度在 11.81~32.5℃范围内波动，平均日均温 23.92℃，日均积温为 2 919.16℃。将番茄按照 30 d 进行水肥管理阶段进行划分，发现春夏茬番茄分为 4 个时期:3 月 14 日—4 月 13 日(31 d)、4 月 14 日—5 月 13 日(30 d)、5 月 14 日—6 月 13 日(30 d)、6 月 14 日—7 月 15 日(31 d)。有效积温分别为 686.21℃、661.04℃、765.05℃和 806.86℃。

图 5-11　2017 年春夏茬番茄生育期内日光温室日均温变化

(2)2017 年春夏茬番茄水肥一体化管理参数

在 2017 年日光温室春夏茬番茄水肥一体化管理中，番茄定植期 30 d，生长量较小，因此设定灌溉频率为 6 d 1 次，灌水定额 4 m³/667 m²，追肥比例占整个生育期的 15%。番茄定植第二个月，进入植株营养生长旺盛时期，水肥需求较大，设定灌溉频率为 4 d 1 次，灌水定额 4 m³/667 m²，实际灌溉量为 33.33 m³/667 m²,追肥比例占整个生育期的 13.9%。进入番茄定植后第三个月,番茄果实生长量增大,进入采收期,茎叶生长放缓,同时温室温度逐渐升高,蒸发量大,设定灌溉频率为 3 d 1 次,灌水定额 6 m³/667 m²,实际灌溉量为 54.18 m³/667 m²,追肥比例占整个生育期的 38.9%。在番茄采收后期,设定灌溉频率为 3 d 1 次,灌水定额 4 m³/667 m²,实际灌溉量为 51.48 m³/667 m²,追肥比例 33.3%。番茄整个生育期 122 d,每亩灌水量158.17 m³,施肥量 72 kg。

(3)2017 年春夏茬番茄生长期间土壤含水量和采收量变化

由图 5−12a 可见,基于设定水分管理方案,在番茄定植 30 d 内,土壤相对含水量保持在 70%~90%,月平均相对含水量 72%。进入定植后第二个月,土壤含水量在 50%~90%波动,月平均相对含水量 68.86%。定植第三个月,虽然灌水量加大,但是蒸发量也大,土壤相对含水量在 45%~80%波动,平均 61.77%。到定植第四个月,土壤相对含水量在 55%~85%波动,平均 67.33%。可见在本试验水分设定管理条件下,番茄生长期间根层 0~20 cm 土壤相对含水量平均为 67.49% ,基本符合番茄生育期适宜土壤水分管理需求。

由图 5−12b 可知,在试验设定水肥管理制度下,番茄定植 75 d 后开始采收,间隔 5~7 d 采收 1 次,每次的采收量为 446~1 147 kg/667 m²,采收期共 47 d,平均亩产为 6 839 kg/667 m²。灌溉水分生产率为 43.28 kg/m³,肥料偏生产率 94.98 kg/kg。

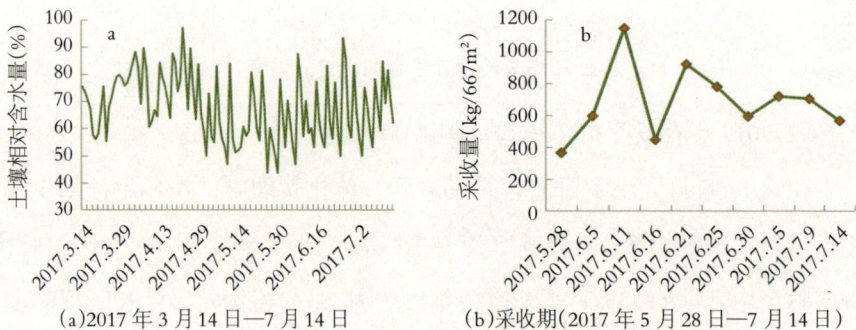

(a)2017 年 3 月 14 日–7 月 14 日　　　(b)采收期(2017 年 5 月 28 日–7 月 14 日)

图 5−12　2017 年春夏茬番茄生育期内土壤相对含水量和采收量变化

表 5-13　2017 年春夏茬番茄全生育期水肥一体化管理参数

生育期	时间	灌水量（m³/667m²）	灌水次数	追肥量（kg/667m²）	施肥次数	N 用量（kg/667m²）	P 用量（kg/667m²）	K 用量（kg/667m²）
定植期	3 月 14 日—4 月 13 日	19.21	5	10	2	1.6	0.8	3.2
开花期	4 月 14 日—5 月 13 日	33.3	8	10	2	1.6	0.8	3.2
坐果初期	5 月 14 月—6 月 13 日	54.18	9	28	5	4.48	2.24	8.96
坐果后期	6 月 13 日—7 月 15 日	51.48	10	24	4	3.84	1.92	7.68
合计	122 d	158.17	32	72	13	11.52	5.76	23.04

（4）2017 年春夏茬番茄生长期间温室活动积温

由图 5-13 可知，在 2018 年 3 月 26 日—7 月 31 日番茄生长期间，试验温室每日平均温度在 16.99~33.9℃范围内波动，平均日均温 25.38℃，活动积温为 3 223℃。将番茄按照 30 d 进行水肥管理阶段进行划分，定植期 3 月 26 日—4 月 26 日（32 d）、开花期 4 月 27 日—5 月 27 日（31 d）、坐果初期 5 月 28 日—6 月 28 日（31 d）、坐果后期 7 月 1 日—7 月 31 日（31 d）。活动积温分别为 813.99℃、729.36℃、793.33℃和 886.65℃。

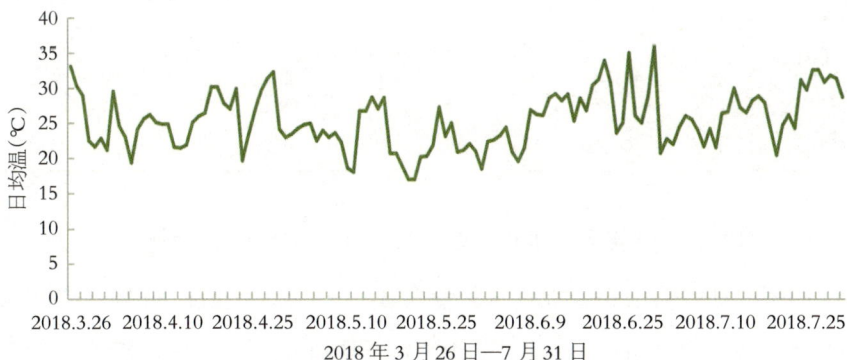

图 5-13　2018 年春夏茬番茄生育期内日光温室日均温变化

（5）2018 年春夏茬番茄水肥一体化管理参数优化

基于 2017 年春夏茬番茄生长及土壤含水量变化情况，且 2018 年春夏茬番茄定植期较 2017 年有所推后，对番茄春夏茬番茄水肥管理进行了优化，增加每次灌水定额,加大了灌水间隔。由表 5-14 可知,番茄定植 30 d 内,灌溉频率为 6 d 1 次,灌水定额 6 m³/667 m²,实际灌水量为 34.7 m³,追肥比例占整个生育期的 19.1%。番茄定植第二个月,温室温度较高,灌溉频率为 5 d 1 次,灌水定额 8 m³/667 m²,实际灌溉量为 47.47 m³/667 m²,追肥比例占整个生育期的 29.4%。进入番茄定植后第三个月,进入果实采收期,茎叶生长放缓,灌溉频率为 5 d 1 次,灌水定额 8.5 m³/667 m²,实际灌溉量为 50.99 m³/667 m²,追肥比例占整个生育期的 29.4%。在番茄采收后期,设定灌溉频率为 5 d 1 次,灌水定额 8.5 m³/667 m²,实际灌溉量为 41.18 m³/667 m²,追肥比例 22%。番茄整个生育期 127 d,每亩灌水量 171.36 m³,施肥量 68 kg。

表 5-14 2018 年春夏茬番茄全生育期水肥一体化管理参数

生育期	时间	灌水量 (m³/667m²)	灌水次数	追肥量 (kg/667m²)	施肥次数	N 用量 (kg/667m²)	P 用量 (kg/667m²)	K 用量 (kg/667m²)
定植期	3 月 27 日—4 月 27 日	34.7	5	13	3	2.08	1.04	4.16
开花期	4 月 28 日—5 月 28 日	47.47	6	20	4	3.2	1.6	6.4
坐果初期	5 月 29 月—6 月 29 日	50.99	6	20	4	3.2	1.6	6.4
坐果后期	6 月 30 日—7 月 30 日	41.18	5	15	4	2.4	1.2	4.8
合计	127 d	171.36	22	68	15	10.88	5.44	21.76

(6)2018 年春夏茬番茄生长期间土壤含水量和采收量变化

由图 5-14 可知,基于优化水分管理方案,在番茄定植初期 30 d 内,土壤相对含水量保持在 70%~90%,月平均相对含水量 80.71%。定植后第二个月,土壤相对含水量在 53%~80%,月平均相对含水量 64.1%。定植第三个月,土壤相对含水量在 50%~80%,平均 64.34%。到定植第四个月,土壤相对含水量在 55%~80%,平均 65.08%。番茄生长期间,根层 0~20 cm 土壤相对含水量平均为 68.59%,可见经过优化的水分管理,番茄定植期土壤水分充足,适量加大灌水量,降低灌水频率,土壤含水量变化更为稳定,变异系数为 8.92%;在番茄开花期,降低灌水频率,土壤含水量变化幅度加大,变异系数为 13.79%;在番茄坐果初期,适量加大灌水量,土壤含水量变异系数降为 11.1%;在番茄坐果后期,土壤含水量变异系数为 9.12%,番茄采收期间土壤含水量需求更加稳定。

优化水肥管理下的番茄在定植 77 d 后进入采收期,单日最高采收量达到 1 351 kg/667 m²,采收期为 44 d,5 d 采收 1 次,平均亩产为 7 382 kg/667 m²,灌溉水分生产率为 43.07 kg/m³,肥料偏生产率 108.5 kg/kg。与 2017 年相比,在优化水肥管理制度下,水分生产效率保持不变,肥料生产效率提高了 14.23%。

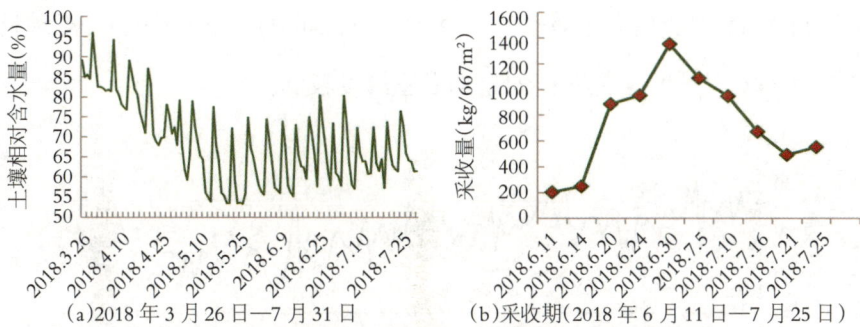

(a)2018 年 3 月 26 日—7 月 31 日　　(b)采收期(2018 年 6 月 11 日—7 月 25 日)

图 5-14　2018 年春夏茬番茄生育期内土壤相对含水量和采收量变化

(7)宁夏旱作区温室春夏茬番茄水肥一体化管理方案小结

以上研究表明,宁夏旱作区日光温室番茄春夏茬期间(3—7 月)活动积温较高,能够满足番茄正常生长需求,在春夏茬番茄生长期间(生育期 4 个月),以定植期、开花期、坐果初期、坐果后期为生育划分进行水肥管理,在定植后的第一个月,每 6 d 滴 1 次水,每次灌水定额 6~7 m³/667 m²,追肥 2~3 次,追肥量为总施肥量的 15%~20%;到开花期(定植后第二个月),每 5 d 滴 1 次水,每次灌水定额 7~8 m³/667 m²,追肥量为总施肥量的 25%~30%;在坐果初期,每 4~5 d 滴 1 次水,每次灌水定额 7~8 m³/667 m²,追肥量为总施肥量的 25%~30%;在坐果后期,每 5~6 d 滴 1 次水,每次灌水定额 7~8 m³/667 m²,追肥量为总施肥量的 15%~20%。春夏茬番茄全生育期灌水量推荐 180 m³/667 m²,追肥量 N:10~12 kg/667 m²,P₂O₅:5~6 kg/667 m²,K₂O:20~25 kg/667 m²。

2. 秋冬茬番茄全生育期水肥一体化管理参数

(1)2017 年秋冬茬番茄生长期间温室活动积温

2017 年日光温室秋冬茬番茄生长时间为 2017 年 9 月 8 日—2018 年 2 月 28 日,全生育期 170 d,活动积温 3 085.73℃,平均日均温 18.15℃,定植到采收需要 95 d,需要积温 1 990℃,平均日均温 20.95℃。按照水肥管理生育期划分,定植开花期 9 月 8 日—10 月 23 日(45 d),积温 972.62℃,平均日均温 21.61℃;坐果初期 10 月 24 日—12 月 8 日(45 d),积温 933.04℃,平均日均温 20.73℃;采收早期 12 月 9 日—1 月 17 日(40 d),积温 590.09℃,平均日均温 14.75℃;采收后期 1 月 18 日—2 月 28 日(40 d)积温 589.98℃,平均日均温 14.74℃。可见在番茄采收期间,温室温度较低。

图 5-15　2017 年秋冬茬番茄生育期内日光温室日均温变化

(2)2017 年秋冬茬番茄水肥一体化管理参数

在 2017 年日光温室秋冬茬番茄水肥一体化管理中,将番茄生育期同样划分为 4 个时期:番茄定植开花期 45 d,坐果初期 45 d,采收早期 30 d,采收后期 45 d。生育期和采收期均有所延长,果实成熟期较春夏茬推迟 20 d 左右。在番茄定植开花期,设定灌溉频率为 6~7 d 1 次,灌水定额 4 m³/667 m²,追肥比例占整个生育期的 15.8%;在坐果初期,灌溉频率为 6~7 d 1 次,灌水定额 3.5 m³/667 m²,实际灌溉量为 21.27 m³/667 m²,追肥比例占整个生育期的 31.7%;到番茄采收早期,灌溉频率为 10 d 1 次,灌水定额 3.5 m³/667 m²,实际灌溉量为 13.48 m³/667 m²,追肥比例占整个生育期的 36.5%;在番茄采收后期,设定灌溉频率为 10 d 1 次,灌水定额 3.5 m³/667 m²,实际灌溉量为 10.66 m³/667 m²,追肥比例 15.87%。番茄整个生育期 170 d,每亩灌水量 70.8 m³,施肥量63 kg。

表 5-14　2017 年秋冬茬番茄全生育期水肥一体化管理参数

生育期	时间	灌水量（m³/667m²）	灌水次数	追肥量（kg/667m²）	施肥次数	N 用量（kg/667m²）	P 用量（kg/667m²）	K 用量（kg/667m²）
定植开花期	9 月 8 日—10 月 23 日	25.37	6	10	2	4.14	0.48	1.92
坐果初期	10 月 24 日—12 月 8 日	21.27	6	20	4	3.2	1.6	6.4
采收早期	12 月 9 月—1 月 17 日	13.48	4	23	4	3.68	1.84	7.36
采收后期	1 月 18 日—2 月 28 日	10.66	3	10	2	1.6	0.8	3.2
合计	170 d	70.8	19	63	12	12.62	4.72	18.88

(3)2017 年秋冬茬番茄生长期间土壤含水量和采收量变化

由图 5-16 可知,在番茄定植开花期期 45 d 内,土壤相对含水量保持在 60%~90%,平均相对含水量 72.37%。坐果初期,土壤含水量在 55%~80%,月平均相对含水量 65.22%;采收初期,土壤相对含水量在 58%~78%,平均 63.35%;到采收后期,土壤相对含水量在 58%~70%,平均 61.8%。番茄生长期间根层

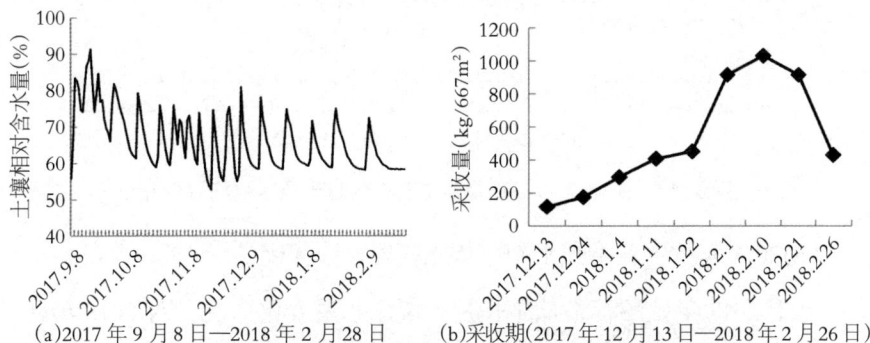

(a)2017 年 9 月 8 日—2018 年 2 月 28 日　　(b)采收期(2017 年 12 月 13 日—2018 年 2 月 26 日)

图 5-16　2017 年秋冬茬茬番茄生育期内土壤相对含水量和采收量变化

0~20 cm 土壤相对含水量平均为 65.84%。

番茄定植 95 d 后进入采收期,单日最高采收量达到 1 028 kg/667 m²,采收期为 73 d,10 d 采收 1 次，平均亩产为 4 729 kg/667 m²，灌溉水分生产率为 66.79 kg/m³,肥料偏生产率 75.06 kg/kg。与 2017 年春夏茬相比,秋冬茬水分生产效率提高,肥料生产效率降低。

(4)2018 年秋冬茬番茄生长期间温室活动积温

2018 年日光温室秋冬茬番茄生长时间为 2018 年 9 月 22 日—2019 年 2 月 27 日,全生育期 157 d,活动积温 2 584.89℃,平均日均温 16.46℃。定植到采收需要 90 d,需要积温 1 626℃,平均日均温 18.27℃。按照水肥管理生育期划分,定植开花期 9 月 22 日—11 月 5 日(45 d),积温 864.27℃,平均日均温 19.21℃;坐果初期 11 月 6 日—12 月 22 日(45 d),积温 762.2℃,平均日均温 16.93℃;采收早期 12 月 23 月—1 月 23 日(31 d),积温 422.89℃,平均日均温 13.64℃;采收后期 1 月 24 日—2 月 26 日(36 d),积温 517.13℃,平均日均温 14.77℃。可见 2018 年推迟种植 15 d 后,整个生育期的活动积温显著下降,但通过前期水肥优化管理,采收期提前 5 d。

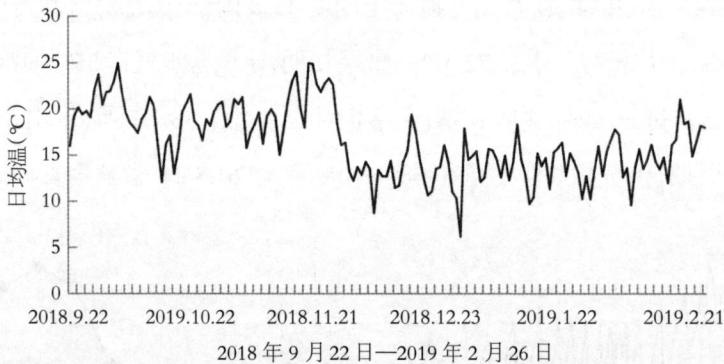

图 5-17　2018 年秋冬茬番茄生育期内日光温室日均温变化

(5)2018 年秋冬茬番茄水肥一体化管理参数优化

基于 2017 年秋冬茬番茄生长及土壤含水量变化情况，对 2018 年秋冬茬番茄水肥管理参数进行了优化,增加定植开花期灌水定额,灌水间隔不变。由表 5-15 可知,在番茄定植开花期,灌溉频率为 6~7 d 1 次,灌水定额 6.5 m³/667 m²,实际灌水量为 37.5 m³,追肥比例占整个生育期的 21.42%;坐果初期,灌溉频率为 6~7 d 1 次,灌水定额 4.5 m³/667 m²,实际灌溉量为 26.02 m³/667 m²,追肥比例占整个生育期的 42.8%;进入番茄采收期,灌溉频率为 10 d 1 次,灌水定额 4 m³/667 m²,实际灌溉量为 12.91 m³/667 m²,追肥比例占整个生育期的 21.42%;在番茄采收后期,设定灌溉频率为 10 d 1次,灌水定额 3.5 m³/667 m²,实际灌溉量为 10 m³/667 m²,追肥比例 14.28%。番茄整个生育期 157 d,每亩灌水量 86.43 m³,施肥量 70 kg。

表 5-15　2018 年秋冬茬番茄全生育期水肥一体化管理参数

生育期	生育期	灌水量 (m³/667m²)	灌水 次数	追肥量 (kg/667m²)	施肥 次数	N 用量 (kg/667m²)	P 用量 (kg/667m²)	K 用量 (kg/667m²)
定植 开花期	9 月 22 日—11 月 5 日	37.5	6	15	3	2.4	1.2	4.8
坐果 初期	11 月 6 日—12 月 22 日	26.02	6	30	6	4.8	2.4	9.6
采收 早期	12 月 23 月—1 月 23 日	12.91	3	15	3	2.4	1.2	4.8
采收 后期	1 月 24 日—2 月 26 日	10	3	10	2	1.6	0.8	3.2
合计	157 d	86.43	18	70	14	11.2	5.6	22.4

(6)2018 年秋冬茬番茄采收量变化

番茄定植 90 d 后进入采收期,单日最高采收量达到 947 kg/667 m²,采收期为 67 d,10 d 采收 1 次,平均亩产为 5 247 kg/667 m²,灌溉水分生产率为 60.7 kg/m³,肥料偏生产率 74.95 kg/kg。与 2017 年相比,生育期缩短 13 d,水肥利用效率保持平稳,但产量提高了 10.95%。

(7)宁夏旱作区温室秋冬茬番茄水肥一体化管理方案

宁夏旱作区日光温室番茄秋冬茬期间(9 月—次年 2 月),定植到采收时间较早春茬长 20 d 左右,采收期活动积温较低,在秋冬番茄生长期间(生育期 5 个月),以定植开花期(45 d)、坐果初期(45 d)、采收初期(30 d)、采收后

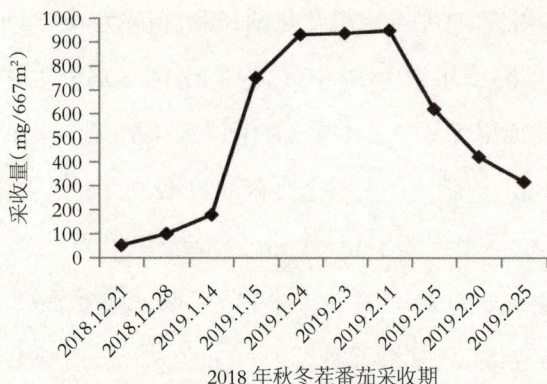

图 5-18　2017 年秋冬茬茬番茄生育期内土壤相对含水量和采收量变化

期(30 d)为生育划分进行水肥管理。在定植开花期,每 6~7 d 滴 1 次水,每次灌水定额 6~7 m³/667 m²,追肥 2~3 次,追肥量为总施肥量的 15%~20%。到坐果初期,每 6~7 d 滴 1 次水,每次灌水定额 4.5 m³/667 m²,追肥量为总施肥量的 35%~40%。采收初期,每 10 d 滴 1 次水,每次灌水定额 4 m³/667 m²,追肥量为总施肥量的 25%~30%。在坐果后期,每 10 d 滴 1 次水,每次灌水定额3 m³/667 m²,追肥量为总施肥量的 15%~20%。秋冬茬番茄全生育期灌水量推荐 90 m³/667 m²,追肥量 N:10~12 kg/667 m²,P_2O_5:5~6 kg/667 m²,K_2O:20~25 kg/667 m²。

四、基于不同水肥用量优化日光温室春夏茬黄瓜水肥制度研究

温室黄瓜的生长发育受环境条件、气候条件等诸多因素的影响。其中,水肥是影响温室黄瓜产量的最主要因素,对生产经济效益具有决定作用。目前,我国特别是宁夏设施园艺水肥管理存在严重的"大水大肥"现象,农民为了追求最大经济效益,根据经验盲目投入水肥,过量灌溉造成了水资源浪费和淋溶污染地下水。同时,盲目过量施用肥料使得土壤养分大量盈余并快速富集,导致土壤次生盐渍化、酸化和土壤养分失调等生产障碍,并引发了很多环境问题,严重制约了日光温室蔬菜栽培的生产效益和可持续发展。近年,我国为节约水资源和改变农户过量施入水肥的管理方式,水肥一体化技

术在我国设施园艺生产应用中迅速发展，水肥一体化技术能有效控制水肥量，及时满足作物对水分及养分的需求，提高其利用效率。针对温室黄瓜灌水量和施肥量的研究较多，多数学者以土壤含水量达到田间持水量的多少设为上下限进行研究。学者李怀平、杨金莲、尹鹏程等人在其文章中指出，当土壤含水量达到田间持水量的80%~85%时进行灌溉，得出整个生育期灌水量需要180 m³/667 m²；学者陈壮指出，灌溉定额为300 mm能基本满足黄瓜的需水要求；邹志荣等的研究表明，灌水上下限在85%~90%田间持水量时，黄瓜产量、品质和水分利用效率最佳。但在不同地区，因环境、土壤差异等原因，灌溉及施肥量差异也较大，特别是针对干旱半干旱地区的温室黄瓜水肥管理的量化研究几乎没有。因此，本文为了探索西北旱作区日光温室春夏茬黄瓜水肥精准管理措施，设置不同灌水量和施肥量，通过测定生长指标、果实产量及品质，探索土壤栽培条件下日光温室嫁接黄瓜水肥量化管理指标，为黄瓜高产提供依据。

（一）材料与方法

1. 试验区概况

宁夏吴忠孙家滩地区属大陆性干旱、半干旱气候，海拔高度1 130 m，全年光照时间达3 000 h，全年太阳辐射高达700 kJ/m²，年平均气温8.8℃。年平均降水量193 mm，无霜期170 d左右，冬季寒冷多风。试验温室长72 m，净跨10 m，脊高5 m，为种植10年的温室。试验温室土壤为沙壤土，容重为1.10 g/cm³，田间最大持水量为24.21%。

2. 试验方法

供试黄瓜品种为德尔99，砧木为博强2号，于2017年3月15日在吴忠孙家滩园区日光温室定植，起垄栽培，垄宽80 cm，垄间距70 cm，定植株距30 cm，小行距60 cm，大行距90 cm，亩定植2 940株，2017年7月5日拉秧。试验设两因素三水平正交试验，共9个处理，试验设计见表5-16，设3次重复，共27个小区（小区面积13.5 m²），处理间用60 cm宽塑料膜隔离，底肥统一施用腐熟羊粪 30 000 kg/hm²、磷酸二铵 675 kg/hm²,生长追施肥料为水溶性肥以色列海法公司的魔粒丰(N:18,P_2O_5:9,K_2O:27)。

表 5-16　试验设计

处理编号	灌水量 (m³/hm²)	追肥量 (kg/hm²)	N (kg/hm²)	P_2O_5 (kg/hm²)	K_2O (kg/hm²)
TR1	2 250	600	108	54	162
TR2	1 800	600	108	54	162
TR3	1 350	600	108	54	162
TR4	2 250	1 200	216	108	324
TR5	1 800	1 200	216	108	324
TR6	1 350	1 200	216	108	324
TR7	2 250	1 800	324	162	486
TR8	1 800	1 800	324	162	486
TR9	1 350	1 800	324	162	486

3. 测量指标及测试方法

选择生长大小基本一致的植株 10 株进行标记作为调查株,小区株高(地面到生长点)用钢卷尺测量;茎粗用游标卡尺测量植株地面以上 10 cm 处植株直径;用电子秤称量小区产量(精确到 0.01 g),根据小区面积换算成亩产;可溶性固形物含量使用 TD-45 数字折光仪测定;可溶性糖采用蒽酮比色法测定;可溶性蛋白采用考马斯亮蓝法测定。

4. 数据处理

试验数据均利用 Excel 进行基本的数据处理,利用 Curve Expert、DPS 7.05 进行方差分析(LSD 法)。

(二)结果与分析

1. 不同水肥处理对黄瓜生长指标的影响

(1)不同水肥处理对黄瓜株高的影响

实测数据可用 logistic 方程模拟不同水肥处理下株高的生长动态,模拟方程见表 5-17，模拟系数均高达 0.98。由模拟方程可得出，黄瓜生育期为 120 d，9 个处理渐增期均长达约 40 d，此阶段为苗期，营养生长旺盛。快增期均达约 60 d。在定植 2 个月后，各处理生长速率相继达到最高值，其株高增长速率依次为 4.19 cm/d、4 cm/d、3.41 cm/d、4.06 cm/d、3.85 cm/d、3.56 cm/d、4.03 cm/d、4.14 cm/d、3.89 cm/d。在结瓜末期，高施肥量 TR7、TR8 株高显著高于其他处理，其次为中施肥量的 TR4 和 TR5，再次为低施肥量的 TR1、TR2、TR3，低灌水量的 TR6、TR9 的株高最低。说明较高的灌水量和施肥量能够促进黄瓜茎蔓的生长。

表 5-17　不同水肥处理下黄瓜株高的生长动态模拟方程

处理	模拟方程	相关系数	实际总株高(cm)	模拟总株高(cm)
TR1	$Y=395.27/(1+12.34e-0.04x)$	0.993 0	377.2±17.05de	376.44
TR2	$Y=403.14/(1+9.98e-0.04x)$	0.985 2	385.4±5.6de	380.25
TR3	$Y=462.13/(1+7.36e-0.03x)$	0.992 9	389.6±1.95d	397.16
TR4	$Y=474.55/(1+11.92e-0.03x)$	0.990 9	419.2±10.75b	408.95
TR5	$Y=441.57/(1+10.75e-0.04x)$	0.990 1	403.6±3.5c	397.36
TR6	$Y=397.93/(1+8.2e-0.04x)$	0.990 2	362.6±1.76f	367.78
TR7	$Y=565.47/(1+11.75e-0.03x)$	0.996 2	439.8±7.5a	429.8
TR8	$Y=477.1/(1+11.94e-0.04x)$	0.990 3	429.4±3.85ab	415.75
TR9	$Y=403.04/(1+14.22e-0.04x)$	0.995 5	372.6±4.01ef	379.73

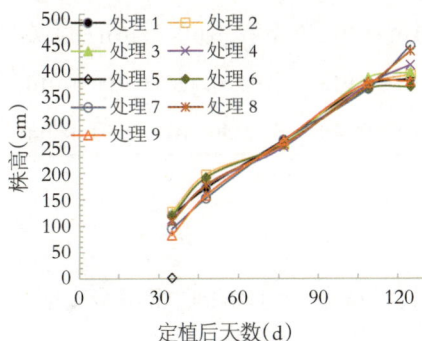

图 5-19　不同水肥处理下黄瓜的实际株高生长动态

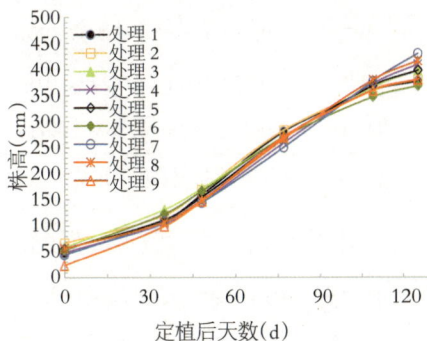

图 5-20　不同水肥处理下黄瓜的模拟株高 S 形生长动态

（2）不同水肥处理对黄瓜生育期茎粗生长率的影响

由表5-18可知,幼苗期和抽蔓期是茎粗生长的快速增长期,结瓜以后茎粗缓慢生长。在幼苗期和抽蔓期,低、中施肥量时,茎粗增长率随灌水量增加而增加;高施肥量时,茎粗增长率随灌水量增加而降低。不同施肥量水平下的低肥高水TR1、中肥高水TR4、高肥低水的TR9的茎粗生长速率最快,抽蔓期TR1、TR4、TR9依次达到7.41 mm、8.29 mm、10.82 mm。

同时,不同灌水量水平下,茎粗增长速率随施肥量的增加而增大,高水高肥的TR7、中水高肥的TR8、低水高肥的TR9茎粗生长速率最快,在抽蔓期依次达到9.96 mm、10.1 mm、10.82 mm,可见,高水高肥促进茎的生长。结瓜初期,TR5的茎粗生长速率和其他处理存在明显差异。结瓜盛期和结瓜末期,各处理茎粗几乎停止生长。

表5-18　不同生育阶段黄瓜茎粗生长速率比较

处理 生育期	幼苗期 （mm/d）	抽蔓期 （mm/d）	结瓜初期 （mm/d）	结瓜盛期 （mm/d）	结瓜末期 （mm/d）
TR1	0.18±0.02bc	0.19±0.02f	0.07±0.03b	0.01±0.01cd	0.02±0.01bcd
TR2	0.16±0.01cd	0.19±0.06ef	0.04±0.00c	0.07±0.00a	0.03±0.01abc
TR3	0.14±0.03d	0.16±0.03ef	0.07±0.01b	0.01±0.01d	0.04±0.02a
TR4	0.24±0.03a	0.26±0.03bc	0.04±0.01c	0.01±0.01c	0.05±0.02a
TR5	0.15±0.01d	0.23±0.01cd	0.10±0.02a	0.01±0.01cd	0.04±0.01ab
TR6	0.20±0.06b	0.22±0.02de	0.03±0.01cd	0.04±0.01b	0.04±0.01a
TR7	0.25±0.06a	0.27±0.05ab	0.01±0.01d	0.07±0.01a	0.01±0.01cd
TR8	0.25±0.01a	0.27±0.01bc	0.02±0.01d	0.04±0.00b	0.00±0.01d
TR9	0.26±0.01a	0.31±0.03a	0.02±0.01d	0.02±0.00cd	0.04±0.01a

备注:±后面的数据为标准差

2. 不同水肥处理对黄瓜品质的影响

由表5-19可知,水肥施用量的不同,对黄瓜可溶性蛋白含量没有明显影响,各处理间差异不显著;而对可溶性糖含量和可溶性固形物来说,各处理间存在显著差异。不同施肥量水平下可溶性糖含量和可溶性固形物的变化无规律可循,但在高、中灌水量条件下,可溶性糖含量和可溶性固形物均随施肥量的增加而降低,高水低肥的 TR1、中水低肥的 TR2 值最高,其可溶性糖含量依次为 32.59%、32.8%, 可溶性固形物依次为 5.6 mg/g、5.5 mg/g;低灌水量条件下,可溶性糖含量和可溶性固形物均是施肥量最大的 TR9 含量最高,分别达 33.26%、5.8 mg/g。

表 5-19　不同水肥处理对黄瓜品质的影响

处理	可溶性蛋白含量(%)	可溶性糖含量(%)	可溶性固形物(mg/g)
TR1	3.10±0.1b	32.59±2.86ab	5.6±0.26a
TR2	3.16±0.04b	32.80±2.26a	5.5±1.12ab
TR3	3.18±0.03b	31.33±2.85ab	5.6±0.92ab
TR4	3.10±0.1b	25.88±1.87cd	4.8±0.15bc
TR5	3.08±0.03b	23.69±1.33d	4.6±0.316c
TR6	3.06±0.06b	28.42±1.36bc	5.3±0.18abc
TR7	3.06±0.06a	30.62±1.05ab	5.3±0.1abc
TR8	3.07±0.03b	25.52±1.35d	4.9±0.22bc
TR9	3.07±0.38b	33.26±0.59a	5.8±0.17ab

备注:±后面的数据为标准差

3. 不同水肥处理对黄瓜产量的影响

由表 5-20 可知,产量高低依次为 TR4>TR7>TR5>TR6>TR1>TR8>TR9>TR2>TR3。从肥料施入量来看,中肥水平(用肥量 1 200 kg/hm²)有利于产量的增加。从灌水量来看,土壤灌水量高时,产量有所提高。水分生产率最高的是 TR6,其次为 TR5,高达 68.58 kg/m³、59.53 kg/m³。肥料生产率最高的是 TR1, 其次为 TR2, 高达 139.17 kg/kg、130.08 kg/kg, 但 TR1、TR2 的产量和水分生产率很低。从产量指标来看,产量最高的为 TR4,产量高达 110 190 kg/hm²,水分和肥料生产率分别高达 49.58%、91.83%。同时,分析经济效益得出,TR4 的经济效益明显高于其他处理,其次为 TR5。因此,以经济效益为主,综合产量指标、水肥生产率来看,TR4(用肥量 1 200 kg/hm²,

灌水量 2 250 m³/hm²)为最佳处理。

表 5-20　不同水肥处理水分和肥料生产率

处理	产量 （kg/hm²）	水分生产率 （kg/m³）	肥料生产率 （kg/kg）	水费 （元/hm²）	肥料费用 （元/hm²）	产值 （元/hm²）	经济效益 （元/hm²）
TR1	83 504.7	37.58	139.17	777.9	13 440	167 009.4	152 791.5
TR2	78 048.3	45.15	130.08	604.95	13 440	156 096.6	142 051.65
TR3	64 563.3	46.14	107.61	489.75	13 440	129 126.6	115 196.85
TR4	110 190	49.58	91.83	777.9	26 880	220 380	192 722.1
TR5	102 894	59.53	85.75	604.95	26 880	205 788	178 303.05
TR6	95 960.55	68.58	79.97	489.75	26 880	191 921.1	164 551.35
TR7	103 561.05	46.6	57.53	777.9	40 320	207 122.1	166 024.2
TR8	88 804.5	51.38	49.34	604.95	40 320	177 609	136 684.05
TR9	81 288.45	58.09	45.16	489.75	40 320	162 576.9	121 767.15

备注:农业用水价格按照 0.35 元/m³ 计算,魔力丰可溶性肥 22.4 元/kg,黄瓜按 5—8 月平均价 2 元/kg 计算

4. 水肥用量和黄瓜生长指标、产量及果实品质的相关性

如表 5-21 所示,对水肥用量与株高、茎粗、产量、可溶性蛋白含量、可溶性糖含量、可溶性固形物进行相关性分析,均无显著相关性。水和肥用量之间显示没有相关性,水肥用量与株高、产量呈正相关,相关系数达 0.47~0.57,合理地增长水肥用量可促进植株的营养生长和生殖生长。灌水用量与黄瓜果实品质可溶性蛋白含量、可溶性糖含量、可溶性固形物呈负相关,特别是可溶性蛋白,相关系数达 0.78,其中灌水量与其他三者也均呈负相关,相关系数达 0.11~0.21,可见,过多的水肥直接影响黄瓜的果实品质。

通过各植株生长指标和果实品质相关性的分析可以看出,株高、茎粗和产量之间互相呈正相关,三者与果实品质可溶性蛋白含量、可溶性糖含量、可溶性固形物呈负相关;而果实品质三者之间呈正相关,特别是可溶性糖和可溶性固形物之间的相关系数高达 0.98。

表 5-21　水肥用量和黄瓜生长指标、产量及果实品质的相关性分析

相关系数	灌水量（m³/667m²）	施肥量（kg/667m²）	株高（cm）	茎粗（mm）	产量（kg/667m²）	可溶性蛋白含量(%)	可溶性糖含量(%)	可溶性固形物含量（mg/g）
灌水量（m³/667m²）	1							
施肥量（kg/667m²）	0.00	1						
株高(cm)	0.57	0.48	1					
茎粗(mm)	−0.10	0.84	0.12	1				
产量（kg/667m²）	0.54	0.47	0.49	0.45	1			
可溶性蛋白含量(%)	−0.16	−0.78	−0.19	−0.76	−0.67	1		
可溶性糖含量(%)	−0.11	−0.29	−0.48	−0.02	−0.65	0.35	1	
可溶性固形物含量(mg/g)	−0.21	−0.25	−0.53	−0.01	−0.70	0.31	0.98	1

（三）讨论与结论

1. 水肥用量对黄瓜生长指标的影响

黄瓜整个生育期株高可用 logistic 方程模拟，且不同处理模拟系数均高达 98%以上，这与崔良基、董钻、张君等人研究的作物干物质积累规律相似，也符合植物生长规律。水和肥在蔬菜的整个生育期中影响株高、茎粗、叶面积等生长生理指标，适合的水肥管理能够促进作物生长；反之，水分和肥料过多或过少都会抑制作物的生长发育。李静等人的研究表明，番茄的株高及茎粗与水肥条件的高低成正相关。方栋平指出，株高受水肥影响显著，高水处理的株高显著大于低水处理，随着滴灌施肥比例的降低，株高呈降低趋势，且各器官干物质量累积量与灌水量和滴灌施肥比例呈正相关。姚发展在《不同浓度营养液对温室黄瓜生长发育的影响》一文中指出，最适合黄瓜植株生长的营养液浓度为霍格兰营养液稀释 50 倍，过高或过低营养液浓度均不利于植株生长。王延丽研究指出，适宜的氮磷钾肥的施用可促进迷你黄瓜

幼苗株高、茎粗、总鲜重、叶绿素含量、光合速率的提高。可见,水肥充足有助于植株株高、茎粗生长。在本试验中,TR7(高水高肥) > TR8 > TR4,其他处理均与这3个处理差异显著。黄瓜苗在结果盛期至结瓜末期,茎粗几乎停止生长。同时,高肥水平可促进叶片增长,水肥用量与株高、产量呈正相关,相关系数达 0.47~0.57。

2. 水肥用量对黄瓜产量及品质的影响

方栋平的研究结果表明,水肥用量对温室黄瓜产量和品质有显著影响。随着灌水量的增大,黄瓜的产量、瓜条数和单果重也有所增加。随着用肥量的增加,产量和小区瓜条数也显著增加,且水分最高利用效率高达 47.71 kg/m³。同时,水肥用量对黄瓜品质各指标,如 Vc、可溶性蛋白和可溶性糖含量均有显著影响,且滴灌施肥条件下,产量和品质(除可溶性糖外)均与水肥用量呈正相关,增加灌水量,产量、Vc 和可溶性蛋白含量均增加,但可溶性糖含量下降。王延丽、王柳等的研究表明,黄瓜的品质与营养液浓度显著相关,随着施氮量的增加,黄瓜果实的 Vc、可溶性蛋白、游离氨基酸、可溶性糖和有机酸含量均有增加的趋势,商品瓜率和总产量显著降低,施氮过多过少均不利于黄瓜的产量与品质。在本试验沙壤土条件下,水肥用量与产量呈正相关,与前者研究结果相同,水分生产率最高的是低水中肥 TR6,高达 68.58 kg/m³;肥料生产率最高的是高水低肥 TR1,高达 139.17 kg/kg;产量最高的为高水中肥 TR4, 产量高达 110 190 kg/hm², 水分和肥料生产率分别高达 49.58%、91.83%,且 TR4 的经济效益明显高于其他处理。

但是,水肥用量与黄瓜果实品质可溶性蛋白含量、可溶性糖含量、可溶性固形物呈负相关, 这与前者研究不同。这可能与水肥最低幅度用量有关系,或者可能本试验产量均有提高,而忽视了果实品质。有研究表明,作物的产量和品质互相影响、互相制约,产量下降,果实中营养浓度增大,且丁锁等人的研究指出, 大水大肥的农民习惯性施肥浇水的处理明显比配方施肥处理下的黄瓜品质差, 配方施肥比习惯性大水大肥处理的黄瓜可溶性固形物含量提高 0.25%~0.38%,Vc 含量提高了 11.2~13.5 mg/kg。

(四)结论

本研究试验结果表明,以经济效益为主,综合产量指标、水肥生产率来看,TR4(用肥量 1 200 kg/hm²,灌水量 2 250 m³/hm²)为最佳处理,即在沙土壤条件下,用 N 量为 216 kg/hm²,用 P_2O_5 量为 108 kg/hm²,用 K_2O 量为 324 kg/hm²,整个生育期灌水定额 2 253.6 m³/hm²,灌水次数 27 次,其中 3—4 月每次灌水 45 m³/hm²,间隔 5~7 d;5 月每次灌水 105 m³/hm²,间隔 2~3 d;6—7 月中旬每次灌水 84 m³/hm²,间隔 3~4 d;7 月中旬—7 月底每次灌水 39.3 m³/hm²,间隔 3~4 d。

简易比例施肥泵水肥装置

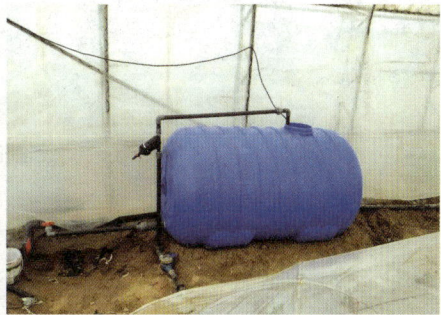

简易施肥桶水肥装置

简易文丘里施肥装置(一)

简易文丘里施肥装置(二)

简易文丘里水肥控制田间布置

单体定时涡旋式施肥装置

远程精准水肥一体化控制装置

智能水肥一体化控制装置

第六章 露地冷凉蔬菜高效低耗规模化栽培技术试验示范

第一节 研究简介

一、研究目的及意义

发展瓜菜产业是宁夏回族自治区党委、政府推进农业跨越式发展的重大战略决策。"十二五"期间,基于全国大市场、大流通的发展背景,宁夏瓜菜产业发展战略成效显著,以固原原州区的露地娃娃菜、菜花、甘蓝等,西吉县的西芹,彭阳县的拱棚辣椒,中卫海原县的红皮大蒜,独立发展的"供港蔬菜",以质量优势走出国门,其品牌享誉国内外,已成为全国瓜菜市场不可或缺的一分子,生产面积 300 万亩。步入"十三五",宁夏回族自治区党委、政府提出"1+4"农业产业布局,仍把瓜菜列入四大产业之中,结合国家永久性蔬菜基地及蔬菜标准园建设工程,全面引领和推动宁夏瓜菜产业向"一特三高"目标发展,从基础条件建设、产业技术支撑、市场流通保障等全产业链方面,提出提升发展水平、促进增值增效、实现带动宁夏全区农民增收的新突破目标。

宁夏露地冷凉蔬菜是宁夏瓜菜产业的重要组成部分,目前,以固原市原州区为代表的露地冷凉蔬菜栽培有近 105 万亩,其中原州区 43 万亩,种植种类主要以花椰菜(白菜花、西兰花和松花菜)、西芹、娃娃菜和甘蓝为主,每年

5月上中旬定植,7月中下旬集中采收,7月下旬继续定植,10月上中旬前后集中采收。一年两熟制是宁夏南部山区露地冷凉蔬菜主要栽培模式,产品销往广州、武汉、长沙、呼和浩特、银川等区内外市场。随着种植面积的逐年增加,栽培技术逐步成熟,产量质量提高,市场链完备,露地冷凉蔬菜已成为宁夏南部山区的一个知名品牌和当地农民增收致富的重要产业,平均每亩效益6 000元以上,平均纯收入4 000元以上。但由于种植面积的不断扩大和一年两茬栽培,因品种及栽培模式单一、经验型水肥管理、病虫害应急性防控等,导致连作障碍凸显、水肥利用率下降、产量质量不稳定等瓶颈问题日趋严重,明显制约着产业的健康发展。

基于产业现存的问题,本课题联合宁夏农林科学院固原分院、原州区农业技术推广服务中心及基地企业、生产大户,课题针对宁南山区露地冷凉蔬菜产业中存在的劳动力投入成本攀升、机械化栽培程度低、水肥利用率不高、连作障碍逐渐凸显等瓶颈问题,围绕高质低耗栽培目标,开展优新抗性品种的筛选展示、滴灌水肥一体化、高效栽培模式、耕种栽环节机械化关键技术研究与试验示范,通过广泛引进国内优新主栽冷凉蔬菜品种,筛选适合冷凉区露地栽培的品质优良、丰产性好,适宜外运的花椰菜(白菜花、荷花菜和松花菜)、娃娃菜、甘蓝、大蒜品种,建立冷凉区优良主栽蔬菜品种资源的贮备,展示示范花椰菜、娃娃菜、甘蓝等系列品种。试验研究现有栽培条件下的滴灌水肥一体化、耕种栽关键环节机械化等技术,提出并建立露地冷凉青花菜高效低耗规模化栽培技术模式。通过现场观摩、集中培训及各主产生产区域建立示范点进行集成展示,以保障技术完整落地和普及应用,从根本上降低劳动力成本和劳动强度,支持减肥减药,整体提升冷凉蔬菜机械化、规模化栽培管理技术水平,为保障宁夏南部山区冷凉蔬菜产业健康、持续、稳定发展和提高冷凉区农民收入提供坚实的科技支撑。

二、研究内容及成果

课题针对宁南山区露地冷凉蔬菜产业中存在的劳动力成本攀升、机械化栽培程度低、水肥利用率不高、连作障碍逐渐凸显等瓶颈问题，围绕高质低耗栽培目标，课题组在"十三五"期间进行实地调研，从生产布局、投入产出、机械应用、主要产区土壤性状、水肥供给、病虫害防控等方面形成宁夏露地冷凉蔬菜产业发展现状调研分析报告 1 份；以调研形成的产业现状为背景材料，从国内外引进新特露地冷凉主栽蔬菜青花菜、白菜花、甘蓝、娃娃菜、大蒜、松花菜等 47 个品种，通过大田栽培品比、筛选、验证及栽培适应性综合评价，筛选出适宜本地栽培的高产、高质青花菜、花椰菜、甘蓝、娃娃菜、大蒜、松花菜品种 25 个，制定配套宁夏的地方标准 3 项；在以节水肥灌溉技术为基础的冷凉菜规模化运作模式下，以露地冷凉主栽甘蓝、青花菜为参试作物，研发制定露地甘蓝、青花菜滴灌条件下水肥管理方案 2 套；引进改制露地冷凉蔬菜栽培整地、直播、移栽等耕种栽机械设备 3 台，通过对不同田间作业生产效率的比较，显著降低劳动力成本，节省生产成本，并制定适宜宁南山区露地春菠菜、芹菜和青花菜的机械化作业栽培技术 3 套；分别在原州区和西吉县建立集成示范点，新技术普及率达到 70% 以上，机械播种比人工播种节省种子 30%~60%，环节机械化劳动力投入平均下降 60% 以上；授权实用新型专利 2 项，发表相关论文 6 篇，其中 4 篇核心，培育学科骨干专家人才 2 名，培养县区技术骨干 5 名，培训农民 300 人次以上，超额完成课题目标任务。

第二节　研究成果

一、露地冷凉蔬菜产业现状调研分析报告

课题组针对宁夏六盘山区露地冷凉蔬菜生产布局、投入产出、机械使用，以及主要产区土壤性状、水肥供给、病虫害防控等现状进行实地调研，形

成宁夏露地冷凉蔬菜产业发展现状调研分析报告。

2016 年固原市蔬菜生产面积达 60 万亩,其中露地蔬菜 40 万亩,建立高原冷凉蔬菜标准化核心示范基地(菜篮子、永久性蔬菜基地)8 个;培育企业 2 家、产地批发市场 3 个、大型流通企业 1 家、合作经济组织 100 家以上、销售经纪能人 200 人以上;在兰州、西安建设固原市"六盘山"特色农产品展销馆(区、专卖店)各 1 个,在银川市、石嘴山市、吴忠市、中卫市,以及永宁县、西吉县大型超市建立"六盘山"农产品营销专柜各 1 个,依托香港加记(中国)农业开发公司等开拓香港以及国外销售市场;年蔬菜总产量达到 200 万 t,总产值 22 亿元,冷凉蔬菜增加农村居民人均可支配收入 1 335 元以上。

围绕冷凉蔬菜生产、加工、销售等环节,组建了西吉天绿、三农、祥农、富裕、天裕等 100 多家蔬菜合作社,发展贩运大户及经纪人 50 多个,培育营销人员 500 多人,形成"龙头企业+基地+农户+市场"、"贩运大户+合作社+农户+市场"等经营模式,开拓 21 省 43 个大型农产品批发市场,销售渠道畅通、效果良好,经济效益显著。

(一)种植区划现状

坚持"依据水源定区域、依据水量定规模"的原则,以"中心带园区、带基地、连农户",在库井灌区和河谷川道区重点发展冷凉蔬菜及设施农业。按照"四大特色片区"协调发展的方向,以原州区清水河流域为主的城郊设施蔬菜面积达到 15 万亩;以西吉县葫芦河流域为主的高原芹菜、胡萝卜(蒜苗)面积达到 8 万亩;以隆德县渝河流域为主的露地喜凉蔬菜面积达到 24.4 万亩;以彭阳县红河、茹河流域为主的越夏辣椒面积达到 12.6 万亩。创建万亩冷凉蔬菜生产示范基地 10 个(其中原州区 3 个、西吉县 3 个、隆德县 1 个、彭阳县 3 个)、高原冷凉蔬菜标准化核心示范基地(菜篮子、永久性蔬菜基地)15 个(其中原州区 5 个、西吉县 3 个、隆德县 2 个、泾源县 1 个、彭阳县 4 个)。

原州区坚持"冬菜北上、夏菜南下"的生产方针,在发展城郊型蔬菜基地的同时,加大露地外销型特色冷凉蔬菜基地建设,种植面积 26 万亩。向三营镇金轮村、团结村,头营镇泉港、圆德村,彭堡镇别庄、闫堡村倾斜。以原州区供应市区城郊型设施蔬菜基地为重点,辐射各县(区),稳定城郊型设施温棚面积和蔬菜供给能力,以多品种错季节均衡上市为目标,发展果菜和叶菜,搭配发展林果、食用菌等其他花色蔬菜。种植的主打露地蔬菜品种有芹菜、萝卜、大白菜、甘蓝等。

西吉县发展以芹菜、胡萝卜、大拱棚番茄、青花菜等为主的特色蔬菜种植12万亩,在葫芦河流域发展高原芹菜、胡萝卜(蒜苗)。向将台乡西坪村,平峰镇张新堡村,硝河乡隆堡村,吉强镇龙王坝村,将台乡包庄、火沟村,马莲乡南川村,平峰镇三和、王庆村倾斜。以西吉县葫芦河流域的新营、吉强、硝河、马莲、将台、兴隆等乡镇为核心,辐射原州区清水河流域的官厅、彭堡、头营等乡镇,形成高原芹菜产业片区。种植的主打品种有加州王、文图拉、法国皇后、圣地亚哥、七寸红,复种蒜苗、红笋、洋葱等。

隆德县蔬菜总种植面积7万亩,着力构建以渝河流域为中心的喜凉露地蔬菜(供港蔬菜)基地。主要在神林乡庞庄、双村,联财乡联合村,城关镇三合村,神林乡辛平、叶河,风铃乡于河、冯碑村,温堡乡新庄、夏坡、前进、温堡、张杜、杨坡、杨堡村,联财乡张楼、赵楼村,沙塘镇锦华、光联、新民村。种植的主打品种有萝卜、白菜花、娃娃菜、甘蓝、洋葱、菜花、菜心等。

彭阳县发展以辣椒为主的冷凉蔬菜生产基地13万亩。彭阳县以红河、茹河流域为中心发展越夏辣椒。向王洼镇李寨村,古城镇田庄、挂马沟村,新集乡团结、上马洼村,城阳乡韩寨村等6个贫困村,白阳镇陡坡、玉洼、崾岘,古城镇川口村,新集乡峁堡村等5个重点贫困村倾斜。以彭阳县红河、茹河流域的古城、新集、白阳镇、红河、城阳等乡镇为核心,辐射原州区清水河流域的中河、彭堡、头营、三营,隆德县渝河流域的联财、神林、沙塘、城关,甘渭河流域的温堡等乡镇。

(二)投入产出现状

宁南山区主要冷凉蔬菜种类有娃娃菜、甘蓝、大白菜、青花菜、芹菜、松花菜、白菜花、西红柿、辣椒和南瓜等。成本费用中主要有地租、机耕、种苗、肥料、农药、水电、人工、地膜、滴灌设施9个项目,其中成本最高的是种苗和人工。2015年和2016年的调研结果显示,西红柿平均亩产量5 000 kg,产值为5 000元/亩,平均投入为3 430元/亩,产投比为1.46;辣椒平均亩产量4 000 kg,产值为5 200元/亩,平均投入为3 510元/亩,产投比为1.48;松花菜平均亩产量2 500 kg,产值为6 250元/亩,平均投入为4 205元/亩,产投比为1.49;白菜花平均亩产量3 200 kg,产值为6 400元/亩,平均投入为4 420元/亩,产投比为1.45;青花菜平均亩产量3 000 kg,产值为12 000元/亩,平均投入为4 420元/亩,产投比为2.71;西芹平均亩产量7 500 kg,产值为9 000元/亩,平均投入为6 870元/亩,产投比为1.31;甘蓝平均亩产量3 500 kg,产值为1 750元/亩,平均投入为3 070元/亩,产投比为0.57;大白菜平均亩产量5 000 kg,产值为4 000元/亩,平均投入为3 445元/亩,产投比为1.16;娃娃菜平均亩产量5 000 kg,产值为5 500元/亩,平均投入为4 310元/亩,产投比为1.28;南瓜平均亩产量2 500 kg,产值为3 000元/亩,平均投入为2 510元/亩,产投比为1.2。

以上10种冷凉蔬菜种类2015—2016年平均亩产量为4 120 kg,产值为5 810元/亩,平均投入为4 019元/亩,产投比为1.45。

(三)机械使用现状

蔬菜标准化和规模化生产离不开机械化。同时,随着农村大量年轻劳动力进城务工,农业劳动力老龄化趋势越发明显,蔬菜种植劳动力投入巨大,导致蔬菜生产对农业机械的需求格外迫切。然而,由于蔬菜品种繁多,农艺技术复杂、地区间种植习惯差异较大、种植规模等特殊性,机械化水平很低,机械化也主要存在于耕整地和植保环节,栽植和收获机械化几乎为零。截至2016年,只有原州区瑞丰蔬菜产销合作社引进了日本2ZY-2A(PVHRZ-E18)双行自走式垄上移栽机,实现机械化移栽环节机械化,可降低劳动力成本70%以上。其他各县蔬菜种植区仍以人工为主,只有在整地环节实现了机械化,但起垄、覆膜、移栽、收获、除草等环节全部依靠人工。

(四)经营和市场主体初具规模

宁夏华林农业综合开发公司、香港加记(中国)农业开发公司、陕西恒润现代农业有限公司、宁夏欣丰现代农业公司、固原六盘龙蔬菜保险有限公司、原州区瑞丰蔬菜产销合作社等公司已具有一定的经营规模。

原州区建立了南河滩、火车站等 5 个蔬菜批发市场,11 处集镇以上农产品销售市场,3 个蔬菜预冷库,1 个脱水蔬菜厂,培育了 18 家蔬菜合作社,初步形成以蔬菜收购营销点为基础,运销合作组织为龙头,运销大户为骨干的市场营销体系,产品远销上海、西安、武汉等国内大中城市和港澳台地区。

西吉县围绕冷凉蔬菜生产、加工、销售等环节,组建了西吉天绿、三农、祥农、富裕、天裕等 100 多家蔬菜合作社,发展贩运大户及经纪人 50 多个,培育营销人员 500 多人,形成了"龙头企业+基地+农户+市场"、"贩运大户+合作社+农户+市场"等经营模式,开拓 21 省 43 个大型农产品批发市场,销售渠道畅通、效果良好,经济效益显著。

彭阳县建立辣椒批发市场 5 处,配套预冷贮藏库 14 座,引进龙头企业 4 家,组建辣椒专业合作组织 20 多家,培养营销大户 50 多家,形成"支部+协会+基地+农户"的发展模式,建立覆盖西安、兰州等大中城市的营销网络和信息、技术交流互动机制,90%以上的辣椒实现宁夏区外销售。

(五)服务体系初步配套

宁夏农科院种质所、资环所、固原分院等科研单位的相关科技人员全程参与蔬菜生产环节, 与技术推广单位和企业联合攻关蔬菜生产过程中的栽培、施肥、病虫害防治等技术瓶颈难题,推行产、学、研与企业和农户结合的模式开展冷凉蔬菜产业服务,充分依托基地和园区的科研平台,建立"产—学—研"发展模式,加强科技支撑,推广优良品种、配方化施肥、节水化灌溉等措施,提升冷凉蔬菜产业的竞争力。

二、露地冷凉蔬菜栽培优新品种引选及配套栽培技术研究

(一)品种引选及栽培适应性评价

宁夏光热资源丰富、昼夜温差大、自然环境优越,土壤为沙壤质地,各小流域地势平坦,部分区域丘陵台地,是农业部规划确定的黄土高原夏秋蔬菜和设施农业优势生产区。高原夏菜也称为冷凉蔬菜、高山蔬菜、错季蔬菜、反季节蔬菜等,是以市场需求为导向,利用高海拔地区夏季凉爽、日照充足、昼夜温差大等自然条件特点,生产出富含 Vc、蛋白质等营养物质的高品质蔬菜,蔬菜产业列入宁夏回族自治区党委、政府提出的"十三五""1+4"农业产业布局,种植面积基本稳定在 200 万亩左右,其中设施和露地各 100 万亩。宁夏蔬菜以 1/10 的耕地面积产出了占宁夏种植业近 30%的产值,在宁夏种植业和农民增收中的地位更加突显,其中环六盘山区域的宁南山区是宁夏冷凉蔬菜的主要生产区域,近 3 年以娃娃菜、花椰菜、芹菜、辣椒等为主要种类,栽培面积稳定在 40 多万亩,占全区露地蔬菜面积近一半,主要分布于原州区的清水河流域、西吉县葫芦河流域、隆德县渝河流域、彭阳县红茹和流域,地方特色突出,产量高,质量优,上市期处于南方夏淡之际,季节优势明显,现已成为宁夏夏菜南下的重要基地和支撑乡村振兴、促进农民增收的支柱产业之一。但在实际生产中,依然存在区域布局主栽蔬菜品种特色优势不显著、产量质量不稳定等技术问题。

农业生产的变革,根本是品种的变革,优良品种的引选和配套是农业丰产高效的关键,品种的不断引选、改良、推广是产业发展的动力和源泉。品种是蔬菜产业发展的基础,它决定了蔬菜的产量、品质和经济效益。作物产量和品质受品种遗传特性、栽培措施、生长环境等的综合影响。品种的遗传特性是决定作物产量的内在因素。栽培措施、生长环境是决定作物产量的外在因素。产量是衡量品种生产潜能与栽培适应性的重要标准。品质是实现其商品价值的重要因素。为此,课题组针对市场需求,基于理论筛选,从国内外引进新特露地冷凉主栽蔬菜青花菜、白菜花、甘蓝、娃娃菜、大蒜、松花菜等 47

个品种,并分别与当地主栽品种为对照进行大田栽培品比、筛选、验证试验,系统比较分析了各个品种的生物学特性、产量性状、营养品质等指标,并应用主成分分析法对不同品种的栽培适应性进行综合评价, 筛选出适宜本地栽培的高产、高质青花菜、花椰菜、甘蓝、娃娃菜、大蒜、松花菜品种 25 个(表 6-1),其中青花菜的耐寒优秀、改良绿芯,绿天使,白菜花的雪霸、雪冠、花莲、白领、春美、法美雪、开拓者,甘蓝的中甘 21 号、爱绿、金日绿丰、元宝、邢甘 23,娃娃菜的韩童、春秋贝贝、金娃、田娃、帝国、金皇后、春玉黄,大蒜的酒泉大蒜(紫蒜),松花菜的富贵 100、福松 90 在生长季的综合表现优于其他品种,研究结果为逐步更新换代主栽品种提供有效指导和依据。

表 6-1　露地冷凉蔬菜优势品种来源及特性

种类	品种名称	品种来源	主要特征特性
青花菜	改良绿芯	辽宁东亚农业发展有限公司	中早熟,定植到收获 65 d 左右;植株直立、外叶浓绿、生长势强,花蕾小而紧密,浓绿色;花球圆球形,球形紧实紧凑,单球重 450 g,抗病性强
	耐寒优秀	高华种子有限公司	中早熟,定植到收获 60 d 左右;生长势强,叶片蜡质厚,叶柄短,叶卵形,蕾粒中等而细密,深绿色,不宜变色;单球重 600 g 左右,抗黑腐病,耐低温,耐寒
	绿天使	济南天瑞种子有限公司	中早熟,定植到收获 70~75 d;花蕾细腻,颜色亮绿,花球表面平整,球形美观,侧枝少;单球重约 400 g
花椰菜	开拓者	北京华耐农业开发有限公司	中晚熟,植株长势旺盛,自覆性较好,花球球形好,颜色白,单球重 1.0~1.2 kg,栽培密度 2 300~2 500 株/亩,亩产 2 500~3 000 kg
	白领	宁夏巨丰种苗有限责任公司	中早熟,定植后约 60 d 成熟,秋季定植后约 80 d 成熟;内叶包被性好,花球形状高圆略扁,洁白紧实,单球重 1.0~1.5 kg,美观整齐,适应性强,抗病性强,耐储运,肉质细腻,口味甜脆,商品性非常好,适宜鲜食及冷冻出口
	雪冠	厦门中厦蔬菜种子有限公司	中早熟,定植到收获 60 d 左右;植株长势中等,叶色深绿,内叶扣抱性好,花球圆形,洁白紧实,球形紧实紧凑,单球重 1.5~2.0 kg,抗病性强
	雪霸	济南天瑞种子有限公司	中早熟,定植到收获 55~60 d;植株生长势强,叶色蓝绿,花球高圆形,洁白紧实;单球重 2.0 kg 左右,抗寒,抗病性强
	法美雪	北京凤鸣雅世科技发展有限公司	中熟品种,定植到收获 65~70 d;花球扁圆,球色雪白,内叶自然覆盖好,结球紧实;单球重 1.2 kg,商品性好,抗病力强

（续表）

种类	品种名称	品种来源	主要特征特性
甘蓝	金日绿丰	邢台市金日种业有限公司	早熟，定植到收获 55 d 左右；叶色鲜绿，蜡粉少，外叶直立，球形紧实，近圆球形；单球重 1.0~1.5 kg，耐储运，不易裂球
	爱绿	河北省唐山市玉田县无公害蔬菜基地	中早熟，定植到收获 60 d 左右；外叶深绿，球内叶绿叶层多，叶球翠绿色，球形紧实，圆球形；单球重 2.5 kg，耐低温，耐裂球，耐储运，抗热及抗病性较好
	元宝	武汉九头鸟种业	早熟，定植到收获 50 d 左右；球色深绿，球形紧实，圆球形，质地脆嫩味甜；单球重 1.2 kg，高抗黄萎病
	邢甘 23	河北省邢台市蔬菜种子公司	中早熟，定植到收获 58 d 左右；圆球形，20 d 左右。球色鲜绿，有光泽，球形紧实，商品性强，口味鲜美；单球重 0.8~1.6 kg，抗病性强，耐潮湿，耐裂球
	中甘 21	中国农业科学院蔬菜花卉研究所	早熟，定植到收获 50~55 d；植株开展度约为 52 cm，外叶色绿，叶面蜡粉少，叶球紧实，叶球外观美观，圆球形，叶质脆嫩，品质优，球内中心柱长约 6.0 cm；单球重约 1.0~1.5 kg，抗逆性强，耐裂球，不易未熟抽薹
娃娃菜	春玉黄	邢台市蔬菜种子公司	极早熟，生长期 48~52 d；外叶深绿，内叶嫩黄，叠包紧实，圆筒形，开展度小；单球重 0.8~1 kg；口味极佳，抗病性强，耐寒耐抽薹，耐储运，适宜密植
	金娃	北京四海种业有限责任公司	早熟品种，定植到收获 50 d 左右；株形紧凑，生长旺盛，整齐一致，结球紧实，外叶深绿，内叶鲜黄；单株重 1 kg 左右，适应性强，抗病性强，耐抽薹，耐储运
	金黄后	河南省博韬种业有限公司	早熟，植株长势中等，开展度中等，叶色深绿，叶片皱，叶球炮弹形，芯叶鲜黄，单球重 0.8~1.0 kg
	春秋贝贝	北京大久韩日种业有限公司	极早熟，定植到收获 35~40 d；外叶深绿，内叶金黄，生长快；球重 1.5~2.0 kg，耐抽薹，抗病性强
	田娃	韩国进口种子公司	早熟，定植到收获 45~50 d；长势强，外叶浓绿，内叶嫩黄，叶球直筒形，半叠抱，结球能力极强，叶帮薄，口感极佳
	帝国	北京四海种业有限责任公司	早熟，定植到收获 45 d 左右；外叶浓绿色，内叶是美丽的金黄色；结球紧密，半合抱圆筒形；对根腐烂病、病毒病抗病性强
	韩童	北京农兴达种子有限责任公司	早熟，定植到收获 40~45 d；生长速度快，外叶浅绿，内叶深黄，叶球直筒形，接球紧实，口味极佳；单球重 1 kg 左右，抗病性强，抗抽薹，耐储运

（二）露地冷凉主栽蔬菜配套栽培技术

课题组为筛选出适宜本地栽培的高产、高质甘蓝、松花菜、大蒜的优势品种,开展了露地甘蓝、松花菜、大蒜育苗、茬口安排、灌溉施肥制度及病虫害生态防控等相关研究,经过近4年的试验、示范,从产地环境要求、定植前准备、田间管理、病虫害防治和采收等环节,总结制定了宁南山区露地甘蓝栽培技术、宁南山区露地松花菜栽培技术、宁南山区露地大蒜栽培技术标准3项,研究结果可实现规范、保障南部山区露地甘蓝、松花菜、大蒜高产、优质目标。

1. 宁南山区露地甘蓝栽培技术

（1）茬口安排

春茬:5月上中旬移栽定植,7月上中旬收获。

秋茬:7月中旬移栽定植,10月上旬收获。

（2）品种选择及育苗

品种及种子质量:选择抗逆性强、适应性广、商品性好的品种。春茬宜选择耐抽薹、抗性好的中早熟品种,如山农23、中甘11、新选8398等品种。秋茬宜选择抗病、耐储运的中晚熟品种,如庆丰、寒光、晚丰等品种。

育苗场地选择与准备:在具有保温设备的日光温室内进行育苗,均采用穴盘育苗法。

基质处理与消毒:干基质装入穴盘前需加水使基质潮湿但不成坨,并用多菌灵或百菌清消毒（1 m³用药量为0.25 kg）,将药剂与基质混匀后,用塑料薄膜密封,30 min后即可揭膜装盘。

育苗时间及方法:春茬育苗时间以4月上旬为宜,秋茬以6月中下旬为宜,均采用穴盘育苗法。将穴盘平放在苗床,用105或128钉的打孔板一次性打孔,孔深0.5 cm,将种子干播于苗盘内（选用标准105或128孔穴盘）,每穴1粒,播种后再覆盖1层基质,并将多余的基质刮去。覆盖白色地膜保湿、保温,出苗后及时撤掉地膜。

苗期管理:出苗前白天气温保持 18~20℃,夜间 13~15℃。出苗后,白天气温保持 15~20℃,夜间 12~14℃。齐苗后,逐渐通风降温,防止幼苗徒长,在定植前 3~5 d 内,及时降温炼苗培育壮苗。播后第一次水要浇透,苗期基质含水量保持 60%~70%。

壮苗标准:生长健壮,高度适中,根系发达,秧苗生长整齐,无病虫害。苗龄 35~45 d,具有 5~6 片叶,苗高 7~9 cm。

(3)定植

地块准备:选择土层深厚肥沃、地势平坦、配有喷(滴)灌设备的沙壤土或壤土,前茬为非十字花科类作物。定植前一周,深松施基肥,每 667 m² 撒施优质腐熟有机肥 1 000 kg,磷酸二铵 25 kg,深翻 20 cm,充分掺匀,耙碎整平。采用做畦覆膜栽培,畦高 10~20 cm,畦宽 60 cm,畦间距 40 cm,每畦在定植行铺设 2 条滴灌带,滴孔间距 30 cm。之后覆盖黑色或银灰色聚乙烯农用地膜后用土将两侧压实。

移栽定植:春茬露地定植时间在 5 月上中旬,秋茬在 7 月中旬。每畦 2 行,行距 50 cm,株距 25 cm。移栽时,挖穴、取苗、移栽、穴浇定植水,亩保苗 5 000~5 500 株。

(4)田间管理

定植后管理:定植后及时浇水,每 667 m² 灌水量 8~10 m³,栽后 3~5 d 及时查缺补苗。定植后 5~7 d,灌缓苗水,每 667 m² 灌水量 5~7 m³,缓苗后及时用碎土封穴口。

水肥管理:灌溉水和追肥标准分别符合 GB 5084-2005 和 NY/T 496-2010 中的规定。水肥管理视田间苗情和土壤墒情而定,结球期以前,每 7~10 d 灌 1 次水,每 667 m² 灌水量 8~10 m³,结合灌水,每 667 m² 追施氮磷钾水溶性肥 5 kg 1 次。进入结球期后,每 5~7 d 灌水 1 次,每 667 m² 灌水量 10~12 m³,结合灌水,每 667 m² 追施氮磷钾水溶性肥 5 kg 2 次。采收前 15 d 停止灌水和追肥。

杂草管理:畦面杂草控制主要采用人工除草,畦与畦间过道主要采用人工或小型旋耕机翻耕控制。

病虫害防治:

坚持"预防为主,综合防治"的原则,优先采用物理防治和生物防治措施,配合使用药剂防治。化学农药使用应符合 GB/T 4289-89 的规定,并严格执行有效成分的安全间隔期, 合理混用、轮换交替使用不同作用机制的药剂。甘蓝主要病害是黑腐病,虫害有蚜虫、小菜蛾、菜青虫等。

物理防治,利用黄蓝板诱杀。将黄蓝板挂在行间,挂置高度为高出作物 20~30 cm,每 667 m² 挂 30~40 块。当黄蓝板粘满害虫,及时进行更换,一般每茬更换 1 次。安装太阳能频振杀虫灯进行诱杀防治。整灯功率 18 w,2 灯之间的距离为 150 m,灯距地面高 1.5 m,设置自动 20:00 开灯、6:00 关灯。

生物防治,采用印楝素、菜喜、多杀菌素等生物制剂喷雾防治虫害。

化学防治,黑腐病,喷洒 50%多菌灵可湿性粉剂 800 倍液或 58%甲霜灵锰锌可湿润性粉剂 400~500 倍液,隔 7~10 d 交替喷 1 次;蚜虫,采用 10%吡虫啉可湿性粉剂 4 000~5 000 倍液或 40%乐果乳油 1 000~2 000 倍液喷雾防治;小菜蛾和菜青虫,采用 4.5%氯氰菊酯乳油 1 000~1 500 倍液或 2.5%敌杀死乳油 2 000~5 000 倍液喷雾。

(5)采收

当叶球充分包实,外层球叶发亮时适时采收。春茬于 7 月上中旬收获,秋茬于 10 月上旬收获。采收以清晨和傍晚为好,采收时用塑料筐装运,严防机械损伤,在采收筐上覆盖叶片。

(6)贮运

预冷、贮藏:收获后应及时用专用车辆将菜送进附近工厂进行预冷处理,按照大小、形状、完整程度等分级预冷贮藏或直接外销。

包装运输:采用清洁、牢固、透气、无污染及无异味的包装箱进行包装,运输时轻放、轻卸,严防机械损伤,运输工具清洁、卫生。

2. 宁南山区露地松花菜栽培技术

(1)茬口安排

春茬:5 月上中旬移栽定植,7 月中旬收获。

秋茬:7 月中下旬移栽定植,10 月上中旬收获。

(2)品种选择及育苗

品种及种子质量:选择商品性好的品种。春茬宜选择株形紧凑、耐寒、品性好的中早熟品种,如庆杨 60、长胜 65、白美人 65 等品种。秋茬宜选择高产、优质、耐储运的中晚熟品种,如庆杨 100、富贵 100、华耐松花 100 等品种。

育苗场地选择与准备:在具有保温设备的日光温室内进行育苗。

播种时间及方法:春茬播种时间在 3 月下旬—4 月上旬,秋茬在 6 月上中旬,均采用穴盘育苗法。将穴盘平放在苗床,用 105 或 128 钉的打孔板一次性打孔,孔深 0.5 cm,将种子干播于苗盘内(选用标准 105 或 128 孔穴盘),每穴 1 粒,播种后再覆盖 1 层基质,并将多余的基质刮去。覆盖白色地膜保湿、保温,出苗后及时撤掉地膜。

苗期管理:出苗前白天气温保持 18~20℃,夜间 13~15℃。出苗后,白天气温保持 15~20℃,夜间 12~14℃。齐苗后,逐渐通风降温,防止幼苗徒长,在定植前 3~5 d 内,及时降温炼苗培育壮苗。播后第一次水要浇透,苗期基质含水量保持 60%~70%。

壮苗标准:苗龄 35~45 d,具有 5~6 片叶,苗高 10~12 cm,叶色浓绿,叶片肥厚,节间短,茎粗壮,无病虫,根群发到能够牢固地裹住育苗穴中的基质。

(3)定植

地块准备:深松施基肥,每 667 m² 撒施优质腐熟有机肥 1 000~1 500 kg,磷酸二铵 25 kg,深翻 20 cm,将肥料施匀,翻入地中,地面整平。采用起垄覆膜栽培,垄高 10~20 cm,垄宽 70~80 cm,垄间距 40~50 cm,每垄在定植行铺设 2 条滴灌带,流量 1.8 L/h,滴孔间距 30 cm。垄面要平、直、实,覆盖黑色或银灰色聚乙烯农用地膜(膜厚 0.012 mm,膜宽 1.0 m)后两侧用土压实。

移栽定植:春茬在 5 月上中旬移栽定植,秋茬在 7 月中下旬移栽定植。每垄定植 2 行,穴栽,行间距 50 cm,株距 50 cm,品字形栽培。定植时,挖穴、取苗、定植、穴浇定植水,全部栽完后滴灌 1 次,亩保苗 2 200~2 300 株。

(4)田间管理

定植后管理:定植后及时浇水,每 667 m² 灌水量 10~12 m³,栽后 3~5 d 及时补苗。定植后 5 d,灌稳苗水,水量适中,之后封穴、压膜。

花球管理:花球直径 8~10 cm 时要束叶或折叶盖花,以保持花球洁白。

水分管理:全生育期灌水 7~10 次。结球期以前,每 7~15 d 灌水 1 次,每 667 m² 灌水量 8~10 m³。进入结球期后,每 7~10 d 灌水 1 次,每 667 m² 灌水量 10~12 m³。采收前 10 d 停止滴水。

追肥管理:追肥随水冲施,莲座期每 667 m² 追施氮磷钾平衡水溶性肥 5 kg。结球期(花球直径 3~4 cm)和结球 20 d,每 667 m² 分别追施氮磷钾水溶性肥或大量元素水溶性肥 5 kg,期间喷施 0.3%硼肥 1~2 次。采收前 20 d 停止施肥。

病虫害防治:

坚持"预防为主,综合防治"的原则,优先采用物理防治和生物防治措施,配合使用药剂防治。农药使用应符合 GB/T 4285-89 的规定,并严格执行有效成分的安全间隔期,合理混用、轮换交替使用不同作用机制的药剂。松花菜主要病害是黑斑病,虫害有蚜虫、菜青虫等。

物理防治,利用黄蓝板诱杀。将黄板挂在行间,应在菜地虫口密度较小时悬挂为好,高出植株顶部 20~30 cm,每 667 m² 挂 30~40 块,蓝板每 667 m² 挂 20~30 块。当黄蓝板粘满害虫,及时进行更换,一般每茬更换 1 次。利用频振杀虫灯诱杀。使用太阳能频振杀虫灯。整灯功率 18 w,2 灯之间的距离为 150 m,灯距地面高 1.5 m,设置自动开灯、关灯时间,分别为 20:00、6:00。

生物防治,积极使用植物源农药、农用抗生素、微生物农药。如蚜虫可用 1%印楝素水剂 800 倍液喷雾防治,菜青虫可用 25%多杀菌素 500 倍液喷雾。

化学防治,黑斑病喷洒 50%多菌灵可湿性粉剂 800 倍液或 58%甲霜灵锰锌可湿性粉剂 400~500 倍液,隔 7~10 d 喷 1 次;蚜虫可用 10%吡虫啉可湿性粉剂 4 000~5 000 倍液或 50%抗蚜威可湿性粉剂 3 000 倍液喷雾防治;菜青虫用 4.5%氯氰菊酯乳油 1 000~1 500 倍液或 2.5%功夫 3 000 倍液喷雾。每种药剂在整个生长期内只使用 1 次,采收前 10~15 d 不得用药。

(5)采收

当花球充分膨大、花蕾较整齐、颜色一致时适时采收。春茬于 7 月上中旬收获,秋茬于 10 月上中旬收获。采收以清晨和傍晚为好,采收时花球周围保留 3~4 片小叶,可保护花球。用塑料筐装运,严防机械损伤,在采收筐上覆盖叶片。

(6)贮运

预冷、贮藏:收获后应及时用专用车辆将菜送进附近工厂进行预冷处理,按照大小、形状、完整程度等分级预冷贮藏或直接外销。

包装运输:采用清洁、牢固、透气、无污染及无异味的包装箱进行包装,运输时轻放、轻卸,严防机械损伤,运输工具清洁、卫生。

3. 宁南山区露地大蒜栽培技术

(1)品种选择及处理

品种及种子质量:选择适应性强,个大瓣壮,老熟无病虫伤害,无人为和机械损伤的品种。蒜苗品种要求分瓣数多,分瓣数为 10~12 瓣,如 KYJS01;分瓣数为 6~10 瓣,如 KYLS04。

种子处理:采取人工分瓣,选种时做到"三选":选大去小、选壮去瘦、选好去劣。把蒜瓣分为大、中、小三级,结合人工分级,剥除大蒜的茎盘和蒜瓣外的革质皮。分垄栽植,大瓣适当稀植,小瓣适当密植。

(2)播种

播种前准备:选地,选择土层深厚肥沃、地势平坦、灌排方便的沙壤土或壤土,前茬不宜为葱蒜类作物。整地、施基肥,播种前 1 周,深松施基肥,每

667 m² 撒施优质腐熟有机肥 2 000~3 000 kg、过磷酸钙 25 kg、氮磷钾复合肥 (17-17-17+TE)25 kg,深翻 20 cm,充分掺匀,耙糖整平。基肥不建议施用人粪尿、氯化钾。采用做畦方式种植,畦高 10 cm,畦宽 120~140 cm,畦间距 25~30 cm。

播种期:根据宁夏南部山区的气候特点和大蒜生长的适宜温度,冬种大蒜适宜的播种期为 10 月下旬—11 月下旬,一般在农历立冬前 1 个月之内播种,保证在土壤封冻前蒜种的根系能够长出 3~5 cm,以芽不长出土为宜。

播种密度:蒜苗密度 10 万株/667m²,一般播种行距 10~15 cm,株距 3~5 cm。蒜头密度 5.5 万株/667m²。一般播种行距 15 cm,株距 8 cm。

播种方法:采用按畦面人工开沟,按株距人工插入种瓣的方法,种蒜根部向下入土。蒜苗开沟深度 8~10 cm,覆土 5~8 cm,每个畦面种植 8~10 行。蒜头开沟深度 5 cm 左右,覆土 3 cm 左右,每个畦面种植 6~7 行。

定向栽植:将蒜瓣的背腹线与行间平行线都沿开沟方向栽种,使蒜叶的生长正好与行间垂直。

(3)田间管理

播种后管理:冬种大蒜等全部播种结束后,浇 1 次透水,滴灌或者喷灌灌水定额需 ≥20 m³/667 m²,使土壤封冻,安全越冬,一般在 11 月下旬—12 月上旬。

翌年管理:冬种大蒜在翌年 2 月下旬—3 月上旬,当土壤 10 cm 内地温达到 5℃以上,土壤解冻 10~20 cm 时,于蒜苗出苗前在畦面喷洒除草剂,铺设滴灌带,然后覆膜。

苗前除草:大蒜播种后至出苗前,每 667 m² 用 33%二甲戊乐灵乳油 150~200 ml,兑水 45 kg 均匀喷雾于畦面土表,或者覆膜前用 50%的扑草净每 667 m² 用药 100~150 g。

滴灌带铺设:每畦铺设 3 条滴灌带,滴管带为内镶贴片式滴管带,内径 16 mm,壁厚 0.3 mm,流量 1.78~2.5 L/h,滴头间距 15 cm,铺设间距 30~

35 cm,工作压力 40~120 kPa,极限铺设长度≤50 m。

覆膜:畦面要平、直、实,覆盖黑色或银灰色地膜(膜厚 0.012 mm,膜宽1.0 m)后两侧用土压实。

出苗后田间管理:放苗,覆膜后随着地温和气温的升高,大蒜出苗很快,待大蒜芽尖顶上膜面,用扫帚轻轻拍打地膜,或者用湿润的麻袋片子从膜面上拉过,促使蒜芽破膜,一般还需要 2~3 次人工放苗。

中耕除草:在蒜苗幼苗生长期进行中耕除草,同时拔除掉蒜穴中的杂草,并封土压实穴位。

抽蒜薹:生产蒜头必须抽取蒜薹,一般 6 月中旬开始抽蒜薹,待蒜薹顶部倒钩弯曲,就是最佳抽蒜薹时间。在距上部 3~4 片叶的中间用牙签或者针锥刺透大蒜茎秆,然后轻轻拔除蒜薹即可。在此过程中不能损伤大蒜茎叶。

水肥管理:大蒜在整个生长期内浇水 10 次,追肥 9 次,所追施肥料为氮磷钾速效水溶性肥(N:P_2O_5:K_2O=17:17:17+TE)、尿素(N:46%)、碳酸氢铵(N:17%)和硫酸钾(K_2O:50%),具体灌溉施肥制度见表 6-2。

表 6-2　大蒜灌溉施肥制度

灌水次数	灌溉时间(月.日)	灌水时期	灌水量(m^3/667m^2)	用肥量(kg/667m^2)	肥料品种及养分配比
1	12.3	封冻水	15	—	—
2	4.18	3 叶期	15	5	氮磷钾水溶肥(17-17-17+TE)
3	4.23	3~4 叶期	13	10	氮磷钾水溶肥(17-17-17+TE)
4	4.30	4 叶期	13	10	氮磷钾水溶肥(17-17-17+TE)
5	5.8	5 叶期	13	10	氮磷钾水溶肥(17-17-17+TE)
6	5.14	6 叶期	13	10	氮磷钾水溶肥(17-17-17+TE)
7	5.25	7 叶期	13	10	尿素(N-46%)
8	6.3	8 叶期	12	20	碳酸氢铵(N-17%)
9	6.22	抽薹后	8	8	氮磷钾水溶肥(17-17-17+TE)
10	7.3	收获前	6	10	硫酸钾(K_2SO_4:50%)

病虫害防治:叶枯病可用 58%甲霜灵锰锌可湿性粉剂 500 倍液或者 50%多菌灵可湿性粉剂 800 倍液喷雾防治,7~10 d 喷施 1 次,交替用药,连续防治 2~3 次;蒜蛆用 1.8%阿维菌素乳油 30~60 ml/667 m² 或 1.1%苦参碱粉剂 1 000~2 000 倍液灌根防治。

(4)采收

适时采收:蒜苗生长达到 8 叶半,株高达到 60~70 cm 时采收。蒜头是在蒜薹抽掉后 18~25 d,上部还剩 3 片叶时及时采收。

收获方式:蒜苗,采用半机械化采收蒜苗,每个畦面为 1 个采收单元,用自制挖蒜苗的机械由拖拉机牵引,在畦面下部蒜苗根系下面把土壤铲松软,由人工捡拾上面的蒜苗,用塑料绳皮捆扎成 1 kg 左右的小捆,拉到场面上用水冲洗干净,带冰块装车外销。蒜头采用半机械化采收蒜头,每个畦面为 1 个采收单元,用自制挖蒜的机械由拖拉机牵引,在畦面下部蒜头根系下面把土壤铲松软,由人工捡拾上面带茎叶的蒜头,用塑料绳皮捆扎成小捆,拉到场面上放到阴凉干燥的地方阴干,然后剪掉茎秆销售。

(5)贮运

预冷、贮藏:蒜苗和蒜头收获后应及时按照大小、形状、完整程度等分级预冷贮藏或直接外销。

包装运输:采用清洁、牢固、透气、无污染及无异味的包装箱进行包装,运输时轻放、轻卸、严防机械损伤,运输工具清洁、卫生。

三、露地冷凉主栽蔬菜水肥管理方案研究

宁夏是一个水资源短缺、时空分布不均的典型地区,而蔬菜属于需水、肥较多的作物。水、肥是人为大幅调控、影响作物生长的诸多因素中的关键因子,水肥协同高效施用是实现优质、高产、高效的必要措施。但在实际农业生产中,为获得可喜产量,超量灌溉和施肥已成为农业生产常态,这不仅造成了水、肥的严重浪费,而且更重要的是造成水资源过度开发利用和农业面

源污染引起的水土环境恶化。已有研究发现,在北方许多农业集约区,由于传统过量施肥引起的土壤养分累积、酸化、盐渍化、地下水和大气污染等一系列问题,地下水硝酸盐含量超出允许含量的 6 倍。因此,按照蔬菜作物生长阶段对水分和养分的需求,定量给作物根系附近供给合适的水分和养分,其水肥协同配合不仅可达到节水、高产、增质的目的,而且可以改善微环境,减少病虫害,实现设施蔬菜优质、高效、简约化栽培。

青花菜、小型甘蓝均为十字花科芸薹属甘蓝类的 1 年生或 2 年生草本植物,是我国常见的食用叶菜类蔬菜,具有抗突变及抗癌效应等保健功能。近年,随着世界市场对青花菜需求的不断扩大和农业结构调整的逐步深入,青花菜、结球小型甘蓝的种植面积在全国范围内逐步扩大,现已发展成为宁夏环六盘山区域的冷凉蔬菜产业主要的外销蔬菜骨干品种。该区域是宁夏回族自治区党委、政府决策宁夏为大湾区提供高质蔬菜主要生产基地,由于地方特色突出、产量高、质量优、季节优势明显,产品销往广州、武汉、长沙、呼和浩特、银川等区内外市场。近 3 年,以青花菜、芹菜、娃娃菜、甘蓝等为主要种类的栽培面积稳定在 40 多万亩,占宁夏全区露地蔬菜面积近一半。其中青花菜(含花椰菜)在宁夏南部山区种植面积 4.97 万亩,占宁夏露地蔬菜种植面积的 15.62%,主要分布于原州区、西吉县、隆德县等,当地主要采用滴管和喷灌为主的灌溉方式,且在实际生产中,灌水采用经验型水分管理,导致灌水利用率下降、产量质量不稳定等瓶颈问题日益严重,明显制约着产业的健康发展。

目前,关于在露地不可控环境条件下开展叶菜类水肥的相关研究还较少,而蔬菜作物生长发育是 1 个复杂的生理生化过程,受季节、土壤条件和环境等因素的综合影响,即使是同 1 种蔬菜,在不同地区适宜的水肥耦合参数也不相同。因此,本研究在以节水肥灌溉技术为基础的冷凉菜规模化运作模式下,针对目前露地冷凉菜经验型水肥管理现状,以露地冷凉主栽甘蓝、青花菜为参试作物,探讨不同水肥水平对甘蓝和青花菜生长发育、生理指标、产量、水分利用效率、土壤环境动态变化及不同作物对水肥耦合的响应机制,提出露地冷凉小型甘蓝和青花菜全生育期水肥管理方案 2 套。

(一)露地冷凉小型甘蓝水肥管理方案研究

为探究水肥交互效应及适宜宁夏南部山区应用的小型结球甘蓝水肥耦合管理技术方案,采用连续 2 年大田田间对比试验,设置灌水和施肥 2 因素:水分设置 3 个水平,即常规水分处理(W1:120),水分减少 20%处理(W2:96),水分减少 40%处理(W3:72);追肥设置 2 个水平,即常规追肥处理(F1:20),常规追肥减少 20%处理(F2:16),共 6 个处理方案。在宁夏万亩冷凉蔬菜永久示范基地小型甘蓝膜下滴灌条件下,开展水肥减量对土壤水分分布及小型甘蓝产量与品质的试验观测分析。研究结果表明,灌溉对土壤含水量有极显著性影响,施肥对土壤含水量无显著影响,不同水肥处理的土壤含水量随着土层深度呈现先增加后下降的趋势,其中在土层深度 45 cm 处,土壤含水率变化幅度较小;水肥互作对小型甘蓝的株高、单果质量、产量、品质、水分利用效率有显著或极显著影响,W2F2 处理下小型甘蓝产量最高达 6 509.21 kg/667 m²,净菜率达 82.05%,W2F2 处理下小型甘蓝中心总 Vc 质量分数、可溶性总糖质量分数、可溶性蛋白质量分数也较高,分别达 17.31 mg/100 g、0.84%和 1.309%,水分利用效率较高,达 75.478 kg/m³。综合水肥协同效应、节水节肥和优质丰产等多种因素分析,该试验认为在宁夏冷凉区集雨和膜下滴灌条件下露地小型甘蓝水肥量化管理方案为,补灌生育期有效降雨 67.7 mm,灌溉定额为120 mm,灌水 6~7 次,灌水周期 5~10 d,滴灌肥施用量为 16 kg/667 m²,分3次施入(莲座期 1 次,结球期 2 次),小型甘蓝花球形态较优,净菜率、产量、产投比较高。这一研究结果,可为本区冷凉蔬菜小型结球甘蓝实现节水节肥,提高水肥资源利用率及高产优质化栽培提供理论指导。

(二)露地冷凉青花菜水肥管理方案研究

1. 露地冷凉青花菜灌水管理方案研究

为探究宁夏南部山区自然降水条件下露地青花菜的最佳补灌灌溉方

案,采用大田田间对比试验,设置 5 个补灌水平,在固原原州区冷凉蔬菜基地开展补灌水平对土壤水分分布、青花菜产量、品质、水分利用效率的试验研究。试验结果表明,青花菜全生育期自然降雨主要集中 7 月份,且占全生育期降雨量的 78.49%,此月份无需补灌即可满足青花菜生育后期对水分的需求;不同处理下青花菜生育期内土层深度 20 cm 处土壤含水率总体表现为 W5>W4>W3>W2>W1,补灌后各处理土壤含水率均达到田间持水量的 85% 以上;补灌灌溉水平对青花菜花球产量性状、营养品质均有显著影响,W3 处理产量最高,达 1 524.10 kg·667 m^{-2},显著高于其他处理 6.28%~33.24%,其可溶性糖和可溶性蛋白也最高,分别显著高于 W1、W4 和 W5 处理12.19%~24.47%和14.76%~35.79%,且可溶性固形物和Vc含量也较高,分别为 6.26 g/100 g 和 9.57 mg/100 g。综合各项指标,在宁南山区集雨偏多年份条件下,青花菜膜下滴灌的最优补灌方案为 W3,即补灌灌溉定额 90 mm,苗期—莲座期补灌灌水 2 次,灌水量为 36 mm,莲座期—结球前期补灌灌水 3次,灌水量 54 mm,结球前期—采收期补水主要依靠自然降雨。该结果可为本区露地冷凉青花菜夏季栽培产量的积累与水资源的合理应用提供理论指导。

2. 露地冷凉青花菜氮肥施用方案研究

为探究宁夏南部山区自然降水条件下露地青花菜的最佳氮肥施用方案,采用大田田间对比试验,设置 5 个供氮水平,在固原原州区冷凉蔬菜基地开展供氮水平对青花菜产量、品质、氮肥利用效率及土壤养分的试验研究。试验结果表明,供氮水平对青花菜花球产量性状、营养品质、氮肥利用率、土壤养分均有显著影响。与不施氮肥 N1 处理相比较,N4 处理的单株经济产量和亩产量分别显著提高了 0.15 kg·株$^{-1}$ 和 456.28 kg·667 m^{-2},且花球纵径、花球横径、经济系数高于其他处理;与不施氮肥 N1 处理相比较,N3处理的花球 Vc、可溶性固形物含量均分别显著提高了 29.98 mg·100 g^{-1} 和1.18 g·100 g^{-1};与不施氮肥 N1 处理相比较,N4 处理的全氮和碱解氮含量分别显著提高了 29.40%、26.74%,全磷和有效磷含量分别提高了 9.31%、27.36%,

有效钾含量提高了 25.36%,且氮素偏生产力和氮肥农学效率为 52.69 kg·kg^{-1} 和 15.21 kg·kg^{-1}。全面考虑氮肥效应、增产、提高品质及土壤肥力等多种因素,在宁南山区露地青花菜优质高效生产的氮肥施用水平为 30 kg·667 m^{-2},具体施用方案为基肥施用 9 kg·667 m^{-2},苗期、莲座期、结球期分别随水追施 4.5 kg·667 m^{-2}、7.5 kg·667 m^{-2}、9 kg·667 m^{-2}。这一研究结果,可为本区露地冷凉青花菜夏季栽培产量的积累与氮肥资源利用率的提高提供理论指导。

四、露地冷凉蔬菜机械化栽培技术研究

(一)露地冷凉蔬菜栽培耕种栽并改制机械设备运行简介

1. 1ZKNP-100 型偏置精整地机

该机械设备可配套旋耕、起垄、碎土、平整、镇压、覆膜联合作业,引进后根据当地气候情况对覆膜设备进行了改制,垄面宽窄可在 50~100 cm 调节,垄高可在 5~20 cm 调节。花椰菜种植试验后发现,垄面 60 cm 宽,垄高 20 cm 最适宜花椰菜种植,且机械整地起垄覆膜环节中,引进机械作业可降低劳动力 80%以上,成本效益详见表 6-3。

表 6-3　花椰菜不同起垄覆膜方式亩生产效率比较

工作环节	方式	人数	时间(时)	成本(元)	降低劳动力成本(%)
起垄覆膜	人工	4	5.26	210.4	80.9
	机械	3	0.5	40	

备注:人工每小时每人 10 元,机械每小时每台 50 元

2. 东风井关 PVHR2 乘坐式蔬菜移植机

该机械设备为双行自走式垄上栽植机,可随机调节株行距,便于操作。试验发现,最适宜该机械设备运行的青花菜株行距为 50 cm×50 cm,且机械化移栽比人工移栽增产 9.2%;最适宜白菜花种植的株行距为 40 cm×40 cm,最适宜大芹菜种植的株行距为 35 cm×35 cm,且机械移栽比对照人工种植

增产 10.4%；在整地（起垄覆膜）环节中，机械比人工降低劳动力 70%以上，移栽环节中，机械作业比人工降低劳动力成本 60%以上（表 6-4、表 6-5、表 6-6）。

表 6-4　花椰菜不同移栽方式对其生长及产量的影响

种类	移栽方式	株高 (cm)	冠幅 (cm)	叶数 (片)	单球重 (g)	亩产 (kg)	增产 (%)
西兰花	机械	65.9	64.6	16	514.4	1 543.5	9.2
	人工	65.5	61.7	15	471.2	1 413.5	
白菜花	机械	65.9	64.6	16	817.2	3 306.9	10.4
	人工	65.5	61.7	15	748.5	2 996.4	

表 6-5　花椰菜不同移栽方式亩生产效率比较

工作环节	方式	人数	时间(时)	成本(元)	降低劳动力成本(%)
移栽	人工	5	11	550	76.4
	机械	3	1	130	

表 6-6　芹菜不同移栽方式亩生产效率比较

工作环节	方式	人数	时间(时)	成本(元)	降低劳动力成本(%)
移栽	人工	3	10.2	306	57.5
	机械	3	1	130	

备注：人工每小时每人 10 元，机械每小时每台 100 元

3. 电功式 DB-S02-4 型蔬菜精量播种机

该设备自带动力，轻巧简便，易于操作，配有不同种子大小的播种器，可根据种子大小选择适宜的播种器，也可调节株行距，既可在垄上作业，又可在平地作业。该机械设备的引进实现了露地冷凉蔬菜机械化直播，省去了育苗环节，降低了育苗成本，提高了产投比，大大降低了劳动成本，减少了种子的浪费和种子成本。精量播种机播种比人工播种节省种子 30%~60%，节省劳动力 10%~50%。

芹菜精量直播机直播试验中，适宜的株行距为 11 cm×15 cm，比传统人

工条播提前早熟 5~7 d,667 m² 增产 26%左右,减少用种量 60%左右,机械播种劳动力生产成本比对照降低了 50%左右(表 6-7、表 6-8)。

表 6-7　芹菜精量直播机直播试验结果

播种方式	生育期(d)	亩株数(万株)	单株净重(g)	株高(cm)	产量(kg/667m²)	比 CK增减(%)	用种量(g/667m²)	降低用种量(%)
机播芹菜	106	3.18	330.4	68.5	11 005.5		120.5	
人工撒播芹菜(CK)	110	3.53	231.5	60.9	8130.7	26.1	310.5	61.3

表 6-8　芹菜精量直播环节亩效益

播种方式	亩用时(时)	人数	成本(元)	降低劳动力成本(%)
人工	3.7	2	74	50
机械	0.6	1	37	

备注:人工每小时每人 10 元,机械每小时每台 50 元

春菠菜精量直播机直播试验中,适宜的株行距为 11 cm×16 cm,比传统人工撒播提前早熟 3~5 d,667 m² 增产 25%左右,减少用种量 35%左右,机械播种劳动力生产成本比对照降低了 12.5%左右(表 6-9、表 6-10)。

萝卜精量直播机直播试验中,适宜的株行距为 11 cm×25 cm,比传统人工点播提前早熟 5~7 d,每 667 m² 增产 10%左右,减少用种量 30%左右,机械

表 6-9　菠菜精量直播机直播试验结果

处理	生育期(d)	亩株数(万株/667m²)	单株净重(g)	株高(cm)	产量(kg/667m²)	比 CK增产(%)	用种量(kg/667m²)	降低用种量(%)
机播菠菜	45	3.2	155.98	23.5	2 137.74		0.64	
人工撒播菠菜(CK)	48	3.8	104.36	11.2	1 698.85	25.8	1.02	37.25

表 6-10　菠菜精量直播环节亩效益

播种方式	亩用时(时)	人数	成本(元)	降低劳动力成本(%)
人工	1.6	3	48	12.5
机械	0.7	1	42	

备注:人工每小时每人 10 元,机械每小时每台 50 元

播种劳动力生产成本比对照降低了46.7%左右(表6-11,表6-12)。

表6-11　萝卜精量直播机直播试验结果

处理	生育期(d)	亩株数(株/667m²)	单根净重(g)	亩产(kg)	比CK增减(%)	用种量(kg/667m²)	降低用种量(%)
机播萝卜	65	16 008	808.5	10 785.4	8.2	0.15	25.9
人工点播(CK)	70	14 866	623.8	9 972.9		0.19	

表6-12　萝卜精量直播环节亩效益

播种方式	亩用时(小时)	人数	成本(元)	降低劳动力成本(%)
人工	3	3	90	46.7
机械	0.8	1	48	

备注:人工每小时每人10元,机械每小时每台50元

(二)适宜宁南山区露地冷凉蔬菜机械化作业栽培技术

课题组基于引进改制的田间作业机械,通过连续4年试验实施,主要从机械设备、整地施肥、播种、田间管理、病虫害防治及适期采收等重要环节,总结制定适宜宁南山区春菠菜机械化栽培技术、宁南山区芹菜机械化精播丰产栽培技术、宁南山区露地花椰菜环节机械化配套栽培技术栽培技术标准3项。

1. 宁南山区春菠菜机械化栽培技术

(1)种植设备

蔬菜精量播种机,可以调节蔬菜种子株距、行距、播种粒数和播种深度,并能一次性完成开沟、落种、覆土和镇压的蔬菜播种机械。

机械性能,采用电动式或油电一体,是组装简单、转弯灵巧、株行距可调、操作简便、单人可操作的国家定型许可推广机械。

播种要求,作业幅宽为50 cm,平畦直播,播种株距为11 cm,行距为16 cm,播种深度为2~2.5 cm。

(2)栽培技术

整地施肥:前茬作物收获后,及时清除前作残枝落叶,深翻晒土并耙耱,深耕20~30 cm,平整地面,以便于机械作业。施肥以"基肥为主、追肥为辅",

基肥以"有机肥为主、化肥为辅"。当早春土壤消冻一碰即散时,及时撒施腐熟有机肥作基肥,667 m² 施腐熟有机肥 2 000~3 000 kg,或商品有机肥 1 000~2 000 kg,三元复合肥(N:P$_2$O$_5$:K$_2$O=15:15:15)30~40 kg,施肥后深翻耙耱,使肥料与土壤混匀。

播种:

品种选择,宁夏南部山区地处黄土高原,属中温带大陆性半湿阴半干旱气候,气候凉爽,光照充足,土壤肥沃,环境清洁无污染,为发展冷凉蔬菜产业提供了得天独厚的自然条件。品种主要选择抽薹迟、叶片肥大、耐寒性强、抗病、优质、丰产的圆叶类型品种,如帝沃 2 号、澳特威、迪娃等,叶片大、叶肉厚、颜色油绿,生育期为 50 d 左右,抽薹迟,生长迅速,产量高,非常适合春播。

适时播种,试验区位于北纬 36°44′、东经 106°44′,海拔为 1 550 m,供试土壤属于湘黄土,土壤肥力水平较低,属温带干旱区,干旱少雨,年降水量稀少,全年降水量只有 350 mm,旱灾发生较频繁,昼夜温差大。根据当地茬口安排、气候条件和栽培习惯等情况,春菠菜于 3 月下旬—4 月上旬播种,在 4~6 cm 表层土壤解冻后"顶凌播种"。

精量播种,采用精量播种机播种,平畦播种,每幅 3 行,株距为 11 cm,行距为 16 cm,播种深度为 2~2.5 cm,每穴 2~3 粒,播种量为 0.6~1.0 kg/667 m²。

田间管理:

保全苗,春菠菜精量播种完成后,遇土壤干旱时浇水 1 次,之后土壤见干就浇水以保证全苗。

间苗与定苗,播种后 15 d 左右出苗,于菠菜 2~3 片真叶时适当间苗,4 片真叶时定苗,苗距 11 cm,亩留苗密度为 3.5 万株~4.0 万株。

中耕除草,春菠菜 3~4 片真叶时,结合间苗进行中耕除草,深度 3~5 cm,生育期内进行 2~3 次。

灌水施肥,保持土壤湿润,根据气候及土壤的湿度决定浇水次数和浇水量,采用喷灌或渠道灌溉方式,喷灌 3~5 d 灌水 1 次,渠道灌溉 7~10 d 灌水 1 次,喷灌设施喷头出水量 0.5~1.0 m³/h,喷灌条件下肥料选用全素营养速溶肥(N:P₂O₅:K₂O=20:20:20),渠道灌溉条件下肥料选用尿素(N:46.4%),水肥采用少量多次的方式管理(表 6–13),采收前 10~15 d 停止追肥。

表 6–13 宁南山区春菠菜水肥管理制度

灌水方式	生长时期	灌水量 (m³/667m²)	灌水次数	施肥量 (kg/667m²)	施肥次数	施肥方式
喷灌	苗期	5~8	3~4	0	0	
	4~5 叶期	10~12	2~3	10	1	水肥一体化
	8~9 叶期	10~12	2~3	15	1	
渠灌	苗期	10~12	1~2	0	0	
	4~5 叶期	12~15	2~3	10	1	施肥机行间追肥后灌水
	8~9 叶期	12~15	2~3	15	1	

病虫害防治:

农业防治,坚持"预防为主,综合防治"的植保方针,优先采用农业防治、物理防治,配合使用化学防治。选择抗病品种,加强田间管理,及时清除病株和失去功能的病残叶片,改善田间通风透光条件。适时浇水,禁止大水漫灌,大雨后及时排水,控制土壤湿度,可减轻霜霉病和枯萎病的发生。

物理防治,用灭蝇纸诱杀潜叶蝇成虫,每 667 m² 设置 20 个诱杀点诱杀,平均分布于田间,或固定于地面高 50 cm 处。用黄蓝板诱杀潜叶蝇,每 667 m² 设置 15 个诱杀点诱杀,或悬挂 30 cm×40 cm 大小的橙黄色或金黄色黄板,涂黏虫胶、机油或色拉油,诱杀潜叶蝇成虫。

生物化学防治,选用高效、低毒、低残留与环境相容性好的农药交替使用,部分推荐药剂见表 6–14,采收前 10~15 d 停止喷药。

采收:植株 15~20 cm 高时,即可收获上市,一般在 6—7 月适时采收,生育期在 50 d 左右。收获时一般用菜刀沿地割起,然后扎把上市。或连根拔起,再用菜刀切根或连根洗净。采收时要做到"细收勤挑、间挑均匀"。

表 6-14　宁南山区春菠菜主要病虫害化学防治措施

病虫害名称	防治时期	防治措施	安全间隔期(d)
霜霉病	发病初期	72.2%普力克（霜霉威）水剂 800 倍液喷雾或用 72%霜霉疫净（8%霜脲氰+代森锰锌 64%）可湿性粉剂 1 000 倍液喷雾	7~10
枯萎病	发病初期	50%多菌灵可湿性粉剂 500 倍液	7~10
潜叶蝇	虫株率达 10%	1.8%阿维菌素乳油 2 500 倍液喷雾	7~10
蚜虫	蚜株率达 20%	1.8%阿维菌素乳油 2 000 倍液或 10%吡虫啉可湿性粉剂 1 500 倍液	7~10

2. 宁南山区芹菜机械化精播丰产栽培技术

（1）播种设备

蔬菜精量播种机,可以调节蔬菜种子株距、行距、播种粒数和播种深度,并能一次性完成开沟、落种、覆土和镇压的蔬菜播种机械。

机械性能,采用电动式或油电一体,是组装简单、转弯灵巧、株行距可调、操作简便、单人可操作的国家定型许可推广机械。

播种要求,作业幅宽为 50 cm,平畦直播,播种株距为 11 cm,行距为 15 cm,播种深度为 1~1.5 cm。

（2）栽培技术

整地施肥:前茬作物收获后及时清除残枝落叶,并在土壤封冻前,秋翻晒垡熟化土壤,深耕 20~30 cm。播种前耙耱田块,黏土地耕翻后要耙,砂壤土耕后要耱,保证田块地面平整,以便于机械作业。以"基肥为主、追肥为辅",基肥以"有机肥为主、化肥为辅",肥料选择须符合 NY/T 394-2013 标准规定。每 667 m² 施腐熟有机肥 2 000~3 000 kg 或商品有机肥 1 000~2 000 kg,三元复合肥（N:P$_2$O$_5$:K$_2$O=15:15:15）40~50 kg,深翻 20 cm 以上,使土壤和肥料充分混匀,整细耙平。

播种:

品种选择,选择籽粒饱满、发芽率高、发芽势强、耐低温、抗病能力强的优质高产品种,如西雅图、文图拉等,种子质量应符合 GB 16715.5-2010 良种要求。

播种期,于 4 月下旬—5 月上旬播种,播种前将地面整平,然后浇足底墒水,待水全渗后晒 1~2 d 进行播种,若土壤湿润也可不浇水直接播种。

精量播种,采用精量播种机播种,平畦播种,每幅 3 行,株距 10 cm,行距 15 cm,播种深度 1~1.5 cm,每穴 3~5 粒,播种用量为 0.1~0.15 kg/667 m²。

(3)田间管理

保全苗:芹菜精量播种完成后当天即可采用喷灌或滴灌 1 次,之后每隔 3~4 d 喷灌 1 次,或每隔 5~7 d 滴灌 1 次,灌水方式采用少量多次,土壤见干就喷,以促进幼苗早发,保证全苗。

间苗与定苗:播种后 30 d 左右出苗,出苗后及时检查苗情,苗期注意防除杂草及蚜虫和地下害虫危害。在 3~4 片真叶时进行间苗,苗距保持 8~10 cm,5~6 片真叶时定苗,苗距 11 cm,留苗密度为 4.0 万~4.5 万株/666.7 m²。

中耕除草:在芹菜播种后 15~20 d,每 667 m² 用 33%二甲戊灵乳油 200~300 ml,兑水 35 kg 均匀喷在土表。4~5 片叶时结合间苗浅中耕除草 1 次,深度 5~7 cm。后期可根据芹菜长势适时中耕除草 2~3 次,防止杂草生长。

灌水施肥:芹菜播种后,根据土壤墒情和天气情况决定浇水次数和浇水量,一般每隔 5~7 d 浇水 1 次。喷灌设施喷头出水量 0.5~1.0 m³/h,肥料选用全素营养速溶肥(N:P$_2$O$_5$:K$_2$O=20:20:20),在生长盛期喷施 0.3%~0.5%磷酸二氢钾 2 次,喷施 0.1%钙镁硼锌微肥 1 次,可提高产量和品质。水肥采用少量多次的方式管理(表 6-15),采收前 10~15 d 停止追肥。

病虫害防治:

农业防治,坚持"预防为主,综合防治"的植保方针,优先采用农业防治和物理防治,配合使用化学防治。农药选用须符合 GB/T 8321 的要求,农药施用应符合 NY/T 393-2013 和 NY/T 1276-2007 的要求。及时清理田间杂物,合理轮作,播种前清除病残体、深翻整地减少菌源。实行 3 年以上轮作,

表 6-15 宁南山区芹菜水肥管理制度

灌水方式	生长时期	灌水量 （m³/667m²）	灌水次数	施肥量 （kg/667m²）	施肥次数	施肥方式
滴灌或喷灌	发芽期	5~8	4~5	0	0	水肥一体化
	幼苗期	8~10	2~3	0	0	
	叶丛生长初期	10~12	4~5	10	1	
	叶丛生长盛期	10~12	4~5	15	1	

合理浇水，避免大水漫灌，大雨后及时排除田间积水，选择抗病、耐寒品种，可适当减轻病害的发生。

物理防治，用黄蓝板诱杀潜叶蝇，每 667 m² 设置 20 个点平均分布于田间，固定于距地面高 50~60 cm 处。

化学防治，选用高效、低毒、低残留与环境相容性好的农药交替使用，部分推荐药剂见表 6-16，采收前 10~15 d 停止喷药。

（4）采收

当叶柄高于 50 cm 时开始采收，采收前 1 天少量浇水 1 次。采收时刀入土 1~2 cm 深，擗掉 1~3 片老叶及黄叶，捆扎上市。

表 6-16 宁南山区芹菜主要病虫害化学防治措施

病虫害名称	防治时期	防治措施	安全间隔期(d)
斑枯病和斑点病	发病初期	25%丙环唑乳油 1 500 倍液叶面喷雾	7~10
早疫病	发病初期	20%咪鲜异菌脲(咪鲜胺 10%，异菌脲 10%)稀释 1 000~1 500 倍液叶面喷雾	7~10
地下害虫	播种前	整地时用 5%辛硫磷颗粒剂进行土壤施药防治	—
蚜虫、白粉虱	蚜株率达 10%	1%苦参素水剂 600 倍液或 1.8%阿维菌素乳油 3 000 倍液喷雾，或 10%的吡虫啉 1 000 倍液，或 20%的啶虫脒 2 000 倍液	7~10

3. 宁南山区露地花椰菜环节机械化配套栽培技术

（1）机械设备

整地设备：1ZKNP-100 型偏置精整地机可配套旋耕、起垄、碎土、平整、镇压、覆膜联合作业,引进后根据当地气候情况对覆膜设备进行了改制,垄面宽窄可在50~100 cm调节,垄高可在5~20 cm调节。青花菜和白菜花种植试验后发现,垄面60 cm宽,垄高20 cm最适宜花椰菜种植。

移栽设备:东风井关PVHR2乘坐式蔬菜移植机为双行自走式垄上栽植机,可调节株行距,便于操作。试验发现,最适宜该机械设备运行的青花菜株行距为50 cm×50 cm,最适宜白菜花种植的株行距为40 cm×40 cm。

(2)整地施肥

花椰菜对肥料的需求量很大,尤其是磷、钾肥以及硼、钼肥等微肥。要选择土壤肥沃、土层深厚疏松、保水保肥力强、排灌方便的壤土或轻砂壤土田块。移栽前,施足基肥,每667 m²,施腐熟有机肥2 000~3 000 kg或饼肥200~250 kg、复合肥20~25 kg。由精整地基机配套旋耕、起垄、碎土、平整、镇压、覆膜联合作业后,起垄面宽60 cm、垄沟宽40 cm的垄以备种植。

(3)合理移植

一般在5月上旬,幼苗5~6片叶,苗龄30~35 d即可定植。菜苗由育苗中心统一育成,定植前浇透苗,取苗时注意不要伤了根,选在下午或阴天带土移栽。采用东风井关PVHR2乘坐式双行自走式垄上栽植机进行移栽,根据花椰菜类型调节好株行距,青花菜株行距为50 cm×50 cm,白菜花株行距为40 cm×40 cm,定植后浇足定根水,以利于幼苗成活。

(4)科学管理

施肥管理:花椰菜营养生长阶段需氮肥量大,在花球形成和发育期需要增施磷钾肥。因此在施足基肥的基础上,定植后一般追肥2~3次。第一次在缓苗活棵后,每667 m²施尿素8~10 kg,若基肥不足或幼苗弱小,可每7 d追施1次。第二次在莲座后期进行,每667 m²穴施45%三元复合肥20 kg+尿素25 kg,以促进花球生长。第三次视植株长势而定,花球膨大期对肥料的需求量较大,根据田间长势情况,随水追施氮钾肥或开沟深施复合肥,每667 m²穴施20 kg左右,能够促进花球膨大和生长,可以提高产量。松花菜缺素易出现异常生长现象,缺钾时花球易黑心;缺硼时,茎轴部易空心;缺钼时,植株矮化,叶片细长呈鞭状。因此现蕾后,应适时喷施功能型叶面肥,补充微肥,改善品质,提高商品性。

水分管理:种植花椰菜的土壤既不能过湿,又不能太干,要求经常保持土壤湿润、疏松,尤其在莲座期和花球形成期间,植株需水量大,水分供应不足易影响植株生长,干旱时灌跑马水,禁止大水漫灌;大雨后及时排水,防止田间长期积水导致沤根,影响生长。土壤湿度掌握在田间最大持水量的 70%~80%。

中耕除草培土:花椰菜通过中耕培土可促发不定根,形成强大根系,稳定根系生长,增强植株长势、抗倒伏能力和抗逆性。从定植到封垄前,一般中耕培土 2~3 次,中耕可以防止土壤板结除去杂草滋生,高度以在叶柄基部下 2 cm 为宜,培土时将畦沟泥土培于定植穴和株间,以提高产量、改善品质。

(5)病虫草害防治

花椰菜虽然比较抗病,但仍需贯彻"预防为主,综合防治"的植保方针,优先采用农业防治、物理防治、生物防治,科学协调地使用化学防治。合理轮作、种子消毒、苗床选择、中耕松土、深耕晒土、除草摘叶,加强水肥管理,雨后及时排水,防止土壤过涝、过旱,环环把关做好病虫草害防治工作。

病害防治:花椰菜病害主要有黑腐病、软腐病和霜霉病等。黑腐病和软腐病发病初期,可用 72%农用链霉素可溶性粉剂 4 000 倍液、20%噻菌酮悬浮剂 1 500 倍液或 95%敌克松可溶性粉剂 600~800 倍液,以灌根为主,喷雾和灌根交替使用,7~10 d 防治 1 次,连续防治 2~3 次;菌核病可用 40%菌核净可湿性粉剂 2 000 倍或 50%扑海因(异菌脲)可湿性粉剂 1 000 倍液喷雾;霜霉病发病初期可用 58%甲霜·锰锌可湿性粉剂 500~600 倍液喷雾、40%三乙膦酸铝可湿性粉剂 400 倍液或 25%瑞毒霉可湿性粉剂 800 倍液喷雾,7~10 d 防治 1 次,连续防治 2~3 次。

虫害防治:危害花椰菜的害虫主要有蚜虫、小菜蛾、潜叶蝇、青虫、菜青虫等。蚜虫可用 10%吡虫啉 1 000 倍液或 50%抗蚜威可湿性粉剂 1 500 倍液,对水喷雾防治;小菜蛾、斜纹夜蛾可用 15%茚虫威乳油 3 500 倍液防治;菜青虫可用 2.5%溴氰菊酯 2 500 倍液或 20%速灭杀丁乳油 2 000~3 000 倍液进行喷雾防治。根据病虫情况,积极采用蛾类性诱剂、灯光等防虫方法,明确虫害取食特性,有针对性地用药,尽量减少用药量,严格遵守农药安全间隔期要求。

草害防治:花椰菜移栽前每 667 m² 用二甲戊灵 45 ml 喷雾,进行 1 次性封闭除草,同时在生长过程中积极开展中耕除草。中耕除草时避免伤叶、断根,发现病株及时销毁,减少传播途径。

(6)采收

花椰菜最佳采收期为花球充分长大、周正平滑、表面开始松散时,大约在 7 月下旬或 8 月上旬开始采收。采收前 7~10 d 禁止使用农药和浇水,采收时避开高温时段,基部保留 2~3 片小叶,有利于保护花球,保证养分不流失。花椰菜花球脆嫩多水,在储藏和运输过程中易遭受机械损伤,应当在花球上套 1 个包装袋或网袋防止挤压受伤,装箱后及时送到冷库保鲜或上市交易。

芹菜、菠菜田间作业

整地起垄、覆膜机械作业

青花菜移栽机械田间作业

水肥一体化设备应用

娃娃菜品种

青花菜品种

第七章　宁夏压砂西瓜、甜瓜"十三五" 研发关键技术

第一节　研究简介

一、实施背景

根据 FAOSTAT 数据,2013 年,全球西瓜收获面积为 348.921 万 hm²,占水果总收获面积的 11.13%,在水果中列第七位;产量 10 927.87 万 t,占水果总产量的 13.40%,列水果第一位;单产为 31.32 t/hm²,高于种植面积较其大的葡萄、大蕉、芒果、山竹、番石榴、苹果、香蕉和柑橘,在水果中最高。

中国是世界西瓜的种植大国,面积 109.9 万 hm²,占世界西瓜总面积的 41.6%,居世界第一位。我国西瓜年产量在 $6.2×10^{10}$ kg 以上,年人均西瓜占有量近 30 kg,为世界第一。

西瓜、甜瓜产业是宁夏特色优势产业之一,是自治区"十一五"和"十二五"科技发展规划纲要中确定的五大战略性主导产业之一,种植效益远远高于一般粮食和经济作物。近年,宁夏西瓜、甜瓜产业集约化、规模化效益显著,已形成 100 万亩硒砂瓜产业带。露地、小拱棚和日光温室栽培西瓜、甜瓜面积在 25 万亩左右,由于宁夏西瓜、甜瓜产品绿色、无公害和果实品质高,陆续申请获得 7 个国家农产品地理标志认定,包括"香山压砂西瓜"、"中宁硒砂瓜"、"盐池西瓜"、"盐池甜瓜"、"青铜峡西瓜"、"李岗西甜瓜"、"张亮香

瓜",在国内市场占有一席之地,西瓜、甜瓜产业已成为宁夏政府增效、农民增收的长效稳固型产业。尤其是压砂西瓜、甜瓜产业在多年不断的发展中已形成以环香山地区为主体、牛首山山麓为延伸的产业带。2007年种植面积72.8万亩,是2003年的8.6倍,总产量78.6万t,2007年年底压砂地建成面积突破100万亩。硒砂瓜已在北京、四川、湖南等国内主要大中城市形成了稳定的销售市场,年外销量占总产的80%以上。从2008年开始,以环香山地区为核心区,辐射中宁等周边区域,到2012年,绿色食品生产基地达到80万亩,硒砂瓜总产稳定在120万t以上,实现销售收入14亿元左右,尤其是2015年,中宁县硒砂瓜销售呈现供不应求局面,价格高于往年,实现销售收入5.6亿元,创历史新高。所以,硒砂瓜产业是宁夏农业发展的主力军,也是农民致富增收不可替代的主要经济来源。

但是稳定发展的同时,宁夏的西瓜、甜瓜产业不可避免地出现了严重影响健康、可持续发展的问题,亟须解决。

(一)品种问题

目前,我国西瓜、甜瓜品种选育水平停滞不前,滞后于生产需求,突破性品种不多,部分特色品种由海外公司占有。市场上西瓜、甜瓜品种多且乱杂,同名异物或异物同名现象严重,种子质量差,坑农害农事件频发。宁夏不同栽培模式下种植的西瓜、甜瓜品种单一,压砂地种植西瓜品种80%为金城五号,甜瓜品种主要为玉金香、早黄蜜、黄冠、银帝等,露地栽培品种主要为西农八号和金城一号,温室栽培品种以进口品种为主,栽培品种的单一性造成了西瓜、甜瓜病虫害防治困难,集中上市市场单一、销售困难。新优品种引进需求迫切。宁夏西甜瓜育种研究资金不足,工作人员有限,培育西瓜、甜瓜新品种的数量和速度尚不能满足生产需要。目前,为了满足产业发展需要,选育和引进适合宁夏压砂地、露地和保护地栽培的西瓜、甜瓜优良品种,建立配套的高产优质栽培技术,完善宁夏西瓜、甜瓜品种结构,是提升宁夏西瓜、甜瓜产业发展水平的重要研究任务之一。

(二)种质资源保存问题

目前,宁夏乃至我国的西瓜、甜瓜种质资源主要停留在收集保存和直接利用方面,在评价方面做得还很不系统与深入,种质资源的评价没有统一的标准,且尚未做到共享,大量种质资源的利用处于分散、半盲目应用状态。西瓜、甜瓜育种技术主要停留在常规杂交育种层面上,新的育种技术的应用较少,在前沿性研究技术研发上与西瓜、甜瓜产业大国不相称,直接影响我国西瓜、甜瓜品种的更新换代与民族种业企业竞争力的提高。

(三)栽培关键技术问题

宁夏西瓜、甜瓜生产中存在着以下问题:优质抗病适应性广的品种不足;栽培管理不规范,肥水利用率低;高效规范的简约化栽培技术应用推广滞后,导致单位劳动力管理面积不大,单一农户种植规模小,机械化程度低,瓜农种植效益下降;西瓜、甜瓜产品安全性稳定性有待提高。急需开展省工省力、环境友好、高效优质的简约化栽培技术体系。

(四)生产用水、肥料问题

西瓜、甜瓜生产中肥水管理存在以下主要问题:大水漫灌和过量灌水现象仍然存在,影响西瓜、甜瓜品质的同时易造成病害流行,栽培土壤退化;过量施肥,重视化肥轻视有机肥,重视氮肥轻视钾肥,不仅增加了生产成本污染环境,而且严重影响西瓜、甜瓜品质;西瓜、甜瓜露地和设施高品质栽培的需水需肥规律不明确,特别是嫁接西瓜、甜瓜;瓜田水利设施与灌溉设施缺乏与不完善也是导致技术措施不到位的主要障碍。

(五)病虫害问题

枯萎病等土传性真菌病害在宁夏西瓜和甜瓜产业生产中日益突出,也是引起西瓜和甜瓜连作障碍的主要原因。目前,缺乏有效综合防控枯萎病等土传病害发生的技术,需要研究嫁接防病技术、土壤药剂消毒防病技术、诱抗防病技术和无公害农药使用技术,组建西瓜、甜瓜枯萎病等土传病害高效、安全的防控技术体系。

西瓜、甜瓜嫁接技术是目前防止病害发生,提高单位面积产量和质量的有效手段之一。宁夏西瓜、甜瓜嫁接生产呈现不断扩大的趋势,但在生产中存在以下问题:优良的西瓜、甜瓜嫁接的砧木品种不多,砧木来源质量不稳定,嫁接西瓜、甜瓜的品质有待提高,对嫁接影响西瓜和甜瓜亲和性的机制及其对果实品质的影响机理不明确;嫁接后的环境控制技术有待进一步提高;嫁接苗集约化标准化生产水平有待进一步提高。

(六)机械化应用问题

近年劳动力成本逐年攀升,土地流转使得地块耕种集中,机械化的广泛应用对于降低劳动力成本、提高生产效率、促进现代农业发展都起着举足轻重的作用。

本项目的研究内容围绕宁夏西瓜、甜瓜产业发展中存在的主要问题展开,以宁夏西瓜、甜瓜产业健康可持续发展为目标,从西瓜和甜瓜种质资源的收集创新利用、压砂地西瓜嫁接栽培砧木的筛选、压砂地保质增效生产技术的研究、压砂地西瓜和甜瓜品种的品比展示、机械化的研发利用这5个方面全面开展研究和示范推广,兼顾长远与当前、生态与经济效益,以多元化、开放式思维谋划后续产业,因地制宜、稳步推进、创新机制,保持宁夏西瓜、甜瓜产业作为宁夏优质特色产业地位不动摇,保证西瓜、甜瓜产业健康持续发展。

二、研究目的及意义

本项目的实施目标为,针对宁夏不同栽培环境条件下西瓜和甜瓜自主品种少、产量效益不稳定等问题,以高抗、优质新品种培育和配套高产、优质栽培技术研究为重点,开展适合宁夏露地和保护地种植的西瓜、甜瓜品种(品系)创制;开展西瓜、甜瓜简约化栽培技术研究;开展嫁接育苗技术及嫁接砧木品种的筛选研究保证硒砂瓜品质稳定;开展克服连作障碍的调控技术手段研究;开展硒砂瓜保质增效技术研究;开展西瓜、甜瓜栽培品种与技术的集成展示示范、推广；将品种选育与生产关键技术的创新与研究相结合，为宁夏西瓜、甜瓜产业的健康可持续发展提供科技支撑和示范样板。

目前，宁夏农业的发展战略已从重点加强基础设施建设阶段，迈入大力发展特色优势产业阶段，如何使宁夏西瓜、甜瓜产业保持长足发展仍是科研人员继续不懈努力的重点。面对目前的发展现状，压砂地的连作障碍已成为制约产业发展的关键因素，由此针对压砂地连作障碍的解除及防治技术的研究就迫在眉睫。本研究将从根本上全面保证硒砂瓜品质和生产可持续发展，提高压砂地的整体经济效益，为宁夏生态脆弱区域生态系统恢复与重建树立示范样板。同时进一步提高压砂瓜产业的科技水平，提升产品附加值，推动压砂瓜产业升级，使农民增收、农业增效，更好地促进宁夏优势特色产业的进一步发展。

三、研究内容及成果

(一)西瓜、甜瓜种质资源收集、鉴定评价与创新利用研究

着眼于宁夏引黄灌区与压砂地不同栽培环境与模式，从育种公司、科研机构等多途径继续收集与整理新的种质资源，主要收集具有耐盐、耐旱、抗白粉病、抗枯萎病、优质、高产的特色西瓜和甜瓜种质资源以及具有功能性特点的特异种质资源。

针对引进的西瓜、甜瓜品种及收集的种质资源，详细追溯其历史、生态类型、原产地的自然条件和耕作制度，确定其栽培特性；掌握其生长于品质特性；对收集到的西瓜、甜瓜种质资源进行田间农艺性状的观察记录，建立完整的资源档案。

充分利用近年来收集、鉴定、筛选出的种质资源及育种材料，在育种目标的指引下，引进国内外西瓜、甜瓜种质资源和优良品种，开展田间种植评比，从中筛选优良品种在生产上推广应用，对有价值、具有性状特点的西瓜、甜瓜种质资源，通过多代连续分离、提纯，进行自交系选育，挖掘利用自交系

的稳定特点,获得新的具备育种需要的优良西瓜、甜瓜种质性状; 对优良目标性状利用杂交、回交等多种育种手段开展遗传学分析,进行性状转育;对配制的杂交组合,开展新组合的田间适应性鉴定,开展植物学特征、果实特征调查,结合田间特定环境,筛选具有抗病、抗旱、早熟、高产、品质优良等特性的杂交组合。

通过本项目的实施,收集西瓜资源 76 份、甜瓜资源 94 份。通过多年对收集资源的田间鉴定与评价,初步筛选出具有性状特点的西瓜、甜瓜资源各20 份。培育出性状较为稳定的西瓜自交系材料 3 份、甜瓜自交系材料 2 份。配制西瓜、甜瓜杂交组合 106 份,其中西瓜杂交组合 50 份、甜瓜杂交组合 56份。筛选出田间表现较为优良的杂交组合 3 个,其中西瓜杂交组合 2 个、甜瓜杂交组合 1 个。

(二)压砂西瓜、甜瓜连作障碍调控嫁接栽培砧木筛选研究

嫁接是目前针对连作障碍引起的土传病害枯萎病最为有效的栽培方式。本项目重点针对嫁接这一目前缓解连作障碍最有效的手段,开展西瓜、甜瓜工厂化嫁接育苗技术研究,规范西瓜、甜瓜嫁接育苗技术规程,使之能够有效、有力、标准化地指导西瓜、甜瓜嫁接苗的健康生产。开展嫁接砧木的品种筛选,嫁接对西瓜、甜瓜生理特性和品质的影响研究;开展压砂地嫁接西瓜生产示范和推广。

通过本项目的实施, 引进和筛选出适合压砂地种植的西瓜砧木品种 3个。初步明确冠泰、强势 F_1、早生西砧 3 个砧木品种的嫁接亲和力为强和较强,嫁接成活率超过 90%,生长势强、抗逆性、抗病性强,平均单果重超过 8 kg,果实平均中心糖含量达到 12%,折算亩产超过 1 947 kg/667 m²,综合表现优良,在压砂地进行示范推广,累计辐射及示范推广嫁接生产技术 4 万亩,为嫁接这一有效抗枯萎病发生的栽培方式提供理论与技术支撑。

(三)硒砂瓜保质增效生产技术研究与示范

项目开展了 1 种压砂地保质增效高效栽培方式的技术研发: 压砂地穴

施基质+生物菌肥的栽培方式对硒砂瓜连作障碍的微生态调控技术研究与示范,进行开展穴施基质、生物菌肥配比试验研究研究集成穴施基质+生物菌肥恢复土壤退化严重压砂地的生产能力的技术,为技术推广应用的可行性提供理论基础及技术支撑,使得果品优质品率达到80%以上,累计示范推广2万亩。集成穴施基质+生物菌肥恢复土壤退化严重压砂地的生产能力的技术,硒砂瓜亩产量提高15%以上,示范推广2万亩。

为实现硒砂瓜产业可持续发展,本项目以硒砂瓜保质增效为目标,提出"两保障"的栽培耕作方法:第一,针对硒砂瓜的保质增效,从生产技术上着手保障硒砂瓜的健康生产;第二,针对高效低成本生产,从机械化研究与利用方面保障生产效率的提高。

(四)开展西瓜、甜瓜特色品种栽培展示

目前,压砂瓜栽培品种的单一性造成了西瓜、甜瓜病虫害防治困难、上市集中、市场单一、销售困难等问题。生产上对新优品种的需求非常迫切。因此,为了提高品种的丰富度,优选西瓜、甜瓜特色品种在中卫压砂地进行品种栽培展示示范,品种及技术的集成展示更好地为研究成果的示范推广奠定基础。通过新品种引进、评比和示范推广,平均产量提高8%,增加效益15%以上。西瓜品种亩均产量提高到1 600 kg,商品率提高10%以上,其产量比对照提高500 kg/亩以上,平均亩增收200元/亩。

研究获得3项专利,发布4项标准,发表4篇文章,登记1个品种。

第二节　研究成果

一、硒砂瓜保质增效关键技术研发

(一)研究背景

1. 砂田的来源

砂田形成的时间历史上记载较多,但众说纷纭,归纳起来有3种:一是

形成于 2000 年前。据西北农学院李凤歧和张波（1982）考证，从甘肃农业发展的历史情况看，甘肃中部历史上长期为少数民族占据的畜牧区，元朝灭亡之后，才逐渐发展成以汉族为主的农耕区，因此说砂田形成于 2000 年前的说法不可信。二是形成于四五百年前的明代中叶。据西北农学院李凤歧等（1984）考证，"明代中叶在甘肃的陇中和青海等地发现了举世惊奇的砂田"。因此"砂田历史局限于二三百年前的清朝是估计不足的……甘肃的砂田是应当起始于明代中叶，距今有四五百年的历史"。三是形成于近二三百年前的清代。从甘肃当地农业发展、气候变迁、植被演变、单位面积农业人口增多、文献记载等因素分析，认为"甘肃砂田起源于清朝，距今约二三百年的历史"。

记载甘肃砂田早且详细的是《兰州古今注》（1943），"为人民无穷之利者兰州之砂地也但虽不知始于何人使得其名万户尸祝，夫何愧——但历史当非久远"。记载最为清楚的是《洮沙县志》（190），"自有清咸丰年以来农人渐以科学方法铺大砂、小石子地面"，"砂田其源始尚无典籍可考，据乡农流传，系于逊清康熙年间，或有谓肇始于嘉庆年间者"。砂田的起源地为我国西北甘肃省中部地区兰州一带，具体地方，有人言起源于景泰县，又有说为永登李某所创。砂田形成的时间在甘肃皋兰、永登、景泰等地民间广泛流传着这样的谚语："要问砂田旧来源，话要说到康熙年，只因当时连年旱，百草无籽人受难，一位老人忽发现，苗苗长在鼠洞前，仔细分析仔细看，老鼠淘砂铺洞前，一人传十，十人传百，铺压砂田渐开展，代代考察代代试，确实保收好经验。"通俗的解释是，清朝康熙年间，兰州秦王川一带有一位老人在旱地鼠洞旁发现并仿效试验，试行铺砂，几经改良，粮食倍增，为防旱抗旱独创了 1 条有效途径。《甘青宁史略》载："兰州旱地上砂……先于（兰州）河北庙滩子、盐场堡试办有效，迨其后推而广之，由庙滩子至秦王川上下数百里间，砂碱多变为膏腴。"众学者考证，兰州的永登县与景泰交界处的秦王川一带为最早的发源地，因为在此地，老砂田和砂田衰老以后再叠一层的"垒砂田"最多，从垒砂田的面积、厚度来看,秦王川面积最大、砂层最厚,最厚处达到 45 cm;从秦王川地质结构来看,土地表层一般土层达 40~100 cm,之下为砂砾,这与"老鼠淘砂铺洞前"的传说也吻合。

2. 砂田的产生和应用

砂田的形成有一定的自然环境条件、生态背景。主要是由自然环境、农业资源、农业生产特点结合地形条件决定的。砂田主要集中地区地形多丘陵起伏,呈沟壑纵横、梁谷相间,有较厚的土层,有黄河及其支流分布。除少数河谷川地有提水灌溉外,广大丘陵山区都是旱作地。在黄河沿岸及地势较低处,多有水平的砂石沉积层和形冲积砂石。砂田集中地区的特点,为发展砂田奠定了物质基础,如砂源充足、取砂方便,形成了铺砂田的有利条件,土质松软,土层厚铺砂石有利于吸水、保墒的农业资源和农业生产特点。具体的有利因素:土地资源丰富,地面土层深厚,透性好,利用得当,有利于农业增产;气候温和,适宜春小麦、糜谷洋芋油料等粮油作物以及蔬菜、瓜果等经济作物的生长;光照时间较长,温差大,有利于作物积累养分,提高各类作物的品质;复杂的地形使土地类型丰富多样,为农林牧和多种经营的发展提供了优越的条件,瓜果、蔬菜、滩羊等特产素享盛名。不利因素:年降水量少,年降水量 80%保证率为 140~264 mm,大多数土地实行旱作,干旱是农业生产的主要威胁,素有十年九旱之称,人称"山上和尚头,山下干枯沟,沟壑光溜溜人畜饮水愁";雨水季节分布不均,冬春干旱,秋季暴雨多,大气干燥,年蒸发量大,作物产量与降水量,特别是与 4—9 月的降水量关系密切;植被稀疏,多数地方耕作粗放,施肥水平低,水土流失严重,土壤日趋贫瘠。

3. 宁夏砂田的分布状况

我国的压砂地主要分布在西北地区的甘肃、宁夏、青海等的年降雨量在 150~350 m 的干旱、半干旱地区,山西的晋中等半干旱地区也有分布。1980年,全国压砂地面积约 1 000 km²,主要集中分布在甘肃省中部地区以及青海、新疆和宁夏的部分地区。甘肃省兰州市永登县、皋兰县和白银市的景泰县最为集中，兰州市最大面积约 557 km²。20 世纪 70 年代前后，兰州市面积达到最大，约 557 km²，之后随着水利建设的发展而减少，稳定在 450 km² 左右。宁夏压砂地主要集中在中卫市香山乡、兴仁镇以及中宁县鸣沙镇和喊叫水乡等地区，位于东经 104°59′~106°09′，北纬 36°57′~37°29′。2004 年压砂面积达到 30.2 万亩，2005 年压砂面积达到 50.72 万亩，2006 年压砂面积达到 73 万亩，2007 年压砂面积达到 100 万亩仅 4 年时间，比 2003 年增加了 90.3 万亩，是中卫建市前的 9.3 倍。

4. 宁夏硒砂瓜产业的发展现状

从西瓜、甜瓜的种植面积来看，截至 2019 年，宁夏西瓜、甜瓜总生产面积近 125 万亩，其中压砂地西瓜、甜瓜 90.1 万亩，露地西瓜、甜瓜 18.2 万亩，保护地西瓜、甜瓜 10.3 万亩；日光温室 1.5 万多亩，小拱棚和大拱棚 8.8 万多亩。2019 年，中卫市种植硒砂瓜面积 90.1 万亩，总产量超过 180 万 t。由于嫁接西瓜的种植面积不断增加，补水不肥意识增强，压砂地西瓜、甜瓜单产呈现上升趋势。嫁接西瓜平均亩产 2 500~3 200 kg，自根西瓜平均亩产 1 800~12 200 kg，甜瓜平均亩产 1 500~2 000 kg。中卫市种植硒砂瓜 91.62 万亩，其中沙坡头区 46.48 万亩：43.5 万亩西瓜，2.54 万亩甜瓜，0.44 万亩籽瓜；中宁县 39.14 万亩：35.82 万亩西瓜，3.32 万亩甜瓜；海原县 6.0 万亩：5.16 万亩西瓜，0.84 万亩甜瓜。吴忠市有零星分布，总面积 1 万亩左右。

从压砂地西瓜、甜瓜品种的布局来看，宁夏压砂地西瓜、甜瓜主要栽培品种多年来变化不大。压砂地种植的西瓜品种以中晚熟大果类型为主，主要品种有金城 5 号、旱龙 2 号、中青 5 号、金彩五号等，产区集中在中卫市环香山地区；压砂地主栽品种为中晚熟厚皮甜瓜早香蜜、玉金香、红密宝、黄冠、西州蜜和中早熟薄皮甜瓜花姑娘、芝麻脆等，主要在沙坡头区和中宁县，海原县在压砂地上加盖小拱棚，种植品种与露地基本相同；保护地甜瓜冬春茬以早熟小果型薄皮为主，秋冬茬以厚皮甜瓜种植较多，主要栽培品种有花姑娘、钻石、京都雪宝、旺源 3 号、永甜 13、No.1、芝麻脆等。

从压砂地西瓜、甜瓜栽培与土肥水管理情况来看,压砂地西瓜品种以中晚熟大果类型为主,亩栽培密度 250~300 株;甜瓜以厚皮甜瓜为主,亩栽培密度 300~350 株。栽培管理:干籽点播或育苗移栽,膜下种植,95%条覆膜,多数不整枝或 3~4 蔓整枝,单株留 1 果。水肥管理:全生育期灌水 2~3 次,补水方法为穴施或膜下滴灌。播种或定植时,根据墒情,600~750 kg/667 m²;伸蔓期补水 700~1 500 kg/667 m²;果实膨大期补水 1 500~2 000 kg/667 m²。全生育补肥 2~3 次,补肥方法为固体肥料为穴施、耙施,液体或易溶解肥料随水穴施或滴管。播种前,前年秋收后或当年化冻后,穴施或耙施 80~100 kg 商品鸡粪或者农家肥 1~3 m³,播种前 5~15 d 耙施复合肥 15~20 kg/667 m²,部分农户配合生物菌肥 20 kg/667 m²;伸蔓期,根据植株长势,追施复合肥或大量元素液体肥 10~20 kg/667 m²;果实膨大期,追施复合肥或高钾液体肥 10~20 kg/667 m²。

从压砂地西瓜、甜瓜病虫害的发生与防治来看,2019 年西瓜、甜瓜主要病害为枯萎病、蔓枯病、炭疽病、细菌性果斑病、白粉病、病毒病,主要虫害是蚜虫、斑潜蝇、蓟马和叶螨。叶部病害通过药剂防治效果较好,未造成明显的损失。压砂地 2 个检疫性病害细菌性果斑病和黄瓜绿斑驳病毒病是危害宁夏硒砂瓜产业的主要病害。生产中存在的主要问题是,坐果期到果实成熟期雨水过多,农民水肥管理不当引起果实空心、细菌性果斑病、炭疽病发生较往年严重,果实品质下降和耐贮运性下降问题较严重;种子种苗检疫工作不够全面和系统,果斑病未强制检疫,黄瓜绿斑驳病毒病苗期抽检后,病害仍大面积发生。

从压砂地西瓜、甜瓜机械化生产情况来看,压砂地打坑机、滴灌铺设与条覆膜一体机、喷药无人机、嫁接苗定植一体机正在研制和改进中。压砂地条覆膜机使用率 94.4%,松砂施肥机使用率 80%以上,挖穴机械使用率 10%,植保无人机防治面积 20%左右,水肥一体设备在膜下滴灌种植区全面使用。2019 年,压砂地开展 5 万亩以上无人机统防统治,降低农药施用量 40%以上。

从压砂西瓜、甜瓜品质与品牌状况来看,宁夏位于我国西北黄土高原,日照充足,降雨量小,昼夜温差大,特别适合西瓜、甜瓜生长,无论压砂地、露地还是保护地,春夏茬种植的西瓜肉质酥脆、甘甜爽口,甜瓜含糖量高、风味独特。果实中心可溶性固形物,日光温室西瓜 11.5%左右、薄皮甜瓜 10%~14%、厚皮甜瓜 13%~16%;大拱棚西瓜 11%左右、薄皮甜瓜 10%~14%、厚皮甜瓜 13%~18%;小拱棚和露地西瓜 11.0%左右;压砂地西瓜 11.5%左右、薄皮甜瓜 13%~18%、厚皮甜瓜 15%左右。

宁夏拥有"香山硒砂瓜"和"中宁硒砂瓜"压砂西瓜品牌,"马兴西瓜"大拱棚西瓜品牌,"金山西瓜"和"盐池西瓜"露地西瓜品牌,"张亮香瓜"和"海原甜瓜"甜瓜品牌。2018 年以来,中卫市推行硒砂瓜"二标合一、一瓜一标、一年一印"的质量追溯管理模式,实行手机短信和网站防伪溯源实时查询,保护压砂西瓜品牌。2019 年 7 月 12 日,中卫市举办第四届硒砂瓜节,并在浙江杭州、福建厦门等地举办宁夏硒砂瓜推介会,在全国大力推广宁夏硒砂瓜。

二、压砂地西瓜嫁接不同砧木品种适应性研究

嫁接是一种把植物的一部分(接穗)通过类似于手术的方法连接到另一个株植物的茎、根或其他器官(砧木)上,使其连接在一起,随后接穗和砧木进一步发育,成长为一个完整植株的技术。近几年,嫁接技术在作物生产中发挥了十分重要的作用,同时也成为研究植物根冠关系、生长调节、物质转运以及抗病机制等问题的重要手段。随着分子生物学的不断发展,嫁接技术对揭示植物中一些生理机制发挥了重要作用,其中包括由可传导信号物质参与的生理过程。按照砧木和接穗来源的不同,可把嫁接种类分为自体嫁接、同种嫁接和异种嫁接 3 种。常用的嫁接方法大致可分为 5 类 13 种:根接(包括主根接、侧根接和根蘖接)、枝接(包括高接、低接、皮接和枝上接)、芽接(方块形芽接、片状芽接、丁字形芽接和倒丁字形芽接)、搭接和靠接。另外

还有种芽嫁接、茎接根,果接果等方法。

嫁接作为 1 种古老而又新兴的农业生产技术,在果树、蔬菜及花卉等农业生产上发挥着极为重要的作用。最初利用嫁接的目的是对植物进行营养繁殖,然而现代蔬菜嫁接的主要目的是对蔬菜作物进行改良。

近年,我国西瓜和甜瓜生产面积比较稳定且保持小幅增长趋势,根据《2016 中国农业统计资料》公布的资料,2016 年全国西瓜播种面积 189.08 万 hm²,全国甜瓜播种面积 48.19 万 hm²。西瓜、甜瓜的主产区比较集中,全国 3/4 的西瓜来自华东和中南两大产区,甜瓜以华东、中南、西北三大产区为主。根据国家西瓜、甜瓜产业技术体系生产调查数据,西瓜、甜瓜优势产区均呈现出设施栽培面积增加、露地栽培面积减少的趋势。2017 年西瓜设施栽培面积占总面积的 57.76%,甜瓜设施栽培面积占总面积的 65.87%。

在宁夏,由于压砂西瓜种植区域位于宁夏中部干旱带,受到当地气候和地理条件的限制,宁夏的硒砂瓜种植一直采用每年错行种植,自 2012 年以来,连作障碍所导致的危害愈发明显,最直接和严重的表现就是土传病害西瓜枯萎病在整个硒砂瓜种植区,尤其是在 7 年以上的压砂地发病率较高,造成西瓜减产减收。病害的发生和危害已成为制约及影响压砂地持续发展的关键因素。采用嫁接栽培技术,利用砧木高抗或免疫的特点,可以有效提高西瓜对土传病害的抗性。同时由于其可有效克服连作障碍、减少环境污染,加上操作方便、适合规模育苗以及能有效提高西瓜抗逆性等综合优势,因此在生产中得到广泛应用。为降低枯萎病的发生,近 2 年,嫁接栽培逐渐在宁夏压砂地推广,宁夏农林科学院种质资源研究所就嫁接对硒砂瓜抗枯萎病的影响进行田间试验,目的在于对嫁接这一有效手段在当地今后的广泛推广提供理论支撑和技术保障。

(一)概况

2016 年,在中卫市沙坡头区香山乡红圈子村试验基地开展了西瓜新品种适应性鉴定试验。选择 12 年老砂地进行试验,筛选适宜压砂地西瓜嫁接的砧木品种,共有 9 个砧木品种参加试验。以宁农科 1 号自根苗为对照。采取育苗移栽模式,压砂地覆膜栽培。试验始于 2016 年 4 月 16 日播种,终于 2016 年 8 月 1 日采收,整个期间无明显异常天气。

(二)材料与方法

砧木品种为冠泰、强势 F_1、南韩长寿、第一勇士、黑籽南瓜、早生西砧、南砧一号、合力三号 F_1、强盛(表 7-1)。

自根苗:西瓜品种宁农科 1 号。采用穴盘育苗的方式,先播种砧木,5 d 后播种接穗;当接穗子叶即将展开时,采用插接方式进行嫁接。

所有参试品种压砂地进行露地覆膜种植。每个品种 40 株, 小区面积 108 m²。每植株生长期留 5 条蔓,整个生育期不整枝,在伸蔓期将瓜蔓顺地膜方向摆顺并压蔓。花期自然授粉,第一雌花在开花掐掉,从第二雌花开始坐果,单株留 1 果。

伸蔓期补水 1 次,每穴补水 2~3 kg,果实膨大期补水 1 次,每穴补水 3~4 kg,结合补水追施复合肥 50 g 左右。其他管理与当地常规生产相同。

表 7-1　参试品种及来源

序号	品种名称	来源	序号	品种名称	来源
1	冠泰	陕西杨凌千普农业开发有限公司	6	早生西砧	天津科润农业科技股份有限公司
2	强势 F_1	陕西杨凌千普农业开发有限公司	7	南砧一号	宁夏中青公司葫芦种子
3	南韩长寿	陕西杨凌千普农业开发有限公司	8	合力三号 F_1	山东省华盛农业股份有限公司
4	第一勇士	陕西杨凌千普农业开发有限公司	9	强盛	宁夏巨丰种苗有限责任公司
5	黑籽南瓜	北京普瑞威沮园艺有限公司	10	宁农科 1 号(CK)	宁夏农林科学院种质资源研究所

(三)调查内容

1. 嫁接成活率调查

5 月 14 日,对移栽后的嫁接苗进行田间成活率调查。

2. 生长动态发育观察

植株定植后,每 15 d 测定 1 次植株的形态指标,包括下胚轴粗、茎蔓水平长。伸蔓期后测定植株茎粗。坐果后,每 15 d 测定西瓜的纵径和横径。

3. 果实性状指标测定

果实成熟后,选取嫁接苗与自根苗样本果实,测定其单果重、果实纵径、果实横径、果皮厚度、果肉厚度、果肉颜色、果肉含糖量。

(四)结果与分析

1. 砧木亲和力

(1)嫁接成活率

从图 7-1 可以看出,成活率最高的是强势 F_1,为 95%;其次是对照和强盛,为 92.5%;排名第三的是冠泰和合力三号 F_1,为 90%。

(2)生长调查

从图 7-2 可以看出,分别在定植后 1 个月和 1 个半月首次测定植株的下胚轴粗度,45 d 之后有 8 个砧木嫁接后下胚轴粗度显著增加,只有合力三号 F_1 和自根苗没有明显的增加。冠泰、强势 F_1、南韩长寿、强盛都显著增加。

同样,对接穗茎粗也进行了相应的测定,如图 7-3 所示,接穗的茎粗没有砧木的下胚轴粗度增长得那么迅速,在参试的品种中,只有强盛砧木嫁接

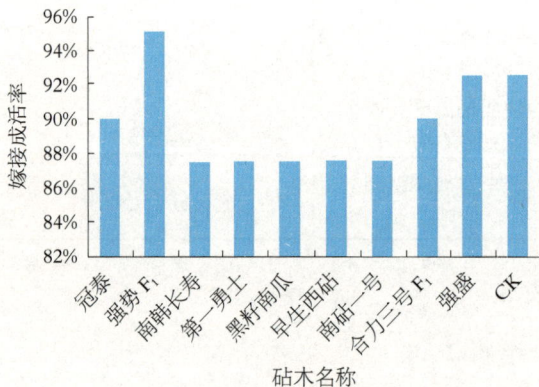

图 7-1　不同砧木嫁接后植株成活率

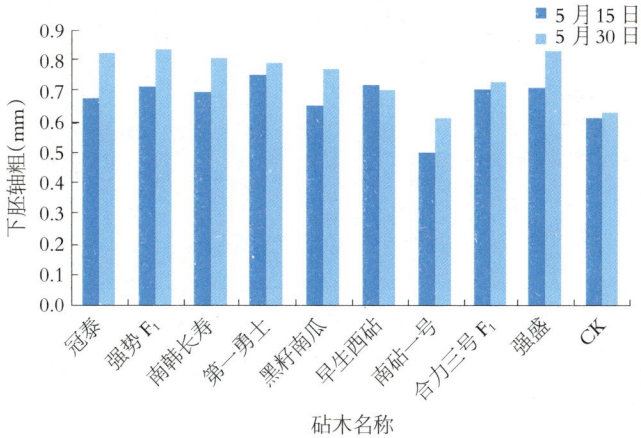

图 7-2　不同砧木嫁接后植株下胚轴粗

后的接穗茎粗和自根苗的茎粗有了显著增加。

从 6 月 15 日即西瓜处于伸蔓期开始,每间隔 15 d 测定接穗的茎粗和植株的水平蔓长。从图 7-4 可以看出,不同砧木嫁接后,在伸蔓期、坐果期、膨大期接穗茎粗都在显著增加,其中尤其以冠泰、早生西砧、合力三号 F_1、强盛长势最强,黑籽南瓜和自根苗表现最弱。

针对植株的水平茎蔓长度,如图 7-5 所示,参试品种的长势都表现得较为强劲,其中尤其是南韩长寿、冠泰、早生西砧、强盛最为突出。

植株坐果后,坐果初期和膨大期分别测定果实的纵径和横径的生长,从

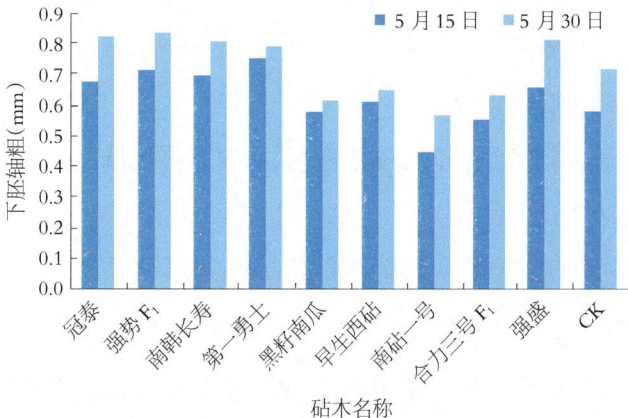

图 7-3　不同砧木嫁接后植株接穗茎粗(一)

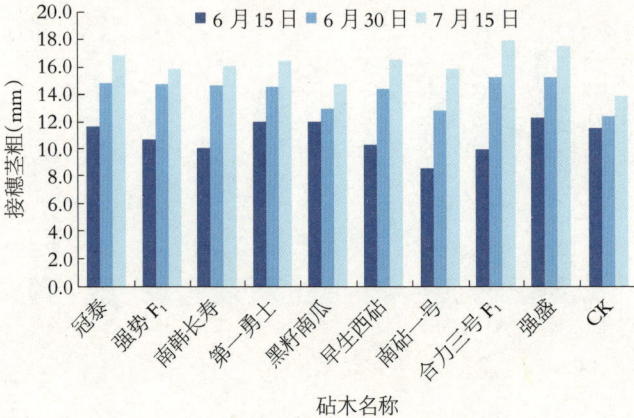

图 7-4　不同砧木嫁接后植株接穗茎粗（二）

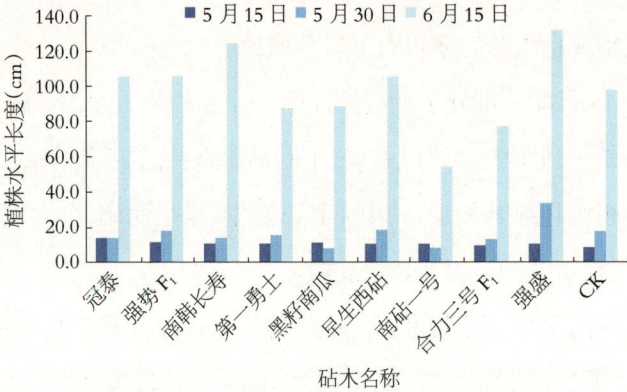

图 7-5　不同砧木嫁接后植株水平茎长

图 7-6 和图 7-7 综合来看，可以明显地看出冠泰、强势 F_1、早生西砧、强盛纵横径的生长都显著高于自根苗。

3. 果实特征特性调查

8 月 1 日，对嫁接后的西瓜进行采收，同时开展西瓜果实性状测定，具体测定结果见表 7-1。

从表 7-2 可以看出，从果实单瓜重来看，冠泰、强势 F_1、第一勇士、早生西砧、强盛都显著高于自根苗。皮厚只有黑籽南瓜低于对照。对于压砂西瓜来讲，要远距离运输，所以得耐储运，皮薄的话不利于运输。从果实的可溶性固形物来看，只有黑籽南瓜和南砧一号的中心糖含量低于对照，其他砧木品

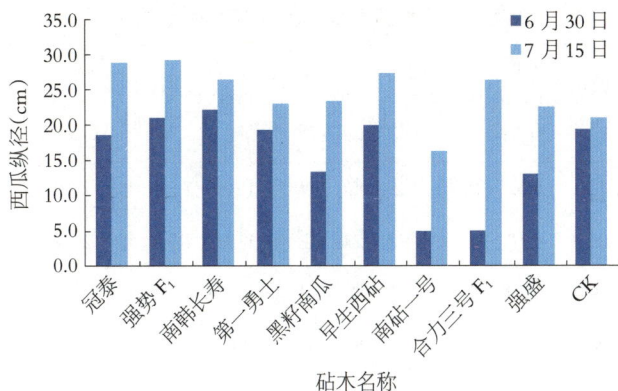

图 7-6 不同砧木嫁接后果实纵径生长动态

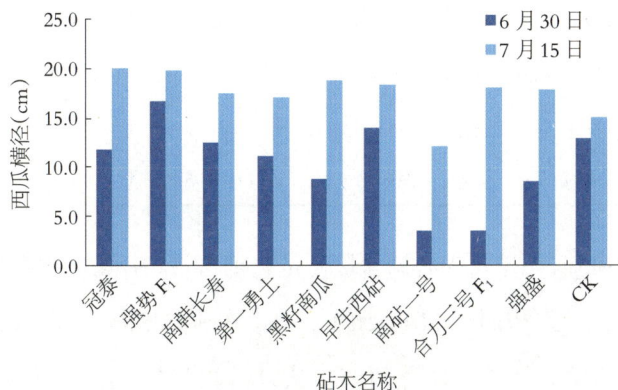

图 7-7 不同砧木嫁接后果实横径生长动态

种嫁接的果实都高于对照。边糖含量,第一勇士和黑籽南瓜都低于对照。不同砧木品种在老砂田果实嫁接后果实性状存在差异,冠泰的坐果节位和对照差异不大,但是其他的,如南韩长寿、第一勇士、黑籽南瓜、早生西砧、南砧一号坐果节位都较高,超过 17 节。从折算亩产来看,冠泰、早生西砧、强势 F_1、强盛排名在前四位,均高出对照 5%。综合对比田间表现及果实性状表现,筛选出 4 个优良砧木,分别是冠泰、早生西砧、强势 F_1、强盛。

4. 不同成熟度果实品质调查

分别在嫁接西瓜七、八成熟和完全成熟时进行西瓜的果实品质测定,对于果实的可溶性固形物来讲,除去黑籽南瓜中心糖含量低于对照,其他砧木

表 7-2 不同砧木嫁接西瓜果实性状的测定

编号	折算亩产(kg)	平均单瓜重(kg)	肉色	皮厚(cm)	质地	纤维	汁液	中心糖(%)	边糖(%)	风味	果皮硬度(kg/cm²)	果肉硬度(kg/cm²)	坐果节位
冠泰	2 130	8.52	粉红	1.2	脆	中	多	12.56	7.50	上	23.89	0.91	10.3
强势 F₁	2 025	8.10	粉红	0.92	沙脆	中	多	11.93	7.53	上	23.40	0.67	14
南韩长寿	1 582.5	6.33	粉红	0.88	脆	中	多	11.84	6.10	上	18.44	0.71	19
第一勇士	1 882.5	7.53	粉红	0.93	沙脆	中	多	11.3	4.20	上	20.03	0.85	19
黑籽南瓜	970	3.88	粉红	0.70	绵脆	中	多	8.45	5.65	上	18.95	1.41	17
早生西砧	2 075	8.30	粉红	1.00	脆	中	多	12.40	8.40	上	21.56	0.97	17
南砧一号	1 402.5	5.61	粉红	0.93	酥脆	中	多	10.95	6.85	上	18.66	1.20	17.3
合力三号 F₁	1 727.5	6.91	粉红	1.00	酥脆	中	多	11.60	7.90	上	21.88	1.06	16.6
强盛	1 947.5	7.79	粉红	1.08	脆	中	多	12.27	7.40	上	19.21	0.97	13
CK	1 765	7.06	粉红	0.94	脆	中	多	11.14	5.82	上	19.85	1.37	11.3

嫁接的西瓜果实,无论是中心糖含量还是边糖含量,在八成熟时都显著高于对照,最高的是第一勇士,高出对照 10.04%。在成熟期时,黑籽南瓜和南砧一号的中心糖含量显著低于对照。但是,从口感上来讲,在八成熟时,部分砧木嫁接后的果实有南瓜味,或者口感无异味但气味有南瓜味,这种味道在成熟时则完全没有表现,这也说明,筛选出适宜压砂地西瓜生长的嫁接砧木,在果实完全成熟的时候采收并不会影响西瓜果实的口感,这也是广大种瓜农户需要在采收时引起注意的关键节点(表7-3、表7-4)。

(五)结论

试验实施地点为中卫市沙坡头区的 12 年老砂田,该试验地因连年连茬种植西瓜,有机肥补充不足,造成土壤瘠薄,C/N 比失衡,近年来病害发生严重,已经基本不能进行直播生产。所以,采用嫁接苗进行生产显得尤为重要和必要。在本实验中,以压砂地西瓜品种宁农科 1 号为对照,通过对 9 个参试嫁接砧木的品种的田间生长动态指标、果实表现指标调查、分析和比较,

表7-3　嫁接西瓜八成熟采收果实品质对比

名称	中心糖(%)	边糖(%)	风味	果皮硬度(kg/cm²)	果肉硬度(kg/cm²)	CK±%				口感
						中心糖	边糖	果皮硬度	果肉硬度	
冠泰	12.20	7.30	上	25.07	1.10	6.55%	40.38%	18.87%	−50.04%	中-边渐有异味
强势 F₁	12.30	7.20	上	21.13	0.58	7.42%	38.46%	0.17%	−73.80%	无异味
南韩长寿	12.10	5.60	上	15.39	0.83	5.68%	7.69%	−27.03%	−62.19%	尝无异味闻有南瓜味
第一勇士	12.60	7.20	上	19.10	0.48	10.04%	38.46%	−9.44%	−78.36%	尝无味闻有南瓜味
黑籽南瓜	8.45	5.65	中	18.95	1.41	−26.20%	8.65%	−10.17%	−35.99%	无异味
早生西砧	12.40	8.40	上	19.93	0.82	8.30%	61.54%	−5.52%	−62.79%	无异味
南砧一号	11.77	6.93	上	18.75	1.35	2.77%	33.33%	−11.11%	−38.65%	有南瓜味
合力三号 F₁	11.60	7.90	上	19.84	1.67	1.31%	51.92%	−5.95%	−24.15%	无异味
强盛	11.80	7.20	上	19.45	1.01	3.06%	38.46%	−7.78%	−53.99%	无异味
CK	11.45	5.20	上	21.09	2.20					无异味

表7-4　嫁接西瓜成熟采收果实品质对比

名称	中心糖(%)	边糖(%)	风味	果皮硬度(kg/cm²)	果肉硬度(kg/cm²)	CK±%				口感
						中心糖	边糖	果皮硬度	果肉硬度	
冠泰	13.10	7.80	上	22.11	0.63	14.91%	25.13%	16.21%	−22.86%	无异味
强势 F₁	11.90	7.80	上	26.05	0.71	4.39%	25.13%	36.93%	−13.47%	无异味
南韩长寿	11.67	6.43	上	19.45	0.67	2.34%	3.21%	2.24%	−17.96%	无异味
第一勇士	18.32	2.70	上	20.65	1.10	60.70%	−56.72%	8.55%	34.29%	无异味
黑籽南瓜	8.34	5.52	中	18.88	0.89	−26.84%	−11.44%	−0.77%	8.98%	无异味
早生西砧	12.43	6.21	上	23.20	1.13	9.04%	−0.37%	21.93%	38.37%	无异味
南砧一号	10.13	6.77	上	18.57	1.04	−11.11%	8.56%	−2.42%	27.76%	无异味
合力三号 F₁	11.65	6.54	上	22.90	0.75	2.19%	4.92%	20.37%	−7.86%	无异味
强盛	12.28	7.40	上	19.21	0.97	7.68%	18.72%	0.98%	18.16%	无异味
CK	11.40	6.23	上	19.03	0.82					无异味

初步明确冠泰、早生西砧、强势 F₁、强盛 4 个砧木品种的嫁接亲和力为强和较强,嫁接成率超过 90%,生长势强,抗逆性、抗病性强,平均单果重超过 8 kg,果实平均中心糖含量达到 12%,折算亩产超过 1 947 kg/667 m²。综合表现优良,可以在压砂地进行示范推广。

从口感来讲,在八成熟时部分砧木的嫁接后的果实有南瓜味或者是口感无异味但气味有南瓜味,这种味道在成熟时则完全没有表现,这也说明,筛选出适宜压砂地西瓜生长的嫁接砧木,在果实完全成熟的时候采收并不会影响西瓜果实的口感,需要注意选择适宜的采收时间。

西瓜大面积种植,连年重茬,导致西瓜土传病害(主要是枯萎病)大面积发生,目前枯萎病已成为制约我国西瓜生产的重要限制因子,发病则可能导致大规模减产。我国主要通过轮作制的生产方式来防止枯萎病及其他土传病害的发生,但由于土地面积有限,因此难以实现;另 1 种防治枯萎病的方法是采用化学药剂来处理土壤,但价格昂贵且收效甚微,对抗病品种进行选育操作周期较长且不能及时收到效果。因此解决西瓜枯萎病最有效的途径是选择适合的砧木品种对西瓜进行嫁接。嫁接西瓜的枯萎病发病率、病情指数及死株率均显著低于自根西瓜,并且嫁接还有助于培育西瓜壮苗,提高西瓜产量,促进早熟,提高西瓜光色素含量,增强西瓜幼苗对高温胁迫、盐胁迫等逆境的耐受能力。通过嫁接技术,把西瓜幼苗变成 1 个复合体,利用换根的方法提高对枯萎病的抗性,同时克服重茬连作造成的减产,但是多年的试验和实践表明,一定要选择适宜的嫁接砧木品种,并且合理适时地进行采收,这样才能使嫁接在保证西瓜产量和健康生长的同时获得最佳的果实品质。

三、硒砂瓜优质高效生产技术研究

压砂西瓜、甜瓜产业是宁夏农业发展的主力军,在多年不断的发展中已形成以环香山地区为主体的产业带,是中部干旱带经济发展和农民增收致富不可替代的主要经济来源。为使硒砂瓜产业可持续发展,本项目主要针对硒砂瓜的保质增效,从生产技术上着手保障硒砂瓜的健康生产,从机械化研究与利用方面保障生产效率提高。

随着栽培面积的逐渐扩大和栽培年限的增加,土壤连作的问题已成为制约和影响压砂地西瓜可持续发展的瓶颈。2010年压砂西瓜病害问题开始显现,西瓜枯萎病、西瓜炭疽病、西瓜病毒病及西瓜细菌性叶斑病等病害在各种植区均有不同程度的发生,特别是土传病害西瓜枯萎病在整个硒砂瓜种植区普遍发生,尤其是在7年以上的压砂地,西瓜死亡率较高,最高的达18%以上。压砂地可持续利用形势严峻。目前在中卫香山乡、兴仁镇硒砂瓜核心种植区,病害发生危害比较严重,主要病害有枯萎病、炭疽病、蔓枯病、疫病、细菌性叶斑病、白粉病等10多种,加之近2年充沛的降雨量和菌源积累,使西瓜病害在整个硒砂瓜种植区普遍发生、危害严重。

为解决上述技术问题,项目组研究1种压砂地西瓜甜瓜优质高效生产技术,对减产或对失去生产能力的老砂地采取穴施基质+生物菌肥栽培技术方法,恢复栽培穴土壤生理生态环境和指标,降低病害发生率,提高果实品质,提高单位面积产量。其特征包括在老压砂地上刨开砂石层,在土层挖定植穴坑,将栽培基质与生物菌肥混合均匀放入定植穴后与土拌匀,然后播种或移栽瓜苗。

本研究结合前人研究的成果,以微生物菌、施入方法和时间、补水量为切入点,利用压砂西瓜定植穴施菌肥和基质,寻找它们之间的相互作用,达到基质和菌肥的优质配比,从而提高宁夏压砂地西瓜抗病及抗逆性。宁夏农林科学院种质资源研究所利用穴施基质,加生物菌肥或者微生物菌肥复配制成的有机肥料,这种栽培方式能显著地抑制西瓜植株的枯萎病。考虑到田间普施成本比较高,会限制这种方法在实际生产中的使用,所以课题组在定植穴中施入,促使拮抗菌在植物根系表面形成墙,定植后以防止或减少病原菌侵染,维持植株根系正常生长,并刻意减少肥料的用量和药剂的用量,以大幅度降低微生物有机肥料施用成本。通过分析其在不同量基质和菌肥条件下的产量效应,在建立西瓜产量数学模型的基础上,寻求克服土壤连作障碍的高效优化配比方案,实现该地区压砂瓜的健康发展。

(一)材料与方法

1. 试验时间及地点

试验于 2017 年在宁夏回族自治区中卫市沙坡头区香山乡红圈村进行,北纬 36°56′、东经 105°15′,海拔 1 697.8 m。土壤全盐 0.38 g/kg,全氮 0.34 g/kg,全磷 0.46 g/kg,速效氮 27 mg/kg,速效磷 3.7 mg/kg,速效钾 92 mg/kg,有机质 4.7 g/kg,pH 8.56。

2. 试验材料

试验西瓜品种使用宁农科 1 号自根苗。菌肥使用江阴市联业生物科技有限公司"馕播王"微生物菌肥(有效活菌 0.2 亿/g,有机质 20%)。

3. 试验方法

(1)试验设计

试验采用 3 因素 5 水平二次回归通用旋转组合设计,试验处理随机排列,共设 20 个处理,每个处理 20 株,种植地长 30 m、宽 1.5 m,面积 45 m²。4 月 20 日定植,按照设计方案补水 3 次,分别为伸蔓期 1 次(5 月 25 日)、坐果期 2 次(7 月 5 日、7 月 15 日)。其他田间管理与常规生产相同。以硒砂瓜生产效益为考核指标,研究压砂西瓜补水覆膜条件下,定植穴施不同补水量、生物菌肥、基质对西瓜枯萎病及产量的影响,提出不同产量下的水、生物菌肥、基质优化组合方案,确定最优的配比方案。因素水平编码见表 7-5。

(2)统计分析

对原始数据进行标准化处理,用 DPS 软件进行方差分析,用二次通用旋转组合计算。

(二)结果与分析

1. 二次通用旋转组合试验方案及数学模型的建立

由补水量、生物菌肥、基质 3 个因素对生产效益建立基质菌肥配比模型,

表 7-5 因素水平

水平	因素		
	X_1 水(kg/株次)	X_2 菌肥(g/穴)	X_3 基质(g/穴)
+1.682	4.682	204.1	368.2
+1	4.0	170.0	300.0
0	3.0	120.0	200.0
−1	2.0	70.0	100.0
−1.682	3.318	35.9	31.8

表 7-6 试验结果方差分析

变异来源	平方和	自由度	均方	F 值	显著水平 P
X_1	797 305.808 5	1	797 305.808 5	13.266 43	0.004 52
X_2	816 726.831 3	1	816 726.831 3	13.589 58	0.004 2
X_3	417 908.067 6	1	417 908.067 6	6.953 6	0.024 86
X_1^2	18 293.086 4	1	18 293.086 4	0.304 38	0.593 26
X_2^2	229 926.896 1	1	229 926.896 1	3.825 77	0.078 96
X_3^2	243 026.432 8	1	243 026.432 8	4.043 74	0.072 07
X_1X_2	0	1	0	0	1
X_1X_3	0.585 6	1	0.585 6	0.000 01	0.997 57
X_2X_3	0	1	0	0	1
回归	4 948 458.123	9	549 828.680 3	F2=9.149	0.001 35
剩余	600 994.932 1	10	60 099.493 2		
失拟	23 737.557 1	5	4 747.511 4	F1=0.041	0.998 72
误差	577 257.375	5	115 451.475		
总和	5 549 430.938	19			

可用二次回归旋转模型表示。根据试验测得的产量结果,以产量为目标函数(Y),以补水量(X_1)、生物菌肥(X_2)、基质(X_3)3 个因素为控制变量,对数据进行计算处理,相互作用计算结果见表 7-6。求得压砂地西瓜基质菌肥配比回归数学模型,按试验结果计算出拟合方程的各项系数,得到回归方程(1):

$$Y=27\ 791.235\ 98+334.889\ 45X_1+338.943\ 58X_2+242.454\ 02X_3$$

$$-49.380\ 60X_1^2-175.068\ 41X_2^2+179.986\ 39X_3^2+0.375\ 00X_1X_3 \cdots\cdots\cdots （1）$$

由表7-6可知,回归方程显著性检验 $F_2=9.149>F0.01$（9,10）=4.94,回归显著,说明该方程与实际情况拟合很好;失拟性检验 $F_1=0.041<F0.05$（5,5）=5.05,说明未知因素对试验数据的结果干扰很小,回归模型与实际数值能较好地拟合。剔除 $\alpha=0.50$ 的不显著项后,建立提取率对试验因子的回归方程(2):

$$Y=27\ 791.235\ 98+334.889\ 45X_1+338.943\ 58X_2+242.454\ 02X_3$$

$$-175.068\ 41X_2^2+179.986\ 39X_3^2 \cdots\cdots\cdots\cdots\cdots\cdots\cdots\cdots\cdots\cdots （2）$$

2. 补水量、施生物菌肥量和施基质量对压砂西瓜产量的单因素分析

根据计算得出的试验结果,对单因素进行产量效益分析(表7-7)。

表7-7 单因素对压砂西瓜产量的效应分析

水平	X_1	X_2	X_3
−1.682	27 087	26 725.5	27 892.5
−1.341	27 252	27 021	27 789
−1	27 406.5	27 276	27 727.5
−0.5	27 610.5	27 577.5	27 714
0	27 790.5	27 790.5	27 790.5
0.5	27 945	27 916.5	27 957
1	28 075.5	27 954	28 213.5
1.341	28 150.5	27 930	28 438.5
1.682	28 213.5	27 865.5	28 707

从表7-7和图7-8可以看出,压砂地穴施基质对提高产量影响最大,其次是补水量,影响最小的是菌肥。补水量增加,产量趋于直线增长。基质施入量在200 g左右时,对产量影响变化不大,大于250 g后,有较明显变化。菌肥施入量在150 g以后,对产量因素影响逐渐降低。

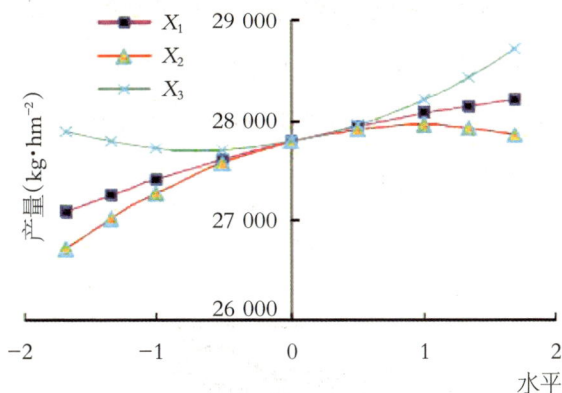

图 7-8　单因素对压砂西瓜产量的效应分析

3. 补水量、施生物菌肥量和施基质量对压砂西瓜产量的交互效应分析

（1）补水和施生物菌肥对压砂西瓜产量的互作效应分析

由图 7-9 可知,补水和施生物菌肥对压砂西瓜产量的互作效应表现为,当补水量小于 4 kg/株次时,生物菌对产量的影响逐渐呈扩大趋势。当补水量逐渐增大时,生物菌对压砂西瓜产量的影响呈现缓慢扩大的趋势。当补水量为 4.682 kg/株次、生物菌肥为 170 g/定植穴时,压砂西瓜产量最高,为 28 378.65 kg/hm²。

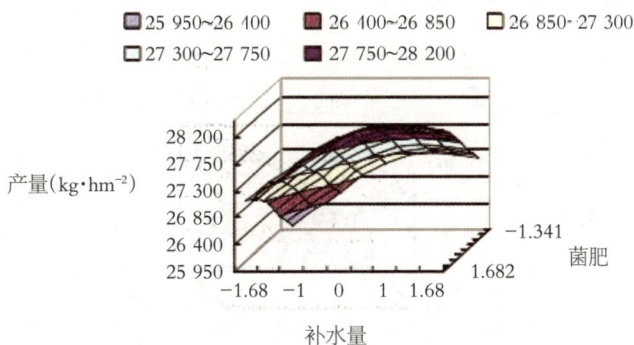

图 7-9　补水量与施生物菌肥量对压砂西瓜产量的互作效应分析

（2）补水和穴施基质对压砂西瓜产量的互作效应分析

由图 7-10 可知, 补水和穴施基质对压砂西瓜产量的互作效应表现为,

随着基质施入量的增加，不同补水条件下压砂西瓜的产量均呈现快速增大的趋势。施入基质量的增加，对保持水分有一定作用，补水量增多对产量影响趋于平缓。当补水量为 4.682 kg/株次、施基质量为 368.2 g/定植穴时，压砂西瓜产量最高为 29 131.5 kg/hm²。

□ 26 550~27 150   ■ 27 150~27 750   □ 27 750~28 350

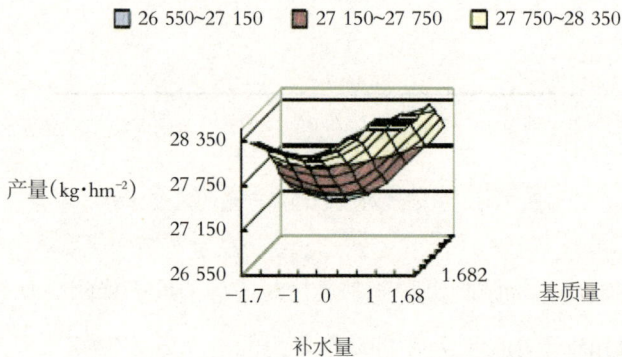

图 7-10　补水量与施基质量对压砂西瓜产量的互作效应分析

（3）施生物菌肥量和施基质量对压砂西瓜产量的互作效应分析

由图 7-11 可知，施生物菌肥量和基质对压砂西瓜产量的互作效应表现为，随着施生物菌肥量和基质量的同时增大，压砂西瓜产量也呈现出逐渐增大的趋势。当施生物菌肥量为 170 g/定植穴、施基质量为 368.2 g/定植穴时，压砂西瓜产量最高为 28872 kg/hm²。

□ 27 000~27 300   ■ 27 300~27 600
□ 27 600~27 900   □ 27 900~28 200

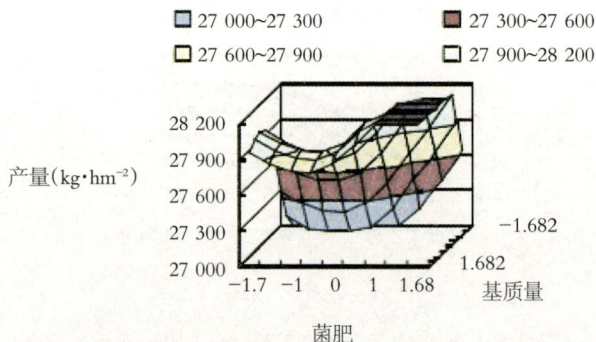

图 7-11　施生物菌肥量与施基质量对压砂西瓜产量的互作效应分析

（4）优化组合及推荐指标

分析试验结果可知,在试验中不仅存在着单因素效应的作用,同时还存在 2 个因素之间的交互作用。因此通过单因素效应或是 2 个因素交互作用的结果分析,是不能找到最佳配比方案的,并且在三元二次回归的数学模型中没有出现生产效率函数的极值,因此还需要对回归模型进行再次解析计算,根据已建立的基质和菌肥的优化配比数学模型找到最佳配比方案。编制计算程序, 在 -1.682~1.682 范围内取 7 个水平（分别为 -1.682、-1、-0.5、0、0.5、1、1.682）,上机对不同目标下的最优配比组合方案进行模拟。构成生产因素组合,通过模拟计算,得出产量大于 27 760.8 kg/hm² 的有 62 个组合,列出其中能代表产量区间的最主要、最优的组合方案（表 7-8）。

表 7-8　最优组合 62 个方案中各变量取值的频率分布

水平	X_1		X_2		X_3	
	次数	频率	次数	频率	次数	频率
-1.681 79	3	0.048 4	2	0.032 3	10	0.161 3
-1	7	0.112 9	7	0.112 9	8	0.129
0	15	0.241 9	17	0.274 2	9	0.145 2
1	18	0.290 3	18	0.290 3	14	0.225 8
1.681 79	19	0.306 5	18	0.290 3	21	0.338 7
合计次数	62	1	62	1	62	1
均数 x	0.611		0.611		0.395	
标准误	0.129		0.123		0.161	
95%置信区间	0.358~0.864		0.370~0.853		0.079~0.711	
最优农艺措施	3.358~3.864 kg/株次		138.5~162.65 g/穴		207.9~271.1 g/穴	

（三）结论

在试验约束条件下,采用频率分析法对产量模型进行模拟,在 95% 的置信区间, 产量大于 27 760.8 kg/hm² 各变量的取值区间分别为补水量 3.358~3.864 kg/株次、施生物菌肥量 138.5~162.65 g/定植穴、施基质量 207.9~

271.1 g/定植穴。在此范围内,考虑到实际的田间可操作性,同时在生产中农资费用投入不宜太高、工序不宜繁琐等因素,可将最优农艺措施定为补水定额 3.5 kg/株次、施生物菌肥 160 g/定植穴、施基质量 270 g/定植穴。用此最优农艺措施对其进行验证,产量为 28 363.35 kg/hm²,与预期产量较为接近,表明本试验结果拟合得出的结果可最大限度地提高硒砂瓜的产量,并可以较好地应用于硒砂瓜的实际生产中。

(四)讨论

分析试验结果,可以肯定前人的研究成果,即微生物菌肥对植株有促生作用。定植期的 3~5 d 是缓苗的关键时期,本研究在定植期穴施生物菌肥和基质,促进西瓜苗期的生长及抗病能力,这还是首次尝试。本研究主要以生产效益、抗病性为指标进行分析,对土壤群落变化和西瓜品质还未作深入研究,下一步还需要从这几方面进行深入研究。

四、西瓜、甜瓜机械化高效生产技术研究与示范

(一)压砂地机械化高效生产示范

农业机械化是生产发展的主要物资装备。没有农业机械化就不可能有农业的现代化、产业化,主要表现在,第一,农业机械化大幅度提高了农业劳动生产率。第二,农业机械化是实现农业科学发展的保证。科学发展观的内涵在农业、农村方面,具体表现为农民收入增长、农业生产条件改善以及实现农业与工业、第三产业共同发展,城乡差别、工农差别进一步缩小实现共同富。这一切实现的基础必须是农村生产力的快速发展和农业劳动生产率的大幅度提高。第三,农业机械化是节约型农业发展的基础。节约型农业发展主要表现在劳动力的节约,农业用耕地、能源、水的节约,以及种子、化肥、农药的综合节约等方面。发展节约型农业,农业机械化是关键。农业机械化广泛使用、劳动生产率大幅度提高,就会大幅度地减少人力和畜力的使用。大量精准拖拉机、耕整机、节能型农机,以及滴灌、微灌、喷灌机械的使用,会

实现农业节地、节能和节水;各种精播机械、化肥精施及秸秆还田机械、高效农作物植保机械的使用,也必将减少种子、化肥、农药的使用,提高利用率,从而推动节约型农业的发展。

目前,在压砂地使用生产的机械,按用途可以分为植物保护机械、土壤耕作机械(压砂地砂土分离机、打坑机、覆膜机、残膜回收机)、种植和施肥机械(压砂地定植机、施肥机)3类。

植物保护机械:在压砂地通过选择无人机、汽油喷雾机、背负式电动喷雾器3种不同的农药喷雾设备,开展了硒砂瓜炭疽病、白粉病、蚜虫等病虫害田间防治试验示范,在硒砂瓜病虫害发生时进行喷药防治。试验结果表明,汽油喷雾机比常规背负式喷雾器喷雾效果较优,雾滴细而均匀,附着力强,喷药效率高,节省农药。无人机雾化效果虽不如汽油喷雾机,但适合集中连片大面积防治,尤其是较大容量的无人机,喷射力强、雾滴覆盖面大,均匀性好,瓜业背部被气流吹起,也可以接受雾滴,喷雾效果好。通过比较可以看出,无人机作业有速度快、防治面积大的特点,可以有效降低化学农药用量和作业成本,实现农药减量40%以上,每亩降低人工成本50%,人工和农药节本22元(表7-9)。

通过本项目的实施,开展新机械配套穴施基质+生物菌肥生产技术示范推广,在3个试验示范区,累计开展机械生产示范1 000亩,亩提高生产效率20%以上。

表7-9　不同喷药器械应用情况对比

喷雾设备	每次农药用量 [g(ml)/亩]	人工(租赁)成本 (元/亩)	比背负式减量 (%)
背负式电动喷雾器	50	20	
汽油喷雾机	33	12	
植保无人机	30	10	40%

(二)压砂西瓜、甜瓜生产机械研发

针对宁夏硒砂瓜产业发展中存在的劳动强度大、生产效率低、作业成本高、季节性强、雇用劳动力难等问题,进行压砂地生产机械+土壤耕作配套机械 1 种压砂地挖穴装置和硒砂瓜敷管覆膜机的研发。

1. 压砂地生产机械——1 种压砂地挖穴装置的研发

压砂地种植西瓜时,需要将地表覆盖的 15 cm 左右的砂石层挖开,在砂石层下边的耕作层土壤中播种(或定植西瓜苗)。市场上的农用挖穴装置只适合于一般土地,不适合压砂地这 1 特殊耕作方式,且不能配合压砂地进行等距离挖穴,而且其装置在使用的过程中,还存在不方便连接固定使用、不方便机械化操作的问题,为了解决此问题,在项目执行过程中,有针对性地研发出 1 种压砂地挖穴装置。

(1)技术方案

压砂地挖穴装置包括支撑轮和挖掘结构,支撑轮的中部设置有连接轴,且连接轴的上端连接有支撑架,支撑轮的外壁熔接有凸块,挖掘结构位于支撑架的中部下端,且挖掘结构的上端内部设置有支撑弹簧,支撑架的右端安装有调节板,调节板的一端连接固定块,固定块的中部设置有固定螺纹孔,挖掘结构的底端安装转轮,且转轮的中部连接转轴,转轮的外壁设置犁地锹,其中支撑架包括支撑轮、连接轴、凸块、调节板和固定块,连接轴与支撑轮之间为固定连接,调节板的内部设有限位螺纹孔;挖掘结构包括支撑弹簧、犁地锹、转轮和转轴,犁地锹与转轮之间为螺纹连接,挖掘结构的上端与支撑架之间为熔接连接;犁地锹包括连接螺丝、连接杆、外弹簧和凹槽块,犁地锹的顶端连接凹槽块,凹槽块的上端安装连接螺丝,凹槽块的一端连接连接杆,连接杆的外壁设有外弹簧凸块,凸块在支撑轮的中轴线周围呈环形分布,且支撑轮设有 2 个,支撑轮通过连接轴与支撑架构成旋转结构。限位螺纹孔关于调节板的垂直中心线均匀分布,且调节板与固定螺纹孔之间为螺纹连接。挖掘结构通过支撑弹簧与转轮构成弹性结构,转轮的水平中心线与支撑轮的水平中心线相平行。犁地锹关于转轮的垂直中心线呈对称分布,且犁地锹设有 2 个。犁地锹通过连接螺丝与凹槽块构成螺纹结构,凹槽块的内壁形状结构与犁地锹的顶端形状结构相吻合。

（2）效果说明

与现有技术相比,本机械研发的有益效果是,在实施过程中,由于犁地锹只设置在转轮一端，进而转轮被拉动旋转时使犁地锹接触到地面进行挖穴,转轮的周长为 1.5 m,这样犁地锹起落距离刚好是 1.5 m,刚好是西瓜苗的株距,便于等距离挖穴,较为准确。2 个犁地锹可以同时挖穴 2 处,提高效率,并且犁地锹的一端可以深入嵌入到凹槽块中,再利用连接螺丝进行固定,这样方便拆卸犁地锹,便于随时进行更换。凹槽块一端连接的连接杆的外壁紧密贴合有弹性较好的外弹簧,使其在挖穴时能够缓冲压力,起到保护犁地锹的作用。设置的支撑轮可以使装置的接触面积更大,便于平稳移动,支撑轮上的凸块能使其抓地牢,不易变动方向。调节板上设置均匀的限位螺纹孔，使固定块可以上下移动调节高度，便于根据需要与车子进行配合固定,较为方便。

五、西瓜新品种栽培展示与适应性鉴定

（一）材料与方法

2016 年,中卫综合试验站在中卫市沙坡头区香山乡红圈子村试验基地开展了西瓜新品种适应性鉴定试验。选择 12 年老砂地进行试验,筛选大果晚熟品种共 9 个品种参加试验,以金城 5 号为对照。采取干籽点播模式,压砂地覆膜栽培。试验始于 2016 年 4 月 16 日播种, 终于 2016 年 8 月 5 日采收,整个期间无明显异常天气。

参试品种:中青 5 号、俏佳人、绿宝金花一号、抗病巨大景龙宝、新京欣 6 号、秦红 5 号、夏威 101 号、特大超早景龙宝、超特大景龙宝。以金城 5 号为对照品种。

试验地基本情况:中卫市沙坡头区香山乡红圈子村试验基地。试验地面积 10 亩,为 12 年老砂地,试验安排料压砂地进行露地覆膜种植。每个品种

40 株,小区面积 108 m²。每穴放栽培基质 200 g,与土混匀后种植。地膜覆盖栽培,采用水车人工定穴灌水。

栽培方式:播种时起砂、挖播种穴,深 20 cm,点种后覆土 4~5 cm、盖砂2~3 cm,使用条覆膜机覆盖 60 cm 宽透明地膜。出苗后在地膜上用木棍插 1个洞透气,直至长到 4~6 片叶时放苗出地膜,并封住地膜边缘。

整枝与授粉:留 5 条蔓,生个生育期不整枝,在伸蔓期将瓜蔓顺地膜方向摆顺并压蔓。花期自然授粉,第一雌花在开花时掐掉,从第二雌花开始坐果,单株留 1~2 果。

水肥管理:伸蔓期补水 1 次,每穴补水 2~3 kg。果实膨大期补水 1 次,每穴补水 3~4 kg,结合补水追施复合肥 50 g 左右。其他管理与当地常规生产相同。

表 7-10　品种来源

序号	品种名称	来源	序号	品种名称	来源
1	中青 5 号	宁夏中青公司	6	秦红 5 号	咸阳秦红种业有限公司
2	俏佳人	宁夏巨丰种业	7	夏威 101 号	武威立安种子有限公司
3	绿宝金花一号	合肥绿宝种苗有限公司	8	特大超早景龙宝	黑龙江景丰农业高新技术开发有限公司
4	抗病巨大景龙宝	黑龙江景丰农业高新技术开发有限公司	9	超特大景龙宝	黑龙江景丰农业高新技术开发有限公司
5	新京欣 6 号	北京蔬菜工程中心	10	金城 5 号	武威金城种业有限公司

(二)试验结果

1. 不同品种的植物学性状表现

在西瓜植株生长的不同时期进行定期植物学性状调查。结果发现,不同品种在老砂田田间植物学表现中抗逆性和抗病性存在显著差异,其中俏佳人、特大超早景龙宝、和超特大景龙宝 3 个品种在老砂地死苗率较高,超过 20%;抗病巨大景龙宝、新京欣 6 号、夏威 101 号、秦红 5 号在老砂田存活率高，抗逆性表现为强和较强；所有品种成苗后均能坐果，坐果率超过100%；俏佳人、绿宝金花一号、抗病巨大景龙宝、新京欣6号平均坐果节位在8节，其他品种均超过10节。特大超早景龙宝不适应老砂田瘠薄条件，生长势和抗逆性均表现一般，俏佳人抗病表现为中，后期叶枯病较重（表7-11）。

表7-11　不同品种的植物学表现

品种	存活率（%）	抗逆性	坐果率（%）	生长势	抗病性	平均坐果节位	备注
中青5号	0.70	中	157	较强	较强	14	
俏佳人	0.93	强	121	较强	中	8	叶枯重
绿宝金花一号	1.00	强	120	较强	强	8	
抗病巨大景龙宝	1.00	强	120	强	强	8	
新京欣6号	0.93	强	114	强	强	9	
秦红5号	0.87	较强	131	强	强	10	
夏威101号	0.97	强	141	强	较强	10	
特大超早景龙宝	0.77	中	122	中	中	10	叶枯重
超特大景龙宝	0.73	中	105	强	强	14	
金城5号（CK）	0.9	强	140	强	强	11	

2. 不同品种的果实性状表现

（1）果实外观

9个参试品种的果实均为椭圆和短椭圆形，果形指数为1.1~1.4。俏佳人果实皮色较对照绿，夏威101号果皮为白绿底绿色宽条带，与对照存在显著差别。其他参试品种与对照皮果皮底色和条带相似。

（2）果皮厚度和硬度

9个参试品种中，除俏佳人的果皮厚度1 cm，超过对照，其他品种的果皮厚度均低于对照。新京欣6号皮厚仅0.7 cm，但是果皮硬度达到18.31 kg/cm²，高于对照20.9%。绿宝金花一号皮厚与对照相同，但果皮硬度也稍高于对照。

（3）果实剖面

对参试品种进行果实剖面调查发现,9个品种中特大超早景龙宝、超特大景龙宝的果肉颜色为红色,其余品种均为粉红色,与对照品种金城5号粉红色果肉一致。抗病巨大景龙宝和秦红5号果实完全成熟后,中部容易形成纵裂,但果实硬度和果实口感不变。

（4）果实风味

9个品种在田间风味测定中均表现为上,口感为脆、沙脆,汁液多,均超过对照,其中新京欣6号肉质脆、纤维少,果肉硬度仅为 0.21 kg/cm²,平均中心糖含量达到 12.1%,超过对照 15%。秦红5号果肉口感和果肉硬度与对照相似,但果实含糖量超过对照 10.5%,达到 11.6%。绿宝金花一号和超特大景龙宝果实中心糖含量超过对照 5% 以上,达到显著差异。其余品种与对照相似或低于对照。所有参试品种的果实边部含糖量均超过对照 25% 以上,差异极显著。

3. 不同品种的产量表现

（1）平均单果重比较

9个不同西瓜品种单瓜质量在 3.61~6.79 kg, 其中秦红5号单瓜质量最高, 为 6.79 kg,超过对照 45.7%;绿宝金花一号单瓜质量也超过 6 kg,超过对照 32.2%;俏佳人、新京欣6号、超特大景龙宝的单果质量超过对照 9% 以上;中青5号、抗病巨大景龙宝2个品种的单果质量与对照差别在 5% 以内;其他2个品种低于对照。

（2）小区产量与折算亩产

9个西瓜品种的小区产量与折算亩产与对照金城5号相比,表现差异显著,秦红5号、绿宝金花一号表现最优,超过对照 10%;新京欣6号的折算亩产与对照相比差异在 10% 以内;其余5个品种均低于对照 10% 以上。

表 7-12　不同品种的果实性状（一）

品种	果实形状	纵径（cm）	横径（cm）	果型指数	果皮底色	果皮覆色花纹	肉色	裂否	皮厚（cm）	CK±%	质地	纤维	汁液
中青 5 号	椭圆形	25.9	19.5	1.3	绿白	深绿中齿条	粉红	否	0.9	3.3	沙脆	中	多
俏佳人	短椭圆形	24.5	20.2	1.2	绿	墨绿中条	粉红	否	1.0	11.1	脆	中	多
绿宝金花一号	短椭圆形	28.1	21.0	1.3	黄绿	绿色中齿条	粉红	否	0.9	0.0	沙脆	中	多
抗病巨大景龙宝	椭圆形	26.6	19.0	1.4	浅绿	墨绿中齿条	粉红	中纵裂	0.6	−33.3	脆	中	多
新京欣 6 号	椭圆形	28.6	19.2	1.5	黄绿	墨绿中齿条	粉红	否	0.7	−18.9	脆	少	多
秦红 5 号	椭圆形	27.8	21.9	1.3	浅绿	绿色条带	粉红	中纵裂	0.6	−30.0	脆	中	多
夏威 101 号	短椭圆形	21.5	19.9	1.1	绿白	绿色宽条	粉红	否	0.6	−33.3	脆	中	多
特大超早景龙宝	椭圆形	23.5	17.9	1.3	浅绿	深绿条带	红	否	0.4	−55.6	脆	中	多
超特大景龙宝	椭圆形	28.2	19.0	1.5	绿	墨绿条带	红	否	0.7	−18.9	沙脆	中	多
金城 5 号（CK）	椭圆形	25.7	18.4	1.4	浅绿	绿色条带	粉红	否	0.9		脆	中	多

表 7-13　不同品种的果实性状（二）

品种	质地	纤维	汁液	中心糖(%)	CK±%	边糖(%)	CK±%	风味	种子颜色	种子大小	硬度(kg/cm²)			
											果皮	CK±%	果肉	CK±%
中青 5 号	沙脆	中	多	10.7	1.9	7.0	28.0	上	棕黄	中	13.08	-13.6	0.39	-32.8
俏佳人	脆	中	多	10.7	1.9	8.8	56.7	上	棕褐	中	13.76	-9.1	0.75	29.3
绿宝金花一号	沙脆	中	多	11.2	7.0	8.7	28.0	上	棕黄	小	15.24	0.7	0.72	24.1
抗病巨大景龙宝	脆	中	多	9.5	-9.8	6.9	25.6	上	棕	中小	14.03	-7.3	0.41	-29.3
新京欣 6 号	脆	少	多	12.1	15.0	8.4	53.6	上	棕	中小	18.31	20.9	0.21	-63.8
秦红 5 号	脆	中	多	11.6	10.5	7.4	35.3	上	棕黄	小	13.70	-9.5	0.55	-5.2
夏威 101 号	脆	中	多	10.1	-3.8	6.8	28.0	上	棕褐	大	12.89	-14.9	0.44	-24.1
特大超早景龙宝	脆	中	多	9.9	-5.7	7.5	37.7	上	棕褐	中	9.45	-37.6	0.56	-3.4
超特大景龙宝	沙脆	中	多	11.4	8.9	8.4	53.0	上	黑褐	中大	8.24	-45.6	0.38	-34.5
金城 5 号（CK）	脆	中	多	10.5		5.5		中上	棕黄	小	15.14		0.58	

表 7-14　不同品种的产量表现

品种	平均单果重（kg）	CK±%	小区产量（kg）	折算亩产（kg）	CK±%
中青 5 号	4.89	4.9	158.4	990.1	−34.4
俏佳人	5.14	10.3	214.2	1 338.5	−11.3
绿宝金花一号	6.16	32.2	276.0	1 724.8	14.2
抗病巨大景龙宝	4.72	1.3	211.5	1 321.6	−12.5
新京欣 6 号	5.38	15.5	224.0	1 399.7	−7.3
秦红 5 号	6.79	45.7	267.2	1 670.3	10.6
夏威 101 号	4.40	−5.6	194.6	1 216.4	−19.4
特大超早景龙宝	3.61	−22.5	124.8	779.7	−48.4
超特大景龙宝	5.09	9.2	163.9	1 024.6	−32.1
金城 5 号（CK）	4.66		191.9	1 199.5	

4. 结论

选择在中卫市沙坡头区的 12 年老砂田进行评比试验,该试验地因连年连茬种植西瓜、有机肥补充不足,造成土壤瘠薄、C/N 比失衡,近年来病害发生严重,已经基本不能进行直播生产。本实验中,以压砂地主栽品种金城 5 号为对照,通过对 9 个参试品种的植物学性状、果实表现等 31 个指标的调查、分析和比较,初步明确新京欣 6 号、秦红 5 号、绿宝金花一号 3 个品种综合表现优良,可以在压砂地进行示范推广。

3 个品种在压砂地均表现为生长势、抗病性、抗逆性强和较强。秦红 5 号果肉脆、爽口,平均中心糖含量达到 11.6%,超过对照 10.5%,折算亩产1 670.3 kg,超过对照 10.6%;绿宝金花一号肉质沙脆,平均中心糖含量达到11.2%,超过对照 7%,折算亩产 1 724.8 kg,超过对照 14.2%;京欣 6 号折算亩产与对照差异不显著,但果实中心糖含量达到 12.1%,超过对照 15%,果肉脆、纤维少、爽口。